Não há nada de oculto que não venha a ser revelado,
e nada de escondido que não venha a ser conhecido.
Mateus 10:26

POLÍTICOS E ESPIÕES

O CONTROLE DA ATIVIDADE DE INTELIGÊNCIA

Joanisval Brito Gonçalves

Doutor em Relações Internacionais
Especialista em Inteligência de Estado
Consultor Legislativo do Senado Federal
Consultor para a Comissão Mista de Controle das Atividades
de Inteligência do Congresso Nacional
Ex-Analista de Informações da Agência Brasileira de Inteligência – ABIN
Professor Universitário – Advogado
Diretor para Assuntos de Defesa e Segurança da Secretaria Especial de Assuntos Estratégicos da
Presidência da República – SAE/PR (2017-2018)
Diretor do Instituto Pandiá Calógeras do Ministério da Defesa

POLÍTICOS E ESPIÕES

O CONTROLE DA ATIVIDADE DE INTELIGÊNCIA

2ª edição,
revista e atualizada.

APOIO
Associação Internacional para Estudos de
Segurança e Inteligência
(INASIS)

EDITORA IMPETUS

Niterói, RJ
2019

Editora Impetus Ltda.
Rua Alexandre Moura, 51 – Gragoatá – Niterói – RJ
CEP: 24210-200 – Telefax: (21) 2621-7007

Editoração Eletrônica: Rosane Abel

Capa: Rafael Brum

Revisão de Português: Becker Programação & Textos Ltda.

Impressão e encadernação: Editora e Gráfica Vozes Ltda.

G626p

Gonçalves, Joanisval Brito.
Políticos e espiões: o controle da atividade de inteligência – 2. ed. / Joanisval Brito Gonçalves. – Niterói, RJ: Impetus, 2019.
372 p. ; 16x23cm.

ISBN: 978-85-7626-995-3

1. Serviço de inteligência – Brasil.
2. Segurança nacional – Brasil. I. Título.

CDD – 63.240981

DEDICATÓRIA

Para Victoria e João,
pois quem não tem filhos
não sabe o que é o amor.

À memória do Irmão e amigo Isaac Falcão Chaves Júnior, que tão cedo deixou este mundo para servir aos desígnios do Criador em outros planos. Você faz falta aqui, combatente!

AGRADECIMENTO

Nenhum dever é mais
importante do que a gratidão.

Cícero

O presente livro é parte da *Série Inteligência, Segurança e Direito*, publicada pela Editora Impetus e com o apoio da Associação Internacional para Estudos de Segurança e Inteligência (INASIS). Tem suas origens nas pesquisas para nossa Tese de Doutorado, na Universidade de Brasília, acerca do controle dos serviços secretos em regimes democráticos.

Já se vão dez anos desde que, em junho de 2008, defendemos nossa Tese, concluindo a primeira pesquisa de doutorado sobre controle da atividade de inteligência feita por um brasileiro. Nossa gratidão, sempre, a todos os que contribuíram para aquele doutoramento, no qual conseguimos estabelecer as fundações para nossa obra acadêmica e profissional, que tem em nossas publicações, docência, e atividades no Congresso Nacional, as três colunas que sustentam um singelo templo dedicado à Inteligência e a seu controle.

Na última década, a maior parte dela trabalhando no Congresso Nacional, em especial junto à Comissão de Relações Exteriores e Defesa Nacional do Senado da República (CRE) e à Comissão Mista de Controle das Atividades de Inteligência (CCAI), pudemos, dentro de nossos limites, aprender e contribuir para o controle da Inteligência no País. Gratidão a todos com quem tivemos a oportunidade de conviver e aprender, servidores do Parlamento, profissionais que atuavam nessa área, representantes da comunidade de inteligência, nossos alunos nos cursos de capacitação e pós-graduação por todo o País... Agradecemos, ainda, aos parlamentares com os quais tivemos a experiência de interagir mais de perto, em particular aos deputados e senadores membros da CCAI, cuja convivência nos permitiu entender um pouco mais da dinâmica e da relevância do Parlamento para a democracia.

Reiteramos o agradecimento feito na obra *Atividade de Inteligência e Legislação Correlata*, que alcançou, em janeiro de 2018, sua 6ª edição, assinalando que foram tantas pessoas, em diferentes pontos do planeta, que tiveram papel fundamental para que chegássemos onde estamos, que preferimos não nominar nenhuma aqui nestes breves parágrafos, sob pena de cometermos a injustiça de deixar de citar alguém ou de cansar o leitor com as dezenas de páginas que seriam utilizadas com todos os nomes.

Nosso agradecimento, também, a todos que colaboraram na produção deste livro, desde os antigos amigos que nos brindaram com parte de seu precioso tempo quando ainda engatinhávamos em nossos estudos de Inteligência até os novos amigos que nos auxiliaram na consecução deste projeto junto à Editora Impetus. Agradecemos a todos na pessoa do amigo Denilson Feitoza, Presidente da INASIS.

Outro agradecimento especial é à amada família, que muitas vezes foi privada do convívio deste autor enquanto produzia a obra que hoje o leitor tem nas mãos. À família amada, minha gratidão eterna.

Finalmente, não se pode deixar de agradecer ao Criador pela vida, fonte de tudo, inclusive do desejo e da vontade que geraram esta obra.

O AUTOR

JOANISVAL BRITO GONÇALVES

- Consultor Legislativo do Senado Federal para a área de Relações Exteriores e Defesa Nacional.
- Consultor para a Comissão Mista de Controle das Atividades de Inteligência do Congresso Nacional.
- Diretor do Instituto Pandiá Calógeras do Ministério da Defesa.
- Diretor para Assuntos de Defesa e Segurança da Secretaria Especial de Assuntos Estratégicos da Presidência da República (2017-2018).
- Advogado.
- Doutor em Relações Internacionais (UnB).
- Mestre em História das Relações Internacionais (UnB).
- Especialista em Inteligência de Estado (ESINT/ABIN).
- Especialista em Direito Militar (Unisul/Exército Brasileiro).
- Especialista em História Militar (Unisul).
- Especialista em Integração Econômica e Direito Internacional Fiscal (ESAF/FGV/Universidade de Munster).
- Bacharel em Relações Internacionais (UnB) e em Direito (UniCeub).
- Professor em cursos de graduação e pós-graduação e conferencista em instituições públicas e privadas, nacionais e estrangeiras, nas áreas de Inteligência, Segurança Nacional e Defesa, Direito Internacional, Relações Internacionais e Estudos Estratégicos.
- Professor do Curso de Especialização em Inteligência de Estado e Inteligência de Segurança Pública da Fundação Escola Superior do Ministério Público de Minas Gerais (FESMP), atualmente realizado pela Associação Internacional para Estudos de Segurança e Inteligência (INASIS), do Curso de Especialização em Ciência Policial e Inteligência da Academia Nacional de Polícia (ANP), dos cursos da Escola Superior de Guerra (ESG), com destaque para o Curso Superior de Inteligência Estratégica (CSIE), e dos cursos de Contraterrorismo e Contrainteligência, de Defesa Nacional e de Relações Internacionais do Instituto Legislativo Brasileiro (ILB).

- Pesquisador visitante do Centro Canadense de Estudos de Inteligência e Segurança *(Canadian Centre of Intelligence and Security Studies)*, da *Norman Paterson School of International Affairs, Carleton University* (Ottawa/Canadá).
- Condecorado com a Medalha do Mérito Militar (Grau de Comendador), a Medalha do Mérito Tamandaré, a Medalha do Pacificador e a Medalha do Mérito Santos Dumont.
- Diplomas de *Amigo da Escola de Inteligência Militar do Exército – ESIMEX* (2012) e de *Amigo da Agência Brasileira de Inteligência – ABIN* (2005).
- Ex-analista de informações da Agência Brasileira de Inteligência (ABIN).
- Membro de associações brasileiras e internacionais na área de inteligência, dentre as quais a Associação Internacional para Estudos de Segurança e Inteligência (INASIS), o Instituto Brasileiro de Inteligência Criminal (INTECRIM), a *Canadian Association for Security and Intelligence Studies* (CASIS), a *International Studies Association* (ISA), a *International Association for Intelligence Education* (IAFIE), a *International Association of Law Enforcement Intelligence Analysts* (IALEIA) e a Associação Brasileira de Analistas de Inteligência Competitiva (ABRAIC).
- Autor de livros e artigos nas áreas de Inteligência, Direito Internacional e Relações Internacionais, com destaque para as obras *Terrorismo: conhecimento e combate* (Niterói: Impetus, 2017 – em coautoria com Marcus Vinícius Reis), *Atividade de Inteligência e Legislação Correlata* (Niterói: Impetus, 6ª edição, 2018), *Introdução às Relações Internacionais* (Brasília: Senado Federal, 2009 – em coautoria com Dario Alberto de Andrade Filho e Tiago Ivo Odon), e *Tribunal de Nuremberg, 1945-1946: A Gênese de uma Nova Ordem no Direito Internacional* (Rio de Janeiro: Renovar, 2ª edição, 2004).
- website: <http://www.joanisval.com>.
- E-mail para contato: joanisval@gmail.com

APRESENTAÇÃO DA SÉRIE

A atividade de inteligência é essencial ao desenvolvimento e à preservação do Estado Democrático de Direito brasileiro. Todos os países economicamente desenvolvidos, com democracias consolidadas, possuem serviços de inteligência responsáveis, legais e fortes.

Há uma imensa "massa de informações" com a qual o Estado tem de lidar cotidianamente, seja quanto à execução de ações específicas, seja quanto ao estabelecimento de suas políticas e estratégias institucionais.

No Brasil, o princípio constitucional da eficiência (art. 37, *caput*, da Constituição da República) veda que o Estado trabalhe com essa "massa de informações" de forma meramente empírica, com desperdício de recursos humanos, materiais e financeiros. O Estado deve utilizar métodos, técnicas e ferramentas adequados para lidar com as informações necessárias ao desempenho de suas finalidades constitucionais, superando a fase individualista e amadorística de seus agentes públicos e políticos e alcançando a racionalidade gerencial exigida pelo princípio constitucional da eficiência.

Os modelos estatais de inteligência constituem certa ordenação, adequação e organização de métodos, técnicas e ferramentas de gestão da informação e do conhecimento, especialmente destinados ao processo decisório estatal.

Nessa linha, a inteligência de Estado (ou inteligência "clássica") é voltada, principalmente, ao assessoramento do processo decisório. Por exemplo, nos termos legais, o Sistema Brasileiro de Inteligência (SISBIN) tem a finalidade de fornecer subsídios ao Presidente da República nos assuntos de interesse nacional (art. 1º da Lei nº 9.883/1999), possuindo, como órgão central, a Agência Brasileira de Inteligência (ABIN), subordinada ao Gabinete de Segurança Institucional da Presidência da República.

Todavia, sendo sobretudo método, a noção de inteligência de Estado passou a ser aplicada a órgãos públicos em geral, adequando-se a suas finalidades estatais específicas, notadamente no âmbito da segurança pública e da fiscalização.

Isso ocorreu nos Estados Unidos da América, em que, até a Segunda Guerra Mundial, a atividade de inteligência era utilizada, basicamente, como inteligência "clássica", ou seja, com fins militares (inteligência militar) e políticos. Entre 1900 e 1950, gradualmente, a inteligência criminal (*criminal intelligence*) obteve reconhecimento como ferramenta efetiva de combate ao crime, até que, em 1956, foi formada a Unidade de Inteligência de "Segurança Pública" (*Law Enforcement Intelligence Unit* – L.E.I.U.) com 26 agências estatais e locais, possuindo, atualmente, mais de 250 agências, nos Estados Unidos, Canadá, Austrália e África do Sul.

Esse mesmo processo tem ocorrido, atualmente, no Brasil, no qual se desenvolvem as atividades de inteligência de segurança pública (denominação recente que abrange, por exemplo, a inteligência policial), inteligência ministerial (Ministério Público), inteligência fiscal, inteligência prisional/penitenciária etc.

De maneira irreversível, apesar das resistências culturais e institucionais, a inteligência de segurança pública e, de modo geral, novas inteligências (como a ministerial, a fiscal e a prisional) têm firmado sua "dupla natureza", como "inteligência estratégica" (processo decisório – natureza consultiva) e "inteligência tática" (produção de provas – natureza executiva), destinadas tanto à produção de provas para investigações e processos criminais, cíveis e fiscais (inteligência tática), especialmente em situações mais complexas como combate às organizações criminosas, programas de controle de crimes e defesa de interesses coletivos, quanto à produção de conhecimento destinado a processos decisórios estratégicos.

Entretanto, de um lado, a inteligência "consultiva" (ou seja, inteligência "clássica" ou inteligência de Estado, voltada a subsidiar o processo decisório do tomador de decisão no mais alto nível estratégico, precipuamente nas áreas de defesa externa, segurança interna e relações internacionais) e, de outro lado, a inteligência "executiva" (ou seja, voltada a subsidiar, com "provas", atividades de natureza executiva, em casos complexos e/ou difíceis, como na inteligência policial, inteligência ministerial, inteligência fiscal, inteligência penitenciária etc.) são significativamente distintas e demandam marcos regulatórios diferentes. Além disso, a atividade de inteligência não deve se confundir com investigações ou processos, sejam cíveis, criminais, fiscais ou administrativos.

Considerando que há vinte e sete Unidades Federativas no Brasil, cada uma com Polícia Civil, Polícia Militar, Ministério Público, Corpo de Bombeiros Militar, Sistema Prisional e Secretaria da Fazenda, além dos órgãos da União (Exército, Marinha, Aeronáutica, Ministério da Defesa, ABIN, Secretaria da Receita Federal do Brasil, Ministério Público da União etc.) e dos Municípios (Guardas Municipais), facilmente se verifica que há, desenvolvidas ou embrionárias, mais de 150 "agências" ou "serviços" de inteligência brasileiros. Mais da metade surgiu ou se desenvolveu nos últimos oito anos.

Essa rápida expansão deve continuar nos próximos anos.

A sociedade, a imprensa, os centros de ensino e pesquisa e o próprio Estado finalmente despertaram para essa nova realidade, com o que se renovaram e ampliaram os questionamentos sobre a eficiência e a legalidade das atividades de inteligência, bem como sobre sua "capacidade" de respeitar direitos humanos e direitos fundamentais.

Há uma verdadeira efervescência na área da inteligência, com realização de pesquisas acadêmicas, edição de estudos, surgimento de pós-graduações, publicação de longas reportagens críticas, declarações de importantes personalidades públicas (como as dos chefes dos Poderes da União), discussões legislativas no Congresso Nacional, imensa repercussão na mídia de ações estatais atribuídas à inteligência (como as da Polícia Federal e da ABIN) etc.

A prospectiva para a inteligência, nos próximos cinco a dez anos, indica cenários com significativas transformações:

a) diante do déficit legal sobre a inteligência, vários de seus aspectos deverão ser regulamentados por lei *stricto sensu*, como leis ordinárias ou, possivelmente, até emenda à Constituição;
b) novos "serviços de inteligência" continuarão a surgir, inclusive "sistemas" de inteligência constitucionalmente "autônomos" (como Ministérios Públicos, Poder Judiciário, Poder Legislativo e Municípios), demandando que a "Comunidade de Inteligência" se antecipe no planejamento de sua integração ou cooperação;
c) a inteligência procurará justificar-se e adequar-se como método proporcional, controlável, eficiente e federativo-cooperativo, bem como desenvolver-se como método pluriagencial, interdisciplinar e interparadigmático, adequado a fenômenos complexos e dialéticos;
d) a inteligência de segurança pública e novas inteligências firmarão sua "dupla natureza", como "inteligência estratégica" (processo decisório – natureza consultiva) e "inteligência tática" (produção de provas – natureza executiva);
e) a inteligência tenderá a atuar de forma cooperativa, seguindo a tendência mundial ao compartilhamento informacional;
f) a inteligência aumentará sua participação em investigações criminais e civis, auxiliando ou integrando órgãos investigativos;
g) a inteligência de segurança pública e outras inteligências orientadas para a investigação procurarão desenvolver e consolidar seu devido processo legal;
h) a inteligência buscará padronização, inclusive com desenvolvimento de normas de qualidade e sistemas de certificação de qualidade;
i) a inteligência buscará educação (capacitação, treinamento e aperfeiçoamento, permanentes e continuados), segundo parâmetros internacionais, mas adequada à realidade nacional atual e futura. Por exemplo, a Fundação Escola Superior do Ministério Público de Minas Gerais (FESMPMG) lançou a primeira pós-graduação brasileira de especialização em Inteligência de Estado e Inteligência de Segurança Pública, que já está na quinta turma, tendo, como alunos, Delegados da Polícia Federal, Oficiais de Inteligência da Agência Brasileira de Inteligência (ABIN), Delegados da Polícia Civil, Oficiais da Polícia Militar, Agentes da Polícia Federal, Promotores de Justiça, Procuradores de Justiça, Procuradores da República, Procuradores do Trabalho, Auditores-Fiscais estaduais e federais, Analista do TCU, Juiz Federal, Juiz de Direito, Agentes Penitenciários etc.

A Editora Impetus, com o apoio da Fundação Escola Superior do Ministério Público de Minas Gerais (FESMPMG), em face desses cenários de relevantes transformações, lançou a série brasileira sobre inteligência, denominada "Inteligência, Segurança e Direito".

A série "Inteligência, Segurança e Direito" objetiva contribuir para o desenvolvimento e o aperfeiçoamento da inteligência e da segurança, por meio da publicação de estudos, pesquisas, ensaios, manuais, cursos, tratados, coletânea de artigos e outras obras de qualidade, nacionais ou estrangeiros, produzidos por profissionais de inteligência e segurança, pesquisadores, professores, especialistas e estudiosos em geral. Ademais, a série também incorpora o novo campo de estudos e pesquisas do Direito sobre a inteligência e a segurança.

A série "Inteligência, Segurança e Direito" tem demonstrado sua vitalidade e relevância, chegando à 2ª edição de seu segundo título e à quinta obra, com grande sucesso.

Dr. Denilson Feitoza

Pós-Doutorado em Inteligência, Segurança e Direito (Canadian Centre of Intelligence and Security Studies – CCISS)

Pós-Doutorado em Ciência da Informação (UFMG)

Doutor em Direito, Mestre em Direito e Master of Arts in Open and Distance Education

Coordenador da Série "Inteligência, Segurança e Direito"

Presidente da Associação Internacional de Analistas de Inteligência de Segurança Pública – Capítulo Brasil – IALEIA-BR

Coordenador da Pós-Graduação de Especialização em Inteligência de Estado e Inteligência de Segurança Pública da Fundação Escola Superior do Ministério Público de Minas Gerais (FESMPMG)

Pesquisador doutor do Centro de Estudos Estratégicos e Inteligência Governamental, da Universidade Federal de Minas Gerais (CEEIG/ UFMG)

Diretor acadêmico da Associação Brasileira de Professores de Ciências Penais (ABPCP)

Membro da International Association of Law Enforcement Intelligence Analysts (IALEIA)

Membro da International Association for Intelligence Education (IAFIE)

Membro da International Association of Crime Analysts (IACA)

Ex-Presidente do Instituto Brasileiro de Inteligência Criminal (INTECRIM)

Ex-Secretário-Geral do Grupo Nacional de Combate às Organizações Criminosas (GNCOC)

Ex-Coordenador do Centro de Segurança e Inteligência Institucionais (CESIN), do Ministério Público de Minas Gerais

Ex-Coordenador nacional do Grupo de Inteligência dos Ministérios Públicos

Procurador de Justiça

www.impetus.com.br
www.fesmpmg.org.br
www.inteligenciabr.com
www.denilsonfeitoza.com

APRESENTAÇÃO

Conheci Joanisval Brito Gonçalves quando assumi a Presidência da Comissão de Relações Exteriores e de Defesa Nacional da Câmara dos Deputados (CREDN) e, por consequência, da Comissão Mista de Controle das Atividades de Inteligência do Congresso Nacional (CCAI). Já no meu primeiro contato com o Secretário da CCAI, fui por ele informado que, para assuntos de inteligência, seria bom conversar com "um certo consultor do Senado, que assessorava a Comissão", e que era o único especialista no Congresso sobre controle da inteligência, com doutorado a esse respeito concluído na Universidade de Brasília. Disse, então, que o chamassem, pois gostaria de conhecer esse consultor e trocar ideias sobre essa área tão hermética que é a inteligência.

A primeira impressão de Joanisval foi bastante positiva. Seu conhecimento sobre o assunto logo se evidenciou, só comparável ao entusiasmo com que tratava de inteligência e dos mecanismos de controle dos serviços secretos. Essa impressão foi confirmada ao tomar conhecimento da vasta produção bibliográfica de Joanisval, e do reconhecimento que tinha tanto pela comunidade de inteligência brasileira como em âmbito internacional – de fato, descobri que quando se fala pelo mundo em controle da atividade de inteligência no Brasil, Joanisval é citado como principal referência. Isso deve ser motivo de orgulho não só para o Senado Federal, mas também para o Poder Legislativo brasileiro, que se encontra tão bem assessorado.

Após me inteirar bem sobre o assunto, concluí que era fundamental que se levasse a CCAI adiante, pois se trata de órgão de grande importância para a democracia brasileira. Decidi então que naquele ano a Comissão funcionaria a pleno vapor. Ao consultar Joanisval sobre o que poderia ser feito para aprimorar o desempenho da CCAI, foram-me trazidas diversas sugestões, entre as quais a aprovação do Regimento Interno da Comissão. Assim, com reuniões quase que semanais, convocamos os membros da CCAI, ouvimos outros parlamentares e pessoas da comunidade de inteligência, discutimos o assunto, colhemos sugestões, e chegamos a um Projeto de Resolução que foi encaminhado para ser votado em sessão do Congresso Nacional e que, quando aprovado, constituirá o Regimento Interno da CCAI e importante passo no controle externo da atividade de inteligência no Brasil.

Durante todo esse período que atuei como Presidente, a Comissão e seus membros puderam contar com o assessoramento de Joanisval, que contribuiu com suas impressões recolhidas não só de reflexões pessoais, mas também de seu vasto conhecimento sobre o controle da atividade de inteligência pelo mundo.

Como Presidente da CCAI, à medida que melhor conhecia a atividade de inteligência e a comunidade de inteligência brasileira, mais percebia que ainda há muito a ser feito para melhorar a situação de nossos serviços secretos e do controle legitimamente exercido sobre eles pelo Poder Legislativo. Após muito refletir, decidi apresentar a Proposta de Emenda à Constituição (PEC) nº 398, de 2009, a qual eleva a atividade de inteligência ao nível constitucional, colocando o assunto no seu lugar de direito, ou seja, no âmbito da Lei Maior. O assessoramento de Joanisval também foi importante para que chegássemos à referida PEC, tendo o consultor contribuído para sua elaboração. Ninguém melhor que ele para comentar a PEC nº 398, de 2009, o que é feito neste livro.

Costumo dizer que um bom líder se distingue por cercar-se de bons assessores. Nós, políticos, que temos responsabilidade pelos destinos deste grande país e de milhões de pessoas, precisamos atuar de forma consciente e com objetivos bem definidos e, para isso, é fundamental que possamos contar com especialistas do gabarito de Joanisval. Nesse sentido, posso assegurar que a CCAI está bem assessorada, e só lamento o fato de Joanisval operar praticamente solitário, pois faltam mais especialistas em controle da atividade de inteligência no Brasil. O Poder Legislativo necessita dar mais atenção a tema de tamanha relevância. Somente para comparar, o Congresso dos EUA dispõe de cerca de 200 assessores para a área de Inteligência.

Uma vez apresentado o autor, convém falar um pouco a respeito da obra. Trata-se de mais uma publicação de Joanisval sobre atividade de inteligência, dessa vez com o foco no controle exercido sobre os serviços secretos. Recomendo este livro a todos os interessados em conhecer o assunto, em especial aos colegas do Parlamento. Fundamental que nós, Deputados e Senadores, conheçamos mais sobre a atividade de inteligência e seu controle e, a esse respeito, o trabalho de Joanisval é imprescindível. Ressalto que o livro foi escrito com bastante clareza e didatismo, de modo que os leigos não terão qualquer dificuldade em se inteirar sobre assunto de tamanha complexidade. Lembro que Joanisval é também professor e um comunicador nato, e seu talento em bem transmitir seus pensamentos se evidencia na presente obra.

Assim, qualquer pessoa interessada em serviços secretos e em seus mecanismos de controle, encontrará neste livro obra de referência. É única pelo seu conteúdo, e ferramenta imprescindível em especial para os políticos e tomadores de decisão, pois, uma vez que a atividade de inteligência é de suma importância para a democracia, é somente por meio do controle, interno e, sobretudo, externo, que os cidadãos poderão ter certeza de que seus serviços secretos atuam de maneira consentânea com a Constituição, as leis e os princípios que regem o Estado democrático de direito, em defesa do Estado e da sociedade.

Para a defesa das instituições democráticas precisamos de um Sistema de Inteligência, o qual deve estar sob rígido controle da sociedade brasileira, através dos seus representantes no Congresso Nacional. Para bem controlar os serviços secretos, precisamos saber como fazê-lo e o livro de Joanisval Brito Gonçalves muito nos auxiliará nessa missão.

Brasília, julho de 2010.

Severiano Alves
Deputado Federal
Ex-Presidente da Comissão Mista de Controle das Atividades de Inteligência do Congresso Nacional

PREFÁCIO

Mais do que referência, *Políticos e Espiões – o controle da atividade de inteligência* pode até ser considerada obra paradidática, portanto, uma boa contribuição para esclarecimento do real significado dos serviços de inteligência, aceitos, por vezes, com reservas. Assim vejo o livro de Joanisval Brito Gonçalves, consultor legislativo do Senado da República. Ele próprio define esta magnífica obra como resultado de uma experiência de 10 ou mais anos. Além de assessorar a Comissão Mista de Controle das Atividades de Inteligência do Congresso Nacional, o Autor é também professor e, como tal, já produziu outros trabalhos no gênero.

Estou certo de que os ensinamentos que o leitor vai encontrar nas páginas deste livro não refletem tão somente a opinião do Consultor. Antes, abrangem uma vasta bagagem de conhecimentos adquiridos ao longo de seu trabalho, sem dúvida dedicado e exaustivo, junto àquela Comissão técnica do Legislativo.

Não se trata de nenhuma ideia para *desmitificar* o conceito dos serviços de inteligência. Pelo que se pode extrair dos ensinamentos de Joanisval, a partir, inclusive, de algumas indagações que ele levanta – e depois explica: *É possível manter os órgãos de inteligência atuando segundo preceitos democráticos? Isso é realmente possível? E quem deve controlar os espiões?*

Os vocábulos *espião e espionagem* são, a um tempo, mágicos (pelo suspense, que acaba gerando momento de tensão forte) e, de certa forma, repulsivos (talvez pelo desconhecimento do real significado de um órgão de inteligência).

Ao invés da mera rejeição a tudo quanto se refira ao tema, o caminho é o indicado nas lições de Joanisval Brito Gonçalves, qual seja, o de, dentro dos preceitos constitucionais, estabelecer mecanismos de acompanhamento e controle das atividades de inteligência. É, sim, o caminho correto, tal como sugere o Autor ao sustentar, entre outras sábias considerações, *que a atividade de inteligência é plenamente compatível com o regime democrático.* Na verdade, nenhum Governo pode prescindir de tais serviços, notadamente numa fase como a atual, de um mundo globalizado. E, bem a propósito, Joanisval também deixa claro que *a inteligência é de suma importância para a defesa do Estado e da sociedade; não há o que discutir.*

Vistos sob essa angulação, como registra o Consultor, os serviços de inteligência devem ser fiscalizados pelo Parlamento, função atribuída à

Comissão Mista já referida. É bem lembrada a observação acerca da legitimidade do Legislativo para esse fim, pois, afinal, o Congresso Nacional é legítimo representante do povo. Dessa forma, ao exercer o controle sobre aquelas atividades, de espionagem ou não, as duas Casas legislativas exercitam uma de suas prerrogativas constitucionais.

O Autor faz, a propósito, lúcida observação, ao acentuar que *a última década foi marcada por transformações no sistema internacional, as quais também têm influenciado as questões domésticas dos países. Neste início de século, o tema "segurança" voltou a ocupar lugar de destaque na agenda global, especialmente após os atentados de 11/09/2001 e a campanha contra o terror desencadeada pelos EUA. Ademais, a sociedade internacional globalizada vê-se diante das chamadas ameaças transnacionais (como o terrorismo e o crime organizado) contra as quais é essencial a cooperação entre os Estados e os setores de segurança e defesa.*

Felicito o Consultor Joanisval pela bela iniciativa de estender à sociedade ensinamentos práticos sobre as atividades de inteligência. A leitura desse estudo poderá, ao menos em parte, afastar incertezas e/ou rejeições a uma atividade cuja presença na vida nacional é necessária.

Ler o livro que ora chega a público assume características assemelhadas a uma verdadeira aula sobre momentoso tema. E, sem dúvida, poderá contribuir para minimizar o pretenso lado negativo daquelas atividades. Negativo sobretudo por algumas interpretações causadas pelo desconhecimento, bem como por distorções registradas ao longo do período discricionário. Menciono, a propósito, o episódio de um contínuo do Palácio do Planalto que, transferido de uma seção para o gabinete do Serviço Nacional de Informações (SNI), foi tomado de forte constrangimento. Procurou o chefe imediato e, indagado o porquê da sua inquietação, respondeu: "*Não é por nada! Apenas não sei como explicar na minha Superquadra que eu trabalho no SNI!*"

Brasília, 23 de agosto de 2010

Senador *Arthur Virgílio*

NOTA À SEGUNDA EDIÇÃO

Caro Leitor,

Você tem nas mãos um livro sobre um dos aspectos mais importantes para a defesa das instituições democráticas: o controle dos serviços secretos. Como manter os órgãos de inteligência atuando de acordo com preceitos democráticos? Isso é realmente possível? E quem é que deve controlar os espiões? Qual o papel dos políticos, em especial do Poder Legislativo, nesse controle? De que maneira esse controle deve ser feito?

Desde a primeira edição deste livro, em 2010, a Inteligência no Brasil e seu controle passaram por importantes mudanças. Em 2018, tem-se uma comunidade de inteligência mais dinâmica, ativa e integrada, e se fala cada vez mais em coordenação e cooperação entre seus membros, inclusive com intercâmbio e compartilhamento de dados, informações e conhecimentos. Isso é fundamental para a efetividade da Inteligência, responsável pela reunião de dados, seu processamento e a produção de um conhecimento muito peculiar para o assessoramento adequado ao processo decisório em distintos níveis.

Fundamental também para as atividades de inteligência em um regime democrático é que os serviços secretos estejam sob rígido controle, sendo fiscalizados e orientados em distintos níveis. No caso do Brasil, o controle externo da Inteligência está a cargo, precipuamente, do Congresso Nacional, em particular por meio da Comissão Mista de Controle das Atividades de Inteligência, a CCAI.

Quando publicamos a primeira edição deste livro, a CCAI ainda dava seus primeiros passos. Nesta segunda edição, a referida Comissão encontra-se mais madura na percepção sobre o seu papel no controle da Inteligência e também mais operante. Isso se deveu ao trabalho contínuo de seus membros que, a cada ano, mostravam-se mais envolvidos nas atividades da Comissão e reforçavam o compromisso de se ter, no Parlamento, um órgão de Estado e suprapartidário. Nomes como Severiano Alves, Cristovam Buarque, Heráclito Fortes, Perpétua Almeida, Aloysio Nunes Ferreira, Pedro Vilella, Nelson Pelegrino, Ricardo Ferraço, Luiz Carlos Hauly, Jô Moraes, Bruna Furlan e Fernando Collor, de diferentes matizes político-partidários, contribuíram para tornar o órgão de controle externo mais atuante e expressivo.

De extrema importância para a CCAI foi, ainda, em 2013, a aprovação da Resolução nº 2, do Congresso Nacional, que estabeleceu, como parte do Regimento Comum, o Regimento Interno da Comissão Mista de Controle das Atividades de Inteligência, o RICCAI. Com o Regimento, a Comissão passou a ter fundamentos normativos mais balizados para o devido exercício de suas relevantes tarefas de fiscalizar e controlar a comunidade de inteligência brasileira.

Claro que ainda há muito a ser feito, tanto no que concerne à comunidade de inteligência quanto a seus mecanismos de fiscalização e controle. Mas passos importantes já foram dados. Esperamos que mais reformas advenham e que esta obra possa contribuir para a missão de remover véus da ignorância sobre a Inteligência e seu controle.

Boa leitura!

Brasília, agosto de 2018.

Joanisval Brito Gonçalves
joanisval@gmail.com
www.joanisval.com

NOTA DO AUTOR

Caro Leitor,

Você tem nas mãos um livro sobre um dos aspectos mais importantes para a defesa das instituições democráticas: o controle dos serviços secretos. Como manter os órgãos de inteligência atuando de acordo com preceitos democráticos? Isso é realmente possível? E quem é que deve controlar os espiões? Qual o papel dos políticos, em especial do Poder Legislativo, nesse controle? De que maneira esse controle deve ser feito?

Não há dúvida de que a atividade de inteligência é plenamente compatível com o regime democrático. E sobre essa que é entendida por alguns como "a segunda profissão mais antiga do mundo" já tratamos em nossa obra *Atividade de Inteligência e Legislação Correlata*, a primeira desta série "Inteligência, Segurança e Direito", publicada pela Impetus. Entretanto, os serviços secretos lidam com informações bastante sensíveis e, com isso, acabam adquirindo um poder que, se não estiver sob rígido controle, pode culminar em abusos e arbitrariedades. Isso já aconteceu em diversas partes do mundo, como nos Estados Unidos, no Canadá, na Argentina e, é claro, também no Brasil.

O que vai garantir que a atividade de inteligência se dê de acordo com os princípios democráticos é exatamente o estabelecimento de estruturas e mecanismos que mantenham os serviços secretos sob controle. Esse controle também será fundamental para se lidar com o dilema "necessidade de sigilo da atividade de inteligência" *versus* "obrigatoriedade de transparência na Administração Pública". E, ainda, é benéfico para os próprios serviços secretos e para aqueles que ali trabalham, pois dá um maior respaldo à atividade.

Apesar de ser um livro em uma série relacionada ao Direito, esta obra de forma alguma é destinada apenas aos juristas. De fato, cientistas políticos, sociólogos, jornalistas, professores e estudantes, pessoas da área de segurança e inteligência e qualquer leitor que se interesse pela maneira como se dá essa delicada relação entre os serviços secretos e os agentes políticos do Estado vão encontrar nesta obra uma leitura atraente. Em tempo: evitamos ao máximo o "juridiquês", exatamente porque compreendemos que uma obra como a que você tem nas mãos deve atender a um público diversificado, das mais diferentes áreas e de distintos níveis de formação. Ademais, aqui também não trataremos de controle contábil, financeiro ou orçamentário, mas sim daquele chamado político-finalístico.

A primeira parte do livro é mais técnica, e trata de conceitos de inteligência, controle, *accountability*, da maneira como os princípios de prestação de contas podem ser apresentados em uma teoria geral, dos dilemas do controle.

Passa-se, no capítulo seguinte, às minúcias do controle da atividade de inteligência propriamente dita, com todas as suas peculiaridades. Segue-se então, para as chamadas "boas práticas", ou seja, discorremos um pouco sobre como se pode dar, de maneira geral, um controle efetivo, eficaz e eficiente dos serviços secretos: trata-se de um pequeno guia, produzido a partir da experiência internacional e de modelos de outros países, de como se pode conduzir esse controle.

A última parte do livro é dedicada ao caso brasileiro, narrando como se dá o controle dos serviços secretos no Brasil, discutindo seus problemas e propondo alternativas para se aperfeiçoar esse controle, inclusive com destaque para as iniciativas legislativas em curso. Para isso, contamos nossa experiência de mais de uma década trabalhando com inteligência, assessorando a Comissão Mista de Controle das Atividades de Inteligência do Congresso Nacional, lecionando, pesquisando e escrevendo sobre controle dos serviços secretos.

Muito ainda há a ser feito para aperfeiçoar as instituições democráticas no Brasil. Nesse sentido, é fundamental o estabelecimento de um aparato de segurança e inteligência para assessorar os tomadores de decisão (especialmente os agentes políticos e representantes legítimos do povo) e defender a democracia. E mais importante ainda é a existência de mecanismos de controle que evitem arbitrariedades por parte dos serviços secretos. Há sempre que se lembrar da famosa frase do Thomas Jefferson: "O preço da liberdade é a eterna vigilância!"

Boa leitura!

Joanisval Brito Gonçalves
joanisval@gmail.com
Agosto de 2010

*Sed quis custodiet ipsos custodes?**

Juvenal

* "Quem vigia os vigilantes?"

SIGLAS

AAT	*Administrative Appeals Tribunal* (Austrália)
ABIN	Agência Brasileira de Inteligência*
ABRAIC	Associação Brasileira de Analistas de Inteligência Competitiva
AC/SNI	Agência Central do Serviço Nacional de Informações
ADESG	Associação dos Diplomados da Escola Superior de Guerra
AIVD	*Algemene Inlichtingen-en Veiligheidsdienst* – Serviço Geral de Inteligencia e Segurança (Países Baixos)
ANC	Assembleia Nacional Constituinte
ARENA	Aliança Renovadora Nacional
ASBIN	Associação dos Servidores da Agência Brasileira de Inteligência
ASI	Assessoria de Segurança e Informações
ASIO	*Australian Security Intelligence Organisation*
ASIS	*Australian Secret Intelligence Service*
BfV	*Bundesamt für Verfassungsschutz* – Escritório Federal de Proteção à Constituição (Alemanha)
BND	*Bundesnachrichtendienst* – Serviço Federal de Inteligência (Alemanha)
BOSS	*Bureau of State Security* (África do Sul)
CASIS	*Canadian Association for Security and Intelligence Studies*
CCAI	Comissão Mista de Controle das Atividades de Inteligência do Congresso Nacional
CCJ	Comissão de Constituição, Justiça e Cidadania do Senado
CD	Câmara dos Deputados
CDN	Conselho de Defesa Nacional
CEFARH	Centro de Formação e Aperfeiçoamento de Recursos Humanos

* Os nomes em português referem-se a instituições brasileiras, salvo quando houver referência expressa em sentido contrário.

CENSIPAM	Centro Gestor e Operacional do Sistema de Proteção da Amazônia
CEPESC	Centro de Pesquisas e Desenvolvimento para a Segurança das Comunicações
CF88	Constituição Federal de 1988
CFI	Curso de Formação em Inteligência
CFSIRP	Conselho de Fiscalização do Sistema de Informações da República Portuguesa
CGU	Controladoria-Geral da União
CIA	*Central Intelligence Agency* (EUA)
CIE	Centro de Informações do Exército/Centro de Inteligência do Exército
CIM	Centro de Inteligência da Marinha
CISET	Secretaria de Controle Interno
CN	Congresso Nacional
CNI	*Centro Nacional de Inteligencia* (Espanha)
CNMP	Conselho Nacional do Ministério Público
COAF	Conselho de Controle de Atividades Financeiras
CODI	Coordenação de Operações de Defesa Interna
CPC	*Commission for Public Complaints Against the Royal Canadian Mounted Police* (Canadá)
CPI	Comissão Parlamentar de Inquérito
CPIESCUT	Comissão Parlamentar de Inquérito da Câmara dos Deputados para Investigar Escutas Telefônicas/Clandestinas
CPMI	Comissão Parlamentar Mista de Inquérito
CPOR	Centro Preparatório de Oficiais da Reserva
CRE	Comissão de Relações Exteriores e Defesa Nacional do Senado Federal
CREDEN	Câmara de Relações Exteriores e Defesa Nacional
CREDN	Comissão de Relações Exteriores e de Defesa Nacional da Câmara dos Deputados
CSE	*Communications Security Establishment* (Canadá)
CSEC	*Communications Security Establishment Commissioner* (Canadá)
CSIS	*Canadian Security Intelligence Service*

CSN	Conselho de Segurança Nacional
DA	Departamento de Administração
DCI	Departamento de Contrainteligência da ABIN
DCI	*Director of Central Intelligence* (EUA)
DEM	Partido Democratas
DFSP	Departamento Federal de Segurança Pública
DGI	*Dirección General de Inteligencia* (Cuba)
DGSE	*Direction générale de la sécurité extérieure* (França)
DHS	*Department of Homeland Security* (EUA)
DI	Departamento de Inteligência da ABIN
DIA	*Defense Intelligence Agency* (EUA)
DIGO	*Defence Imagery & Geospatial Organisation* (Austrália)
DIO	*Defence Intelligence Organisation* (Austrália)
DIS	*Defense Intelligence Staff* (Reino Unido)
DND	*Department of National Defence* (Canadá)
DNI	*Director of National Intelligence* (EUA)
DoD	*Department of Defense* (EUA)
DOI	Destacamento de Operações de Informações
DOINT	Departamento de Operações em Inteligência da ABIN
DOPS	Departamento de Ordem Política e Social
DPF	Departamento de Polícia Federal
DPRF	Departamento de Polícia Rodoviária Federal
DSD	*Defense Signals Directorate* (Austrália)
DSI	Divisão de Segurança e Informações
DST	*Direction de la surveillance du territoire* (França)
EB	Exército Brasileiro
EMA	Estado-Maior da Armada
EMAer	Estado-Maior da Aeronáutica
EME	Estado-Maior do Exército
EMFA	Estado-Maior das Forças Armadas
ESG	Escola Superior de Guerra
END2012	Estratégia Nacional de Defesa, 2012
ENINT	Estratégia Nacional de Inteligência
EsIMEx	Escola de Inteligência Militar do Exército

ESINT	Escola de Inteligência
EsNI	Escola Nacional de Informações
FAB	Força Aérea Brasileira
FARC	Forças Armadas Revolucionárias da Colômbia
FAS	*Federation of American Scientists*
FBI	*Federal Bureau of Investigation* (EUA)
FESMP	Fundação Escola Superior do Ministério Público de Minas Gerais
FIU	Unidade de Inteligência Financeira
GAFI-FATF	Grupo de Ação Financeira contra Lavagem de Dinheiro (*Financial Action Task Force on Money Laundering*)
GRU	*Glavnoye Razvedyvatel'noye Upravleniye* – Diretório-Central de Informações do Estado-Maior (URSS)
GSI	Gabinete de Segurança institucional da Presidência da República
HPSCI	*House Permanent Select Committee on Intelligence* (EUA)
IAFIE	*International Association for Intelligence Education*
IALEIA	*International Association of Law Enforcement Intelligence Analysts*
IG	*Inspector General*
IGIS	*Inspector-General of Intelligence and Security* (Austrália)
IOB	*Intelligence Oversight Board* (EUA)
IPM	Inquérito Policial Militar
ISA	*International Studies Association*
ISC	*Intelligence and Security Committee* (Grã-Bretanha)
JSCI	*Joint Standing Committee on Intelligence* (África do Sul)
KGB	*Komitet Gasudarstvennoy Bezopasnosti* – Comitê de Segurança do Estado (URSS)
MAD	*Militärischer Abschirmdienst* – Serviço de Contrainteligência Militar (Alemanha)
MB	Marinha do Brasil
MI5	*British Security Service*
MI6 ou SIS	*British Secret Intelligence Service*
MJ	Ministério da Justiça
MPM	Ministério Público Militar

MPU	Ministério Público da União
MRE	Ministério das Relações Exteriores
MST	Movimento dos Trabalhadores Rurais Sem-Terra
NDIC	*National Defence Intelligence Centre* (Canadá)
NRO	*National Reconnaissance Office* (EUA)
NSA	*National Security Agency* (EUA)
NSC	*National Security Council* (EUA)
OCDE	Organização para a Cooperação e o Desenvolvimento Econômicos
OEA	Organização dos Estados Americanos
OMB	*Office of Management and Budget* (EUA)
ONA	*Office of National Assessments* (Austrália)
ONU	Organização das Nações Unidas
OSS	*Office of Special Services* (EUA)
OTAN	Organização do Tratado do Atlântico Norte
PCB	Partido Comunista do Brasil (até 1960) / Partido Comunista Brasileiro (a partir de 1960)
PDB	*President's Daily Brief* (EUA)
PDN	Política de Defesa Nacional
PLANINT	Plano Nacional de Inteligência
PND2012	Política Nacional de Defesa, 2012
PFIAB	*President's Foreign Intelligence Advisory Board* (EUA)
PFL	Partido da Frente Liberal
PMDB	Partido do Movimento Democrático Brasileiro
PNI	Política Nacional de Inteligência
PNPC	Programa Nacional de Proteção ao Conhecimento
PPS	Partido Popular Socialista
PR	Presidência da República
PRONABENS	Programa Nacional de Integração Estado-Empresa na Área de Bens Sensíveis
PSDB	Partido da Social Democracia Brasileira
PT	Partido dos Trabalhadores
RCMP	*Royal Canadian Mounted Police*
RICCAI	Regimento Interno da Comissão Mista de Controle das Atividades de Inteligência

RICD	Regimento Interno da Câmara dos Deputados
RICN	Regimento Comum do Congresso Nacional
RISF	Regimento Interno do Senado Federal
SAE	Secretaria de Assuntos Estratégicos
SASS	*South African Secret Service* (África do Sul)
SAT	*Security Appeals Tribunal* (Austrália)
SCOP	Secretaria de Apoio a Conselhos e Órgãos do Parlamento
SECINT	Secretaria de Inteligência da Aeronáutica
SEIB	*Senior Executive Intelligence Brief* (EUA)
SENASP	Secretaria Nacional de Segurança Pública
SF	Senado Federal
SFC	Secretaria Federal de Controle Interno
SFICI	Serviço Federal de Informações e Contrainformações
SIN	*Secretaria de Inteligencia* (Argentina)
SIRC	*Security Intelligence Review Committee* (Canadá)
SISBIN	Sistema Brasileiro de Inteligência
SISNI	Sistema Nacional de Informações
SIVAM	Sistema de Vigilância da Amazônia
SNI	Serviço Nacional de Informações
SRF	Secretaria da Receita Federal
SSCI	*Senate Select Committee on Intelligence* (EUA)
SSI	Subsecretaria de Inteligência
STF	Supremo Tribunal Federal
STM	Superior Tribunal Militar
TCU	Tribunal de Contas da União

SUMÁRIO

INTRODUÇÃO

O poder intoxica os melhores corações, como o vinho intoxica as cabeças mais sólidas. Homem algum é bastante sábio ou bastante íntegro para merecer um poder sem limites.

Charles Caleb Colton

O leitor tem nas mãos mais um de nossos livros sobre atividade de inteligência. Na obra *Atividade de Inteligência e Legislação Correlata*, publicada inicialmente pela Impetus em 2009 (já chegando a 2018 em sua 6ª edição), buscamos apresentar os fundamentos dessa que é uma das atividades mais antigas do mundo, e que, apesar de sua importância inquestionável, ainda é vista com desconhecimento, desconfiança e, em verdade, com muito medo. Naquele que é o primeiro livro da Série Inteligência, Segurança e Direito, publicada pela Editora Impetus e com apoio da Associação Internacional para Estudos de Segurança e Inteligência (INASIS)[1], tratamos de doutrina de inteligência e analisamos os principais instrumentos normativos que a regulam.

Este livro também é sobre serviços secretos. Entretanto, nas páginas seguintes, a Inteligência é analisada sob a importante perspectiva do controle. Ora, que a Inteligência é de suma importância para a segurança do Estado e da sociedade, sobre isso não há o que se discutir. A atividade desenvolvida pelos serviços secretos, porém, envolve um poder significativo que, nos regimes democráticos, precisa estar sob rígido e constante controle, de modo a se evitar ou coibir abusos por parte daqueles que lidam com informações sensíveis e, portanto, com esse grande poder.

O controle da atividade de inteligência é o objeto de estudo da presente obra. Buscamos trazer, de forma pioneira no Brasil, os fundamentos do controle, a maneira como ele pode ser realizado e por quem deve ser feito, inclusive com comentários sobre outros modelos políticos pelo mundo. Também discutimos aqui o problema do controle dos serviços secretos nas democracias contemporâneas, e analisamos o caso brasileiro.

Convém assinalar que o controle tratado neste livro não é o controle contábil, financeiro e orçamentário, mas sim o chamado controle político--finalístico, aquele realizado sobre a condução da atividade em si, e que busca verificar se o controlado atua de acordo com os princípios e normas que regem o

[1] Para conhecer a INASIS, acesse <http://www.inasis.org>.

Estado democrático e se está cumprindo sua missão e exercendo suas atribuições a contento.

Assim, no primeiro capítulo são discutidas as questões fundamentais relacionadas à democracia, à atividade de inteligência e ao controle. Nele são tratados os aspectos conceituais de segurança, inteligência, democracia e controle, assinalando-se a importância deste último para a democracia. A ideia de *accountability* e a doutrina internacional sobre o assunto também são discutidas nesse primeiro capítulo.

Conhecidos os elementos conceituais de inteligência e controle e discutida a relação deste com a democracia, passamos, com o segundo capítulo, para o controle da atividade de inteligência propriamente dito. Buscamos então responder à primeira grande pergunta deste livro: "Por que controlar a Inteligência?" Seguimos tratando das dificuldades do controle, de seus paradoxos, e dos princípios de fiscalização e controle aplicados à Inteligência.

No terceiro capítulo, tratamos dos vários mecanismos não parlamentares para se controlar os serviços secretos. Esses mecanismos permitem o controle em diversas esferas, por exemplo, o interno realizado no âmbito do próprio órgão controlado (que chamamos de controle agencial), o ministerial, o realizado pelo Judiciário, e aquele direto, feito pela sociedade civil. São discutidas as diferentes classificações, fruto da experiência de outros regimes e sistemas políticos. Respondemos, assim, a outras duas perguntas: Como e por que se faz o controle?

O quarto capítulo é dedicado aos mecanismos parlamentares do controle da atividade de inteligência. Sem dúvida, é no Poder Legislativo, no Parlamento, que repousa a competência primordial de fiscalizar a Administração Pública, o que é feito em nome do titular legítimo do poder no Estado, o povo representado. Tratamos das formas e dos mecanismos de controle parlamentar e dos parâmetros mínimos necessários para que esse controle seja eficiente, eficaz e efetivo.

Orientações práticas de controle da atividade de inteligência são apresentadas no quinto capítulo. Ali, buscamos reunir o que há de mais atual nesse campo e em distintos níveis. São pontos que têm por objetivo contribuir para iniciativas de tornar mais efetivo o controle dos serviços secretos em uma democracia. Apesar de não serem "a receita do sucesso", podem servir como referência aos interessados em desenvolver processos de *accountability* para a comunidade de inteligência no Estado democrático, tanto em regimes parlamentaristas quanto presidencialistas.

Concluída a parte geral sobre controle dos serviços secretos, passamos à análise do tema sob a perspectiva brasileira. Nossos questionamentos a serem respondidos são: como é feito o controle da comunidade de inteligência do Brasil, quais os obstáculos a sua efetividade e quais as críticas ao controle dos serviços secretos brasileiros, em especial ao controle exercido pelo Legislativo?

Portanto, o sexto capítulo pretende fazer um apanhado geral sobre o controle da atividade de inteligência no Brasil.

Vistos os meandros da atividade de inteligência e de seu controle no Brasil, chegamos ao sétimo capítulo, voltado às sugestões para se aperfeiçoar e tornar mais efetivo esse controle em nosso País. Atenção especial é dada ao papel do Parlamento e à proposta de criação de um Conselho de Controle da Atividade de Inteligência, composto por não parlamentares, mas vinculado ao Congresso Nacional, cuja atribuição seria a de fiscalizar diuturnamente a comunidade de Inteligência. Outra sugestão que convém ser mencionada de antemão é a elevação da atividade de inteligência ao *status* constitucional, o que, acreditamos, daria a real importância ao trabalho e à missão dos profissionais que atuam, sob o signo do silêncio, em defesa do Estado, da sociedade e das instituições democráticas. Algumas dessas medidas começaram a ser implementadas enquanto produzíamos a presente obra e durante sua atualização.

O oitavo e último capítulo, inserido em sua totalidade com a 2ª edição, destina-se à análise da Resolução nº 2, de 2013 – CN, o Regimento Interno da Comissão Mista de Controle das Atividades de Inteligência (RICCAI). Buscamos ali dissecar o Regimento, analisando seu conteúdo de forma meticulosa, e fazendo referência à legislação em vigor e às particularidades fáticas relacionadas à matéria. Esperamos que este capítulo possa contribuir para o trabalho daqueles que estudam e lidam com o RICCAI e o controle da Inteligência, dentro e fora do Congresso Nacional.

As observações feitas por nós neste livro, e as conclusões a que chegamos, são resultado de anos de estudo e pesquisa sobre a fiscalização e o controle político-finalístico dos serviços secretos realizados em diversos países. Também contribuiu para este trabalho nossa experiência assessorando os membros do Congresso Nacional na tarefa de acompanhar as atividades da comunidade de inteligência. Esperamos, sinceramente, que a presente obra possa auxiliar os interessados em um tema tão essencial para a democracia.

Capítulo 1

INTELIGÊNCIA, DEMOCRACIA E CONTROLE

Seul le pouvoir peut arrêter le pouvoir.

Montesquieu

O objetivo deste primeiro capítulo é apresentar aspectos conceituais de segurança, inteligência, democracia e controle, assinalando-se a importância do controle para a democracia. Registre-se, preliminarmente, que não se pretende nesta obra produzir estudo mais aprofundado sobre o conceito de atividade de inteligência, nem seu escopo e elementos constitutivos, tema que já é objeto de outro livro de nossa autoria.[1]

1.1. SEGURANÇA, DEFESA E INTELIGÊNCIA

Os últimos trinta anos têm sido marcados por profundas transformações na ordem internacional, transformações que naturalmente também influenciaram assuntos domésticos dos países. Uma década após o término da Guerra Fria, com o fim da União Soviética em 1991, o tema "segurança" voltou a ocupar lugar de destaque na agenda global, especialmente em razão dos atentados de 11/09/2001 e da campanha contra o terror desencadeada pelos Estados Unidos da América (EUA). Ademais, o mundo vê-se diante das chamadas ameaças transnacionais (como o terrorismo e o crime organizado) contra as quais é essencial a cooperação entre os Estados, particularmente entre os setores de segurança e inteligência.[2] Assim, tanto no cenário internacional quanto no âmbito interno, as atenções têm-se voltado para o tema "segurança".

---

[1] Para estudo mais aprofundado acerca de aspectos teóricos, conceituais e doutrinários da atividade de inteligência, *vide* nosso livro *Atividade de Inteligência e Legislação Correlata* (6ª ed. Niterói: Impetus, 2018).

[2] BORN, Hans. "Towards Effective Democratic Oversight of Intelligence Services: Lessons Learned from Comparing National Practices". *In*: *Connections – Quarterly Journal*, vol. III (1-12), dez/2004, p. 1.

São variadas as definições de segurança. Jorge Tapias-Valdés, por exemplo, a define como a percepção individual ou coletiva de que se está livre de perigos externos ou ameaças, sejam físicas, psicológicas ou psicossociais, as quais possam macular o alcance ou a preservação de determinados objetivos considerados essenciais, como a vida, a liberdade, a identidade e o bem-estar pessoal. E Tapias-Valdés acrescenta que a noção de segurança implica em ausência de incerteza.[3]

José Manuel Ugarte,[4] por sua vez, assinala que a ideia de segurança, associada ao aspecto tradicional político-militar, está ligada à noção de sobrevivência. Trata-se de segurança, registra Ugarte, "quando um assunto é apresentado como representando uma ameaça existencial a um objeto referente designado (tradicionalmente, mas não necessariamente, o Estado)". E completa afirmando que "a natureza especial das ameaças à segurança justifica o uso de medidas extraordinárias para superá-las. É precisamente a invocação da necessidade do uso de tais medidas extraordinárias o que diferencia a segurança da política habitual".

Paul Williams[5] lembra que segurança pode ser conceituada sob diferentes prismas, sendo mais comumente associada à mitigação de ameaças a valores considerados relevantes, entre os quais, a sobrevivência. Nesse sentido, lembra que, apesar de segurança e sobrevivência estarem constantemente associadas, os termos não são sinônimos: enquanto sobrevivência é condição existencial, segurança envolve a persecução de almejadas ambições políticas e sociais.

Williams destaca, ainda, as duas filosofias predominantes associáveis à segurança. No primeiro caso, a segurança é percebida como acumulação de poder, sendo entendida como uma *commodity* – daí se falar que, para estar seguro, deve-se possuir certas coisas como "propriedades, dinheiro, armamentos". O poder mostra-se, portanto, como um meio para alcançar a segurança: quanto mais poder (especialmente militar) se consiga acumular, mais seguro se estará.

A segunda corrente assinalada por Williams defende que a segurança flui do poder, sendo associada à independência e relacionada à justiça e à garantia de direitos fundamentais. De acordo com essa perspectiva, segurança é percebida muito mais como uma relação entre diferentes atores do que como uma *commodity*. Ademais, essa relação pode ser vislumbrada em termos negativos

---

[3] Tapia-Valdés, Jorge A. "A Typology of National Security Policies". *In: Yale Journal of World Public Order*, 9(10), 1982, p. 11, note 7.

[4] Ugarte, José Manuel . "Controle Público da Atividade de Inteligência: a Procura de Legitimidade e Eficácia". *In*: Brasil. Congresso Nacional. *Anais do Seminário Atividades de Inteligência no Brasil: Contribuições para a Soberania e a Democracia, de 6 a 7 de novembro de 2002*. Brasília: ABIN, 2003, (89-145), p. 98-99.

[5] Williams, Paul (ed.). *Security Studies: An Introduction*. London: Routledge, 2008, p. 5-7.

(por exemplo, segurança como ausência de ameaça) ou positivos (v.g., segurança que possibilite a realização de determinados objetivos). Trata-se, ainda, de ganho de confiança nas relações entre os atores, baseada na percepção de que compromissos serão cumpridos e nos níveis de certeza e previsibilidade sobre as ações das partes.[6] Conclui-se que, sob essa segunda perspectiva, a estabilidade permitida pela segurança não provém da habilidade de se exercer poder sobre os outros, mas sim da cooperação alcançada com o objetivo de garantir a estabilidade, obtendo-se segurança sem denegrir o outro. Mecanismos modernos de segurança coletiva estão muito mais baseados nessa segunda filosofia, assim como percepções, entre membros da comunidade de inteligência de distintos países, de que devem cooperar (inclusive com entes considerados adversários tradicionais) para fazer frente a ameaças como o terrorismo.[7]

São variadas, portanto, as definições de segurança. Para os fins deste livro, segurança pode ser entendida como condição, estado; é marcada por aspectos subjetivo (a percepção que se tem do ambiente) e objetivo (a existência, real ou potencial, de ameaças).[8] Apresenta-se em diferentes níveis: individual, comunitário, nacional, regional e internacional.

A Política Nacional de Defesa (PND) brasileira, em sua versão de 2012, define segurança como a "condição que permite ao País preservar sua soberania e integridade territorial, promover seus interesses nacionais, livre de pressões e ameaças, e garantir aos cidadãos o exercício de seus direitos e deveres constitucionais". E assinala que "[g]radualmente, ampliou-se o conceito de segurança, abrangendo os campos político, militar, econômico, psicossocial,

---

[6] Como exemplo, Williams lembra que, entre os tomadores de decisão norte-americanos, a percepção de ameaça em razão da posse de armas nucleares que se tem do Irã é bastante distinta daquela que se tem de Índia e Paquistão, apesar de se tratar da mesma *commodity* – o poder nuclear.

[7] Sobre terrorismo, *vide*, de nossa autoria com Marcus Vinícius Reis, *Terrorismo:* conhecimento e combate (Niterói: Impetus, 2017).

[8] BUZAN, Barry (*People, States and Fear an Agenda for international security studies in Post-Cold War Era. Boulder.* Lynne Rienner Publishers, 1991, 2nd edition, pp. 112-141) identifica cinco tipos principais de ameaças. A primeira, militar, é a mais tradicional no que se refere à segurança nacional e pode causar danos significativos a todo o conjunto do Estado e da sociedade. Já a segunda, política, gera mais preocupações relacionadas à segurança doméstica – e aí a atenção que deve ser dada a movimentos político-sociais que possam gerar instabilidade institucional – e está muito relacionada à terceira ameaça, identificada como societária. O quarto e quinto tipos gerais de ameaças estão muito presentes na sociedade internacional contemporânea e despertam grande interesse do Estado e das comunidades de inteligência, particularmente no mundo pós-Guerra Fria: são as ameaças econômicas e as ecológicas. Todas essas ameaças são objeto da atenção de diferentes áreas de inteligência, estando também inter-relacionadas: inteligência militar, inteligência doméstica (*security intelligence*), inteligência econômica e inteligência externa.

científico-tecnológico, ambiental e outros".[9] Nesse caso, apesar de não fazer referência explícita ao termo, a PDN está a tratar de "segurança nacional".[10]

Uma vez que se entende segurança como condição, importante assinalar o conceito de defesa, compreendida como as ações, medidas efetivas, desencadeadas para alcançar a segurança. No que concerne à Defesa Nacional, a PND a define como "o conjunto de medidas e ações do Estado, com ênfase no campo militar, para a defesa do território, da soberania e dos interesses nacionais contra ameaças preponderantemente externas, potenciais ou manifestas"[11].

Entre as medidas fundamentais para a garantia da segurança encontra-se a necessidade da manutenção de um sistema de inteligência eficiente e eficaz, capaz de assessorar o processo decisório e garantir a preservação do Estado e da sociedade contra ameaças reais ou potenciais. Democracia nenhuma pode prescindir desse aparato.[12] Convém, assim, ter-se clara a noção de inteligência.

Assim como acontece com segurança, são muitas e variadas as definições de inteligência. José Manuel Ugarte[13] considera inteligência um produto sob a forma de conhecimento, informação elaborada. Lembra, ainda, que é atividade ou função estatal, realizada por uma organização ou conjunto de organizações. Ugarte também ressalta o papel do "secreto" na atividade de inteligência.

De acordo com Mark Lowenthal, inteligência é o "processo pelo qual certos tipos de informação importante para a segurança nacional são requeridos, coletados, analisados e disponibilizados aos tomadores de decisão (*policymakers*). É, ademais, o produto desse processo, a salvaguarda desses processos e dessa

---

[9] Brasil. Ministério da Defesa. *Política Nacional de Defesa e Estratégia Nacional de Defesa*. Brasília, 2012. Disponível em: < Disponível em: <http://www.defesa.gov.br/arquivos/estado_e_defesa/END-PND_Optimized.pdf> (acesso em 13 jan. 2018). Para a *Política Nacional de Defesa,* usaremos a sigla PND2012 e para a *Estratégia Nacional de Defesa*, END2012.

[10] Com o fim do período militar no Brasil e a Constituição de 1988, o termo "segurança nacional" foi banido. Associada ao regime de exceção, "segurança nacional" virou tabu na sociedade brasileira, e o preconceito leva à ausência de discussão sobre assunto de significativa relevância. Nos últimos anos, esse termo voltou lentamente a ser empregado, sendo atualmente referido em documentos importantes de Estado, como a Estratégia Nacional de Defesa (END), a Política Nacional de Inteligência (PNI) e a Estratégia Nacional de Inteligência (ENINT).

[11] BRASIL. *PND2012*, op. cit.

[12] "*An intelligence service is a key component of any state, providing independent analysis of information relevant to the security of state and society and the protection of its vital interests (...).*" Marina Caparini, "*Challenges of control and oversight of intelligence services in a liberal democracy*", Geneva Centre for the Democratic Control of Armed Forces, Conference paper presented at the Workshop on Democratic and Parliamentary Oversight of Intelligence Services, Geneva, 2002.

[13] Ugarte, José Manuel. *Control Público de la Actividad de Inteligencia: Europa y América Latina, una visión comparativa*. (Trabalho apresentado no Congresso Internacional "*Post-Globalización: Redefinición de la Seguridad y la Defensa Regional en el Cono Sur*", promovido pelo Centro de Estudios Internacionales para el Desarrollo, em Buenos Aires, 2002).

informação pela contrainteligência, e o desenvolvimento de operações de acordo com a demanda de autoridades legítimas".[14] Lowenthal diferencia inteligência de informação, assinalando que enquanto informação refere-se a algo que é conhecido (independentemente da maneira como se chegou a esse conhecimento), inteligência refere-se à informação voltada às necessidades dos tomadores de decisão (*policymakers*), sendo reunida, refinada e direcionada com objetivo de preencher essas necessidades.[15] Nesse sentido, informação é gênero, e inteligência espécie. Toda inteligência é informação, mas nem toda informação é inteligência. Ademais, inteligência envolve, necessariamente, componentes sigilosos em sua produção, sendo obtida a partir de "dados negados" – no todo ou em parte.[16]

A definição mais tradicional e difundida de inteligência é a de Sherman Kent, um dos primeiros acadêmicos a estudar o assunto e também egresso da comunidade de inteligência dos EUA. Em seu clássico *Strategic intelligence for American world policy*,[17] Kent descreve inteligência sob três facetas: conhecimento, organização, e atividade. Esses três aspectos também podem ser entendidos como produto, organização e processo.

Assim, como produto, Inteligência pode ser entendida como o resultado do processo de produção de conhecimento para assessorar o processo decisório em diferentes níveis. Já como organização, a definição de inteligência enfoca as estruturas funcionais que têm como missão primordial a obtenção de informações e produção de conhecimento de inteligência. Em outras palavras, são as organizações que atuam na busca do dado negado, na produção de inteligência e na salvaguarda dessas informações: os serviços secretos. Finalmente, inteligência também pode ser entendida como processo, referindo-se aos meios pelos quais certos tipos de informação são requeridos, reunidos, analisados e difundidos, e, ainda, aos procedimentos para a obtenção de determinados dados, em especial aqueles protegidos, também chamados de "dados negados". Esse processo segue metodologia própria, a metodologia de produção de conhecimento, ensinada nas escolas de inteligência por todo o globo.[18]

---

[14] Lowenthal, Mark M. *Intelligence: from Secrets to Policy*. Washington, D.C.: CQ Press, 7th edition, 2017, pp. 1-2.

[15] Observe-se que, de acordo com a doutrina de inteligência brasileira, "informação" é o termo utilizado para o "dado bruto" e "conhecimento" para o "dado processado" ou "inteligência".

[16] Lowenthal, *op. cit.*, pp. 1-2.

[17] Kent, Sherman. *Strategic intelligence for American world policy*. Princeton: Princeton University Press, 1949.

[18] Para maior informação sobre o tema, *vide* nosso livro *Atividade de Inteligência e Legislação Correlata*, *op. cit.*.

Outra definição de Inteligência pode ser encontrada na Lei nº 9.883, de 7 de dezembro de 1999, que criou a Agência Brasileira de Inteligência (ABIN) e instituiu o Sistema Brasileiro de Inteligência (SISBIN). De acordo com o art. 2º da referida lei, entende-se por Inteligência "a atividade que objetiva a obtenção, análise e disseminação de conhecimentos, dentro e fora do território nacional, sobre fatos e situações de imediata ou potencial influência sobre o processo decisório e a ação governamental e sobre a salvaguarda e a segurança da sociedade e do Estado". Contrainteligência, por sua vez, é a atividade voltada à "neutralização da Inteligência adversa" (art. 3º) – a qual pode ser tanto de governos como de organizações privadas. Ambos os conceitos são reiterados no Decreto nº 4.376, de 13 de setembro de 2002, que regulamenta a referida lei,[19] e também na Política Nacional de Inteligência (PNI), fixada pelo Decreto nº 8.793, de 29 de junho de 2016.

A PNI, de fato, diferencia "Atividade de Inteligência" de "Inteligência". Segundo esse documento norteador da comunidade de inteligência brasileira, entende-se por "Atividade de Inteligência" o "exercício permanente de ações especializadas, voltadas para a produção e difusão de conhecimentos, com vistas ao assessoramento das autoridades governamentais nos respectivos níveis e áreas de atribuição, para o planejamento, a execução, o acompanhamento e a avaliação das políticas de Estado". Esta divide-se em dois ramos, a saber, "Inteligência", compreendida como "atividade que objetiva produzir e difundir conhecimentos às autoridades competentes, relativos a fatos e situações que ocorram dentro e fora do território nacional, de imediata ou potencial influência sobre o processo decisório, a ação governamental e a salvaguarda da sociedade e do Estado", e "Contrainteligência", identificada como a "atividade que objetiva prevenir, detectar, obstruir e neutralizar a Inteligência adversa e as ações que constituam ameaça à salvaguarda de dados, conhecimentos, pessoas, áreas e instalações de interesse da sociedade e do Estado".[20]

Das várias definições, pode-se extrair dois aspectos essenciais à atividade de inteligência: primeiramente, é atividade, com meios e métodos próprios, voltada para o assessoramento do processo decisório, por meio da produção de conhecimento; em segundo lugar, lida necessária, mas não exclusivamente, com dados sigilosos, chamados dados negados. Em sentido amplo, vinculada

---

[19] "Art. 2º Para os efeitos deste Decreto, entende-se como inteligência a atividade de obtenção e análise de dados e informações e de produção e difusão de conhecimentos, dentro e fora do território nacional, relativos a fatos e situações de imediata ou potencial influência sobre o processo decisório, a ação governamental, a salvaguarda e a segurança da sociedade e do Estado. (...) Art. 3º Entende-se como contrainteligência a atividade que objetiva prevenir, detectar, obstruir e neutralizar a inteligência adversa e ações de qualquer natureza que constituam ameaça à salvaguarda de dados, informações e conhecimentos de interesse da segurança da sociedade e do Estado, bem como das áreas e dos meios que os retenham ou em que transitem." Decreto nº 4.376/2002.

[20] BRASIL. Decreto nº 8.793, de 29 de junho de 2016.

à inteligência está a função de proteção do conhecimento próprio, tarefa da chamada contrainteligência.

A atividade de inteligência é praticada em âmbito público e privado desde tempos remotos. Líderes vitoriosos souberam fazer bom uso de espiões e serviços secretos, de Moisés a John Kennedy, passando por Júlio César, Napoleão, Elisabeth I da Inglaterra e Winston Churchill. Além disso, se os órgãos de inteligência foram utilizados por regimes autoritários para a manutenção do poder e a repressão a adversários, também nas democracias essa atividade encontra seu espaço. De fato, países de tradição democrática consolidada, como Alemanha, Canadá, EUA e Grã-Bretanha têm serviços secretos operando em defesa do Estado e da sociedade. Em verdade, a Inteligência pode ser instrumento de mais alta valia na preservação do Estado democrático.

1.2. INTELIGÊNCIA E DEMOCRACIA

Difícil discordar da relevância da Inteligência para a defesa do Estado e da sociedade, sobretudo em cenário de recrudescimento de atividades criminosas transnacionais e do terrorismo em escala global. Entretanto, lembra bem Ugarte, "Inteligência não é uma atividade habitual do Estado Democrático. É uma atividade, se bem que permanente, excepcional do referido Estado, reservada para o exterior, das questões mais importantes das políticas exterior, econômica e de defesa; e para o interior, àquelas ameaças susceptíveis de destruir o Estado e o sistema democrático".[21]

A assertiva de Ugarte evidencia o grande dilema sobre o papel da Inteligência em regimes democráticos: como conciliar a tensão entre a necessidade premente do segredo (sigilo) na atividade de inteligência e a transparência das atividades estatais, essencial em uma democracia?[22] Associada a essa questão, outra preocupação surge, particularmente nas sociedades democráticas que viveram, em passado recente, períodos autoritários: como garantir que os órgãos de inteligência desenvolvam suas atividades de maneira consentânea com os princípios democráticos, evitando abusos e arbitrariedades contra essa ordem democrática e contra os direitos e garantias fundamentais dos cidadãos?[23]

---

[21] Ugarte. "Control Publico...", *op. cit.*, p. 99.

[22] "*Although secrecy is a necessary condition of the intelligence services' work, intelligence in a liberal democratic state needs to work within the context of the rule of law, checks and balances, and clear lines of responsibility. Democratic accountability, therefore, identifies the propriety and determines the efficacy of the services under these parameters.*" Born, "*Towards Effective Democratic Oversight of Intelligence Services...*", *op. cit.*, p. 4.

[23] Bruneau, Thomas. "*Intelligence and Democratization: the Challenge of Control in New Democracies*". *The Center for Civil-Military Relations – Naval Postgraduate School, Monterey California – Occasional Paper # 5* (March, 2000): pp. 15-16.

A maneira com que determinada sociedade lida com o dilema transparência *versus* sigilo, em termos de procedimentos e atribuições dos serviços de inteligência, é um indicador do grau de desenvolvimento da democracia nessa sociedade.[24] Em países com modelos democráticos consolidados, como EUA, Reino Unido, Canadá e Austrália, a dicotomia transparência das ações governamentais *versus* sigilo da atividade de inteligência é resolvida por meio de mecanismos eficientes e efetivos de fiscalização e controle interno e, especialmente, de controle externo, exercido pelo Poder Legislativo.

Passamos então à análise dos aspectos gerais da fiscalização e do controle da atividade de inteligência e sua importância para o fortalecimento da democracia. Serão apresentados conceitos elementares para a compreensão do controle e estudadas as principais formas de controle e fiscalização do aparato de segurança e inteligência do Estado. Especial referência será feita ao controle externo realizado pelo Poder Legislativo.

1.3. DEMOCRACIA E CONTROLE

A democracia fundamenta-se no direito de cada cidadão de tomar parte nos assuntos públicos, seja de maneira direta, seja por intermédio de seus representantes eleitos.[25] Assim, nos regimes democráticos, os governantes conduzem suas atividades de gestão do Estado com fundamento no poder que lhes foi concedido pelo povo, e estão sujeitos, em virtude das eleições periódicas, ao julgamento de suas ações pelo voto popular.[26] Augusto Zimmermann apresenta uma síntese da estrutura político-normativa das democracias modernas:

> *Em linhas gerais, podemos dizer que a democracia moderna se confunde com os ideais do liberalismo político, estruturando-se da seguinte forma: a) soberania popular, manifestada através de representantes políticos; b) sociedade política baseada numa Constituição escrita refletidora do contrato social entre todos os membros da coletividade; c) respeito ao princípio da separação dos poderes,*

---

[24] Gill, Peter. *Policing Politics: Security Intelligence and the Liberal Democratic State*. London: Frank Cass, 1994.

[25] A ideia de democracia a que se refere neste trabalho é aquela apresentada por Samuel E. Finer, em *Governo Comparado* (Brasília: Ed. UnB, 1981). Finer assinala que, entre as diversas concepções de democracia, entende a de índole liberal como aquela em que o governo deriva da opinião pública – sociedade organizada – perante a qual é responsável. Essa opinião pública, destaca Finer, expressa-se de maneira ostensiva e livre (p. 70). Outros elementos que reúne para compor seu conceito de democracia são a prevalência da opinião da maioria, no caso de questões contenciosas entre parcelas da opinião pública, paralelamente ao respeito pela minoria.

[26] *"Modern political democracy is a system of governance in which rulers are held accountable for their actions in the public realm by citizens, acting indirectly through the competition and cooperation of their elected representatives"*. Schmitter, Philippe C. & Karl, Terry Lynn, "What Democracy is... and Is Not". *In:* Diamond, Larry and Plattner, Marc F. (eds.), *The Global Resurgence of Democracy*. Baltimore: Johns Hopkins University Press, 1993, p. 40.

como instrumento de limitação do poder governamental; d) reconhecimento dos direitos fundamentais da pessoa humana; e) preocupação com o respeito aos direitos das minorias; f) igualdade de todos perante a lei; g) responsabilidade do governante, bem como temporalidade e eletividade de seu cargo público; h) pluralismo partidário, eleições limpas e livres, e imprensa honesta e imparcial; i) supremacia da lei, como expressão da soberania popular.[27]

No que concerne à Administração Pública, seus órgãos e agentes têm suas competências fixadas por lei, devendo atuar, portanto, de acordo com o estabelecido pelo arcabouço legal e tendo o interesse coletivo como o fim máximo de seus atos e decisões.[28] Nos regimes democráticos, essa Administração deve sujeitar-se a mecanismos de controle interno e externo, de modo a se evitar arbitrariedades e abusos por parte do Estado e de seus agentes contra os cidadãos.[29]

Uma definição geral de controle para iniciar o presente estudo é a de Hely Lopes Meirelles, segundo a qual controle é "a faculdade de vigilância, orientação e correção que um Poder, órgão ou autoridade exerce sobre a conduta funcional de outro".[30] O termo origina-se do latim medieval (*contra-rotulum*) e chegou à língua portuguesa a partir do francês *contre-rôle*. O conceito de controle será tratado de maneira mais aprofundada adiante.

De fato, a percepção de necessidade de controle e prestação de contas tem entre seus fundamentos mais importantes a teoria da delegação. Essa teoria baseia-se na constatação de que as "democracias representativas se estruturam a partir de uma cadeia ou rede de delegação de poder".[31] Assim, o povo (titular maior e primeiro do poder) delega seu poder aos legisladores (ou aos legisladores e ao chefe do Executivo, nos regimes presidencialistas) por meio do voto, enquanto os legisladores o fazem ao Gabinete, o Presidente a seus ministros, estes à burocracia

---

[27] Zimmermann, Augusto. *Curso de Direito Constitucional.* Rio de Janeiro: Lumen Juris, 3. ed., 2004, p. 89.

[28] Meirelles, Hely Lopes. *Direito Administrativo Brasileiro.* São Paulo: Malheiros, 21. ed., 1996, p. 573.

[29] *A democratic state must ensure the enjoyment of civil, cultural, economic, political and social rights by its citizens. Hence, democracy goes hand and hand with en effective, honest and transparent government that is freely chosen and accountable for its management of public affairs. By democratic constitutional design, the executive branch is required to share its powers with the legislative and judicial branches. While this can lead to frustrations and inefficiencies, its virtue lies in the accountability that sharing provides.* DCAF Intelligence Working Group, "*Intelligence Practice and Democratic Oversight – A Practitioner's View*". *DCAF Occasional Paper nº. 3* (Geneva, July 2003): p. 1.

[30] Meirelles, *op. cit.*, p. 574.

[31] Llanos, Mariana & Mustapic, Ana Maria (orgs.). *Controle Parlamentar na Alemanha, na Argentina e no Brasil.* Rio de Janeiro: Fundação Konrad Adenauer, 2005, p. 12.

estatal e assim sucessivamente. Natural que aquele que delega tenha poder de fiscalizar o delegado e cobrar-lhe.[32]

Uma vez que se admita a delegação como alicerce do regime democrático, o controle torna-se importante para se evitar ou restringir o principal risco dessa delegação de poder: a possibilidade de que o agente público se volte contra os interesses de quem delega. Essa situação de risco pode-se dar por meio de condutas que ocultem informações do mandante e/ou mesmo ações do mandatário que venham a prejudicar aquele que lhe delegou poderes.[33] A solução para esse problema, consequentemente, pauta-se no desenvolvimento de fortes mecanismos de controle.

Portanto, um dos fundamentos do regime democrático é o controle popular (direto ou indireto) que deve ser exercido sobre as instituições e agentes estatais.[34] Quanto mais desenvolvida e consolidada uma democracia, mais eficientes e eficazes são os mecanismos de fiscalização e controle sobre o Poder Público e a Administração.[35]

Importante estar claro que o controle a que se refere este livro não se restringe à fiscalização das contas públicas, como usualmente entendido no Brasil.[36] Na verdade, esse controle de contas não é objeto do presente estudo. As atenções aqui são voltadas ao controle político e social dos agentes e organizações do Estado, essencial para a manutenção da democracia moderna.

---

[32] "(...) Quem põe em marcha esse processo são os cidadãos. Em sua qualidade de titulares do poder soberano, delegam esse poder aos representantes eleitos para que o exerçam em seu nome. Esse processo continua depois com os representantes eleitos que delegam às burocracias a implementação das decisões por eles tomadas. Forma-se, assim, uma cadeia pautada pela relação "mandante-agente" (*principal-agent*), na qual o primeiro termo alude a quem delega e o segundo, ao depositário de tal delegação. Certamente, sempre pode acontecer que um mesmo ator seja ao mesmo tempo agente e mandante. Isto ocorre, por exemplo, quando um primeiro ministro é agente dos parlamentares que o escolheram e mandante em relação ao gabinete, ou quando um presidente é agente do eleitorado e mandante da burocracia (...)." Llanos & Mustapic, *op. cit.*, p. 12. Sobre o tema, referência importante é a obra de Roderick Kiewiet & Mathew McCubbins, *The logic of delegation: congressional parties and the appropriations process* (Chicago: University of Chicago Press, 1991).

[33] Kiewiet & McCubbins, *op. cit.*, pp. 15-17.

[34] "Refletindo a ideia de que todo o poder constituinte emana do povo, toda atividade governamental é exercida em seu nome. As funções políticas são temporárias e eletivas, os governantes responsáveis por seus atos, devendo o reconhecimento dos direitos fundamentais estar expressado no texto das modernas constituições como direitos naturais, sagrados e inalienáveis da pessoa humana (...)." Zimmermann, *op. cit.*, p. 102.

[35] "Assim, os Estados de Direito, como o nosso, ao organizarem sua Administração, fixam a competência de seus órgãos e agentes (...) e estabelecem os tipos e formas de controle de toda a atuação administrativa, para defesa da própria Administração e dos direitos dos administrados (...)." Meirelles, *op. cit.*, p. 574.

[36] O Brasil ainda é carente de literatura sobre controle político e social, sobretudo se comparada essa produção com as de obras relacionadas aos controles financeiro e orçamentário e ao papel dos tribunais de contas e dos órgãos de controle interno da Administração Pública. E quando o tema enfoca o controle dos setores de segurança e inteligência, a produção praticamente inexiste no País.

1.4. *ACCOUNTABILITY*

Ao se tratar do controle da Administração Pública deve-se ter clara a ideia de *accountability*. Termo sem tradução precisa em português,[37] *accountability* relaciona-se à "prestação de contas" – ou a obrigação de fazê-lo –, em sentido amplo, inerente à atividade pública. Trata-se de um processo por meio do qual um órgão ou agente do Estado está obrigado a responder clara e completamente perante uma autoridade à qual deve prestar contas, por exemplo, a uma comissão parlamentar.[38]

Carlos Henrique Fêu assinala que *accountability* "representa a obrigação que a organização tem de prestar contas dos resultados obtidos, em função das responsabilidades que decorrem de uma delegação de poder".[39] Daí acrescentar que "a palavra *accountability* significa a obrigação de prestar contas dos resultados conseguidos em função da posição que o indivíduo assume e do poder que detém".[40]

Democracia e *accountability* estão estreitamente associadas. Nas modernas democracias, aceita-se como natural essa prestação de contas dos homens públicos para com a sociedade. E quanto mais aprofundado o nível de democracia maior o interesse por *accountability*.[41] Ademais, lembra Anna Maria Campos, "a *accountability* governamental tende a acompanhar o avanço de valores democráticos, tais como igualdade, dignidade humana, participação, representatividade".[42] Portanto, com a consolidação da alternativa democrática pelo mundo no pós-Guerra Fria, cresceu também a preocupação com *accountability*. Claro que nas novas democracias do Leste Europeu e da América Latina essa preocupação insere-se em novo paradigma da Administração Pública desses Estados.[43]

Além dos países com experiência democrática recente, o interesse por *accountability* aumentou também em regimes democráticos tradicionais, como

---

37 *Vide* interessante artigo de Campos, Anna Maria. "*Accountability*: quando poderemos traduzi-la para o português?". *In Revista de Administração Pública*, 24 (2)30-50, Rio de Janeiro, fev./abr. 1990.

38 *"Accountability is an information process whereby an agency is under a legal obligation to answer truly and completely the questions put it by an authority to which it is accountable (for example, a parliamentary intelligence oversight committee)."* Hannah, Gregh; O'Brien, Kevin; Rathmell, Andrew. *Technical Report: Intelligence and Security Legislation for Security Sector Reform*, prepared for the United Kingdom's Security Sector Advisory Team, RAND Europe, Cambridge (June 2005): p. 12.

39 Fêu, Carlos Henrique. "Controle interno da Administração Pública – um eficaz instrumento de *accountability*". In: *L&C – Revista de Direito e Administração Pública*, VI(61)38-41, jul/2003, p. 38.

40 Fêu, *op. cit.*, p. 38.

41 Campos, *op. cit.*, p. 33.

42 Campos, *op. cit.*, p. 33.

43 Behn, Robert D. "O novo paradigma da gestão pública e a busca da *accountability* democrática". *In*: *Revista do Serviço Público*, 49(4)5-44, out.dez. 1998.

EUA, Grã-Bretanha, Canadá e Austrália. De fato, nos últimos trinta anos, cresceu a demanda pela prestação de contas mais efetiva nas grandes democracias pelo mundo.[44] Nesses países, desenvolveram-se também os estudos sobre *accountability*. Entretanto, segundo Richard Mulgan, ainda há controvérsia na definição do termo, permanecendo o conceito "confuso e contestável".[45] Confunde-se mesmo *accountability* com controle, responsabilidade ou responsividade e essa confusão, afirma Mulgan, deve-se ao fato de apenas muito recentemente *accountability* tornar-se popular como meio de escrutinar e controlar a autoridade (pública ou privada), deixando de restringir-se apenas às áreas contábeis e de auditoria financeira.[46]

Assim, o aspecto central de *accountability* diz respeito à capacidade de levar alguém a prestar contas sobre resultados. Aqui há que se ressaltar a característica cogente desse processo, ou seja, o fato de que os agentes públicos não têm simplesmente uma opção de prestar contas, mas sim um dever de fazê-lo, podendo sofrer sanções legítimas por parte daqueles a quem devem reportar-se.[47]

Mulgan assinala, ainda, que *accountability* não envolve simples troca de informações na busca de transparência, mas também a prerrogativa de quem fiscaliza de fazer com que o agente se apresente para prestar contas, associada à capacidade daquela autoridade de retificação das falhas cometidas por este agente.[48] Para ele, a essência da *accountability* inclui o direito do mandante (*account-holder*), o sujeito ativo da *accountability*, de investigar e inquirir o agente responsável sobre sua conduta, exigir-lhe explicações e impor-lhe sanções. Já para o agente (*accountor*), sujeito passivo, a *accountability* está relacionada ao dever de informar e explicar-se ao mandante, bem como de sujeitar-se a sanções e

---

[44] Sobre *accountability*, sugere-se a obra de Mulgan, Richard. *Holding Power to Account – Accountability in Modern Democracies*. London: Palgrave Macmillan, 2003.

[45] Mulgan, *op. cit.*, p. 5.

[46] *"(...) Legal or constitutional constraints on governments and companies are now sometimes described as mechanisms of 'accountability' (...). 'Accountability has come to stand as a general term for any mechanism that makes powerful institutions responsive to their particular publics. (...) A study of accountability can therefore usefully begin with an analysis of the core meaning of the term and how it relates to other key terms, such as 'responsibility', 'control' and 'responsiveness'."* Mulgan, *op. cit.*, p. 6.

[47] *"(...) Forcing people to explain what they have done is perhaps the essential component of making them accountable. In this sense, the core of accountability becomes a dialogue between accountors and account-holders (...) using a shared 'language of justification'(...). [S]anctions are usually available everywhere."* Mulgan, *op. cit.*, p. 10.

[48] *"(...) But accountability implies more than the interchange of questioning and answering and the pursuit of transparency. Agents must not only be 'called' to account; they must be held to account. Accountability is incomplete without effective rectification. Where institutions or officials are found to have been at fault, there must be some means of imposing remedies, by penalizing the offenders and compensating the victims. (...)"* Mulgan, *op. cit.*, p. 9.

correições. Nesse sentido, não há que se falar em *accountability* sem as devidas sanções e reparações.[49]

Outro aspecto importante de *accountability* repousa no fato de que esta envolve um poder latente da parte de quem tem a competência para receber a prestação de contas. Ou seja, independentemente de que se proceda ou não à prestação de contas, o agente público deve ter a consciência de que poderá ser chamado a apresentar-se perante uma autoridade para informar sobre seus atos. Não se trata de um favor, mas de uma obrigação. Nesse sentido, a título de exemplo, a Constituição brasileira deixa clara a competência fiscalizadora do Congresso Nacional, a obrigação de prestar contas por parte dos ministros de Estado e mesmo a sanção em caso de não cumprimento da obrigação:

> Art. 49. É da **competência exclusiva** do Congresso Nacional:
>
> ....
>
> IX – **julgar anualmente as contas prestadas pelo Presidente da República** e apreciar os relatórios sobre a execução dos planos de governo;
> X – fiscalizar e controlar, diretamente, ou por qualquer de suas Casas, os atos do Poder Executivo, incluídos os da administração indireta;
>
> ....
>
> Art. 50. A Câmara dos Deputados e o Senado Federal, ou qualquer de suas Comissões, poderão convocar Ministro de Estado ou quaisquer titulares de órgãos diretamente subordinados à Presidência da República para prestarem, pessoalmente, informações sobre assunto previamente determinado, **importando crime de responsabilidade a ausência sem justificação adequada**.
>
> ....
>
> § 2º As Mesas da Câmara dos Deputados e do Senado Federal poderão encaminhar pedidos escritos de informações a Ministros de Estado ou a qualquer das pessoas referidas no *caput* deste artigo, **importando em crime de responsabilidade a recusa, ou o não atendimento, no prazo de trinta dias, bem como a prestação de informações falsas**. (Grifos nossos.)

Reitere-se que ponto pacífico na literatura sobre o tema é o fato da *accountability* no setor público estar estreitamente ligada ao regime democrático.[50]

---

49 *"(...) The full core sense of accountability thus includes the right of the account-holder to investigate and scrutinize the actions of the agent by seeking information and explanations and the right to impose remedies and sanctions. Conversely, for the accountor, the agent, accountability implies the duty to inform and explain to the account-holder and to accept remedies and sanctions. Within this process, we may identify an inner core consisting of the prior rights of investigation and scrutiny, and the parallel obligations to inform and explain. Complete accountability, however, requires the addition of remedies and sanctions."* Mulgan, *op. cit.*, p. 9.

50 *"Accountability is expected in the public sector. A legislated right of access to information held by government is generally held to be one of the pillars of accountable government. But what exactly is accountability? It is a term that is thrown around loosely, often interchangeably with other terms that do*

Assim, seus fundamentos seriam a autoridade originária do povo como titular de todo o poder do Estado e o exercício desse poder – inclusive de fiscalização e controle – diretamente ou por meio de seus legítimos representantes.[51]

> *(...) [U]m controle efetivo é consequência da cidadania organizada; uma sociedade desmobilizada não será capaz de garantir* accountability. *(...) Somente a partir da organização de cidadãos vigilantes e conscientes de seus direitos haverá condição para* accountability. *Não haverá tal condição enquanto o povo se definir como tutelado e o Estado como tutor.*[52]

Uma vez que nas democracias modernas o povo, como destinatário dos serviços do Estado, retém pouco poder de fiscalização direta, a existência de instâncias de prestação de contas e fiscalização da Administração Pública assume enorme relevância. Para a efetividade desse controle, outrossim, é fundamental que as instituições democráticas estejam consolidadas e que o povo possa exercer plenamente a cidadania.[53] Sociedades mais atrasadas em termos democráticos enfrentam dificuldade em exercer controle do Estado e dos agentes públicos.[54]

Portanto, em uma sociedade democrática, a *accountability* é um valor fundamental, e significa a obrigação do agente público de responder por seus atos e explicar sua conduta. Espera-se de agentes eleitos que prestem contas de suas ações a seus eleitores – constituintes. Governos, por sua vez, são responsáveis perante os contribuintes e cidadãos pelos gastos públicos. Servidores públicos devem responder por seus atos administrativos e mesmo entes privados, como

---

not mean the same thing, such as responsibility, liability, answerability, culpability and responsiveness. Accountability can be understood as answerability for performance or the process of holding someone answerable for performance. This, however, is a narrow concept of accountability. It is actually much more complicated and multi-dimensional." Franceschet, Mary. *Public Accountability and Access to Information. Report 6 to the Canadian Access to Information Review Task Force*. Ottawa, 2001.

[51] *Vide* o parágrafo único do art. 1º da Constituição brasileira, segundo o qual "Todo o poder emana do povo, que o exerce por meio de representantes eleitos ou diretamente, nos termos desta Constituição".

[52] Campos, *op. cit.*, p. 35.

[53] "O modelo de democracia liberal e participativa praticado nos EUA favorece a *accountability* porque define o papel do cidadão (desde muito cedo) como algo muito mais amplo do que a mera participação como eleitor no processo de escolha de seus governantes no Executivo e representantes no Legislativo." Campos, *op. cit.*, p. 35.

[54] "(...) Uma sociedade precisa atingir um certo nível de organização de seus interesses públicos e privados antes de tornar-se capaz de exercer controle sobre o Estado. A extensão, qualidade e força dos controles são consequência do fortalecimento da malha institucional da sociedade civil. À medida que os diferentes interesses se organizam, aumenta a possibilidade de os cidadãos exercerem o controle e cobrarem do governo aquilo que têm direito. Um desses mecanismos de controle seria a participação da sociedade civil na avaliação das políticas públicas, fazendo recomendações a partir dessa avaliação." Campos, *op. cit.*, p. 35.

empresas e associações, têm a quem prestar contas, seja a seus membros, seja a seus acionistas ou mesmo à própria sociedade.[55]

Accountability não deve ser confundida com "responsabilidade" (*responsibility*), apesar de estarem estreitamente conexas e de muitas vezes serem utilizadas como sinônimos. *Accountability* envolve uma relação entre duas partes (a que presta contas e aquela a quem essa obrigação deve ser feita), na qual um agente ou organização está sujeito à fiscalização e ao controle de outro(a) que lhe é externo. Já "responsabilidade" associa-se muito mais a uma convicção, uma ideia subjetiva do próprio agente relacionado a suas obrigações e sem a perspectiva de qualquer escrutínio além daquele de sua própria consciência. Assim, responsabilidade refere-se a aspectos internos e próprios de ação, enquanto *accountability* envolve inspeção por parte de outrem. Um agente pode ser responsável sem necessariamente estar submetido (ou ter a perspectiva de sê-lo) a um controle externo.[56] Reitere-se, não obstante, que essa distinção está longe de ser universalmente aceita.[57]

Há autores que se referem a *accountability* como responsabilidade objetiva, em contraposição à responsabilidade subjetiva ou relacionada ao agente.[58] Nesse sentido, a responsabilidade também está relacionada, nos regimes parlamentaristas, à ideia de "governo responsável" (em que o Gabinete governa e responde perante o Parlamento por isso) e à obrigação que os ministros têm de comparecer diante do Parlamento para prestar contas sobre sua pasta. Nesse sentido observa Machado Paupério:

---

[55] Canada. Commission of Inquiry into the Actions of Canadian Officials in Relation to Maher Arar. *Policy Review. Accountability and Transparency: a Background Paper to the Commission's Consultation Paper*. December, 10, 2004, p. 1.

[56] *"Accountability is frequently used interchangeably with responsibility, but the two are actually different. Gregory cites Uhr's distinction between the two: 'Accountability is about compliance with authority, whereas responsibility is about empowerment and independence. Accountability is the negative end of the same band in which responsibility is the positive end. If accountability is about minimizing misgovernment, responsibility is about maximizing good government'. (...) Accountability is more about compliance and following rules and regulations and is often assimilated with 'blaming', while responsibility espouses a more positive value."* Franceschet, *op. cit.*, citando Gregory, Robert. *"Accountability"*. In: *The Handbook of Public Administration* (Sage, 2001).

[57] *"This linguistic distinction between external 'accountability' and internal 'responsibility' is far from universally accepted. For instance, the term 'responsibility' has often been used to cover both aspects. 'Responsibility', like 'accountability', has its linguistic origins in an external relationship, the duty to `respond` or answer someone else. It developed its internal sense from the logical connection between being able to answer externally for one's action and having freely chosen them. Acting 'responsibly' implies being liable to praise or blame and thus refers to actions one call one's own (...). While this internal application of 'responsibility', meaning the obligation to the ministers to answer to Parliament. (...) In the same way, public servants are accountable for the discretionary decisions they make because they can be required to account to their superiors or to outside bodies for anything they have done (...)"* Mulgan, *op. cit.*, pp. 15-17.

[58] Mosher, Frederich. *Democracy and Public Service*. New York: Oxford University Press, 1968, p. 7.

"(...) Pode-se (...) definir o parlamentarismo como o regime político em que o chefe de Estado escolhe ministros que, constituídos em Conselho ou Gabinete, são solidária e politicamente responsáveis perante o Parlamento. (...) Por tal definição, pode-se depreender facilmente que a característica principal do regime é a responsabilidade política e solidária do Gabinete, em que se apoia. (...) Através dessa responsabilidade, exerce indiretamente controle contínuo, sobre toda a atividade governante, o Parlamento, órgão que, afinal, por sua importância ímpar, dá nome ao sistema. (...) Os ministros, como órgãos do Poder Executivo são, nesse regime, responsáveis perante o Parlamento, que, por seu turno, é responsável perante o eleitorado." [59]

O princípio da responsabilidade refere-se, portanto, à necessidade de confiança que o Governo tem que ter do Parlamento para continuar no poder. Há, ainda, a obrigação dos servidores públicos de serem responsáveis perante a Administração por suas condutas, pautando-as sob os princípios legais e administrativos referentes a sua profissão (outro aspecto da responsabilidade objetiva). Sobre o assunto, Blênio Peixe, citado por Fêu, destaca que a "obrigação de prestar contas é para o serviço público uma espécie de substituto do mercado", evidenciando-se como "o corolário normal de um sistema democrático em que os funcionários devem dar contas de suas ações às autoridades".[60]

Não se deve confundir também *accountability* com "responsividade" (*responsiveness*). "Responsividade", um neologismo em nosso vernáculo, refere-se à preocupação em atuar de acordo com anseios e preferências dos destinatários do serviço prestado, ou seja, dos cidadãos, na área pública, e dos consumidores, no setor privado. Portanto, governos "responsivos" são aqueles que "promovem os interesses dos cidadãos, escolhendo políticas 'que uma assembleia de cidadãos, tão informados quanto o Estado, escolheria por votação majoritária, sob os mesmos constrangimentos institucionais'".[61] A relação entre responsividade e *accountability* está no fato de que os mecanismos de *accountability* contribuem para assegurar que os agentes serão responsivos aos anseios e interesses de seus clientes.[62]

Tampouco se deve confundir *accountability* com transparência. Transparência pode ser percebida como a necessidade de ampla publicidade dos atos de Estado e de governo. Nesse caso, o acesso à informação é elemento fundamental da transparência, de modo que os controles burocráticos possam ser substituídos por controles sociais (mais abrangentes e efetivos).[63] Registre-se que

---

[59] Paupério, A. Machado. *Presidencialismo, Parlamentarismo e Governo Colegial*. Rio de Janeiro: Forense, 1956, p. 57.

[60] Peixe, Blênio César Severo *apud* Fêu (*op. cit.*, p. 41).

[61] Azevedo, Sérgio de e Anastásia, Fátima . "Governança, Accountability e Responsividade". *In*: *Revista de Economia Política*, vol. 22, nº 1 (85), janeiro-março/2002 (pp. 79-87), p. 82, citando Adam Przewoski.

[62] Mulgan, *op. cit.*, pp. 20-21.

[63] Fêu, *op. cit.* p. 41.

accountability torna-se muito mais relevante em situações onde a transparência é limitada por comprometer, por exemplo, a segurança nacional (como ocorre com a atividade de inteligência). Daí se dizer que determinada ação ou conduta, ainda que não possa ser transparente para o público em geral, deve estar sujeita ao controle daqueles legal ou constitucionalmente competentes para isso. Isso se torna muito evidente no caso da Inteligência, uma vez que esta lida, eminentemente, com dados, informações e conhecimentos sigilosos.

Finalmente, há análises que distinguem *accountability* de controle. Mulgan, por exemplo, registra que *accountability* envolve a verificação de ações após estas terem sido feitas, inclusive para corrigi-las ou impor sanções por violações de conduta. Destarte, *accountability* seria sempre *a posteriori*, ou seja, olha-se para o passado quando se faz esse tipo de controle.[64]

O controle, por sua vez, possui dimensão mais ampla. Pode ser prévio, posterior e até ocorrer durante a execução do ato. Envolve, portanto, mecanismos de *accountability*, mas não se restringe à prestação simples de contas. De fato, o controle toma por base a *accountability*.

Ainda no que concerne à *accountability*, Mulgan relaciona as dimensões básicas que ocorrem em toda relação de prestação de contas, sintetizadas em quatro questões-chave:

1) Quem deve prestar contas?

2) A quem se deve prestar contas?

3) Sobre o que se presta contas?

4) Como se presta contas?

Aqueles que devem prestar contas (*accountors*), ou agentes, são todos os que têm responsabilidade em virtude de sua capacidade de escolher entre fazer ou não fazer algo com fundamento nas obrigações e prerrogativas de seu cargo.[65] Também podem ser denominados "sujeitos passivos" na relação de *accountability*. Assim, qualquer pessoa que tenha uma relação obrigacional de fazer ou não fazer algo com outrem, seja esta obrigação baseada em razões legais ou mesmo morais, tem o dever de prestar contas. No caso dos agentes públicos, estes têm obrigações perante seus superiores e, em última instância, para com a sociedade. Mulgan trata, ainda, das obrigações individuais – de agentes – e coletivas – de organizações – no que concerne a *accountability*, registrando que

---

[64] Mulgan, *op. cit.*, pp. 19-20.

[65] Mulgan (*op. cit.*, p. 23) apresenta a questão da seguinte maneira: "*(...) the person held accountable is the person who is responsible, in the sense of being the person who can choose to act or not to act in the performance of certain duties and who is therefore liable for praise or blame. If praise or blame can be allocated, accountability can be demanded (...).*"

tanto pessoas como organizações estão sujeitas à prestação de contas.[66] No caso dessas últimas, fala-se em "responsabilidade corporativa".

Também é importante identificar a quem contas são prestadas. Fala-se aqui dos mandantes (*account-holders* ou *principals*), ou "sujeito ativo" da *accountability*. Em modelo simples de *accountability*, esse mandante costuma ser único (um indivíduo ou uma organização) percebido como o titular do direito de receber a prestação ou seu legítimo representante. Claro que governos e corporações envolvem estruturas mais complexas. No caso dos primeiros, por exemplo, tem-se o povo como última instância destinatária da prestação de contas por parte dos agentes públicos, e esse controle se dá, entre outros meios, com as eleições. Mas a Administração Pública também é *accountable* perante outras organizações internas ou externas e mesmo perante indivíduos, que podem recorrer ao Judiciário ou a mecanismos administrativos para exigir a prestação de contas dos entes públicos.[67]

Há casos, outrossim, em que o agente pode ter o papel tanto de *accountor* quanto de *account-holder*. Os parlamentares, por exemplo, prestam contas a seus eleitores, mas também são destinatários da prestação de contas por parte da Administração Pública e de seus agentes. Isso se dá de maneira semelhante em qualquer organização, pública ou privada, que seja estruturada hierarquicamente. Afinal, em um modelo hierarquizado, um agente realiza *accountability* sobre seus subordinados e presta contas a seus superiores.

Sobre o que se deve prestar contas tem a ver com as atividades realizadas pelo agente e seus resultados. Essa prestação pode ser em virtude de seu desempenho (considerando-se, por exemplo, eficiência e eficácia), ou sobre suas responsabilidades e decisões. No caso da Administração Pública, acrescente-se a obrigação do agente de agir de acordo com os princípios que norteiam a função pública. No caso brasileiro, destacam-se como princípios da Administração Pública que devem nortear a conduta do agente, entre outros, a supremacia do interesse público sobre o particular, a indisponibilidade do interesse público, a legalidade, a impessoalidade, a moralidade, a publicidade, a eficiência, a continuidade, razoabilidade e proporcionalidade, motivação, finalidade, segurança jurídica, hierarquia, e a presunção de legitimidade. Há, ainda, a prestação de contas relacionada a aspectos contábeis e financeiros, com o controle feito por órgãos internos e/ou por entes externos, como auditores independentes, controladorias e tribunais de contas, tema que foge ao escopo desta obra[68].

---

[66] Mulgan, *op. cit.*, pp. 23-24.

[67] *"(...) Audit offices, ombudsmen, administrative tribunals and even legislature itself, are examples of institutions which act for the public in holding other public agencies accountable. Thus, the public may be said to employ one set of agents to hold others to account."* Mulgan, *op. cit.*, p. 25.

[68] Sobre o assunto, vide a obra de Francisco Eduardo Carrilho Chaves, *Controle Externo da Gestão Pública – a fiscalização pelo Legislativo e pelos Tribunais de Contas* (Niterói: Impetus, 2009, 2ª edição).

Finalmente, a ideia de "como" contas são prestadas relaciona-se aos mecanismos de *accountability*. Isso envolve um amplo leque de procedimentos, que vão da apresentação do balanço financeiro e outros tipos de relatórios, a inquéritos e auditorias, audiências públicas em cortes ou outras instâncias colegiadas, e mesmo ao debate público sobre as condutas dos agentes.[69]

No que concerne à tipologia, pode-se falar em *accountability* política (em que os critérios de julgamento são contestáveis) e gerencial (relacionada a tarefas conduzidas de acordo com critérios preestabelecidos de desempenho [*performance*] e, portanto, de possível mensuração). Entre as subdivisões da *accountability* gerencial é conveniente assinalar aquelas baseadas em critérios fiscais/regulatórios, processuais/de eficiência e de programa/efetividade, de acordo com o tipo de atividade a ser monitorada.[70] Outra classificação pode-se dar a partir de aspectos financeiros, processuais e de desempenho. Notadamente, essas classificações são em virtude da pergunta "sobre o que se presta contas?".

No que concerne a tipologias mais institucionais, ou seja, relacionadas aos *account-holders* e aos mecanismos de prestação de contas, Barbara Romzek e Melvin Dubnick[71] assinalam quatro categorias básicas, as quais se relacionam também com os aspectos interno e externo do controle e a extensão desse controle (alta ou baixa): legal (interna com alto controle); política (externa com baixo controle); burocrática (interna com alto controle); e profissional (externa com baixo controle). Já Dawn Oliver[72] enfoca como categorias de *accountability*: aquela dos ministros perante o Parlamento (política), a perante cortes (legal); aquela prestada a instituições não-parlamentares como uma Secretaria de Controle Interno, um Inspetor-Geral ou um Ombudsman (administrativa); e a *accountability* voltada diretamente ao público (opinião pública, consumidores, eleitores).

Mulgan assinala, ainda, que em tipologias baseadas no sistema de Westminster (parlamentarismo britânico), fala-se primeiramente em responsabilidade ministerial (política ou parlamentar) e revisão jurídica (legal ou judicial), mas, também, em outros tipos como o gerencial, de mercado, profissional e de consumidor/cliente. O autor assevera que nenhuma dessas classificações é suficientemente robusta para ser aplicável universalmente, apesar de haver maior consenso na divisão entre política, orçamentário-financeira, em virtude do processo e do procedimento, e de resultados. Aqui vale destacar que todos esses tipos podem ser realizados tanto interna quanto externamente. Ademais, no sistema de Westminster, a *accountability* política centra-se muito

---

[69] Mulgan, *op. cit.*, pp. 29-30.

[70] Mulgan, *op. cit.*, pp. 30-31.

[71] *Apud* Mulgan, *op. cit.*, pp. 30-31.

[72] *Apud* Mulgan, *op. cit.*, pp. 30-31.

mais na responsabilidade dos ministros perante o Parlamento e no controle que aqueles exercem sobre os agentes públicos a eles subordinados.

Interessante notar que, em sistemas presidencialistas, os ministros não são responsáveis perante o Parlamento, não havendo a ideia de responsabilidade solidária do Governo. Não obstante, o controle se dá por meio do sistema de freios e contrapesos (*checks and ballances*), essencial para a manutenção da democracia em regimes onde os Poderes Legislativo, Executivo e Judiciário são independentes e têm chefes distintos – como o Brasil e os EUA.

> *"(...) Guiados por uma cautela jeffersoniana contra o excesso de governo, assim como pelas obras de Locke e de Montesquieu, os redatores da Constituição dos Estados Unidos não só separaram o poder em domínios legislativo, executivo e judiciário, como também instituíram um sistema de verificações. Esse sistema foi estudado para que cada ramo do governo partilhe algum poder com os outros dois, reduzindo, desta forma, as chances de que qualquer um dos ramos fosse arbitrário ou excessivo no preenchimento de suas funções governamentais. Por essa fórmula, os juízes são às vezes legisladores também, legisladores são executivos, executivos entram nas funções judiciária e legislativa, e assim por diante."* [73]

O fato de os ministros nos regimes presidencialistas não serem diretamente responsáveis não significa que não possam ser chamados perante o Poder Legislativo para prestarem esclarecimentos sobre sua pasta. Não obstante, em sistemas presidencialistas, os ministros respondem primeiro ao Presidente, uma vez que ocupam cargos de sua confiança e, geralmente, de livre nomeação e destituição pelo mandatário.

Diante dos dois sistemas de governo, o que se tem constatado é que o controle do Executivo pelo Legislativo se mostra mais efetivo em modelos democráticos presidencialistas. Isso se deve, particularmente, à independência entre os Poderes[74] e à autoridade do Legislativo, no que se convencionou chamar de governo congressual ou congressional. Interessante assinalar a influência do Poder Legislativo em regimes presidencialistas, como destaca Machado Paupério, tomando como exemplo o caso estadunidense:

> *Nos Estados Unidos, o presidencialismo adquiriu a feição de um sistema de 'supremacia congressional' (...). Ali o Congresso tornou-se a força por excelência do Governo, pela absorção total que provocou em relação aos demais poderes da República. (...) O Congresso passou, nessas condições, a dirigir toda a vida política do país, fazendo-o através de suas chamadas "Comissões Permanentes". (...) Aliás, foi a supremacia do Legislativo sobre o Executivo que possibilitou a manutenção e o bom êxito do presidencialismo na grande pátria americana (...).*[75]

---

[73] Palombara, Joseph La. *A política no interior das nações* (Brasília: Ed. UnB, 1982), p. 82.

[74] Mulgan, *op. cit.*, p. 33.

[75] Paupério, Machado, *op. cit.*, p. 17.

Accountability é, portanto, valor fundamental nas sociedades democráticas. Não se pode prescindir da obrigação dos agentes públicos prestarem contas por seus atos e os de seus subordinados. E nas áreas de segurança e inteligência, esse aspecto mostra-se essencial para que sejam evitados os piores tipos de abuso e arbitrariedades por parte daqueles que dispõem da legitimidade do uso da força ou do privilégio de informações estratégicas.

1.5. CONTROLE

Reitere-se que, segundo Hely Lopes Meirelles, o controle[76] da Administração Pública é a faculdade de vigilância, orientação e "correção que um Poder, órgão ou autoridade exerce sobre a conduta funcional de outro".[77] Utiliza-se a terminologia "controle interno" para aquele exercido por órgãos da própria Administração (como a Corregedoria-Geral da União, no sistema administrativo brasileiro ou o *Auditor-General* ou *Inspector-General*, em modelos anglo-saxônicos), ou seja, integrantes do Poder Executivo; já o "controle externo" é o efetuado por órgãos alheios à Administração,[78] vinculados geralmente aos Poderes Legislativo e Judiciário. Há, ainda, o controle externo popular, relacionado ao direito individual do cidadão de fiscalizar as ações do Estado.[79]

Assim, tratando-se de democracia e controle da Administração Pública, é fundamental que se tenha clara a ideia de que este é alicerce daquela. Em outras palavras, o poder/dever/necessidade de controle da Administração pelos administrados é intrínseco ao modelo democrático; sem esse controle a Administração carece de legitimidade, o cidadão corre o risco de sofrer arbitrariedades por parte de órgãos e agentes estatais, e o regime democrático deixa de existir.

Alguns esclarecimentos terminológicos ainda são necessários: de acordo com a perspectiva anglo-saxônica, *control* (controle) e *oversight* (supervisão/fiscalização) estariam em patamares distintos. Enquanto *control* refere-se à direção, aos atos quotidianos de gerenciamento da Administração (ou seja, atos de gestão ou direção de uma agência ou órgão), sendo de responsabilidade primordial do Poder Executivo, *oversight* estaria ligado às atribuições de entes

---

[76] Registre-se que há juristas portugueses que, sob uma perspectiva mais purista do vernáculo, preferem o termo "sindicabilidade" para designar "o controle do ato e da norma administrativos". Sindicabilidade relaciona-se a "sindicação", ou seja, "ato ou efeito de sindicar", inquirir. *Vide* Vasconcelos, Edson Aguiar de, *Controle Administrativo e Parlamentar* (Rio de Janeiro: Lumen Juris, 1997), p. 3, nota 1, citando o *Novo Dicionário Ilustrado da Língua Portuguesa* (Porto: Lelo & Irmão Editores, 1993).

[77] Meirelles, *op. cit.*, p. 574.

[78] Bandeira de Mello, Celso Antônio. *Curso de Direito Administrativo*. São Paulo: Malheiros, 13. ed., 2001, p. 212.

[79] Meirelles, *op. cit.*, p. 576.

externos, como os Poderes Legislativo e Judiciário, de fiscalizar se o Executivo, ou seja, a Administração, tem-se conduzido de acordo com princípios legais e constitucionais.[80] Essa perspectiva, entretanto não é pacífica na literatura, de modo que *oversight* é percebido como uma forma de controle que pode ser realizada tanto pelo Poder Legislativo quanto por um ente externo à agência ou órgão controlado, mas pertencente ao Poder Executivo.

De acordo com o *Geneva Centre for the Democratic Controlo of Armed Forces* (DCAF),[81] *control* e *oversight* são distintos. Para o DCAF, *control* está relacionado à atribuição de dirigir (gerir) as atividades e políticas de uma organização, por exemplo, produzindo regulamentos, diretrizes ou políticas que determinem o funcionamento dessa organização. *Oversight*, por sua vez, significa verificar se as leis e os regulamentos que regem a organização, bem como suas políticas, estão sendo cumpridos. *Control* seria responsabilidade típica do Poder Executivo, enquanto *oversight* pode ser conduzido por diferentes agentes ou instituições, inclusive de outros Poderes. Ressalta-se, ainda, que não é consenso a distinção entre os dois termos, e que alguns órgãos que realizam *oversight* (*oversight bodies*) podem ter atribuições de *control*, enquanto quem exerce o controle também pode ter funções de *oversight*.[82] Interessante que, no modelo brasileiro, a Comissão Mista de Controle das Atividades de Inteligência (CCAI), órgão de controle externo da atividade de inteligência, tem atribuições de "fiscalizar e controlar" a comunidade de inteligência.

No âmbito deste livro, entendamos "controle" como gênero, e "supervisão" (*oversight*) como espécie de controle relacionada mais ao acompanhamento dos resultados alcançados pelo controlado e fiscalização de sua conduta. Em outras palavras, enquanto o controle envolveria um conjunto de parâmetros e limitações legais aos quais se deve ater a Administração, a supervisão refere-se ao legítimo poder de determinadas instituições e autoridades de averiguar o cumprimento das atribuições da Administração em conformidade com o arcabouço jurídico-normativo. Em todos esses processos está presente a ideia de *accountability*.[83]

---

[80] *"(...) Arguably, control refers to the act of being in charge of the day-to-day management of the intelligence services. The responsibility for control of the intelligence services is held by the government, not by the legislature or parliament. Oversight as exercised by the legislative branch involves a lesser degree of day-to-day management of the intelligence services, but requires an equally important amount of scrutiny. There is, a thin dividing line between government and parliament. Parliament exercises oversight, whereas government is tasked with control. These tasks are not the same: parliament ultimately has to decide how far their oversight should reach."* Born (2004), *op. cit.*, p. 4.

[81] Sobre o DCAF, *vide* <http://www.dcaf.ch>.

[82] DCAF. "Intelligence Oversight – Ensuring accountable intelligence within a framework of democratic governance". *SSR Backgrounder n. 11.* Disponível em: <https://www.dcaf.ch/intelligence-oversight-ensuring-accountable-intelligence-within-framework-democratic-governance> (acesso em 13 jan. 2018).

[83] *"Public accountability applies to all those who hold public authority, whether elected or appointed, and to all bodies of public authority. Accountability has the political purpose of checking the power*

No que concerne ao controle externo, há que se falar ainda em *review* (revisão). Nesse caso, tem-se uma dimensão de *accountability* baseada em quando é realizado o controle. Assim, com a supervisão/fiscalização (*oversight*) tem-se um controle ao longo de todo o processo (com a intervenção dos órgãos de controle mesmo antes de desencadeada a ação do controlado, durante esta ação e, naturalmente, após sua realização), enquanto a revisão (*review*) refere-se necessariamente a uma fiscalização retrospectiva, ou seja, *ex post facto*.[84] Interessante notar que enquanto *oversight* é mais usual na prática do Poder Legislativo em regimes presidencialistas – com separação de poderes –, nos modelos baseados no sistema de Westminster é mais corriqueiro que o Parlamento realize *review*.[85]

Note-se, ademais, que há distinção de caráter explanatório entre *oversight* e *review* no que diz respeito à ideia de controle na perspectiva anglo-saxônica – ou seja, da perspectiva de que o controle envolve o gerenciamento dos atos do controlado. Nesse sentido, *oversight* implica em níveis mais aprofundados de controle. No caso estadunidense, por exemplo, o Legislativo, por meio das Comissões em ambas as Casas, gerencia a atividade de inteligência, chegando mesmo a ser necessário autorização do Congresso para o desencadeamento de certas operações de inteligência. Com isso, deputados e senadores membros dessas Comissões devem ser consultados antes de determinadas ações dos serviços de inteligência e dividem a responsabilidade com o Governo (Poder Executivo) por tais ações e seus resultados.[86]

---

of the executive and therefore minimizing any abuse of power. The operational purpose of the accountability is to help to ensure that governments operate effectively and efficiently. Securing and maintaining public consent for the organization and activities of the state and the government is fundamental precept of democratic theory." DCAF Intelligence Working Group (2003), p. 1.

84 *"'Oversight' means supervision, watchful care, management or control. 'Review' in contradistinction, means to view again, survey again, or take a retrospective view of events and activities that have already occurred. Accordingly, a review process, strictly speaking, refers to an ex-post-facto process, where oversight suggests more of a watchdog function over ongoing activities of an agency."* Caparini (2002), *op. cit.*.

85 *"The Canadian government's 2004 consultation paper on a National Security Committee of Parliamentarians makes a clear distinction between the two terms, arguing that "confusion and crossed signals" have resulted when they are used interchangeably. This paper suggests that oversight, implying supervision, is "best understood by reference to the US system of government, where committees of the Congress have 'oversight' of federal agencies, meaning that the committees supervise these bodies, participating to a degree in their management and direction." In a Westminster parliamentary system like Canada's, oversight has been seen as the responsibility of ministers. Review on the other hand allows for an "independent assessment of the way in which the organization has performed", which makes in one sense for greater accountability."* Canada. Commission of Inquiry into the Actions of Canadian Officials in Relation to Maher Arar. *Policy Review* (Arar Commission). *Accountability and Transparency: a Background Paper to the Commission's Consultation Paper*. December, 10, 2004, p. 16.

86 Isso faz com que muitos parlamentares prefiram não participar dessas Comissões específicas exatamente para não terem que se envolver com operações clandestinas ou mesmo serem acusados de condescendentes com ações questionáveis desencadeadas pelo Governo nas áreas de segurança e inteligência.

Com o procedimento de revisão (*review*), diferentemente, o controle é mais tênue já que realizado posteriormente. Assim, os membros do Parlamento – à exceção dos que compõem o Gabinete – não são informados das operações em curso e não têm qualquer ingerência sobre estas.[87] Isso não quer dizer que o referido procedimento tenha caráter passivo ou pouco efetivo. Ao contrário, o procedimento de revisão é muito eficiente para identificar erros e apurar irregularidades, de modo a corrigir possíveis falhas em condutas futuras. Ademais, a partir da revisão pode-se mesmo sugerir reformas estruturais e operacionais nas instituições controladas, chegando-se, inclusive, a reformulação no arcabouço normativo que orienta tais organizações. Finalmente, os órgãos que fazem revisão também recebem denúncias sobre infrações cometidas pelos entes controlados e podem provocar reparações por eventuais danos. Trata-se de modelo adotado em países parlamentaristas, como Portugal e Canadá. Na verdade, há aqueles que defendem que o procedimento de revisão é mais adequado a regimes parlamentaristas.[88]

Registre-se, outrossim, que *review* é a forma de controle exercida também pelo Poder Judiciário. Claro que pode haver também controle prévio exercido pelo Judiciário, ainda que de maneira muito limitada. Isso ocorre em casos em que determinada ação ou operação necessita de autorização judicial para ser desencadeada. No Brasil, por exemplo, é o que se passa com os procedimentos de interceptação telefônica, que requerem, para serem realizadas na forma da lei, autorização prévia de autoridade judicial competente.[89]

---

[87] *"Parliamentary review in Westminster systems (...) does not vest any degree of control over executive action with parliamentarians outside cabinet. Review implies more of an explanatory than a controlling role."* Canada. Arar Commission. *Accountability and Transparency..., op. cit.*, p. 16.

[88] *"Effective review can exercise indirect, if not direct control, by drawing attention to past mistakes and prompting remedial action. More importantly, effective review can alter the behavior of those reviewed, in anticipation of future review. Internal control procedures may reflect the internalization of external review recommendations. In other words, focusing on review instead of oversight should not be taken as an admission that accountability is weak in Westminster systems. Rather, it is the preferred instrument of accountability in such systems."* Canada. Arar Commission. *Accountability and Transparency..., op. cit.*, pp. 16-17.

[89] Segundo o inciso XII do art. 5º da Constituição brasileira, "é inviolável o sigilo da correspondência e das comunicações telegráficas, de dados e das comunicações telefônicas, salvo, no último caso, por ordem judicial, nas hipóteses e na forma que a lei estabelecer para fins de investigação criminal ou instrução processual penal". De fato, esse dispositivo restringe bastante o recurso à interceptação telefônica pelas autoridades públicas e, no caso dos serviços de inteligência, particularmente da Agência Brasileira de Inteligência (ABIN), impede terminantemente o emprego dessa técnica operacional, uma vez que esses serviços – à exceção, em alguns casos, dos órgãos de informações das polícias – não realizam investigação criminal e dificilmente poderiam ser empregados para instrução processual penal. Para agravar o problema, o inciso em tela estaria entre as cláusulas pétreas constitucionais, ou seja, aquelas que não admitem reforma do poder constituinte derivado. Com isso, criou-se uma situação esdrúxula para a comunidade de inteligência brasileira: aos órgãos de informações é defeso o recurso à interceptação telefônica, técnica basilar da atividade.

1.5.1. Tipologias de Controle

Já se falou de controle interno e controle externo, bem como da diferença entre *review* e *oversight*. Passa-se, a seguir, a outras diferentes classificações do controle, uma vez que não há consenso quanto a essas divisões. Registre-se, não obstante, que as tipologias de controle serão também objeto de análise quando do estudo desse controle em relação à atividade de inteligência.

A primeira observação a ser feita sobre o assunto, portanto, é que não há uniformidade doutrinária no que concerne à tipologia dos controles[90]. Não obstante, há pontos de convergência que permitem uma sistematização do tema para os fins propostos nesta obra.

Uma primeira classificação é a apresentada por Luciano de Araújo Ferraz[91], segundo o qual o controle pode ser classificado: a) quanto ao órgão que o exerce: controle parlamentar, controle administrativo e controle judiciário; b) quanto ao posicionamento dos órgãos controlado e controlador: interno e externo; c) quanto ao momento em que se efetiva: prévio, concomitante e posterior; d) quanto à forma de instauração: controle *ex officio* e controle por provocação; e) quanto à extensão do controle: de legalidade, de mérito e de resultados (desempenho).

A classificação de Ferraz é abrangente e precisa, sendo útil para o presente estudo. De fato, essa perspectiva não difere muito daquela de Bandeira de Mello[92], o qual, reitere-se, divide o controle em interno e externo, subdividindo este último em controle parlamentar direto, controle exercido pelo Tribunal de Contas e controle judicial[93]. No que concerne ao escopo, Bandeira de Mello propõe controle de legitimidade e controle de mérito e, ao tratar de momento em que é realizado, divide o controle em preventivo e repressivo.

José Afonso da Silva[94], por sua vez, tratando de fiscalização contábil, financeira e orçamentária, distribui os tipos de controle de acordo com as formas, os tipos e os sistemas. Assim, no que diz respeito à forma, o autor divide o controle segundo a natureza das pessoas controladas, a natureza dos fatos controlados, o momento do seu exercício, e a natureza dos organismos controladores. Já quanto

---

[90] Santos, Jair Lima. *Tribunal de Contas da União e Controles Estatal e Social da Administração Pública*. Curitiba: Juruá, 1. ed., 4ª tir., 2006, p. 39.

[91] Ferraz, Luciano de Araújo. *Controle da Administração Pública: elementos para a compreensão dos Tribunais de Contas*. Belo Horizonte: Mandamentos, 1999, p. 77.

[92] Bandeira de Mello, *op. cit.*, pp. 212 e ss.

[93] Nenhuma alusão é feita pelo autor sobre controle social ou popular.

[94] Silva, José Afonso da. *Curso de Direito Constitucional Positivo*. São Paulo: Malheiros, 20. ed., 2002, pp. 725-735. Note-se que aqui a atenção de José Afonso da Silva é para o chamado "controle orçamentário", o que não impede, entretanto, que sua classificação seja útil para o presente livro.

aos tipos, enuncia controle de legalidade, de legitimidade, de economicidade, de fidelidade funcional e controle de resultado, de cumprimento de programa de trabalho e de metas. Finalmente, referindo-se a sistema, em sistemas de controle externo e interno.

Uma última classificação que merece destaque para o presente estudo é a de Jair Lima Santos,[95] que toma a classificação de José Afonso da Silva e estrutura o controle: a) quanto à forma (de acordo com a natureza das pessoas e dos fatos/atos controlados, o momento do exercício e a iniciativa de instauração); b) quanto à extensão (controle de legalidade, legitimidade, de fidelidade funcional, de resultados, e de economicidade); e c) quanto aos órgãos controladores (sistemas de controle interno e externo). A partir dessa classificação serão feitos alguns esclarecimentos com o objetivo de contribuir para a melhor compreensão do controle da atividade de inteligência.

Assim, dentro da classificação de Santos quanto à forma, o controle que toma por base a natureza das pessoas controladas, ou seja, dos sujeitos passivos do controle,[96] "é exercido sobre os administrados e decorre do dever constitucional de prestar contas que incide sobre qualquer pessoa física ou jurídica, pública ou privada, que utilize, arrecade, guarde, gerencie ou administre dinheiro, bens e valores públicos ou pelos quais a União responda, ou que, em nome dela, assuma obrigações de natureza pecuniária".[97] Essa conceituação certamente volta-se mais ao controle de contas – mas não só a ele – e encontra fundamento no art. 70, parágrafo único, da Constituição brasileira.[98]

Já no que concerne aos fatos (e claro, atos) controlados, o controle, assinala Santos, pode ser orçamentário, contábil, financeiro, operacional, e patrimonial. O controle orçamentário "destina-se à verificação das autorizações de despesas previstas no orçamento anual e da sua fiel execução, bem como fiscalizar o cumprimento dos programas de trabalho previstos"[99] e sua adequação à legislação e aos planos orçamentários. O controle contábil

[95] Santos, *op. cit.*, pp. 42-47.

[96] Vasconcelos, *op. cit.*, p. 158.

[97] Santos, *op. cit.*, p. 43.

[98] Prescreve o art. 70 da Carta Magna brasileira: "Art. 70. A fiscalização contábil, financeira, orçamentária, operacional e patrimonial da União e das entidades da administração direta e indireta, quanto à legalidade, legitimidade, economicidade, aplicação das subvenções e renúncia de receitas, será exercida pelo Congresso Nacional, mediante controle externo, e pelo sistema de controle interno de cada Poder. (...) Parágrafo único. Prestará contas qualquer pessoa física ou jurídica, pública ou privada, que utilize, arrecade, guarde, gerencie ou administre dinheiros, bens e valores públicos ou pelos quais a União responda, ou que, em nome desta, assuma obrigações de natureza pecuniária."

[99] Santos, *op. cit.*, p. 43.

refere-se ao cumprimento das normas contábeis,[100] enquanto o controle financeiro se dá sobre o movimento de capitais (inclusive sobre renúncia de receitas e aplicação de subvenções) e o controle patrimonial se dá em face da gestão financeira, examinando a legitimidade dos acréscimos e diminuição de patrimônio. O controle operacional, por último, "envolve resultados e está voltado para o exame da ação governamental quanto aos aspectos da economicidade, eficiência, eficácia e efetividade".[101]

Conforme o momento do exercício, o controle, segundo Santos, é classificado em prévio ou *a priori*, concomitante,[102] e *a posteriori*.[103] Essa classificação já é autoexplicativa, mas importante lembrar que o termo *oversight* envolve o processo como um todo – os três momentos, portanto – enquanto *review* é sempre controle *a posteriori*. Assinale-se, ademais, que o Poder Legislativo nos EUA e no Brasil pode realizar o controle externo nos três momentos, enquanto no modelo de Westminster, adotado, por exemplo, no Canadá, na Austrália e, naturalmente, na própria Grã-Bretanha, esse controle por parte do Parlamento é, eminentemente, *a posteriori*.

Quanto à iniciativa de instauração, há o controle *ex officio* e o controle por provocação. Enquanto aquele é instaurado independentemente de qualquer provocação do administrado ou de órgão da estrutura do Poder Público, este ocorre a partir de requerimento do administrado ou de outro órgão com legitimidade para fazê-lo. Exemplo de controle por provação é o desenvolvido pelo Judiciário ou mesmo pelo Poder Legislativo ou pela própria Administração a partir de uma queixa ou denúncia do cidadão referente a alguma conduta do agente público julgada ilegítima ou ilegal.

Pelo critério da extensão, Santos adota a concepção de José Afonso da Silva e classifica o controle de acordo com a legalidade, a legitimidade, a fidelidade funcional, os resultados e a economicidade. Esses aspectos são de extrema importância no que concerne à prática do controle, uma vez que se referem a parâmetros que devem ser considerados pelo controlador para exigir a prestação de contas do controlado.

---

100 No Brasil, a norma pertinente é a Lei nº 4.320, de 17 de março de 1964.

101 Santos, *op. cit.*, p. 43.

102 O controle concomitante ou sucessivo é o que acompanha a atuação do agente, com o fim de verificar se seus atos são legais.

103 Relembre-se que se trata do controle realizado após a prática do ato controlado, com o objetivo de reconhecer-lhe a eficácia, sanar eventuais falhas, ou mesmo declarar a nulidade do ato em caso de vício.

De maneira sucinta, o controle de legalidade decorre do princípio de mesmo nome,[104] significando que o agente público não pode descuidar do fiel cumprimento da lei, estando seus atos condicionados ao estabelecido em lei.[105] Assim, o controle de legalidade tem por objetivo verificar a validade formal do ato público – se é feito de acordo com a lei e por agente legalmente capaz e competente para isso – e estende-se à adequação a princípios gerais como a segurança dos direitos fundamentais e a transparência.[106]

O controle da legitimidade "é o que incide a partir do plano normativo que lhe dá conformação (legalidade), mas alcança elementos de ordem ética e busca identidade com o princípio da moralidade pública. Associa-se ao dever do agente público de buscar atingir nos atos que pratica o efetivo interesse público".[107] Certamente que a perspectiva política está estreitamente vinculada ao controle da legitimidade, uma vez que envolve juízo de valor sobre os atos do controlado e de sua adequação com os preceitos éticos da administração pública e com os interesses comuns dos cidadãos. Afinal, um ato pode ser legal sem ser, necessariamente, legítimo.[108]

Santos informa que "o controle de fidelidade funcional diz respeito à legalidade dos atos de admissão de pessoal, concessões de aposentadorias, reformas e pensões, bem como a adequação à legislação de pessoal, apresentando, portanto, estreita correlação com o controle de legalidade".[109] Esse tipo de controle merece especial atenção quando se fiscaliza órgãos de segurança e inteligência. De fato, pode ser de grande utilidade para se verificar o nível de comprometimento do pessoal com a atividade realizada e mesmo com o Estado e a sociedade a que servem. Além disso, é esse tipo de controle que pode ser previamente empregado para nortear um processo seletivo para áreas que exigem perfis aptos a trabalhar com assuntos sigilosos ou com segurança. Finalmente, verificando-se a quantidade de aposentadorias e,

---

[104] "O princípio da legalidade é a nota essencial do Estado de Direito. É, também, por conseguinte, um princípio basilar do Estado Democrático de Direito (...) porquanto é da essência do seu conceito subordinar-se à Constituição e fundar-se na legalidade democrática. (...) É nesse sentido que se deve entender a assertiva de que o Estado, ou o Poder Público, ou os administradores não podem exigir qualquer ação, nem impor qualquer abstenção, nem mandar tampouco proibir nada aos administrados, senão em virtude da lei (...). [No que concerne à conduta do agente público], significa a submissão e o respeito à lei, ou a atuação dentro da esfera estabelecida pelo legislador." Silva, José Afonso da, *op. cit.*, pp. 419-421.

[105] Daí o princípio segundo o qual enquanto o particular pode fazer tudo o que não for defeso por lei, o agente público só pode fazer o que a lei autoriza.

[106] Santos, *op. cit.*, p. 44.

[107] Santos, *op. cit.*, p. 45.

[108] "Legalidade e legitimidade cessam de identificar-se no momento em que se admite que uma ordem pode ser legal mas injusta." D'Entrève, A. P. *apud* Silva, José Afonso da, *op. cit.*, p. 423.

[109] Santos, *op. cit.*, p. 45.

mais ainda, de demissões ou desligamentos de servidores, é possível inferir sobre as condições em que uma agência opera e os anseios de seu pessoal. No caso dos serviços de segurança e inteligência, instituições em que ocorra significativo número de evasões de seus quadros podem estar dando sinal não só de problemas gerenciais (como ocorreria em qualquer outro órgão), mas também de comprometimento da segurança da instituição e de eventuais riscos à segurança nacional.[110]

O controle de resultados envolve a fiscalização sobre o cumprimento de programas de trabalho e metas. Denominado também "controle global, significa um aprofundamento do controle de mérito, no tocante à avaliação crítica da atividade administrativa".[111] Trata-se de procedimento essencial na Administração Pública e deve ser objeto da atenção constante tanto dos que exercem o controle interno quanto dos que exercem o externo.[112] Nesse sentido, o Poder Legislativo tem papel relevante ao fiscalizar os atos do Executivo no que concerne ao cumprimento dos programas de governo. Sociedades e organizações sem cultura de planejamento enfrentam maiores dificuldades em realizar esse tipo de controle.

No controle de resultados estão presentes, como elementos essenciais do controle, a eficiência, a eficácia e a efetividade, aos quais se associa a economicidade. Eficiência, ensina José Afonso da Silva, não é um conceito jurídico, mas econômico, significando "fazer acontecer com racionalidade, o que implica medir os custos que a satisfação das necessidades públicas importa em relação ao grau de utilidade alcançado".[113] Daí o princípio da eficiência orientar a atividade administrativa no sentido de "conseguir os melhores resultados com os meios mais escassos de que se dispõe e a menor custo".[114] Para Santos, a eficiência "confere ênfase aos meios e processos e consiste na adoção de critérios

---

[110] Nada mais interessante para recrutamento por parte de entidade adversa do que um oficial de inteligência que vá embora de sua instituição (por vontade própria ou por demissão) insatisfeito ou amargurado com a órgão ao qual servia. Daí a necessidade de que os entes de controle (interno e externo) estejam atentos a essa questão.

[111] Santos, *op. cit.*, p. 45.

[112] "Essa modalidade de controle não se refere apenas a uma atividade administrativa, singularmente considerada, mas a uma série de atividades, cuja interação revela eficácia da gestão. Consiste, pois, em uma apreciação global da orientação administrativa, cujo objetivo reside não em aperfeiçoar a atividade administrativa, mas sim em criar um paradigma para ulterior aperfeiçoamento finalístico e funcional. Quanto à sua abrangência, tal controle é mais específico que a mera vigilância administrativa, e menos genérico que a supervisão administrativa." Santos, *op. cit.*, p. 46.

[113] Silva, José Afonso da, *op. cit.*, p. 651.

[114] Silva, José Afonso da, *op. cit.*, p. 651.

de valoração dos vários aspectos da conduta administrativa, de forma que se estabeleça a relação entre produtos gerados por uma atividade e os respectivos custos dos insumos empregados em determinado período".[115]

O *Dicionário Houaiss da Língua Portuguesa* define eficácia como "virtude ou poder de (uma causa) produzir determinado efeito; qualidade ou caráter do que é eficaz" e também "segurança de um bom resultado; validez, atividade, infalibilidade; efeito útil". Quando associada à Administração, eficácia significa "qualidade ou característica de quem ou do que, num nível de chefia, de planejamento, chega realmente à consecução de um objetivo". Nesse sentido, Santos assinala que eficácia está relacionada aos resultados e, mais especificamente, "com o grau de alcance das metas programadas em determinado período de tempo, importando a efetiva concretização dos objetivos pré-fixados".[116] Assim, enquanto eficiência tem a ver com a capacidade de utilizar economicamente os recursos, a eficácia envolve a capacidade de alcançar um objetivo.[117] Ao se realizar o controle deve-se estar atento à consecução tanto da eficiência quanto da efetividade pelo controlado.[118]

Efetividade, por sua vez, deve ser entendida como "faculdade de produzir um efeito real; capacidade de produzir o seu efeito habitual, de funcionar normalmente" e, no caso da Administração, "qualidade do que atinge os seus objetivos estratégicos, institucionais, de formação de imagem etc."[119] Daí o comentário de Santos, segundo o qual "a efetividade decorre da relação entre os resultados alcançados e os objetivos que motivaram a atuação institucional e se destina a medir o nível de proficuidade apurado pelo controle de eficácia, no tocante à efetiva utilidade dos objetivos, de modo a indicar a extensão do efeito positivo que a atuação do programa ou plano administrativo produziu em determinado prazo".[120]

---

115 Santos, *op. cit.*, p. 46.

116 Santos, *op. cit.*, p. 46.

117 Valeriano, Dalton L. *Gerenciamento Estratégico e Administração por Projetos*. São Paulo: Makron Books, 2001, p. 24.

118 "O conceito de eficácia de uma organização diz respeito à sua capacidade de realização de produtos, bens ou serviços. Já eficiência, como exposto acima, é um conceito ligado à aplicação dos métodos com o fim de que os recursos sejam aplicados de forma racional. Eficiência está relacionada aos meios; eficácia, aos fins." Silva, Leonardo Peter da. "Princípios fundamentais da administração judiciária" *In*: *Jus Navigandi*, Teresina, ano 10, n. 886, 6 dez. 2005. Disponível em: <http://jus2.uol.com.br/doutrina/texto.asp?id=7666>. Acesso em 17/12/2007, citando Fekete, M. C.

119 *Dicionário Houaiss da Língua Portuguesa.*

120 Santos, *op. cit.*, p. 46.

Deve-se considerar, ainda, o controle de economicidade, relacionado ao desempenho do controlado. Muito voltado à atividade exercida pelas cortes de contas, essa forma de controle pode ser entendida como "o controle da eficiência na gestão financeira e orçamentária, consubstanciado na minimização de custos e gastos públicos e na maximização da receita e da arrecadação".[121]

Uma última classificação de controle, relacionada aos órgãos controladores, ou sujeitos ativos do controle,[122] é aquela que divide o controle em externo e interno. Uma vez que a definição dessas categorias já foi feita, convém apenas assinalar esquematicamente como Santos distribuiu as categorias de controle a partir dos agentes controladores. Para o jurista, esse controle se divide, primeiramente, em controle público estatal e controle público não estatal. A partir do esquema de Santos[123] produziu-se a classificação do controle segundo os controladores, apresentada na Tabela I.

O controle público não estatal é também chamado de controle social. Trata-se de mecanismo de manifestação da cidadania ativa, no qual o cidadão fiscaliza o Poder Público e cobra medidas dos governantes e demais agentes públicos. Quanto mais desenvolvida a noção de cidadania em uma sociedade, mais efetivo pode ser o controle social. A mídia tem papel relevante nesse contexto.

Vistas as tipologias de controle, passa-se ao controle aplicado à atividade de inteligência, quando serão analisadas de maneira mais pontual algumas modalidades do controle tratadas no presente tópico, mas com o enfoque voltado à segurança. Antes, porém, convém fazer algumas últimas observações sobre mecanismos políticos de controle, com destaque para o Controle Parlamentar.

---

[121] Santos, *op. cit.*, p. 46.

[122] Vasconcelos, *op. cit.*, p. 157.

[123] Santos, *op. cit.*, pp. 47-48 (com adaptações).

Tabela I. Tipologias de Controle
I – controle público estatal *a) interno;* *b) externo:* *b.1) jurisdicional (exercido pelo Poder Judiciário)* *b.2) parlamentar ou político (exercido pelo Poder Legislativo)* *b.2.1) direto (feito pelo próprio Legislativo)* *b.2.2) indireto (feito pelo Legislativo por intermédio de órgãos a ele vinculados como o Tribunal de Contas, no Brasil, ou o Security Intelligence Review Committee, no Canadá).* *II – controle público não estatal (exercido pela sociedade)* *a) sociedade civil organizada (associações, mídia, partidos políticos, outros grupos de pressão)* *b) cidadão (agindo individualmente)*
Fonte: SANTOS, op. cit., pp. 47-48 (com adaptações)

1.6. MECANISMOS POLÍTICOS DE CONTROLE

Governos e Administração Pública estão sujeitos a mecanismos complexos de controle, particularmente nas democracias liberais.[124] Cidadãos necessitam do poder estatal para protegê-los, mas também precisam ser protegidos de eventuais abusos de seu próprio governo.

No âmbito público, uma primeira linha de "proteção" deve ser o sistema institucional-normativo, com leis que garantam os princípios democráticos e a defesa dos cidadãos contra arbitrariedades estatais. Importante conhecer, ainda, os mecanismos empregados para o devido controle em âmbito político. Estes são, basicamente, as eleições e o escrutínio feito pelo Poder Legislativo.

1.6.1. Eleições

O mecanismo primaz de *accountability* são as eleições gerais. É por meio delas que o titular primeiro do poder nas democracias – o povo – fiscaliza e controla seus representantes, os políticos – que, por sua vez, reitere-se, controlam a Administração Pública e a burocracia estatal. São as eleições periódicas que fazem com que os governantes expliquem e justifiquem suas ações, dando aos

[124] Mulgan, *op. cit.*, p. 36.

cidadãos a oportunidade de julgar-lhes e impor-lhes um veredicto – manifesto por meio da reeleição.[125] Claro que, entre as eleições, o Poder Legislativo assume as funções de controlar o Governo e seus agentes.

Quem presta contas por meio das eleições? Quem é o sujeito passivo nesse mecanismo de controle? A resposta óbvia é "todos os titulares de mandatos eletivos",[126] ou seja, os agentes políticos do Estado. Em regimes parlamentaristas, as eleições para o Executivo e o Legislativo são combinadas, de modo que os eleitores ao votarem indicam que partido(s) desejam para conduzir o país. Os governantes sustentam sua autoridade na confiança do Parlamento que, por sua vez, recebeu-a do povo. Em regimes presidencialistas, o chefe do Executivo é eleito separadamente dos membros do Legislativo, o que, em tese, permite aos eleitores exigirem a prestação de contas do Presidente e dos parlamentares também separadamente.

Claro que para que haja realmente o controle político por meio das eleições, estas devem ser periódicas, gerais e livres, e nelas possam participar os diferentes grupos políticos de uma sociedade. Sem isso não há democracia e muito menos real controle.[127] Em regimes presidencialistas, convém assinalar, é importante que haja, associados às eleições, mecanismos que estabeleçam a possibilidade de fazer com que os titulares do mandato que não encontrem mais respaldo entre seus constituintes percam seus cargos antes do próximo pleito, como ocorre com o *recall*, que não é tema desta obra.

Diante da pergunta "a quem contas são prestadas?" (ou seja, qual o sujeito ativo do controle pelas eleições), a resposta também é simples: aos cidadãos na condição de eleitores. De fato, nas democracias modernas, as eleições são praticamente o único mecanismo por meio do qual os governos são diretamente *accountable* perante os cidadãos. Ademais, uma eleição constitui oportunidade de avaliar o desempenho do político ao longo de todo o mandato, de maneira

[125] Mulgan, *op. cit.*, pp. 40-41.

[126] A princípio, eleições não afetam diretamente os agentes públicos nomeados ou membros não eleitos do governo (Mulgan, *op. cit.*, p. 41). Não obstante, no Brasil, essa assertiva é questionável em razão da grande quantidade dos chamados "cargos de confiança" na Administração Pública, muitos dos quais são utilizados para beneficiar apadrinhados políticos sem qualquer relação de mérito profissional com a atividade para a qual são nomeados. Exemplo disso é a quantidade de pessoas vinculadas a sindicatos e movimentos sociais que foram nomeadas para cargos criados nos governos Lula e Dilma, inclusive com o estabelecimento de quatro dezenas de Ministérios e Secretarias, muitos para abrigar aliados políticos que haviam perdido as eleições. Claro que não se trata de prática que se inicia com o petista, mas certamente foi muito intensificada a partir de então.

[127] Interessante notar que o mecanismo eleitoral é importante desde que haja possibilidade de reeleição dos representantes. Sem a possibilidade de reeleição, lembra Mulgan (*op. cit.*, p. 41), os políticos sentem-se pouco compelidos a prestar contas de seu desempenho, uma vez que não correm o risco de enfrentar uma derrota nas urnas.

geral, mas também por ações específicas ou medidas tomadas em determinado momento da gestão pública.

Finalmente, é por meio do processo eleitoral que os agentes políticos são obrigados a defender suas convicções e projetos de governo contra oponentes que têm por objetivo exatamente substituí-los como mandatários dos eleitores. O debate produzido pelas eleições pode ser percebido, assim, como ótima oportunidade de controle da gestão de um governante. Trata-se de momento não só de discutir, mas de retificar escolhas e projetos. Claro que a informação – e o acesso a ela por parte dos eleitores – ocupa papel central nesse processo.

Assim, eleições são a oportunidade para grandes debates nas democracias modernas, nas quais os políticos são chamados não só a apresentar propostas que serão avaliadas pelos eleitores, mas também são levados a prestar contas à opinião pública por seus atos. Certamente, em cada regime pode haver limitações à efetividade desse controle, mas, de maneira geral, não há como negar a importância do sufrágio como mecanismo de controle democrático.

1.6.2. O Controle Parlamentar

Em que pese a importância das eleições, a sociedade acabaria tendo sua prerrogativa de controle do Poder Público muito limitada se dependesse apenas desses pleitos periódicos. Em regimes com eleições com periodicidade definida, ou seja, em que os eleitos têm um mandato de duração pré-determinada, seria muito tênue o poder de controle que a população teria de seus governantes.[128] Daí a necessidade de se complementar as eleições com outros mecanismos de controle político, usados no interstício entre um pleito e outro. A maior parte desses mecanismos passa pelo Poder Legislativo e compreende o arcabouço do Controle Parlamentar.

Há variação entre os mecanismos de controle parlamentar do Executivo conforme o sistema parlamentarista ou presidencialista. De fato, esse controle varia de acordo com os distintos ordenamentos constitucionais de cada país.[129] De toda maneira, ensina Mulgan, tanto em modelos parlamentaristas quanto em presidencialistas,[130] o controle parlamentar pode ser efetivo e depende muito mais do grau de consolidação das instituições democráticas e da influência do Executivo sobre os parlamentares que do sistema político em si.

---

[128] Mulgan, *op. cit.*, pp. 44-45.

[129] "Nos diversos ordenamentos constitucionais, o controle parlamentar se apresenta em formas variadas e com extensão maior ou menor, já que sua conformação depende sempre do modelo estrutural do Estado, em virtude de seu conceito instrumental." Vasconcelos, *op. cit.*, p. 149.

[130] E aí seria possível acrescentar mesmo os semipresidencialistas, como o português e o francês.

Nos sistemas parlamentaristas, lembra Mulgan,[131] o Poder Executivo (tanto os agentes políticos quanto a burocracia que administra o Estado) tem a responsabilidade de iniciar e implementar as políticas de governo, deixando aos legisladores a ampla atribuição de legitimar e fiscalizar as ações governamentais. Nesse sentido, completa, o Executivo necessita do apoio dos legisladores para autorizar determinadas ações de governo, bem como para aprovar o orçamento e as leis de iniciativa daquele. Em contrapartida, o Legislativo submete o Executivo a seu escrutínio e o chama a prestar contas e ao debate público.

Já em sistemas presidencialistas, como nos EUA e no Brasil, o Legislativo compartilha poder com o Executivo de forma mais equilibrada e desempenha um papel mais ativo na formulação de políticas públicas, comenta Mulgan.[132] Claro que em regimes parlamentaristas, os legisladores podem participar de forma ativa nas iniciativas de governo emendando as leis, em especial quando o governo não tem o controle absoluto da maioria no Parlamento. De toda maneira, seja em regimes parlamentaristas ou em presidencialistas, a realização de inquirições públicas e do amplo debate tornou-se função premente nas legislaturas modernas, finaliza Mulgan.

Importante assinalar que a função de controle é atividade precípua do Poder Legislativo, distinguindo-se das outras duas funções[133] desse Poder, quais sejam, a legislativa (de elaboração e aprovação de normas genéricas e abstratas) e a orçamentária (aprovação da previsão de ingressos e gastos públicos).[134] Trata-se de função tradicional do Parlamento,[135] não podendo ser de qualquer forma limitada nem circunscrever-se a procedimentos determinados, como o é a função legislativa, a qual deve ater-se a procedimento específico (o processo legislativo).[136]

O controle parlamentar tem natureza tanto jurídica quanto política, sendo esta última mais significativa. É jurídico porque fundamentado em leis, costumes ou princípios jurídicos. Mas também é político à medida que envolve uma relação de poder e delegação de poder. Ressalte-se que o caráter político do controle

---

[131] Mulgan, *op. cit.*, p. 45.

[132] Mulgan, *op. cit.*, p. 45.

[133] O termo "função" aqui empregado é o adotado por Vasconcelos (*op. cit.*, p. 150, nota 53) que, por sua vez, o importou do *Dicionário de Administração Pública* português, significando "atividade com características próprias, modo de o poder político se projetar em ação".

[134] Vasconcelos, *op. cit.*, p. 150.

[135] *"Le contrôle, la surveillance de l'action politique et administrative de l'exécutif, constitue une des trois fonctions traditionnelles des parlements, avec les fonctions législative et budgétaire"*. *Dictionnaire Constitutionnel*, publicado sob a direção de Olivier Duhamel & Yves Mény (Paris: Presses Universitaires de France, 1992), verbete *contrôle parlamentaire*, pp. 229-331.

[136] Reyes, Manuel Aragón. "El Control Parlamentario como Control Político". In: *Derecho Constitucional*, Ciudad de México: Universidad Autónoma de México, 1988, tomo I., p. 19.

envolve critérios subjetivos de valoração, contrabalançados, de toda maneira, pelo arcabouço constitucional-legal que sustenta a própria organização do Estado.[137]

Diante da pergunta sobre o sujeito passivo do controle do Legislativo, a resposta de Mulgan é "de alguma maneira, todos os agentes e órgãos do Executivo".[138] Isso se deve à prerrogativa fiscalizadora do Poder Legislativo. Assim, nos regimes parlamentaristas, onde os ministros também são membros do Legislativo, as convenções de responsabilidade ministerial levam os membros do Gabinete a ir ao Parlamento periodicamente para responder a perguntas de seus colegas parlamentares.[139] Isso não acontece nos sistemas presidencialistas. Entretanto, apesar de o Presidente não ser diretamente questionado pelos parlamentares, estes têm mecanismos de controle que sujeitam o orçamento e as políticas de governos a extensiva discussão e escrutínio legislativo. Ademais, Ministros de Estado e outros agentes públicos podem ser chamados a prestar contas perante as comissões do Parlamento em regimes presidencialistas.

Quando se trata do mecanismo legislativo de controle, a resposta à pergunta referente a quem controla (sujeito ativo) parece ser simples e repousar nos parlamentares ou, mais precisamente, no Poder Legislativo. Afinal, é o Parlamento eleito que tem a autoridade como órgão natural a que o Executivo deve prestar contas. A resposta adquire um pouco mais de complexidade em modelos bicamerais onde apenas uma das Casas é composta por representantes eleitos do povo. Mas essa especificidade não será objeto de aprofundamento deste livro.

---

[137] "António Vitorino, na perspectiva da relação constitucionalmente estabelecida entre o Parlamento e o Governo, entende o controle como uma técnica jurídico-constitucional de garantia e fiscalização da adequação da ação governativa aos seus fins constitucionais, traduzidos na observância da própria vontade popular, pelo que o controle parlamentar se afigura como uma intermediação dos eleitores sobre os governantes e os instrumentos que constituem o controle parlamentar do governo integram uma verdadeira função parlamentar, que consiste na '(...) verificação da actividade do Governo e da adequação dessa actividade aos parâmetros estabelecidos quer pelo texto constitucional quer pelo próprio Parlamento, no quadro do exercício da função de direcção política do Estado'." Vasconcelos, *op. cit.*, p. 163.

[138] Mulgan, *op. cit.*, p. 45.

[139] No Canadá, por exemplo, diariamente nas sessões do Parlamento há o "*Question Period*", período de 45 minutos em que os ministros estão presentes – inclusive o primeiro-ministro – e respondem a perguntas dos demais parlamentares. Interessante que há toda uma técnica para a atuação do Gabinete nesse momento, inclusive com os ministros sendo sabatinados previamente por assessores para diminuir as chances de serem surpreendidos por algum questionamento mais ferrenho da oposição: "*The most exciting and most publicized aspect of work in the House is the daily Oral Question Period – a 45 minute period held five days a week which provides a forum for the opposition parties to embarrass the government, criticize its policies and force discussion on selected issues. The government is held hostage each day to relentless questioning by the opposition parties. Ministers are not given prior notice of what issues will be discussed and the Speaker allocates questions roughly proportionate to party membership in the House.*" Jackson, Robert & Jackson, Doreen. *Canadian Government in Transition*. Toronto: Prentice Hall, 3rd edition, 2002, p. 160.

Há casos, ainda, em que o Parlamento controla o Executivo por meio de órgãos a ele vinculados, mas que não são compostos por parlamentares. É o que ocorre no Brasil, por exemplo, com o Tribunal de Contas da União – órgão competente para assessorar o Legislativo na fiscalização e controle externo da Administração Pública[140] – e, na área de segurança no Canadá, com o *Security Intelligence Review Committee* (SIRC), comitê independente vinculado ao Parlamento e ao qual o *Canadian Security Intelligence Service* (CSIS) deve prestar contas. Cite-se, ainda na mesma linha, o "Conselho de Fiscalização do Sistema de Informações da República Portuguesa (CFSIRP)",[141] órgão composto por três membros – não parlamentares –, eleitos pela Assembleia da República para um mandato de quatro anos, com função de fiscalizar o sistema de inteligência português e que prestam contas à Assembleia.[142] Nesses casos, os parlamentares

[140] A Constituição brasileira estabelece, em seu art. 71, que o "controle externo, a cargo do Congresso Nacional, será exercido com o auxílio do Tribunal de Contas da União, ao qual compete: I - apreciar as contas prestadas anualmente pelo Presidente da República, mediante parecer prévio que deverá ser elaborado em sessenta dias a contar de seu recebimento; II - julgar as contas dos administradores e demais responsáveis por dinheiros, bens e valores públicos da administração direta e indireta, incluídas as fundações e sociedades instituídas e mantidas pelo Poder Público federal, e as contas daqueles que derem causa a perda, extravio ou outra irregularidade de que resulte prejuízo ao erário público; III - apreciar, para fins de registro, a legalidade dos atos de admissão de pessoal, a qualquer título, na administração direta e indireta, incluídas as fundações instituídas e mantidas pelo Poder Público, excetuadas as nomeações para cargo de provimento em comissão, bem como a das concessões de aposentadorias, reformas e pensões, ressalvadas as melhorias posteriores que não alterem o fundamento legal do ato concessório; IV - realizar, por iniciativa própria, da Câmara dos Deputados, do Senado Federal, de Comissão técnica ou de inquérito, inspeções e auditorias de natureza contábil, financeira, orçamentária, operacional e patrimonial, nas unidades administrativas dos Poderes Legislativo, Executivo e Judiciário, e demais entidades referidas no inciso II; V - fiscalizar as contas nacionais das empresas supranacionais de cujo capital social a União participe, de forma direta ou indireta, nos termos do tratado constitutivo; VI - fiscalizar a aplicação de quaisquer recursos repassados pela União mediante convênio, acordo, ajuste ou outros instrumentos congêneres, a Estado, ao Distrito Federal ou a Município; VII - prestar as informações solicitadas pelo Congresso Nacional, por qualquer de suas Casas, ou por qualquer das respectivas Comissões, sobre a fiscalização contábil, financeira, orçamentária, operacional e patrimonial e sobre resultados de auditorias e inspeções realizadas; VIII - aplicar aos responsáveis, em caso de ilegalidade de despesa ou irregularidade de contas, as sanções previstas em lei, que estabelecerá, entre outras cominações, multa proporcional ao dano causado ao erário; IX - assinar prazo para que o órgão ou entidade adote as providências necessárias ao exato cumprimento da lei, se verificada ilegalidade; X - sustar, se não atendido, a execução do ato impugnado, comunicando a decisão à Câmara dos Deputados e ao Senado Federal; XI - representar ao Poder competente sobre irregularidades ou abusos apurados."

[141] Arts. 7º a 12 da Lei-Quadro do Sistema de Informações da República Portuguesa (Lei nº 30/84, de 5 de setembro), alterada pela Lei Orgânica nº 4/2004, de 6 de novembro.

[142] Importante trabalho a respeito do modelo português é de Jorge Bacelar Gouveia, "Os Serviços de Informações de Portugal: Organização e Fiscalização". *In:* Gouveia, Jorge Bacelar & Pereira, Rui, *Estudos de Direito e Segurança* (Coimbra: Edições Almedina, 2007), pp. 171-192. O professor Gouveia é o Presidente do Conselho de Fiscalização do Sistema de informações da República Portuguesa.

transferem a competência fiscalizadora a terceiros para controlar a Administração Pública.

O que deve ficar claro sobre o sujeito ativo do controle parlamentar é que este é legitimado pela representatividade. Nesse sentido, o Parlamento é a mais legítima das instituições do Estado, uma vez que congrega representantes de todo o conjunto da sociedade. Ainda que esse controle seja exercido por grupos de parlamentares (como as Comissões) ou mesmo por órgãos auxiliares (compostos por não parlamentares), a legitimidade é assegurada.[143]

No que concerne ao objeto do controle, é fato que uma parcela importante dessa atividade do Legislativo volta-se ao controle financeiro-orçamentário em várias democracias pelo mundo.[144] Entretanto, outras atividades do governo estão sujeitas ao controle parlamentar e é comum em muitas democracias a apresentação de relatórios periódicos ao Legislativo por órgãos do Executivo. Essa prática é mais evidente em regimes parlamentaristas. De fato, reitere-se que o controle deve ser sobre atos (ou atividades) e órgãos, com finalidade jurídica ou política.[145]

Exemplos de controle parlamentar vão da necessidade de aval do Legislativo para a ratificação de tratados à aprovação de nomes de diretores de agências ou de chefes de missão diplomática. Claro que a derrubada de um veto presidencial é controle parlamentar tanto quanto o é o estabelecimento de uma comissão parlamentar de inquérito para investigar possíveis irregularidades em órgãos do Executivo. O controle parlamentar é, portanto, abrangente, nada podendo escapar da possibilidade de escrutínio dos legítimos representantes dos titulares do poder em uma democracia. Essa observação merece destaque quando o controle se der sobre atividades relacionadas à segurança nacional. A segurança e a necessidade de sigilo não podem ser argumentos, nas modernas democracias, para impedir o acesso do Poder Legislativo – como ente controlador – a determinadas atividades do Executivo.

Finalmente, diante da questão de como é feito esse controle, o Poder Legislativo possui distintos mecanismos para fiscalizar e controlar o Executivo. Como já se tratou desses mecanismos, convém apenas assinalar que vão de análise de relatórios e contas (no Brasil feito, por exemplo, com o assessoramento do Tribunal de Contas da União, o TCU) ao estabelecimento de comissões especiais de investigação (compostas por não parlamentares) e Comissões Parlamentares de Inquérito (CPIs).[146] Há, ainda, audiências públicas

---

[143] Vasconcelos, *op. cit.*, pp. 156-157.

[144] Mulgan, *op. cit.*, p. 46.

[145] Vasconcelos, *op. cit.*, p. 159.

[146] No Brasil, as CPIs estão previstas na Constituição (art. 58, § 3º) e têm sido prática corriqueira no Congresso Nacional e nas duas Casas.

ou reservadas, requerimentos de informações, acolhimento de denúncias e representações da parte de cidadãos, responsabilidade ministerial (em regimes parlamentaristas), e convocação de autoridades e agentes públicos para comparecer perante as comissões.

Assim, o Poder Legislativo tem papel de grande relevância para a fiscalização e o controle do Executivo. O grau de efetividade desse controle é diretamente proporcional ao nível de desenvolvimento democrático de um sistema e à força de suas instituições.[147] Toda a Administração Pública deve estar sujeita ao escrutínio do Legislativo (que não pode ser de forma alguma limitado), do Judiciário e, em última instância, do cidadão (de onde emana o poder político em uma democracia). Especial atenção deve ser dada ao controle externo dos setores de segurança e inteligência. É exatamente isso que será tratado no próximo capítulo.

[147] Sobre a efetividade desse controle, *vide* Mulgan (*op. cit.*), pp. 57 e ss.

Capítulo 2

O CONTROLE DA ATIVIDADE DE INTELIGÊNCIA

Vis consilii expers mole ruit sua.

Horácio

Se fiscalização e controle são essenciais para a Administração Pública de modo geral, atenção especial deve ser dada aos órgãos de segurança do Estado. Nesse sentido, a preservação da democracia encontra abrigo no rígido controle – interno, externo, público e social – dos órgãos de segurança do Estado, para que estes operem dentro dos preceitos constitucionais e legais, sob a égide de princípios éticos e sempre em defesa da sociedade e do Estado Democrático de Direito. Daí que todo o aparato de segurança do Estado deve estar sujeito a algum tipo de controle, com ênfase no externo exercido pelo Parlamento.

> *"Nenhuma instituição, função ou ato do Estado, tampouco nenhuma organização ou atividade do governo, pode eximir-se do controle parlamentar. Todos os componentes do 'setor de segurança' do Estado estão aí incluídos, em uma definição ampla que alcança aquelas instituições legitimadas para autorizar ou ordenar o uso ou a ameaça do uso da força, com o objetivo de proteger o Estado e a população e salvaguardar os interesses nacionais, a sociedade e a liberdade dos cidadãos. As referidas organizações compreendem as Forças Armadas, paramilitares, guardas de fronteira e aduana, serviços de segurança e de inteligência, polícias, sistemas judiciais e penais, bem como as autoridades civis com mandato para fiscalizar e controlar essas instituições."*[1]

Em países que vivenciaram, no passado recente, governos autoritários, como é o caso da maioria das nações latino-americanas e dos Estados da Europa Oriental, a necessidade de adequar os serviços de segurança estatais ao regime democrático passa pelo desenvolvimento de mecanismos eficientes e eficazes de controle das atividades por eles exercidas. O controle contribui não só para que se evitem abusos por parte desses órgãos, mas também, e isso é muito importante, para modificar sua cultura organizacional e a percepção que a sociedade civil em geral tem dessas instituições, de seus agentes e da atividade que exercem.

---

[1] DCAF Intelligence Working Group, *Occasional Paper nº 3, op. cit.*, pp. 1-2.

Caso interessante é o dos serviços de inteligência.[2] Aceitos e até reconhecidos como fundamentais em países democráticos como Canadá, Austrália e Israel, os órgãos e a atividade de inteligência são muito malvistos em sociedades que passaram recentemente por períodos autoritários. Isso se deve ao estreito vínculo que teve a atividade de inteligência com a repressão e os abusos promovidos por governos autoritários da América Latina e da Europa Oriental.[3] Usados nesses países para assegurar o regime, voltando-se para a segurança interna, e perseguindo dissidentes ou pessoas consideradas "subversivas", os serviços de inteligência permaneceram associados às ditaduras e a todos os males causados por esses governos, mesmo após a redemocratização.[4] Trata-se de uma mácula que levará muitos anos, talvez gerações, para ser curada. Enquanto isso, permanece a associação, feita pela opinião pública – e fomentada, em alguns casos, por setores da mídia e grupos políticos –, da atividade de inteligência com arbitrariedades e abusos estatais.[5]

2.1. BREVE HISTÓRICO

O controle da atividade de inteligência, particularmente aquele realizado pelo Poder Legislativo, é algo recente mesmo em democracias tradicionais como EUA, Austrália e Canadá. As primeiras discussões sobre a necessidade de um controle externo dos serviços secretos foram resultado de crises e escândalos pelos quais passaram os serviços secretos naqueles países nas décadas de 1970 e 1980.[6]

---

[2] Obra recentemente lançada sobre controle da atividade de inteligência, mas que já se mostra como importante referência é o Volume 5 da coletânia editada por Johnson, Loch. *Strategic Intelligence* (Westport, Connectticut: Praeger Security International, 2007). O quinto volume intitula-se *Intelligence and Accountability*.

[3] É vasta a literatura sobre serviços de segurança e inteligência e os processos de fiscalização e controle desses órgãos, com estudos inclusive sobre países de democracia recente ou que passaram por processos de redemocratização. Além da gama de trabalhos produzidos sob a égide do *Geneva Centre for the Democratic Control of Armed Forces* (DCAF), destacam-se coletâneas como as editadas por Peter Gill e Michael Andregg, *Democratization of Intelligence* (Routledge, 2015); Hans Born, Loch Johnson e Ian Leigh, *Who is Watching the Spies? Establishing Intelligence Service Accountability* (Washington, D.C.: Potomac Books, 2005); por Jean-Paul Brodeur, Peter Gill e Denis Töllborg, *Democracy Law and Security – International Services in Contemporary Europe* (Hampshire: Ashgate Publishing Limited, 2002); por Thomas Bruneau e Steven Boraz, *Reforming Intelligence – Obstacles to Democratic Control and Effectiveness* (Austin: University of Texas Press, 2007); e por Daniel Baldino, *Democratic Oversight of Intelligence Services* (Leichhardt, NSW: The Federation Press, 2010).

[4] Bruneau (2000), *op. cit.*, pp. 2-4.

[5] Bruneau (2000), *op. cit.,* p. 4.

[6] Gill, Peter. *Democratic and Parliamentary Accountability of Intelligence Services After September 11th.* Conference paper presented at the Workshop on Democratic and Parliamentary Oversight of Intelligence Services, promoted by the Geneva Centre for the Democratic Control of Armed Forces, Geneva, 2002.

Nos EUA, os problemas com as atividades da comunidade de inteligência, particularmente da CIA e do FBI conduziram à criação, em 1975, da Comissão de inquérito presidida pelo Senador Frank Church (*Church Committee*).[7] Foram produzidos relatórios sobre distintas atividades dos serviços de Inteligência norte-americanos, dentro e fora do país. Destacam-se, por exemplo, os documentos sobre a participação da Inteligência dos Estados Unidos no planejamento de assassinato de líderes estrangeiros,[8] sobre a atuação da CIA no golpe de 1973 no Chile,[9] e a respeito das ações do FBI contra pessoas e grupos considerados "inimigos internos" dos EUA.[10] Na Câmara dos Deputados, foi criada, em 1975, a *United States House Permanent Select Committee on Intelligence*, mais conhecida como "Comissão Pike" (*Pike Committee*), em razão de seu então Presidente, o Deputado democrata de Nova York, Otis Pike, que produziu outro importante relatório sobre a comunidade de inteligência.[11]

No Canadá, por sua vez, já se vinha produzindo um debate na década de 1960 sobre os limites do poder dos setores de informações que culminou na

---

[7] Muito já se produziu acerca da Comissão Church e sobre o controle da atividade de inteligência nos EUA. A título de referência, convém citar dois artigos de Johnson, Loch. "*Congressional Supervision of America's Secret Agencies: The Experience and Legacy of the Church Committee*" (In: *Public Administration Review,* 64(1)3-14, jan.feb./2004); e "*The Contemporary Presidency: Presidents, Lawmakers, and Spies: Intelligence Accountability in the United States*" (*In*: *Presidential Studies Quarterly*, 34(4)828-837, Dec./2004). Os relatórios da Comissão Church estão disponíveis em: <http://www.aarclibrary.org/publib/church/reports/contents.htm> (acesso em: 14 jan. 2018).

[8] US SENATE. Select Committee to Study Governmental Operations with Respect to Intelligence Activities. "Interim Report: Alleged Assassination Plots Involving Foreign Leaders", November 20 (legislative day, November 18), 1975. Washington, DC: U.S. Government Printing Office, 1975. Disponível em: <http://www.aarclibrary.org/publib/church/reports/ir/html/ChurchIR_0001a.htm> (acesso em 12 jan. 2018).

[9] US SENATE. Select Committee to Study Governmental Operations with Respect to Intelligence Activities. "Staff Report of the Select Committee to Study Governmental Operations with Respect to Intelligence Activities: Covert Action in Chile 1963-1973", December 18, 1975. Washington, DC: U.S. Government Printing Office, 1975. Disponível em: <http://www.aarclibrary.org/publib/contents/church/contents_church_reports_vol7.htm> (acesso em: 12 jan. 2018).

[10] US SENATE. Select Committee to Study Governmental Operations with Respect to Intelligence Activities. "Hearings before the Select Committee to Study Governmental Operations with Respect to Intelligence Activities: Federal Bureau of Investigation", November 18, 19, December, 2, 3, 9, 10 and 11, 1975. Washington, DC: U.S. Government Printing Office, 1976. Disponível em: <http://www.aarclibrary.org/publib/contents/church/contents_church_reports_vol6.htm> (acesso em: 12 jan. 2018).

[11] O Relatório Pike nunca foi publicado na íntegra. Há, porém, um documento com as audiências realizadas pela comissão: U.S. House. *Hearings Before the Committee on Standards of Official Conduct. Investigation of Publication of Select Committee on Intelligence Report*. 94th Congress, 2nd session. July 19, 20, 21, 22, 26, 27, 28 and 29, September 8, 14, 15, 1976, disponível em: <https://archive.org/details/PikeCommitteeReport> (acesso em: 12 jan. 2018). Ademais, foi publicada uma versão do Relatório no livro *The Unexpurgated Pike Report*, editado por Gregory Andrade Diamond (McGraw-Hill, 1992), disponível em: <https://archive.org/details/PikeCommitteeReportFull> (acesso em: 10 jan. 2018).

Comissão McDonald (*Royal Commission of Inquiry into Certain Activities of the RCMP*). Criada em 1976 pelo Governo de Pierre Trudeau, esta comissão tinha por objetivo investigar ações consideradas ilegais conduzidas pelo Serviço Secreto da Real Polícia Montada do Canadá (RCMP), então o principal órgão de Inteligência daquele país. Presidida pelo Juiz David Cargill McDonald, a Comissão entregou seu relatório final em 1981, no qual era feita ampla análise das atividades de inteligência do Serviço Secreto, concluindo-se com propostas de significativas mudanças, inclusive a sugestão de que fosse criado um novo órgão de Inteligência independente da RCMP, o que viria a acontecer com a aprovação, em 1984, do *CSIS Act*, lei que criou o *Canadian Security Intelligence Service* (CSIS).[12]

Na Austrália, os trabalhos das duas Comissões Hope (*Royal Commission on Intelligence and Security, the "First Hope Royal Commission"*, 1974-1977, e *Royal Commission on Australia's Security and Intelligence Agencies, the "Second Hope Royal Commission"*, 1983-1985) também provocaram transformações no aparato de Inteligência daquele país, particularmente, na *Australian Security Intelligence Organisation* (ASIO). Criadas pelo Governo australiano, essas comissões tiveram por objetivo, respectivamente, realizar ampla investigação sobre as agências de segurança australianas (incluindo o exame acurado de sua história, estruturas administrativas e funções), e investigar as operações, conduta, desempenho, e mecanismos de fiscalização e controle dos serviços de Inteligência australianos (em razão de uma grande polêmica envolvendo a espionagem soviética na Austrália no início dos anos oitenta). Entre as recomendações do Juiz Robert Hope, que presidiu ambas as comissões, estava a proposta de criação de um Escritório do Inspetor-Geral de Inteligência e Segurança (*Office of the Inspector General of Intelligence and Security – IGIS*), órgão independente responsável pelo controle da comunidade de inteligência australiana[13].

Note-se que as comissões norte-americanas são órgãos do Poder Legislativo, criadas nas respectivas Casas do Congresso. Já a Comissão McDonald e as Comissões Hope foram criadas pelo Governo, Poder Executivo, portanto, sendo conduzidas não por parlamentares, mas por juízes. Isso tem muito a ver com a peculiaridade dos sistemas parlamentarista e presidencialista, com destaque para a maneira como o Legislativo e o Executivo se relacionam.

---

[12] A Comissão McDonald produziu três Relatórios: *First Report: Security and Information* (apresentado em 26/11/1979), *Second Report: Freedom and Security under the Law* (de 23/01/1981), *Third Report: Certain R.C.M.P. Activities and the Question of Governmental Knowledge* (apresentado em 15/05/1981). Os Relatórios estão disponíveis em: <http://epe.lac-bac.gc.ca/100/200/301/pco-bcp/commissions-ef/mcdonald1979-81-eng/mcdonald1979-81-eng.htm> (acesso em: 14 jan. 2018).

[13] Sobre o assunto, *vide* BALDINO (2010). No sítio da ASIO na internet há uma página sobre as duas comissões Hope: <https://www.asio.gov.au/about/history/hope-royal-commissions.html> (acesso em: 14 jan. 2018).

Portanto, a partir da década de setenta do século XX, ganhou força o debate sobre a importância do controle da atividade de inteligência, particularmente nas democracias anglo-saxônicas (a exceção seria o Reino Unido, que só veio a tratar de controle do aparato de inteligência nos anos noventa[14]). Essa discussão e, consequentemente, medidas efetivas para aumentar o controle dos órgãos de informações vêm-se ampliando e alcançando outras democracias pelo mundo, com destaque aos países da Europa Oriental e das Américas.[15]

Na América Latina, a partir de meados dos anos oitenta, à medida que acabavam as ditaduras, florescia o debate sobre a necessidade de fiscalização e controle civil do aparato de segurança do Estado (aí incluídos os serviços de inteligência) como aspecto essencial para a consolidação democrática. A Argentina foi pioneira nesse debate, com o desenvolvimento de uma legislação específica que definia claramente as atribuições e limites do sistema de inteligência e criava uma Comissão Mista no Congresso para controlá-lo.[16] Na década de 1990 foi a vez do Brasil, seguido por Peru, Guatemala e Chile.[17] Apesar de ser ainda embrionário o processo de controle dos serviços de inteligência na América Latina, o continente, ou ao menos parte dele, parece caminhar no sentido de reformar os sistemas de inteligência e os mecanismos de *accountability* do setor.[18]

Com as mudanças na ordem internacional do fim dos anos 1980, o controle da inteligência entrou em discussão também no Leste Europeu. De fato, naqueles países em que os serviços de inteligência funcionavam como braço forte dos regimes comunistas, a preocupação com o estabelecimento de organismos de inteligência a serviço da democracia foi significativa. Houve grandes avanços em uma década, inclusive no que concerne a mecanismos de controle. Essa onda

---

[14] De fato, dentre as democracias anglo-saxônicas tradicionais, foi no Reino Unido que se encontrou maior resistência ao estabelecimento de mecanismos de controle externo da atividade de inteligência. Isso se deve não só à centralização do modelo britânico no Gabinete, mas também ao fato de o país enfrentar o problema do separatismo irlandês, com ações terroristas em seu território e grupos subversivos. Sobre o assunto sugere-se o livro de Peter GILL (1994).

[15] Born & Leigh (2005), *op. cit.*, p. 79.

[16] Além dos trabalhos de Ugarte, que foi um dos elaboradores da legislação de Inteligência argentina, tendo assessorado a Comissão de Controle do Congresso daquele país, sugere-se a produção de Eduardo Estevez, com destaque para *Executive and Legislative Oversight of the Intelligence System in Argentina: A New Century Challenge* (Conference Paper for workshop on 'Making Intelligence Services Accountable', Oslo: Geneva Centre for the Democratic Control of Armed Forces, 19-20 september 2003). A coletânea Democratization of Intelligence (GILL & ANDREGG, 2015) também traz artigos interessantes sobre o controle em distintos países.

[17] Obra fundamental acerca do controle da atividade de inteligência na América Latina é *El control* público de la actividad de inteligencia en América Latina, também de José Manuel Ugarte (Buenos Aires: CICCUS, 2012). *Vide* também Ugarte (2002).

[18] UGARTE (2002), *op. cit.*, p. 4.

de reformas se operou, ademais, em democracias europeias consolidadas como Dinamarca (1988), Áustria (1991), Grécia (1994), Noruega (1996) e Itália (1997). A África do Sul foi outro país que passou por importantes transformações em seu sistema de inteligência nos anos noventa.[19]

Com as novas mudanças na ordem internacional, a partir dos atentados de 11 de setembro de 2001, e as consequentes transformações nos sistemas de segurança e inteligência pelo mundo, naturalmente a fiscalização e o controle desses sistemas também passaram por mudanças. Nos EUA, por exemplo, diante das falhas da Inteligência, identificadas pelas comissões especiais de inquérito criadas no Congresso para investigar os atentados, foram propostas medidas significativas para a reestruturação da comunidade de inteligência. Nova legislação foi aprovada e novas prioridades estabelecidas.[20] Essa prática se repetiu no Canadá, Austrália, Reino Unido, Espanha, França e em outras democracias.

De maneira geral, com a intensificação de ameaças como o terrorismo, o crime organizado e a proliferação de armas de destruição em massa, mais poderes têm sido avocados pelos governos e, com isso, aumenta também a necessidade de maior controle para que abusos sejam evitados e, quando ocorrerem, para que haja punição aos infratores. Nunca o equilíbrio entre necessidades de segurança nacional e preservação de direitos e garantias individuais esteve tão frágil e merecedor de atenção.[21] Daí a relevância de mecanismos efetivos de controle.

Outra preocupação do controle tem sido com a eficácia das ações desencadeadas pelos serviços de inteligência. Claro que não devem descuidar da proteção a valores fundamentais da democracia e impedir arbitrariedades.[22] Fundamental, entretanto, é que, para que não cometa abusos e desvie-se de sua missão, a Inteligência seja devidamente controlada.[23]

---

[19] *Vide* Born, Hans & Tuler, Matias. "*Parliamentary Democracy and Intelligence – Comparing Legal Frameworks of United Kingdom, Canada, Ukraine, Czech Republic, Turkey and South Africa*". Paper presented at the Workshop on "Democratic and Parliamentary Oversight of Intelligence Services", organized by the Geneva Centre for the Democratic Control of Armed Forces, Geneva, october 3-5, 2002; e O'Brien, Kevin. Controlling the Hydra: a Historical Analysis of South African Intelligence Accountability. In: Born, Johnson & Leigh, *op. cit.*, pp. 199-222.

[20] *"Unsurprisingly, political executives responding to a perceived 'failure' on the scale of 911 will try to increase their capabilities both of a) action/power and b) information/intelligence. In the last year we can see changes made in each of the forms of control shown in the Figure. For example, new statutes have been passed: in Canada the Anti-Terrorism Act, in the US the Patriot Act and in the UK the Anti-Terrorism, Crime and Security Act. Each of these extends the legal powers of governments to carry out surveillance and act against individuals and groups identified as terrorist or, especially in the case of the UK, engaged in other serious crime."* Gill (2003), *op. cit.*, pp. 8-9.

[21] *Vide* Gill (2003).

[22] Gill (2003), *op. cit.*, p. 19.

[23] Trabalho interessante sobre isso foi a coletânea editada por Born e Caparini, *Democratic Control of Intelligence Services – Containing Rogue Elephants* (Hampshire: Ashgate, 2007).

2.2. POR QUE CONTROLAR A ATIVIDADE DE INTELIGÊNCIA?

Uma vez que não se pode prescindir da atividade de inteligência, fundamental se faz, em um Estado democrático, que essa atividade passe por um rígido controle interno e externo. Por meio da fiscalização e do controle, busca-se assegurar que os órgãos controlados atuem de acordo com as leis e segundo a efetiva conveniência em relação a um interesse público completo.[24] Essa finalidade do controle é completamente aplicável à atividade de inteligência.[25]

De acordo com relatório da Assembleia da União da Europa Ocidental, sobre controle dos serviços secretos nos países da região,[26] a Inteligência é um instrumento à disposição dos entes públicos e "pode ser usada para o bem ou para o mal: os serviços de inteligência podem ser usados como um meio para detectar e prevenir contra situações potencialmente perigosas, mas também estão sujeitos a serem mal usados como meio secreto de destruição". E o documento continua assinalando que, nas modernas sociedades democráticas, há a necessidade de um sistema de "freios e contrapesos" para garantir que a atividade de inteligência seja conduzida de acordo com a lei. Conclui ressaltando que, enquanto compete ao Executivo supervisionar e gerenciar os serviços secretos e ao Judiciário punir quaisquer casos de descumprimento da lei, é atribuição do Poder Legislativo estabelecer o arcabouço legal para a atividade de inteligência e fiscalizar se os serviços secretos atuam em conformidade com a lei.

Ao comentar o porquê da necessidade de controle da atividade de inteligência, Ugarte lembra que, primeiramente, "nenhuma atividade estatal pode fugir ao controle público tendente a garantir que seja efetuada com legitimidade, por um lado, e com economia, eficiência e eficácia, por outro".[27] E completa assinalando as particularidades do setor de inteligência que exigem maior atenção estatal em termos de controle:

> *(...) no caso da atividade de inteligência, permeiam razões de maior peso ainda para requerer um controle efetivo. (...) trata-se de uma atividade caracterizada pelo segredo, que protege suas fontes e métodos, assim como, em muitos casos, as identidades das pessoas envolvidas nela e que frequentemente realizam atos de caráter sigiloso. Tudo isto contradiz um dos princípios fundamentais do sistema republicano, a publicidade dos atos do governo. (...) Além disso, a referida atividade utiliza meios materiais com aptidão especial para penetrar na privacidade das pessoas. Os equipamentos de que dispõe um organismo de inteligência moderno e seu pessoal experiente – ainda num Estado de recursos*

---

[24] Ugarte (2002).

[25] Ugarte (2002).

[26] Assembly of Western European Union – The Interim European Security and Defence Assembly, *"Parliamentary oversight of the intelligence services in the WEU countries – current situation and prospects for reform – Report submitted on behalf of the Committee for Parliamentary and Public Relations by Mrs. Kestelijn-Sierens, Rapporteur"* (Documento A/1801, 04 Dez. 2002): p. 4.

[27] Ugarte (2003), *op. cit.*, p. 101.

relativamente reduzidos – podem tomar conhecimento de virtualmente todos os aspectos da vida de uma pessoa.[28]

Assim, há que se controlar os setores de segurança em regimes democráticos, e o controle específico da atividade de inteligência não pode ser deixado de lado.[29] Entretanto, entre as diversas organizações que atuam na área de segurança e defesa, os serviços de inteligência estão entre as mais complexas de serem controladas. De fato, controlar a Inteligência é tarefa naturalmente difícil para qualquer sistema político.[30] Verdadeiramente, essas dificuldades são únicas e repousam no grande dilema do controle e *accountability* relacionados aos setores de inteligência em uma democracia: a dicotomia sigilo x transparência.[31]

2.3. DIFICULDADES DE CONTROLE DA ATIVIDADE DE INTELIGÊNCIA

Glenn Hastedt[32] identifica como primeira dificuldade para a fiscalização e o controle da atividade de inteligência a questão do sigilo inerente a esta atividade. De fato, aspecto central da questão repousa no segredo, requisito essencial para a eficiência da Inteligência. Os serviços de informações não podem simplesmente revelar suas atividades publicamente sem que isso lhes gere grande vulnerabilidade, inclusive diante de seus congêneres, adversos e, principalmente, de seus alvos.[33]

Imagine-se, por exemplo, que um serviço de inteligência doméstica estivesse realizando uma operação para identificar casos de corrupção no setor público. Ora, qualquer vazamento poria abaixo o trabalho. O mesmo se aplica ao acompanhamento de atividades de pessoas ou grupos suspeitos de terrorismo e, claro, em operações de contraespionagem. Em todos esses casos, não só a operação é comprometida, mas vidas podem ser sacrificadas,[34] governos postos em situações constrangedoras e mesmo regimes derrubados.

---

[28] Ugarte (2003), *op. cit.*, p. 101.

[29] *"It seems necessary today in countries that are seeking to consolidate their democracies that if intelligence is to be under democratic civilian control then there must be oversight. How far it extends, and under what terms it operates, will vary tremendously. Oversight has immediate implications for control but also has implications for popular support for intelligence."* Bruneau (2000), *op. cit.*, p. 22.

[30] Hastedt, Glenn P. (ed.). *Controlling Intelligence*. London: Frank Cass, 1991, p. 13.

[31] DCAF Intelligence Working Group, *Occasional Paper nº 3, op. cit.*, p. 2.

[32] Hastedt, *op. cit.*, pp. 13-15.

[33] DCAF Intelligence Working Group, *Occasional Paper nº 3, op. cit.*, p. 2.

[34] *Vide*, por exemplo, as execuções dos agentes estadunidenses que operavam dentro da Cortina de Ferro na primeira metade da década de 1980 e os quais foram identificados pelo KGB e seus aliados – nesse caso, entretanto, ocorrido pela defecção de homens como Aldrich Ames e Bob Hanssen.

Considere-se, também, os efeitos do vazamento de uma análise produzida por um serviço de informações sobre determinado país, seu regime político-institucional ou mesmo o perfil de seu líder, e que venha a tornar-se público. Aquele conhecimento, para uso exclusivo do Presidente da República ou do Primeiro-Ministro e com o objetivo de assessorá-lo em uma decisão importante, pode conter observações que poderiam ferir suscetibilidades ou mesmo gerar um atrito com o país em tela, mas que devem ser apresentadas ao decisor maior por ser esta a função de um serviço de inteligência. Que impactos causaria a publicação de um relatório de um adido de inteligência[35] no exterior ou mesmo das considerações de um embaixador sobre o país em que servem? Ora, quando o assunto envolve questões de segurança nacional, o sigilo muitas vezes torna-se essencial para as atividades do Estado.

Essas observações encontram amparo nas reflexões de Sissela Bok, segundo a qual há, no mínimo, três argumentos para legitimar o segredo ou sigilo estatal: (1) a impossibilidade de conduzir a política de maneira completamente aberta; (2) a necessidade de "surpresa" na implementação de determinadas políticas (como, por exemplo, investigações criminais e a fixação de taxas de juros); e (3) o que a filósofa chama "*privacy considerations*", ou seja, o fato de que o Estado lida com muita informação sensível sobre indivíduos que não pode ser tornada pública.[36] Não há, portanto, como se desconsiderar que determinadas informações de posse do Estado sejam mantidas em sigilo, inclusive com diferentes graus de sigilo.[37]

Assim, na área de inteligência, mesmo em regimes democráticos, é natural que o orçamento seja secreto, assim como as operações e, claro, o produto da atividade. Isso também se aplica às diretrizes, ordens, pedidos, estratégias e planos.[38] Entretanto, o sigilo pode contribuir para o acobertamento de operações não autorizadas ou condutas condenáveis. Isso, associado a uma cultura organizacional corporativa e refratária a qualquer interferência alienígena, pode dificultar bastante o controle, sobretudo o controle externo, da Inteligência.[39]

---

[35] Por exemplo, imagine um relatório em que o oficial apresente os riscos de crise institucional em uma nação vizinha, e as possíveis consequências para seu país, que tem grandes investimentos, negócios e interesses naquela nação. No documento, o adido assinalaria como pior cenário a chegada ao poder de determinado líder, descrevendo inclusive o perfil autoritário e os vínculos desse líder com organizações criminosas. Acontece que ocorre a crise, o referido líder chega ao poder e o relatório secreto – e, portanto, para os olhos de um grupo muito seleto de autoridades – torna-se público. A possibilidade de que esse vazamento cause problemas é grande.

[36] Bok, Sissela, *apud* Gill (1994), *op. cit.*, pp. 52-53.

[37] Daí as classificações para informações sigilosas adotadas em qualquer Estado para preservar o segredo sob sua custódia, como no Brasil (ultrassecreto, secreto I e reservado), no Reino Unido (*Top Secret, Secret, Confidential and Restricted*), e nos EUA (*Top Secret, Secret, Confidential*).

[38] DCAF Intelligence Working Group, *Occasional Paper nº 3, op. cit.*, p. 2.

[39] Caparini, *op. cit.*

Daí a ideia do "*rogue elephant*", termo utilizado pelo Senador Frank Church para designar a situação da CIA nos anos 1970: um ente poderoso, fora de controle e propenso a cometer abusos contra direitos civis e liberdades individuais.[40]

Um segundo problema identificado por Hastedt diz respeito ao fato da atividade de inteligência ainda ser muito mais uma arte (*craft*) que uma ciência. Em virtude disso, registra Hastedt, os profissionais de inteligência tendem a avocar para si certa discricionariedade no exercício de suas funções, sejam decisões sobre linhas de análise ou condução de operações, elaboração de planos ou mesmo interpretação de dados. Daí que os profissionais de inteligência teriam pouca confiança no conhecimento e na competência de seus controladores, sobretudo se esses não tiverem vínculos anteriores com a atividade nem forem assessorados por quem os teve.

Certamente isso acontece em outras áreas, por exemplo, nas relações entre civis e militares em países onde os assuntos de Defesa ficaram durante muito tempo adstritos à caserna ou mesmo em países onde civis conhecem e discutem o tema em igualdade com os militares.[41] De toda maneira, no campo da Inteligência, a atividade é realmente muito peculiar e hermética. Nesse sentido, fundamental que haja nos órgãos de controle pessoal capacitado com conhecimento – e, se possível, vivência – sobre a área de inteligência. Isso é importante mesmo para que seja possível a identificação de condutas irregulares por parte dos controlados. Em outras palavras, aqueles a quem contas são prestadas devem saber sobre o que inquirir.

À questão assinalada por Hastedt associa-se um problema estrutural do controle da atividade de inteligência assinalado por Caparini, a qual destaca o significativo poder discricionário que tem o pessoal de inteligência para realizar seu trabalho. Essa esfera de autonomia é entendida como necessária para evitar a "politização" da Inteligência. Entretanto, acaba sendo também um desafio para os sujeitos ativos do controle, sobretudo quando combinado ao sigilo.[42]

Um terceiro aspecto apresentado por Hastedt diz respeito ao desinteresse dos políticos em se envolverem com a atividade de inteligência. Assim, seria melhor alegar desconhecimento para negar ou escusar-se de qualquer

[40] Church, lembremos, era o Presidente da Comissão especial do Senado dos EUA para investigar as operações da CIA e descreveu aquela agência como "*a rogue elephant rampaging out of control*" em suas iniciativas de assassinar Fidel Castro e outros líderes estrangeiros sem clara autorização presidencial. Um artigo interessante sobre as operações da CIA foi escrito por Church em 1976, após a conclusão dos trabalhos da Comissão que levou seu nome, intitulado "Covert Action: Swampland of American Foreign Policy". In: *Bulletin of the Atomic Scientists*, 32, feb./1976, pp. 7-11.

[41] Jervis, Robert. "*Foreword – Intelligence, Civil-Intelligence Relations, and Democracy*". *In*: Bruneau & Boraz, *op. cit.*, pp. xiii-xv.

[42] Caparini, *op. cit.*

responsabilidade (*plausible denial*[43]) que ter seu nome de alguma maneira associado a uma operação – ou a um fracasso – de inteligência.[44] De fato, assinala Caparini, os políticos tendem a considerar o princípio da *plausible denial* muito útil, particularmente no que concerne a operações sensíveis.[45] É consenso entre os autores que estudam o tema que "inteligência não dá voto", mas pode comprometer uma eleição[46] e, por isso, políticos preferem não se envolver com o assunto.[47]

Hastedt assinala outro problema relacionado ao controle da atividade de inteligência. Segundo ele, o debate sobre como controlar a inteligência complica-se pelo fato dos envolvidos terem diferentes opiniões sobre "o problema da inteligência". Assim, enquanto alguns percebem o controle como essencial para prevenir que os serviços de inteligência se engajem em atividades ilegais, outros aceitam que leis sejam até desconsideradas pelos oficiais de inteligência em prol de valores maiores, como a segurança nacional.[48] Trata-se, de fato, de debate atual, sobretudo em países como os EUA e o Reino Unido, onde a ameaça do terrorismo é uma constante e tem causado mudança nas percepções sobre a atuação e os poderes do Estado diante do dilema manutenção da segurança versus preservação de direitos e garantias individuais.

---

[43] "*Plausible denial is the doctrine that 'even if a nation's involvement in covert action becomes known, the chief of state should be able to deny that he authorised or even knew of the action. He should be able to assert, with some plausibility, that it was carried out by subordinates who acted without his knowledge or authority.' Another name for plausible denial might accordingly be 'wilful ignorance'. Plausible denial runs counter to the principle of accountability and insulates top decision-makers and political authorities from the consequences of intelligence operations that may prove controversial if brought to light. This is a major factor that works against oversight. It is in part a function of the view of many observers that there should be no limit on type of intelligence and counter-intelligence activities undertaken. Ministers may not want to know the details of any security operations in case these require difficult decisions; security intelligence agencies may prefer to inform ministers minimally in order to preserve their plausible denial should an operation fail and prove embarrassing or controversial.*" Caparini, *op. cit.*

[44] "*Oversight is not easy: some civilians leaders do not want to know what unpleasant methods are being used on their behalf, while many intelligence services resist sharing this information, whether for legitimate security concerns or because the desire to retain autonomy.*" Jervis. *In*: Bruneau & Boraz, *op. cit.*, p. viii.

[45] Sobre *plausibel denial*, *vide* Shulsky, Abraham & Schmitt, Gary. *Silent warfare: understanding the world of intelligence*. New York: Brassey's, 1992, pp. 93-94. Os autores comentam, inclusive, alguns casos como o do afundamento do Rainbow Warrior pelos franceses e da conduta de Einsenhower no episódio da queda do U-2 na URSS, em maio de 1960.

[46] Bruneau (2000), *op. cit.*, pp. 23-24.

[47] "*From our work in several regions of the world, it is clear that either the civilian politicians do not know anything about intelligence, or if they do, they simply don't want to deal with it.*" Bruneau & Boraz, *op. cit.*, p. 13. Essa questão será vista com maior profundidade no tópico sobre controle parlamentar, ainda no presente Capítulo.

[48] Hastedt, *op. cit.*, pp. 14-15.

Caparini[49] trata o assunto como outro problema estrutural do controle quando registra o entendimento de que uma ameaça à segurança nacional pode restringir direitos individuais e justificar ações do Estado que não seriam normalmente aceitas. Lembra, inclusive, que o Direito Internacional admite a legitimidade da conduta dos Estados quando estes limitam direitos individuais para conter um perigo claro ou ameaça imediata à segurança nacional, por exemplo, diante de um ataque iminente de outro Estado ou de atividades terroristas. E destaca que diversos regimes repressivos já utilizaram a justificativa do terrorismo para permitir – ou tolerar – que suas polícias políticas torturassem pessoas consideradas ameaças. Exemplos não faltam, como as ações da *Dirección de Inteligencia Nacional* (DINA) chilena, do *Bureu of State Security* (BOSS) sul-africano, do Batalhão 611 hondurenho[50] e, mais recentemente, os sequestros e prisões de suspeitos de terrorismo realizados pelos serviços de inteligência nos EUA, inclusive no exterior, em operações que muitas vezes não eram do conhecimento dos governos dos países em que ocorriam.

De toda maneira, o que é importante estar claro é que deve haver controle, mas também esse controle não pode constituir obstáculo para a atividade de inteligência, imprescindível para o Estado.[51] Afinal, a atividade envolve a salvaguarda da segurança nacional e, em última análise, a sobrevivência do Estado.[52] Aí se apresenta novamente o dilema com o qual o controle da inteligência tem que lidar: é a segurança nacional e do Estado um valor absoluto acima de quaisquer outros, inclusive de direitos e garantias individuais e que, portanto, em virtude dela, esses valores individuais podem ser limitados?[53]

Além disso, ainda que o controle tenha deficiências, não se pode falar em democracia consolidada se os serviços de inteligência não estiverem sujeitos à fiscalização e controle dos governantes eleitos. É o que defendem Bruneau

---

49 Caparini, *op. cit.*

50 Claro que não havia qualquer controle externo dessas organizações, que existiam em regimes autoritários.

51 Ugarte (2003), *op. cit.*, p. 102.

52 Caparini, *op. cit.*

53 *"(...) The question that can be posed is whether protecting the security of the state trumps all other objectives and values within society – that is, whether security represents an 'absolute value', which would then preclude any constraints on it. While national security is a legitimate and primary concern of any state, liberal democratic states define themselves by the importance they place on democratic values, human rights and civil liberties, and that they must strive to observe and respect these values to the greatest extent possible. Recognising that security is one value among many, and must coexist and compete with other values towards which society via government allocates scarce resources means that intelligence in a liberal democratic state must work 'within the context of respect for civil rights, free speech, the rule of law, checks and balances or other values held to be important by society'."* Caparini, *op. cit.*, comentando Hastedt.

e Boraz,[54] segundo os quais, uma vez que a consolidação democrática requer instituições fortes e cultura de democracia baseada na legitimidade, essa legitimidade fica seriamente comprometida se os governantes estiverem à mercê dos serviços de inteligência. Esse é um grande desafio para o estabelecimento de uma democracia.

2.4. CONTROLAR A INTELIGÊNCIA, PARA QUÊ? OBJETIVOS DO CONTROLE

Visto que o controle da atividade de inteligência é fundamental para a vigência e consolidação do Estado democrático, convém assinalar que a utilidade do referido controle não se esgota na preservação dessa finalidade.[55] A função fiscalizadora também é essencial para a economia, eficiência e eficácia da própria atividade de inteligência. Segundo Ugarte, a "inexistência de um controle adequado se traduz em aspectos como: dispersão de esforços e de meios humanos e materiais em atividades realizadas não em benefício do Estado, mas em necessidades conjunturais de determinados funcionários governamentais ou ainda de integrantes de organismos de inteligência; desperdício de fundos cuja administração adequada é imprescindível para que cumpram com sua finalidade de proporcionar adequada, objetiva, oportuna e esclarecida inteligência aos formuladores da política etc. (...) Um adequado controle facilita e possibilita, em definitivo, que a atividade de inteligência ofereça toda sua utilidade ao Estado, a custos razoáveis."[56]

Ao comentar sobre o controle da atividade de inteligência, Daniel Baldino[57] observa que o controle deve buscar, pelo menos, assegurar que as ações dos setores de segurança e inteligência sejam examinadas com atenção, que seu desempenho seja adequado, que as violações à privacidade sejam mitigadas e que os recursos dos contribuintes sejam empregados de maneira eficiente. E assinala que a interação entre os distintos entes de controle contribui para:

- melhorar a eficiência, a eficácia e a efetividade da atividade pública;
- melhor avaliar programas e desempenhos;
- detectar e prevenir fragilidades nas atividades dos controlados, bem como desperdícios, abusos, arbitrariedades, prevaricação e condutas ilegais;
- proteger as liberdades civis e os direitos fundamentais;

---

[54] Bruneau & Boraz, *op. cit.*, pp. 12-13.

[55] Ugarte (2003), *op. cit.*, p. 102.

[56] Ugarte (2003), *op. cit.*, p. 102.

[57] BALDINO, *op. cit.*, pp. 9-10.

- informar ao público em geral e assegurar que as políticas públicas refletem o interesse geral;
- reunir informação para o desenvolvimento de novas proposições legislativas ou reforma das existentes;
- assegurar a conformidade dos atos administrativos com os princípios da Administração Pública; e
- prevenir contra a intromissão do Poder Executivo (e dos órgãos de Inteligência em particular) nos assuntos de competência do Legislativo e do Judiciário, violando a autoridade e prerrogativas dos dois últimos.

Objetivo fundamental do controle é também contribuir, portanto, para que a atividade de inteligência seja realizada com eficiência, eficácia e efetividade. Sem a fiscalização adequada, cresce o risco de desvios para práticas ilegais ou para o desenvolvimento de ineficiência e ineficácia. No que concerne ao controle externo, em especial o realizado pelo Poder Legislativo, tem-se ainda a legitimação da atividade de inteligência, uma vez que os controladores podem ser bons avalistas dos órgãos de informações, verdadeiros apoiadores da Inteligência. Entretanto, nesse último caso pode-se estar diante de um dos "paradoxos do controle da atividade de inteligência".

2.5. PARADOXOS DO CONTROLE

Em um estudo sobre os aspectos gerais do controle da atividade de inteligência, convém fazer referência aos "paradoxos" assinalados por Caparini.[58] São quatro, ilustram bem a relação entre a inteligência e aqueles com função de controlá-la, e podem ser percebidos em diferentes sistemas.

2.5.1. Dependência do controlador de informação fornecida pelo controlado

O primeiro paradoxo diz respeito à dependência *versus* independência do órgão de controle por informação fornecida pelo controlado. Sobre o assunto, Caparini lembra que, para realizarem um controle efetivo, os controladores têm que saber o que inquirir. Registre-se que os profissionais de inteligência só dirão aos controladores estritamente o que lhes for perguntado, e nada mais que isso. E nesse caso, mais que em qualquer outro, informação é realmente poder e instrumento fundamental para que os controladores possam exercer suas funções junto aos controlados.

[58] Caparini, *op. cit.*

Diferentemente de outras áreas, há pouca possibilidade de se desenvolver conhecimento sobre a atividade de inteligência a partir de fontes externas. Assim, aqueles que controlam, particularmente os políticos, acabam muito dependentes das informações fornecidas pelos próprios serviços de inteligência que fiscalizam.[59] A pergunta que permanece é: como desenvolver essa *expertise* sem ser capturado pelo sistema e tornar-se refém daqueles que se dever controlar?

Trata-se de dilema complicado. Entretanto, uma maneira de remediar a situação é dispor de profissionais que tenham bagagem de inteligência no assessoramento dos órgãos de controle. De fato, essa parece ser a única forma de políticos e outros sujeitos ativos do controle que não tenham intimidade com a inteligência tentarem escapar dessa relação de dependência. Nos EUA, por exemplo, é muito comum se ter ex-funcionários da CIA e de outras agências de inteligência assessorando os congressistas e trabalhando nas comissões permanentes de controle do Senado e da Câmara. Também no Parlamento do Canadá tivemos a oportunidade de conhecer assessores para assuntos de segurança e inteligência oriundos da comunidade de inteligência daquele país. Trata-se de contribuição que não pode ser deixada de lado, tanto pela experiência desses funcionários quanto pela compreensão particular que têm do sistema e dos contatos que mantêm na comunidade de informações. Observe-se que, no caso dos EUA, por exemplo, não é incomum que funcionários dos órgãos de controle do Senado e da Câmara acabem indo trabalhar nos serviços secretos, mostrando a importância de se perceber a questão como uma via de mão dupla.

2.5.2. Controlador: adversário ou aliado?

O segundo paradoxo refere-se ao papel de aliado[60] ou adversário que pode ser desempenhado pelo órgão de controle, o que pode ter grande impacto não só na fiscalização como no fluxo de informação no processo. Um relacionamento antagônico entre controlador e controlado, sobretudo no controle externo, certamente cria barreiras na comunicação e dificulta o controle. Isso pode ocorrer, por exemplo, se as partes já se encontram na relação influenciadas por preconceitos ou temores um do outro – políticos desconfiam e temem os órgãos de informações e estes não se sentem à vontade em compartilhar suas atividades com parlamentares. A consequência será a ineficiência e a ineficácia na fiscalização.

---

[59] *"Because of the classified nature of the programs we review, we are especially reliant on information provided by the very Community we hope to oversee. We lack alternative sources of information and points of view on intelligence budget requests, as there are few constituents with legitimate access to intelligence programs who wish to bring information forward to the Committees."* Sturtevant, Mary. "Congressional Oversight of Intelligence: One Perspective". *In: American Intelligence Journal*, National Military Intelligence Association (Summer 1992). Disponível em: <http://www.fas.org/irp/eprint/sturtevant.html>. Sturtevant era membro do *US Senate Select Committee on Intelligence*.

[60] Caparini usa o termo "*advocate*".

Claro que a outra face da moeda é os controladores serem demasiadamente condescendentes com os controlados a ponto de não os fiscalizarem realmente. Caparini fala mesmo do "risco da cooptação" daqueles pelos órgãos de informações. Isso faria com que os controladores se "satisfizessem facilmente" com a prestação de contas feita pelos controlados, não aprofundassem a fiscalização ou, simplesmente, não controlassem. Esse paradoxo pode encontrar soluções no amadurecimento das instituições democráticas, particularmente no que concerne à consciência dos homens públicos – políticos ou servidores – das suas funções e da importância de valores democráticos em suas atividades.

Caso interessante é do Congresso dos EUA, onde se desenvolveu uma perspectiva de que os órgãos de controle podem ter um papel interessante como legitimadores e mesmo defensores da comunidade de inteligência. Assim, ao fiscalizar de maneira intensiva e profissional os serviços de inteligência, os parlamentares – ou seus prepostos – podem comparecer perante seus pares e a sociedade e atestar a correição das atividades desenvolvidas e sua importância para os interesses nacionais. Isso se reflete, em termos práticos, inclusive no apoio que pode advir em questões orçamentárias ou legislação de interesse da comunidade de inteligência. Uma vez que não se pode tornar público o que fazem os serviços, é importante a existência de um órgão externo de fiscalização que avalize as atividades desses serviços. E nada mais legítimo para isso que o Parlamento.[61]

Exemplo de como o Parlamento pode ser importante avalista da comunidade de inteligência perante a sociedade ocorreu no Brasil, em 2005, ano de maior intensidade dos trabalhos da Comissão de Controle das Atividades de Inteligência do Congresso Nacional (CCAI). À época, houve denúncias na imprensa de que a ABIN teria vazado informações de suposto financiamento de campanha do Partido dos Trabalhadores (PT) pelas Forças Armadas Revolucionárias da Colômbia (FARC) nas eleições de 2002. O problema que veio à CCAI não era nem se havia ocorrido o financiamento, mas se a ABIN estaria sendo usada como órgão político para levantar informações sobre a oposição – da qual então fazia parte o PT. Após seis meses de investigação, que envolveu análise de documentos, oitivas de testemunhas e audiências públicas e reservadas, a CCAI

61 *"The current intelligence oversight system arose from a view that intelligence had to be handled in a manner that was extraordinary when compared to other functions of government. Although that view may have been warranted in the aftermath of the investigations in 1975-76, it is not warranted any longer. Indeed, by continuing to view intelligence in this manner, oversight and the work of the Intelligence Community are likely made more difficult.(...) Advocacy for overseen agencies is legitimate and to some extent necessary. This has not been an accepted stance for the intelligence committees. We agree with the view of former DCIs that intelligence is such a restricted issue that Congress must be more active in building the necessary political consensus."* US CONGRESS. Permanent Select Committee on Intelligence House of Representatives, One Hundred Fourth Congress, 1996. *IC21: The Intelligence Community in the 21st Century. Staff Study. Chapter XV on Congressional Oversight*. Disponível em: *<http://www.access.gpo.gov/congress/house/intel/ic21/ic21_toc.html>*. Acesso em 30/12/2007.

concluiu que não havia indícios concretos para a "denúncia de investigação da ABIN sobre doação de dinheiro da narcoguerrilha para a campanha do PT de 2002, e a eventual omissão das autoridades do Governo Federal em divulgar o fato, não foram comprovadas".[62]

O episódio em tela foi interessante ao ilustrar como a Comissão acabou por respaldar o órgão de inteligência. O caso contribuiu também para aclarar a percepção de alguns parlamentares sobre a importância do serviço de inteligência e para a seriedade e imparcialidade das atividades por ele desenvolvidas. A CCAI cumpriu sua tarefa e a ABIN teve esclarecida uma acusação contra si pelo órgão de controle externo. Destaque-se que, naquele contexto, a CCAI atuou realizando mais revisão (*review*) que supervisão (*oversight*).

A relação de fidalguia entre controladores e controlados, com aqueles sendo importantes avalistas destes, não é algo raro no Parlamento brasileiro. Em 2009, por exemplo, quando presidia a CCAI o Deputado Severiano Alves (PDT-BA), a Inteligência e seu controle ganharam impulso muito em razão do desejo de Severiano Alves de contribuir para que os serviços de inteligência tivessem seu adequado destaque no Brasil. A maneira encontrada pelo deputado para melhorar a situação da Inteligência brasileira foi promovendo seus mecanismos de controle. Assim, Sua Excelência buscou conhecer mais sobre a Inteligência e divulgá-la e a sua relevância perante seus pares, deputados e senadores, e também junto à opinião pública. Além das audiências públicas patrocinadas pela CCAI, em que temas importantes foram discutidos, a Comissão sob Severiano Alves organizou um seminário internacional, que reuniu especialistas de vários países (alguns dos quais, como Peter Gill e José Manuel Ugarte, citados neste livro), representantes da comunidade de inteligência brasileira (incluindo os chefes de diversos órgãos que compõem o SISBIN), e setores da sociedade civil, com o objetivo de discutir o futuro da Inteligência e de seu controle.

Iniciativa importante também resultado de boas relações entre controladores e controlados foi, da mesma forma sob a Presidência de Severiano Alves, a elaboração e aprovação de um Regimento Provisório para a Comissão. O referido estatuto viria a se tornar definitivo quatro anos depois, com a aprovação da Resolução nº 2, de 2013-CN, o Regimento Interno da Comissão Mista de Controle das Atividades de Inteligência (RICCAI), permitindo ao órgão de controle externo mais efetividade no exercício de suas atribuições.

Ainda na gestão de Severiano Alves, outra relevantíssima iniciativa parlamentar viria a acontecer: a elaboração e apresentação da Proposta de Emenda à Constituição nº 398, de 2009 (PEC nº 398/2009), que "[i]nsere o Capítulo IV ao Título V da Constituição Federal referente à atividade de inteligência e seus mecanismos

[62] Brasil.Congresso Nacional. Comissão Mista de Controle das Atividades de Inteligência. "Nota de Esclarecimento". Publicada no *Diário do Senado Federal*, sábado, 27/08/2005, p. 29.179.

de controle". Por meio dessa alteração no texto constitucional, que será comentada mais adiante neste livro, eleva-se a atividade de inteligência ao nível constitucional, dando mais respaldo a seus profissionais e garantias à comunidade de inteligência e à sociedade de que os serviços secretos poderão atuar de maneira mais efetiva sob a égide do regime democrático. Também são estabelecidos mecanismos de controle da Inteligência, agora no texto da Carta Magna. Arquivada em 2011, por impositivos regimentais, a PEC nº 398/2009 foi recuperada pelo então Presidente da CCAI em 2012, o Senador Fernando Collor (PTC-AL), sendo reapresentada (com adaptações) na forma da Proposta de Emenda à Constituição nº 67, de 2012 (PEC nº 67/2012). Em agosto de 2018, a referida PEC tramitava no Senado.

Outro exemplo da importância de se ter os controladores como "aliados" ocorreu sob a presidência, em 2015, da Deputada Jô Moraes (PCdoB-MG) na CCAI. Desde que assumiu a liderança da Comissão, e sempre com apoio de seu vice-presidente, o Senador Aloysio Nunes (PSDB/SP), Jô Moraes impulsionou os trabalhos do órgão de controle externo, então sob a égide do Regimento Interno, o RICCAI. Foram realizadas audiências públicas e sessões secretas e, como fizera Severiano Alves, a Presidente da Comissão contribuiu sobremaneira para a divulgação do papel da Inteligência (e de seu controle) no Estado democrático. A relação entre os membros da CCAI e os entes controlados estreitou-se por meio de contatos mais diretos entre os parlamentares e os chefes da Inteligência e, ainda, de visitas aos órgãos controlados (o que permitia aos deputados e senadores melhor percepção da comunidade de inteligência e de suas atividades).

Nas audiências públicas promovidas pela CCAI sob a Presidência de Jô Moraes foram tratados temas como o futuro da atividade de inteligência, o panorama do SISBIN e as demandas e iniciativas do setor, e terrorismo, inteligência e grandes eventos. Além de autoridades públicas e especialistas em Inteligência (como os diretores da INASIS), também foram convidados a falar na Comissão representantes dos servidores da ABIN. Nesse sentido, a CCAI empunhou bandeiras importantes em prol da Inteligência brasileira, como a demanda por um concurso público para a ABIN, e a cobrança do Executivo para que fixasse a Política Nacional de Inteligência (PNI) – o que viria a acontecer em junho de 2016. Também foram apresentadas pela CCAI emendas ao Projeto de Lei Orçamentária Anual (PLOA), com os controladores demonstrando, de maneira expressa, que compreendiam e defendiam a necessidade de maiores recursos para o setor de inteligência.

Mesmo pertencendo a um partido da base do então Governo, não foram poucas as vezes em que Jô Moraes cobrou do Executivo, inclusive de Ministros de Estado e da própria Presidente da República, mais atenção para com a Inteligência – este autor presenciou algumas dessas ações do órgão de controle externo. Interessante como, no âmbito da CCAI, a sinergia entre a Presidente (da base do Governo) e o Vice-Presidente da Comissão (liderança importante da oposição) evidenciava o caráter suprapartidário do órgão de controle externo e a percepção clara disso por parte de seus membros (registre-se que essa sinergia e semelhante percepção não são raras no CCAI).

Ademais, Jô Moraes promoveu excelentes relações com segmentos da sociedade civil interessados nos assuntos de Inteligência. Nesse sentido, com o apoio da INASIS, a Presidente da CCAI apresentou o Projeto de Lei nº 3.578, de 2015 (PLC nº 3.578/2015), que "[e]stabelece procedimentos, penalidades e controle judicial do uso de meios e técnicas sigilosos de ações de busca de informação pela atividade de inteligência de Estado, no âmbito da Agência Brasileira de Inteligência". O referido PLC, que em agosto de 2018 tramitava na Câmara dos Deputados, é um marco importante no que concerne à regulamentação das operações de inteligência.[63]

Um último exemplo da importância das boas relações entre controladores e controlados se deu sob a Presidência da Deputada Bruna Furlan (PSDB-SP), em 2017. Bruna Furlan mostrou-se muito interessada em assuntos de inteligência e seu controle e trabalhou ativamente para estreitar as relações entre o Parlamento e o órgão coordenador das atividades de inteligência federal, o Gabinete de Segurança Institucional da Presidência da República (GSI), ao qual está vinculada a ABIN. Furlan não só realizou audiências (públicas e secretas, conforme estabelece o RICCAI) com chefes dos serviços de inteligência, como também se mostrou presente em eventos promovidos pela ABIN e por outros órgãos do SISBIN, assinalando que controladores e controlados devem-se conhecer e que aqueles, para cumprir adequadamente suas atribuições de fiscalizar estes, precisam entender sobre Inteligência. Acrescente-se que, em 2017, a CCAI apreciou as propostas da Política Nacional de Defesa (PND), da Estratégia Nacional de Defesa (END) e do Livro Branco da Defesa Nacional (LBDN), encaminhadas ao Congresso Nacional no ano anterior.

2.5.3. Controle funcional versus controle institucional

Outra questão paradoxal tem a ver com a dicotomia controle funcional *versus* controle institucional. Usualmente, fiscalização e controle são feitos com base em um mandato institucional, ou seja, os órgãos de controle fiscalizam determinadas instituições e não a atividade em si. Entretanto, cada vez mais as funções de segurança nacional, inclusive de inteligência, distribuem-se entre diversas agências, órgãos, setores e departamentos da Administração Pública, de

---

63 Sobre as atividades da CCAI em 2015, *vide* BRASIL. Congresso Nacional. Comissão Mista de Controle das Atividades de Inteligência. "Relatório de Atividades 2015". Disponível em: <http://legis.senado.leg.br/sdleg-getter/documento/download/801dc07e-afc7-4bbe-942b-84c41c17d471> (acesso em: 10 jan. 2018).

modo que um controle institucional – voltado para uma agência ou órgão específico – acaba deixando de lado outras tantas organizações que se ocupem do tema.

Para a resolução do problema, Reg Whitaker sugere a migração do controle do institucionalismo para o funcionalismo. Assim, a fiscalização se daria em virtude da atividade exercida, independentemente do órgão que a realizasse.[64] Essa é uma questão que permanece em voga, por exemplo, no Canadá, como um dos principais problemas do controle: há diferentes organizações que fiscalizam agências específicas, o que gera deficiências.

Registre-se que no Canadá, país pioneiro no controle da atividade de inteligência, há uma vasta comunidade de inteligência com dois órgãos principais, a Real Polícia Montada (*Royal Canadian Mounted Police* – RCMP) e o serviço secreto federal, o *Canadian Security Intelligence Service* (CSIS). Acontece que a lei de inteligência canadense, o *CSIS Act*, de 1984, além de criar o CSIS instituiu um órgão externo de revisão, composto por não parlamentares, e que deve se reportar unicamente ao Parlamento, o *Security Intelligence Review Committee* (SIRC). O SIRC tem como função preponderante, portanto, acompanhar as atividades do CSIS e, por meio de revisão, verificar se o serviço secreto opera de acordo com a lei e os princípios democráticos, além de sugerir ao Parlamento eventuais ajustes e soluções para problemas do órgão controlado.

O SIRC representou grande avanço no controle da atividade de inteligência no Canadá. Entretanto, de acordo com a Lei, o SIRC só fiscaliza o CSIS, de modo que todo o restante da comunidade de inteligência permanece sobre controle muito efêmero de alguns órgãos do Executivo ou mesmo, na maioria das agências, sem qualquer controle. Isso, obviamente, tem sido objeto de muitas críticas. O debate recente tem conduzido à defesa de um projeto de organização com competência fiscalizadora de todo o sistema – um "SuperSIRC" – ou, no mínimo, para intensificação da cooperação entre os órgãos de controle.[65]

Portanto, o que se percebe no Canadá é um forte discurso em defesa da criação de mecanismos funcionais de controle, e não mais institucionais, diante das dimensões da atividade de inteligência nesse início de século. Nos EUA, esse controle assume forte viés funcional, apesar de especificidades sobre as competências do controle das Comissões da Câmara e do Senado e de quais órgãos (ou atividades) estão sujeitos a um ou a outro, tema que não será tratado neste livro. No Brasil, por sua vez, o órgão de controle externo tem competência para fiscalizar toda a atividade, como será visto em capítulo específico.

---

[64] Whitaker, Reg. "Designing a Balance between Freedom and Security". *In*: Fletcher, Joseph (ed.). *Ideas in Action: Essays on Politics and Law in Honour of Peter Russell*. Toronto: University of Toronto Press, 1999 (126-149), pp. 144-145.

[65] Essa, por exemplo, era a solução defendida por Paul Kennedy, *Chair* da *Commission for Public Complaints Against the Royal Canadian Mounted Police* (em entrevista em junho de 2006).

Peter Gill[66] também concorda com Caparini e Whitaker que a base para organização das redes de fiscalização deve ser mais funcional que institucional. E reafirma a ideia de que "se a fiscalização se restringir a apenas uma ou duas agências específicas, existe sempre o risco de que a subcontratação irá permitir que as agências evitem a fiscalização por parte dos fiscais". Mas lembra, no entanto, que o assunto envolve "desafios práticos bastante complexos, especialmente no que diz respeito à fiscalização da inteligência do setor privado", por exemplo. E conclui que os "Estados poderão também não estar ansiosos por fornecer os recursos necessários a uma fiscalização tão abrangente, mas é necessário pensar que a extensão da vigilância do setor privado (incluindo "a vigilância de dados")[67] ultrapassa de longe aquela realizada pelo Estado nas sociedades tecnologicamente desenvolvidas".[68]

2.5.4. Sigilo e interesse público

O último paradoxo assinalado por Caparini refere-se ao do sigilo *versus* interesse público. Uma vez que o assunto já foi tratado neste livro, convém apenas destacar que: 1) o sigilo é fundamental para o êxito da atividade de inteligência; 2) entretanto, restrições ao acesso à informação inibem o debate público e as iniciativas de controle social; 3) os serviços tendem a "sobreclassificar de maneira indiscriminada" ou "supervalorizar"o conhecimento produzido, as fontes e mesmo os dados brutos, bem como resistem à desclassificação de documentos, o que dificulta a transparência e pode conduzir à "erosão da disciplina".[69]

Diante desse quadro de excessiva restrição à divulgação de inteligência, a reação mais comum costuma ser um aumento no "vazamento" de informações. As razões para isso vão de real preocupação com a ilegalidade e a violação de princípios

---

[66] Gill, Peter. "A Inteligência, Controle Público e Democracia". Tradução de Maria Isabel Taveira. *In*: Brasil. Congresso Nacional. *Anais do Seminário Atividades de Inteligência no Brasil: Contribuições para a Soberania e a Democracia, de 6 a 7 de novembro de 2002*. Brasília: ABIN, 2003b, (pp. 55-87), p. 79.

[67] Essa é outra questão em voga no Legislativo brasileiro: como controlar as firmas privadas de inteligência, de "detetives particulares" as agências de "inteligência competitiva"? Nesse sentido, foi apresentado na Câmara dos Deputados, em 5/12/2007, o Projeto de Lei nº 2.542/2007, de autoria do deputado José Genoíno (PT-SP), que definia como "atividade de inteligência privada" toda investigação, pesquisa, coleta e divulgação de informações de interesse e para uso de quem contratar o serviço. Sem estabelecer limites, o PL abrangia desde investigações de caráter pessoal, como os casos de adultério, à espionagem industrial. O texto da proposta descrevia também formas de execução do trabalho, regras e punições para quem desrespeitá-las, e estabelece a ABIN como órgão de fiscalização e controle dessa inteligência privada. O PLC nº 5.542/2007 foi arquivado ao final da legislatura.

[68] Referência importante sobre o assunto é o livro de Whitaker, Reg. *The End of Privacy – How total surveillance is becoming a reality*. New York: The New Press, 1999.

[69] Caparini, *op. cit.*

democráticos a interesses pessoais – motivados, por exemplo, por necessidade financeira, descontentamento com a instituição ou rivalidades internas. O destinatário costuma ser a imprensa, vista como guardiã da transparência.

De fato, o problema de vazamento de informações sensíveis e classificadas por servidores públicos ou agentes políticos tem sido tema corrente entre os que estudam a atividade de inteligência, mostrando-se como uma grande preocupação governamental em países como os EUA e a Grã-Bretanha. No Brasil, por sua vez, já aconteceu de surgirem ameaças veladas por parte de alguns servidores da área de inteligência de vazar informações classificadas na tentativa de barganhar benefícios dos dirigentes. Chegou-se a situação bastante delicada em 2008, por ocasião de vazamentos no contexto da chamada Operação Satiagraha, sobre operações de inteligência: oficiais de inteligência da ABIN foram acusados de fornecer à imprensa dados sigilosos, com a polícia e a própria Agência tentando identificar o autor do vazamento, a imprensa se negando a fornecer o nome da fonte, e a sociedade brasileira discutindo os problemas relacionados a esses vazamentos e às prerrogativas dos jornalistas de proteger o sigilo da fonte a qualquer custo.

2.6. PRINCÍPIOS DO CONTROLE APLICADOS À ATIVIDADE DE INTELIGÊNCIA

Evidentemente, cada país tem seus distintos sistemas de inteligência e respectivos mecanismos de fiscalização e controle, ditados pela cultura e tradições políticas específicas de cada nação e da sociedade que a compõe. Nesse sentido, Peter Gill destaca que não adianta sugerir que os Estados devam escolher uma entre as várias instituições que já funcionam em determinado lugar, uma vez que instituições políticas não podem ser simplesmente transplantadas de um sistema para outro.[70]

De toda maneira, o controle da atividade de inteligência envolve alguns princípios gerais que podem ser adotados pela maioria dos países e regimes. De acordo com Ugarte,[71] aspectos fundamentais do controle da atividade de inteligência encontram-se na resposta às seguintes perguntas, as quais já foram analisadas neste trabalho: o que controlar? Por que e para que finalidade é necessário controlar essa atividade? Como e com que meios esse controle será exercido e com que objetivos? A partir desses aspectos, podem ser desenvolvidos mecanismos eficientes de fiscalização e controle.

Peter Gill, por sua vez, analisando o controle dos serviços de informações no Reino Unido, assinala que a maior preocupação sobre o assunto naquele país tem a ver com a efetividade das agências, particularmente no que concerne à

---

[70] Gill (2003), *op. cit.*, p. 4.

[71] Ugarte (2002).

inteligência doméstica (*security intelligence*). Daí maior atenção ao controle interno e ao gerenciamento da atividade de inteligência que à fiscalização realizada pelo Parlamento. Chegava-se mesmo a afirmar a desimportância do controle parlamentar e o risco deste atrapalhar a efetividade dos serviços, comenta Gill.[72] Não obstante, o resultado do debate foi o reconhecimento da importância do controle e, a partir daí, a criação de mecanismos e órgãos com essa função no sistema britânico.[73]

Ainda sobre o tema, Gill assinala que consideração importante em qualquer discussão sobre mudanças estruturais, legais ou institucionais é o significado da vontade política e o perigo da crença no ajuste estrutural ("*structural fix*").[74] Segundo ele, pouco valor têm as "elegantes estruturas de controle e supervisão" se aqueles responsáveis por elas vêm-se na obrigação de prover nada mais que "uma módica satisfação à opinião pública de que as áreas outrora problemáticas da Administração estão agora sob controle".[75] Prossegue a crítica chamando atenção para a dificuldade de se controlar o setor de inteligência e que, em alguns casos, a própria comunidade de informações pode tentar impedir mudanças efetivas ou influenciar negativamente essas transformações.

A questão estrutural, não obstante, é de grande relevância, o próprio Gill reconhece isso. E identifica determinadas pré-condições estruturais que são fundamentais para o exercício efetivo do controle, quais sejam: (1) recursos adequados (humanos e materiais), (2) acesso pleno às informações, e (3) vontade política para utilizar esses recursos e esse acesso. Lembra, ademais, que estruturas de controle sem os recursos necessários são péssimas para a democracia e, de fato, inúteis, podendo contribuir inclusive para "uma camada extra de proteção para o Estado que resista à intrusão democrática".[76]

De toda maneira, a partir do estudo de diversos modelos de controle, Gill relacionou alguns princípios gerais de controle aplicáveis à atividade de inteligência. Esses princípios podem ser usados na análise dos mecanismos de controle de distintos sistemas. Registre-se, entretanto, que não são absolutos

---

[72] Gill (1994), *op. cit.*, pp. 248-249.

[73] O assunto foge ao escopo deste trabalho. Sugere-se, não obstante, a leitura dos trabalhos de Peter Gill (*vide* bibliografia), e também o capítulo escrito por Ian Leigh, "Accountability of Security Intelligence in the United Kingdon", no livro de sua autoria em conjunto com Born e Johnson (*op. cit.*). Há, ainda, um texto interessante de Percy Cradock, "Intelligence and Policy", publicado na antologia editada por Johnson, Loch e Wirz, James, *Strategic Intelligence – Windows Into a Secret World* (Los Angeles: Roxbury Publishing Company, 2004), pp. 454-460. Um livro interessante sobre a história inteligência britânica é *The Spying Game – the Secret History of British Espionage*, de Michael Smith (London: Politico's, 2004).

[74] Gill (1994), *op. cit.*, p. 249.

[75] Gill (1994), *op. cit.*, p. 249.

[76] Gill (1994), *op. cit.*, p. 250.

nem excludentes, e se aplicam a três dos quatro chamados "níveis de controle" identificados por Gill: o interno à agência, o Executivo e o do controle realizado por organizações externas ao Poder Executivo. O quarto nível é entre o Estado e a sociedade. Esses níveis estão esquematizados no Quadro 1 e serão objeto de estudo mais detalhado neste livro.

Quadro 1: Níveis de Controle – Aplicáveis à Atividade de Inteligência

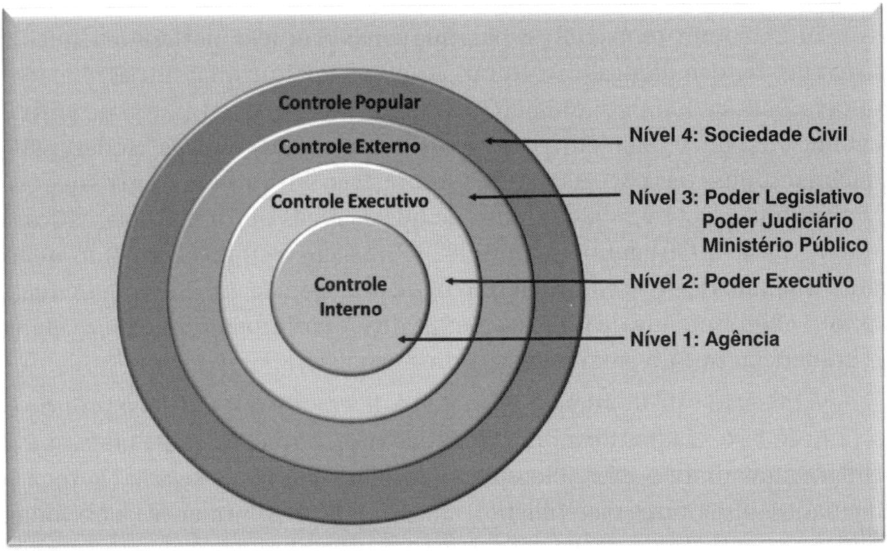

Elaborado a partir das análises de Peter Gill (1994, op. cit.)

De acordo com o primeiro princípio geral, tanto o controle gerencial (referente à gestão das atividades do órgão, incluindo de operações) quanto o controle externo são aplicáveis a todos os níveis de fiscalização. Assim, tanto é cabível o controle externo no nível agencial quanto ocorre controle gerencial no âmbito das atividades do órgão externo, por exemplo, quando o Congresso autoriza previamente uma operação de inteligência ou aprova recursos para tal. Daí a afirmação de que a atividade de inteligência (e as possíveis falhas resultantes de operações mal-sucedidas) é de responsabilidade do Estado como um ente, não apenas da agência.[77] Note-se, ademais, que magistrados também podem vir a desempenhar as duas funções, por exemplo, gerencial, quando autorizam determinado procedimento (como a de uma interceptação telefônica a pedido de um órgão de inteligência policial no Brasil) ou de revisão, quando avaliam, no caso concreto, se determinada operação violou ou não a lei.

[77] Hastedt (*op. cit.*, pp. 14-15) comenta, por exemplo, que falhas da CIA não costumam ser vistas como "da CIA", mas sim "dos EUA". Isso se aplica a outras organizações em países como Brasil, Rússia ou Israel.

O segundo princípio geral relaciona-se ao fato de que quem produz a inteligência não pode ser o mesmo ente que fiscaliza a atividade. Isso não quer dizer que aqueles que são responsáveis pelas operações de inteligência devam desconsiderar que suas condutas sejam legais e não violem direitos e garantias individuais, assinala Gill, mas, em suas próprias palavras "é ingênuo acreditar que ministros ou funcionários se sujeitarão a ter suas ações sobre efetivo controle".[78] Trata-se de ideia contida no princípio da segregação das funções para a administração e o controle, segundo o qual "quem planeja não executa e quem executa não controla".[79]

O terceiro princípio refere-se à obrigação dos responsáveis pelas agências de inteligência de estabelecer claramente padrões e normas que sejam tão públicos quanto possível para não comprometer a segurança. Essas normas e padrões (códigos de conduta, diretrizes, orientações) serão mais detalhados à medida que o nível de controle se aproxime mais do âmbito interno à própria agência. Assim, na esfera do controle externo estarão a Constituição, as leis sobre Inteligência e os princípios gerais de direito, inclusive aquelas normas referentes ao mandato e aos limites de atuação dos distintos serviços de inteligência (note-se que a definição clara das atribuições de cada órgão e de seus limites é de extrema importância para o controle dessas instituições). Também nesse nível está a jurisprudência que gera precedentes e decisões vinculantes das cortes que também podem contribuir para esclarecimentos sobre mandato e limitações.

No nível do Executivo, estão os estatutos e códigos de conduta, bem como as linhas gerais da política de governo e das diretrizes para atuação dos serviços (como as prioridades e linhas gerais de atuação daquele governo), e ainda as ordens presidenciais ou do ministro ao qual se subordina o órgão de inteligência.[80] Finalmente, há as diretrizes mais específicas, geradas internamente à própria agência, com detalhes relativos à implementação das ordens superiores e aos limites à conduta dos agentes. Sem esse arcabouço normativo claro não pode haver transparência, o sistema fica sujeito à discricionariedade dos agentes, e o controle torna-se muito frágil e incapacitado de fiscalizar com eficiência, eficácia e efetividade.

---

[78] Gill (1994), *op. cit.*, p. 251.

[79] Pelo "princípio da segregação das funções", aquele que exerce o controle não deve realizar nenhuma outra função administrativa, sob pena de não realizar o controle com eficiência. Sobre o assunto, *vide* Fernandes, Jorge Ulisses Jacoby , "Ética e controle". *In*: *Jus Navigandi*, Teresina, ano 10, nº 893, 13/12/2005. Disponível em: <http://jus2.uol.com.br/doutrina/texto.asp?id=7695>. Acesso em: 26/12/2007.

[80] No caso do Brasil, por exemplo, os Decretos do Presidente da República, as Portarias Ministeriais e as instruções normativas no âmbito do Executivo, bem como pareceres vinculantes de órgãos como a Advocacia Geral da União.

Registre-se que essa questão da necessidade de um arcabouço normativo abrangente torna-se ainda mais importante em países que adotam o sistema jurídico de origem romano-germânica, como é o caso do Brasil. Sem leis – no sentido amplo – claras para orientar e limitar a atuação dos serviços de inteligência e segurança, o risco de abusos é muito alto. Portanto, um dos primeiros aspectos a ser analisado quando se estuda um sistema de controle da comunidade de inteligência, particularmente em modelos positivistas como o brasileiro, é o que se refere ao arcabouço legal que fundamenta o sistema.

Um quarto princípio baseia-se no controle político. Assim, cada sujeito passivo responde ao sujeito ativo do nível superior a partir do interno à agência. Por exemplo, a agência ou serviço de inteligência (nível 1) é o sujeito passivo do controle que tem como sujeito ativo um órgão do Poder Executivo externo a ela (nível 2). Isso é mais fácil de ser percebido em regimes parlamentaristas, onde há uma sequência clara de transferência de autoridade do Parlamento para o Poder Executivo (Gabinete) e deste para a Administração (burocracia). Não se aplica com tanta precisão em modelos presidencialistas. Ademais, o órgão do nível 1 está sujeito ao controle simultâneo tanto das entidades do nível 2 quanto dos níveis 3 e 4.

Há um quinto princípio segundo o qual cada entidade controladora reporta-se à autoridade executiva do seu nível. Ou seja, explica Gill, um ente fiscalizador externo à agência, mas interno ao Poder Executivo reporta-se ao Ministro responsável pelo controle daquele nível. É o que acontecia com o *Inspector General* (IG), no Canadá, que se reportava ao Vice-Ministro da Segurança Pública (*Public Safety Canada*),[81] e, no Brasil, com as Secretarias de Controle Interno (CISET) e a Secretaria Federal de Controle Interno (SFC), subordinadas ao Ministro da Transparência e Controladoria-Geral da União. Um modelo de fiscalização e controle estabelecido por Gill é reproduzido no Quadro 2.

---

[81] Em 2012, o cargo de Inspetor-Geral do CSIS foi abolido pelo Governo de Stephen Harper. A medida foi muito criticada e permanece a discussão no Canadá sobre o restabelecimento do Escritório do Inspetor-Geral para o serviço de Inteligência canadense. Sobre esse debate, *vide* KENNY, Colin. "The Security Intelligence Review Committee is not doing the job" (*HuffingtonPost*, 03/11/2015, disponível em: <http://www.huffingtonpost.ca/colin-kenny/security-intelligence-review-committee_b_6801526.html>, acesso em: 15 jan. 2018).

Quadro 2 – Modelo de Fiscalização e Controle de Agências de Inteligência

Níveis de Fiscalização e Controle	1 INTERNO À AGÊNCIA	2 PODER EXECUTIVO	3 ÓRGÃOS DE CONTROLE EXTERNO	4 CIDADÃOS E GRUPOS DE INTERESSE
Formas de Controle	Diretrizes e Estatutos	Diretrizes Presidenciais/ Ministeriais	Legislação	Pressão / Investigação/ Manifestações sociais e partidárias
ESTABELECIDAS POR:				
Instituições Dirigentes	Diretor	Controlador-Geral (*Attorney General*)	Parlamento Congresso Nacional	Partidos Políticos Mídia ONGs
REPORTAM-SE A:				
Instituições de Fiscalização e Controle (exemplos)	*Professional Responsibility Office* (FBI-EUA) Corregedor (Brasil)	*Inspector General* (Canadá)*	SIRC (Canadá) Comissões Parlamentares (EUA, Austrália, Brasil) CCAI (Brasil)	Grupos de Interesse Cidadãos

Fonte: Adaptado de diagrama elaborado por Peter Gill (1994, op. cit., p. 252).
*O cargo de Inspetor Geral do CSIS foi extinto em 2012.

Um último princípio assinalado por Gill é o da necessidade de ampla cooperação entre os órgãos de controle dos diferentes níveis. Essa necessidade se evidencia, sobretudo, com o desenvolvimento da comunidade de inteligência – que opera em redes[82] – e a manutenção do controle institucional mais que funcional dos serviços secretos. Ademais, ao cooperarem e trocarem informação, os organismos controladores se fortalecem e ao controle como um todo.

[82] "(...) dificuldade inerente à tentativa de estabelecer um controle público é a própria escala e diversidade das redes de Inteligência contemporâneas, que cobrem tanto o Estado quanto os setores privados. Considerando "Inteligência" no seu sentido mais amplo, como a tentativa pelo governo de desenvolver o conhecimento com o objetivo de fornecer subsídios para as suas políticas, então estas redes são tão extensas quanto o próprio Estado e, na realidade, ultrapassam-no, entrando na esfera privada, em que as empresas em todos os setores da economia procuram vantagens competitivas pela obtenção e uso do conhecimento." Gill (2003b), *op. cit.*, p. 70.

Os órgãos de fiscalização são geralmente bastante pequenos, com recursos limitados, e a sua eficácia pode ser melhorada de várias formas. Uma forma de tentar proteger a sua independência é exigir que elas enviem cópias dos relatórios ao órgão de fiscalização situado no nível imediatamente superior. Dependendo dos acordos institucionais específicos, poderá haver neste caso algum tipo de restrição de confidencialidade, mas esta solução irá certamente ajudar a reduzir a dependência da fiscalização das próprias agências. Assim, por exemplo, se um órgão interno de determinada agência, tal como o "Gabinete de Responsabilidade Profissional", enviar um relatório ao Diretor da Agência sobre um determinado assunto, uma cópia desse relatório deverá também ser enviada à instituição de fiscalização que existir dentro do ministério, por exemplo, um Inspetor-Geral. De forma semelhante, os relatórios de inspetores gerais enviados ao ministério deverão ter uma cópia enviada à comissão de revisão de "nível três", seja ela uma comissão parlamentar conjunta, tal como acontece no Brasil ou no Reino Unido, ou um órgão não parlamentar, tal como o SIRC, no Canadá. Se os relatórios atravessarem as barreiras de confidencialidade que existem entre os diferentes níveis do Estado, então como se poderá manter uma segurança de informações adequada? Em última análise, esta tem de se basear em troca de ideias e na confiança entre instituições de níveis diferentes, bem como na discrição exercida por aqueles envolvidos. Este é especificamente o caso dos que trabalham no "nível três" que, eleitos ou não, são de alguma forma responsáveis perante os cidadãos. É claro que estas pessoas não podem simplesmente tornar público tudo o que sabem (...), mas deverão estar preparados para desafiar o fetiche da confidencialidade, e revelar o que descobrirem, a não ser que fique claro que essas revelações irão prejudicar a segurança da nação ou os direitos individuais.[83]

Certamente essa cooperação entre órgãos de controle não é simples nem fácil. Há dificuldades que vão do princípio da compartimentação – muito importante na atividade de inteligência – às diferenças entre as lealdades primárias do pessoal da agência, de outros servidores públicos, de inspetores gerais e de parlamentares. Entretanto, lembra Gill, sem a cooperação a fiscalização se fragmentará e se tornará menos eficaz. Nesse sentido, "se se quiser que o controle das redes de inteligência seja eficaz, então deverá existir também uma rede de fiscalização".[84]

As observações de Peter Gill são corroboradas em um documento publicado pelo DCAF, intitulado "*Intelligence Oversight – Ensuring accountable intelligence with a framework of democratic governance*". Após analisar distintos sistemas de controle pelo mundo, o DCAF sintetiza as várias ações e mecanismos para fiscalizar os serviços de inteligência que reproduzimos no Quadro 3, com as devidas adaptações tomando o caso brasileiro como referência.

---

[83] Gill (2003b), *op. cit.*, pp. 77-78.

[84] Gill (2003b), *op. cit.*, p. 79.

Quadro 3 – Sistema de Fiscalização e Controle da Atividade de Inteligência em Regimes Democráticos

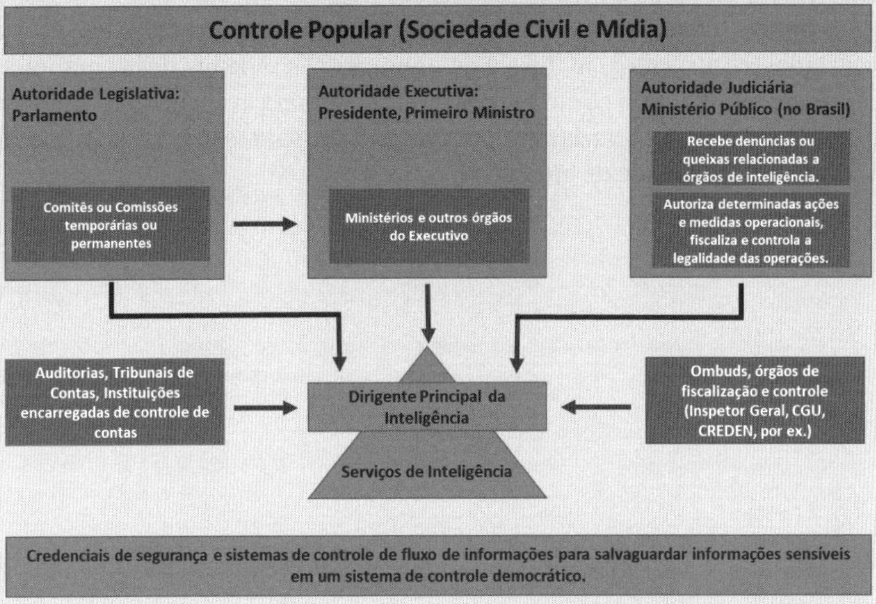

Adaptado de DCAF, *"SSR Backgrounder 11"*, *op. cit.*.

De toda maneira, em regimes democráticos, o controle da atividade de inteligência, em especial o controle externo, é percebido como fundamental para garantir a legitimidade, economia, eficácia e eficiência das ações dos serviços secretos.[85] Paradoxalmente, em virtude do princípio da publicidade dos atos governamentais e da proteção do Estado e da sociedade é que as organizações que atuam nessa área que envolve o secreto devem ser fiscalizadas. Muitas vezes, a natureza da atividade de inteligência e a necessidade de controle são de difícil conciliação.[86]

---

[85] *"(...) there is a growing international consensus on the issue of democratic oversight of intelligence services. International organisations such as the Organisation for Economic Co-operation and Development (OECD), the United Nations (UN), the Organisation for Security and Cooperation in Europe (OSCE), the Parliamentary Assembly of the Council of Europe (PACE) and the Inter-Parliamentary Union all explicitly recognise that the intelligence services should be subject to democratic accountability.*" Born, Hans; Leigh, Ian. *Making Intelligence Accountable: Legal Standards and Best Practice for Oversight of Intelligence Agencies*. Oslo: Publishing House of the Parliament of Norway, 2005, p. 13.

[86] "*However, the information that is required for national security purposes is highly specific and cannot by definition be divulged in advance or subjected in most cases to public debate. Neither can the intelligence services be controlled too meticulously, down to the last detail, which could hamper their operational efficiency. At the same time, they are working in democratic states where individual*

Derradeira observação de Gill é que tanto as organizações que exercem *control* quanto as que fazem *oversight* (com as diferenças conceituais da terminologia anglo-saxônica apresentadas neste livro) devem ter acesso, ao menos potencialmente, à totalidade das informações produzidas pelos serviços fiscalizados/controlados, inclusive as operacionais. Apenas dessa maneira é que os sujeitos ativos do controle terão condições para avaliar corretamente os controlados. Eis a essência da *accountability*. Passa-se, a seguir, às classificações do controle da atividade de inteligência.

freedom and dignity must prevail and where no abuse of power will be tolerated by public opinion. Under such circumstances it is difficult to reconcile the requirements of secrecy on the one hand, and the need for parliamentary scrutiny and compliance with citizens' rights, on the other". Assembly of Western European Union - The Interim European Security and Defence Assembly, *"Parliamentary oversight of the intelligence services in the WEU countries – current situation and prospects for reform – Report submitted on behalf of the Committee for Parliamentary and Public Relations by Mrs. Kestelijn-Sierens, Rapporteur"* (Documento A/1801, 04 dez. 2002): p. 5.

Capítulo 3

CLASSIFICAÇÃO DO CONTROLE DA ATIVIDADE DE INTELIGÊNCIA – OS MECANISMOS NÃO PARLAMENTARES

It seems necessary today in countries that are seeking to consolidate their democracies that if intelligence is to be under democratic civilian control then there must be oversight. How far it extends, and under what terms it operates, will vary tremendously. Oversight has immediate implications for control but also has implications for popular support for intelligence.

Thomas Bruneau

3.1. CLASSIFICAÇÃO DO CONTROLE DA ATIVIDADE DE INTELIGÊNCIA

São várias as possibilidades de classificação do controle da atividade de inteligência. Assim como acontece no controle em geral, as tipologias para a Inteligência levam em conta a modalidade de fiscalização analisada, a forma como é feito, e os sujeitos que o realizam. Pretende-se apresentar aqui as perspectivas de Ugarte, Caparini, Born e a percepção de Gill sobre os níveis de controle.

3.1.1. Classificação segundo os tipos gerais de controle (Ugarte)

José Manuel Ugarte[1] assinala três tipos de controle: político apartidário (subdividido no controle político de primeira ordem do Executivo e no profissional interno); o controle parlamentar, externo; e uma terceira categoria relacionada a mecanismos de proteção contra atos dos serviços de inteligência que afetem a privacidade das pessoas.[2]

---

[1] Ugarte (2003), *op. cit.*, pp. 104-110.

[2] Obra de extrema importância sobre o tema produzida por Ugarte é *El Control Público de la Actividad de Inteligencia en América Latina* (*op. cit.*), publicada em 2012.

O controle político apartidário, realizado pelo Poder Executivo, tem como intuito assegurar que os objetivos a atingir – como as políticas a serem implementadas, os planos a formular e as ações a realizar – "respondam adequadamente às necessidades da sociedade em seu conjunto". Esse controle – associado à direção da Administração[3] – deve zelar, juntamente com o Parlamento, para que o orçamento seja distribuído adequadamente entre os distintos órgãos do sistema de inteligência e que "a despesa seja efetuada com racionalidade e exclusivamente em ações, tanto legítimas como necessárias e úteis para o Estado".

A competência primeira para realizar o referido tipo de controle, afirma Ugarte, é do próprio governante (o Presidente da República, em regimes presidencialistas, e o Primeiro-Ministro, nos parlamentaristas). Nesse sentido, um marco no controle presidencial foi a Emenda Hughes-Ryan ao *Foreign Assistance Act*, aprovada pelo Congresso dos Estados Unidos em dezembro de 1974, e que estabelecia o requisito da autorização formal do Presidente para qualquer operação especial de inteligência (*covert action*) realizada. Isso punha a termo o argumento de *plausible denial* para as operações norte-americanas no exterior. A referida emenda também determinava que o Presidente deveria "*in a timely fashion*" informar às comissões competentes do Congresso sobre o escopo da operação.

Claro que diante da impossibilidade factual de execução de todas as funções de administração pública por parte do Chefe de Governo, este delega a formulação de políticas e o exercício do controle aos ministros que, por sua vez, podem estabelecer comissões ministeriais para cuidar do tema. Como exemplos de órgãos ministeriais que exercem o controle político, Ugarte cita o Comitê Interministerial para a Informação e a Segurança da República Italiana[4] e a Comissão Delegada do Governo para Assuntos de Inteligência espanhola.[5] Enquanto aquele tem funções de aconselhamento e proposição, para o Presidente do Conselho de Ministros, e dita "diretrizes gerais e com o objetivo fundamental de obter o quadro da política informativa e de segurança", esta tem, entre suas funções: a) propor ao Presidente do Governo os objetivos anuais do Centro Nacional de Inteligência que irão integrar a Diretiva de Inteligência; b) realizar a continuidade e avaliação do desenvolvimento dos objetivos do Centro Nacional de Inteligência; c) zelar pela coordenação do Centro Nacional de Inteligência, dos serviços de informação dos Corpos e Forças de Segurança do Estado e dos órgãos da Administração civil e militar.[6]

---

[3] De fato, aqui a terminologia de controle empregada por Ugarte se aproxima muito da anglo-saxônica de *control*.

[4] Instituído pela Lei nº 801, de 24 de outubro de 1977.

[5] Estabelecida no art. 6º da Lei Reguladora do Centro Nacional de Inteligência do Reino da Espanha.

[6] Ugarte (2003), *op. cit.* pp. 105-106.

Fundamental, ainda, no controle político no âmbito do Executivo, é a figura do Ministro. Afinal, é o titular da pasta ao qual se subordina o órgão de informações que responde em primeira ordem pelos atos de seus subordinados, seja ao Presidente da República e ao Congresso Nacional (em regimes presidencialistas), seja diretamente ao Parlamento (no sistema de Westminster). Também é importante se ter claro que um Ministro fraco politicamente, ignorante no que concerne à atividade ou mesmo desinteressado nos assuntos de sua pasta pode ser tremendamente danoso para a atividade de inteligência em razão de sua incapacidade de exercer a fiscalização e o controle. O risco envolve, inclusive, o desenvolvimento de uma conduta autônoma e insubordinada por parte da agência de informações. Portanto, inegável a importância do Ministro nesse contexto.

> *Um elemento de controle de fundamental importância é o ministro. Responsável político pela atividade do organismo de inteligência que dele depende, é ao mesmo tempo órgão de elaboração de políticas e de requerimentos e também importante consumidor da inteligência produzida por aquele. Trata-se de um controle político imediato e de fundamental importância, especialmente em matéria de organismos de inteligência com jurisdição no próprio país, onde o controle e a supervisão devem ser mais unidos. (...) Até o momento não temos conhecido um caso – em países institucionalmente desenvolvidos – de organismo de inteligência com faculdades de inteligência interior e contrainteligência que não dependessem do ministro.*[7]

Exemplo que ilustra a importância do Ministro é o do Ministério da Defesa no Brasil. Em certos momentos aquela pasta teve titulares fracos politicamente, desinteressados ou desconhecedores dos assuntos de Defesa. Isso teria fragilizado o Ministério e seu papel na estrutura da Administração. No caso da Inteligência, houve um período de fragilidade do serviço secreto, no início do Governo Fernando Collor de Mello (1990-1992), quando o órgão de informações ficou subordinado ao empresário Pedro Paulo Leoni Ramos, que declarara não ter qualquer experiência em Inteligência.

Outro exemplo de fragilidade relacionada ao Ministro ocorreu no Governo Dilma Rousseff (2011-2016). Apesar de reconhecidamente competente como militar, experiente e respeitado pela tropa, o então Ministro-Chefe do GSI, General-de-Exército José Elito Carvalho Siqueira, tinha dificuldades de relacionamento com a Presidente, o que teria prejudicado a Inteligência a ele subordinada. Por meio da Medida Provisória nº 696, de 02/10/2015, a Presidente extinguiu o GSI (e, consequentemente, o cargo de Ministro Chefe daquela pasta) e transferiu "a coordenação das atividades de inteligência federal e de segurança da informação" (e a subordinação da ABIN) para a Secretaria de Governo da Presidência da República. Esse quadro foi revertido logo no início do Governo

[7] Ugarte (2003), *op. cit.* pp. 106-107.

Michel Temer (2016-2018), com a recriação do GSI e sendo nomeado para chefiar a pasta o General-de-Exército Sérgio Westphalen Etchegoyen. Um dos militares mais brilhantes de sua geração, Etchegoyen reestruturou a Inteligência, conseguiu aumentar o prestígio do setor junto ao chefe de Estado, e tornou-se um dos Ministros mais próximos do Presidente (apesar de não ter vínculos político-partidários).

Ainda na esfera do Poder Executivo há uma subcategoria de controle chamada por Ugarte de controle profissional, interno ao próprio organismo de inteligência e realizado, primeiramente, pelo titular do órgão. Esse controle se dá sobre a conduta dos subordinados e a adequação das atividades realizadas aos planos vigentes e às requisições formuladas pelas autoridades e instituições competentes. Acrescente-se que é um controle hierárquico, originado na autoridade superior – o chefe da agência de inteligência – mas que alcança as atribuições dos outros escalões de direção do órgão.

O controle interno profissional compreenderá os seguintes aspectos: a) a correta administração dos recursos humanos e técnicos em relação às tarefas e missões institucionais; b) o uso adequado dos fundos destinados ao serviço, de modo que sejam racionalmente utilizados para o alcance de suas tarefas próprias; c) que os procedimentos empregados se adaptem às normas legais e regulamentares vigentes e a respeito das garantias constitucionais.

De uma forma ou de outra, qualquer instituição com um nível mínimo de organização deve dispor de mecanismos que permitam o controle interno com base nos aspectos citados. Como exemplo, Ugarte cita os arts. 15 e 16 da Lei dos Serviços de Inteligência e Segurança do Reino da Holanda. Segundo os referidos dispositivos da legislação de 2002, os chefes dos serviços são responsáveis: a) pelo segredo da informação relevante; b) pelo sigilo das fontes relevantes das quais provém a informação; c) pela segurança das pessoas que lidam com a produção da informação. Também são responsáveis os chefes: a) pelas previsões necessárias a promover a exatidão e a completude da informação processada; b) pelas previsões necessárias de natureza técnica e organizacional para proteger o processamento da informação contra perda ou dano, e contra o processamento não autorizado; c) pela designação de pessoas que sejam exclusivamente autorizadas a executar as atividades estabelecidas previamente.[8]

Uma segunda forma de controle assinalada por Ugarte é o controle parlamentar, o qual requer "zelo, objetividade, profundidade, prudência e reserva na sua realização".[9] Ademais, são atribuições do controle exercido pelo Poder Legislativo a verificação da legitimidade e da eficácia da atividade de inteligência, "procurando evitar neste último aspecto um acionar meramente

[8] Ugarte (2002), *op. cit.*.

[9] Ugarte (2003), *op. cit.*, p. 108.

reativo, episódico e de resposta a contingências, procurando também influir permanentemente no sentido dos câmbios desejados, efetuando recomendações e procurando estimular as condutas e atitudes adequadas".[10] Observa, ainda, que aqueles que exercem o controle parlamentar devem ter uma visão que "transcenda partidos políticos, mas não, certamente, a política", uma vez que o assunto envolve interesses acima de questões partidárias. De fato, um dos grandes problemas das comissões parlamentares de fiscalização da atividade de inteligência por todo o mundo é exatamente fazer com que políticos coloquem o interesse político-partidário em segundo plano. Por mais nobre que possa parecer a exigência, trata-se de tarefa não muito fácil.

A última categoria de controle da atividade de inteligência assinalada por Ugarte refere-se ao controle sobre as ações dos serviços de inteligência que possam afetar a privacidade dos cidadãos. O objetivo desse controle é verificar se as referidas ações têm por finalidade exclusiva aquelas invocadas a operação com a qual estejam relacionadas, e se a intromissão na esfera da privacidade encontra-se reduzida ao mínimo possível. Também compreende a tramitação de denúncias, queixas e reclamações dos particulares por alegados danos atribuídos aos serviços de inteligência.

Eminentemente de caráter legislativo e judiciário, a terceira modalidade de controle é exercida com variados instrumentos, conforme os países, lembra Ugarte. Supõe, primeiramente, a exigência de autorizações para a execução, por parte dos organismos de inteligência, de atos invasivos da privacidade.[11] Nesse sentido, há países em que a autorização de uma Corte ou de um juiz especializado é necessária para o desencadeamento de certas operações de inteligência. É o caso dos EUA e do Canadá. Em outros sistemas, a autorização deve ser do ministro, como ocorre no Reino Unido. De toda maneira, tem-se um controle prévio baseado principalmente na autorização judicial, seja ela especializada em assuntos de inteligência ou não.[12]

---

[10] Ugarte (2003), *op. cit.*, p. 108.

[11] Por exemplo, no caso do Brasil, a necessidade de autorização judicial para a interceptação telefônica.

[12] *"En Latinoamérica, predomina la realización de este control por parte de los* órganos judiciales ordinarios. *Tal es el caso de Argentina – Ley nº 25.520 de Inteligencia Nacional, artículos 18 y 19. La Ley de Comunicaciones de la República Dominicana – entre otros casos – requiere autorización judicial. En el caso de Chile, regla las interceptaciones de comunicaciones en la investigación penal la Ley nº 19.696 – imponiendo la autorización judicial. El Proyecto sobre el Sistema de Inteligencia del Estado de ese país prevé asignar competencia para otorgar autorizaciones para la ejecución de* técnicas intrusivas y métodos encubiertos a un Ministro de Corte de Apelaciones que ejerza jurisdicción en el territorio en que se realizará la diligencia. Para este efecto, cada Corte de Apelaciones designará a dos de sus miembros por el lapso de dos años y la solicitud podrá ser presentada ante cualquiera de ellos (art. 30)." Ugarte (2002), *op. cit.*

Há, ainda, dentro dessa categoria, o controle judicial *a posteriori*. O mecanismo encontra amparo no direito universal de acesso à Justiça, consagrado nos estamentos jurídicos das democracias. Trata-se, efetivamente, do controle judicial da Administração Pública, ao qual já se fez referência, e que vai considerar as violações cometidas contra a legislação vigente, os costumes e os princípios gerais de direito.

Uma derradeira observação sobre essa terceira classificação de Ugarte é que o controle também se exerce por meio da aprovação de leis que estabeleçam mandato, limitem as ações de inteligência e protejam a sociedade contra abusos cometidos pelos serviços secretos. Essa legislação é constitucional e infraconstitucional e também encontra amparo nos regimes jurídicos internacionais.[13]

3.1.2. Classificação segundo os aportes formais do exercício da *accountability* (Caparini)

Outra classificação que convém ser mencionada é a de Marina Caparini.[14] Caparini divide a fiscalização e o controle em duas grandes categorias, baseadas nos aportes formais do exercício da *accountability*. Assim, trata de aportes fomal-legalistas (ou normativos) e de mecanismos informais de controle.

Sob a perspectiva formal-legalista, Caparini afirma que essa categoria de controle enfatiza as restrições constitucionais e legais (*legal and constitutional constraints*) e procedimentos formais para fiscalizar e controlar a atividade de inteligência. Aí estão compreendidos definições legais das funções e papéis dos serviços de inteligência, procedimentos de fiscalização e controle orçamentário, normas sobre o acompanhamento das atividades das agências, determinações sobre a prestação de contas a comissões e ao Parlamento.

Assim, dentro da categoria de mecanismos normativos de controle da atividade de inteligência pode-se assinalar:

---

[13] Cite-se, por exemplo, a Convenção Americana de Direitos Humanos, o Pacto de San José da Costa Rica, assinado em 22 de novembro de 1969, que em seu art. 11 estabelece que "1. Toda pessoa tem direito ao respeito de sua honra e ao reconhecimento de sua dignidade. 2. Ninguém pode ser objeto de ingerências arbitrárias ou abusivas em sua vida privada, na de sua família, em seu domicílio ou em sua correspondência, nem de ofensas ilegais à sua honra ou reputação. 3. Toda pessoa tem direito à proteção da lei contra tais ingerências ou tais ofensas." Há, também a Convenção Europeia de Direitos Humanos, assinada em Roma, em 4 de novembro de 1950, cujo art. 8º estabelece que "1. Qualquer pessoa tem direito ao respeito da sua vida privada e familiar, do seu domicílio e da sua correspondência. 2. Não pode haver ingerência da autoridade pública no exercício deste direito senão quando esta ingerência estiver prevista na lei e constituir uma providência que, numa sociedade democrática, seja necessária para a segurança nacional, para a segurança pública, para o bem-estar econômico do país, a defesa da ordem e a prevenção das infrações penais, a proteção da saúde ou da moral, ou a proteção dos direitos e das liberdades de terceiros."

[14] Caparini, *op. cit.*

- A estrutura constitucional e legal. Caparini defende que cada serviço de Inteligência deve ser instituído por lei, com áreas de responsabilidade definidas em um mandato legal. Nesse sentido, um mandato claro é essencial para que os órgãos de fiscalização e controle possam avaliar se o órgão de Inteligência tem atuado dentro do estabelecido por lei ou extrapolado suas competências. Ademais, é o arcabouço legal que sustenta o sistema de Inteligência que permite ao cidadão recorrer e buscar uma reparação quando julgar que seus direitos estão ameaçados ou foram violados. Registre-se que as normas internacionais estão também aí incluídas.[15]
- Controle do Executivo. Caparini segue a mesma linha de Ugarte ao se referir ao controle do Executivo, aqui entendido como o realizado por entes externos à agência, mas internos ao Governo. Nesse sentido, entre os mecanismos de controle, assinala:
  - ✓ a responsabilidade ministerial;
  - ✓ a identificação de ameaças à segurança nacional, diretivas de gabinete, orientações gerais para a Inteligência. Acrescente-se, ainda, políticas e planos de governo, ordens executivas (por exemplo, determinações do Presidente da República, portarias e ordens ministeriais);
  - ✓ órgãos de controle do Executivo. Entre os exemplos deste mecanismo, Caparini cita os *Presidential Intelligence Oversight Board* dos EUA, que tem no *President's Foreign Intelligence Advisory Board* (PFIAB), no *Intelligence Oversight Board* (IOB) e no *Office of Management and Budget* (OMB).[16] Convém lembrar as entidades italiana e espanhola de controle pertencentes ao Executivo citadas por Ugarte.[17]
- Controle Legislativo. Também semelhante ao assinalado por Ugarte, o controle realizado pelo Poder Legislativo ocorre por meio dos seguintes mecanismos e instituições:

---

[15] Aqui cabem os mesmos comentários referentes à terceira categoria de controle definida por Ugarte.

[16] Criado por Eisenhower em 1956, o *President's Foreign Intelligence Advisory Board* (PFIAB) é entidade singular do Governo dos EUA, cuja função é assessorar o Presidente da República no que concerne à qualidade da inteligência coletada, análises, estimativas, contrainteligência, operações e outras atividades de Inteligência. Dentro da estrutura do PFIAB está o *Intelligence Oversight Board* (IOB), órgão permanente encarregado de assessorar o Presidente no controle da legalidade de operações de Inteligência no exterior. O PFIAB é composto por 16 membros, selecionados entre cidadãos de fora do governo em virtude de suas qualificações pessoais e técnicas. Já o *Office of Management and Budget* (OMB) cuida do controle do orçamento de inteligência. Maiores informações no *site* oficial do órgão na internet (<http://www.whitehouse.gov/administration/eop/pfiab/; http://www.whitehouse.gov/omb/>), no *site* da comunidade de inteligência dos EUA (<http://www.intelligence.gov/>), e também em Richelson (2007), *op. cit.*

[17] Ugarte (2003), *op. cit.* p. 105-106.

- ✓ controle orçamentário;
- ✓ estabelecimento do mandato para os serviços de inteligência, bem como de prioridades e legislação relacionada;
- ✓ comissões de fiscalização e controle, permanentes e temporárias (para investigar denúncias, escândalos, ou para atuar em momentos de crise, a exemplo das CPIs);
- ✓ *ombudsmen*;
- ✓ escritórios de auditoria e outros órgãos de controle de contas (como o TCU no Brasil).

- Controle Judicial. Realizado pelos órgãos do Poder Judiciário (juízes singulares e tribunais). Tem por objetivo precípuo assegurar que os serviços de inteligência estão a atuar de acordo com a lei. O Judiciário interpreta o mandato das agências para autorizar operações, particularmente as que possam representar intrusão em direitos e liberdades.
- Controle Administrativo Interno. É o que Ugarte denomina controle profissional interno, acrescido da figura do Inspetor-Geral. Compreende, portanto, regras internas, estatutos, diretrizes e procedimentos. Também nessa categoria pode ser elencada a doutrina de inteligência como adequada referência para a atuação dos profissionais da área.

No que concerne aos aportes informais de controle, Caparini comenta que o enfoque se dá muito mais em valores dos profissionais de inteligência no desempenho de suas atividades quotidianas, bem como nas crenças e atitudes dos agentes políticos, da mídia e dos cidadãos. Daí que distribui esses controles informais por categorias baseadas em:

- **Ética pessoal e socialização do profissional de inteligência.** Sobre o assunto, Caparini lembra que a atividade de inteligência requer padrões muito altos de ética por parte seus praticantes e administradores.[18] Essa ética envolve inclusive o compromisso de buscar a verdade e apresentá-la ao tomador de decisão, seja politicamente aceitável ou não.[19] Daí a conclusão que são as atitudes do pessoal de inteligência (especialmente seu respeito à lei, seus valores e sua motivação moral) que em última análise determinarão a efetividade de um sistema de

[18] Esse é o aspecto mais importante para a atuação do profissional de Inteligência, segundo o General Alberto Mendes Cardoso. Durante todo seu período à frente do Gabinete de Segurança Institucional da Presidência da República, ao qual está subordinada a ABIN, Cardoso buscou fomentar a consolidação de valores éticos inquestionáveis entre o pessoal de Inteligência.

[19] *"(...) That means that not only must analytical qualities be very high, and the community able to collect and synthesise information from multiple sources in multiple languages and multiple media, but that the intelligence must be able to respond to needs at different levels – strategic, operational, tactical and technical. It further means that even strict controls can be averted by officials who are determined to do something."* CAPARINI, *op. cit.*

accountability. Atenção relevante deve ser dada, assim, ao processo de recrutamento daqueles que serão oficiais de inteligência, bem como ao seu treinamento e à formação profissional com a inserção de valores e práticas democráticas e de defesa das instituições e da sociedade. Associe-se a isso a integridade dos dirigentes e as normas referentes a neutralidade política, isenção e imparcialidade. Note-se, ademais, que não foram poucas as vezes, em diversos países, inclusive no Brasil, que a atuação dos serviços de inteligência e o conhecimento produzido ficaram seriamente comprometidos por influências ideológicas no trabalho.

- **Lealdade pessoal (dos profissionais de inteligência para com os dirigentes legitimamente constituídos).** Esse é um aspecto interessante para evitar desvios de conduta dos agentes que possam ir contra os interesses defendidos pelos dirigentes máximos legitimamente constituídos, ou seja, o Presidente ou o Primeiro-Ministro, evitando, por exemplo, que os órgãos de informações se envolvam em ações ilegais ou mesmo tentativas de subversão da ordem estabelecida. Não obstante, a falta de proximidade entre o serviço secreto e o governante pode conduzir também ao estímulo do chefe ao recurso à *plausibe denial*.
- **Atitudes de agentes políticos.** Para Caparini, contribui para o controle informal a maneira como os agentes políticos percebem as questões de segurança nacional, sua relevância, os desafios a ela relacionados, bem como a convicção de que se trata de assunto acima dos interesses partidários e exige atitude conciliatória para lidar adequadamente com o tema.
- **A mídia e a sociedade civil.** Caparini comenta sobre essas categorias de "controladores", assinalando que, enquanto para praticamente qualquer outro setor da Administração Pública a mídia e setores organizados da sociedade civil desempenham papel útil e significativo em prol da fiscalização e do controle, para o setor de inteligência essa contribuição é limitada. Claro que a mídia e a academia são úteis para informar e "educar" a opinião pública, alertar políticos e a sociedade sobre problemas em um determinado setor, irregularidades e eventuais riscos relacionados a determinadas condutas dos agentes estatais e, assim, influenciar governos. Entretanto, esse controle é muito restringido pelo sigilo com que opera a comunidade de Inteligência, de modo que, sem informação ou com pouca informação disponibilizada, a atuação desses meios acaba muito limitada. Associa-se a isso a pequena quantidade de jornalistas e mesmo pesquisadores e acadêmicos especialistas nesses assuntos.[20] De toda maneira, no caso da mídia, esta pode desempenhar

[20] No Canadá, por exemplo, o número de jornalistas especializados em Inteligência não supera uma dezena de pessoas, enquanto no Brasil a situação é ainda mais precária.

sua função de controle informal monitorando as atividades dos serviços, acolhendo "vazamentos", investigando. Uma última observação de Caparini é que, em geral, a atuação da mídia se dá em meio a escândalos que viram notícia.[21]

3.1.3. Classificação segundo os sujeitos ativos do controle (Born)

Enquanto a classificação de Caparini se baseia nas formas e mecanismos com os quais o controle é exercido, Hans Born[22] apresenta uma classificação que toma como referência os sujeitos ativos desse controle. Assim, para Born há cinco modalidades de controle dos órgãos de inteligência:

- O Controle do Executivo, o qual deve estabelecer as diretrizes, objetivos, prioridades e alocação dos recursos. Aqui, há que se falar também na importância do *Inspector General*[23] em modelos anglo-saxônicos ou de um controlador-geral (ou corregedor). O Inspetor-Geral normalmente não pertence à organização que fiscaliza, e realiza suas atividades de controle de maneira independente e reportando-se ao Ministro ao qual está vinculado o serviço, ao Congresso ou a outra autoridade. No caso da CIA, por exemplo, até o final da década de oitenta, o Inspetor-Geral era indicado pelo Diretor da agência e prestava contas a ele.
- O Controle Parlamentar, uma vez que o Parlamento é ator indispensável no processo democrático de "freios e contrapesos" em regimes presidencialistas e o sustentáculo da legitimidade do Gabinete no modelo parlamentarista. Assim, são atribuições inerentes ao Poder Legislativo fiscalizar as decisões e atos do Executivo, aprovar leis voltadas à atividade de inteligência, verificar as contas e autorizar o orçamento para os órgãos de Inteligência do Estado.
- Controle pelo Judiciário ou jurisdicional, que controla *in concreto* a legitimidade dos atos da Administração, "anulando suas condutas ilegítimas, compelindo-a àquelas que seriam obrigatórias e condenando-a

---

[21] *"(...) For example, media exposés of CIA wrongdoing in 1974 (especially by the New York Times' Seymour Hersh) led to the official inquiries of the Church Committee in the US and wide-ranging changes to intelligence control and oversight. The press serves as a sort of "unofficial opposition" or fall-back accountability mechanism: when internal control does not check questionable behaviour, and external control does not identify and challenge it, the potential exists in a free society for insider whistle blowing (leaks) or an investigative journalist's report to draw attention to it."* Caparini, *op. cit.*

[22] Born (2004), *op. cit.*, p. 4.

[23] *"In many countries, the minister is often aided in the task of control by an Inspector-General – an institution most often established by law and endowed with various rights and responsibilities vis-à-vis both the executive and the parliament (...). In this context, the Inspector-General monitors whether the government's intelligence policies are appropriately implemented by the services."* Born & Leigh (2005), *op. cit., p. 58.*

a indenizar os lesados, quando for o caso".[24] Reitere-se que o papel do Judiciário é fundamental na garantia dos cidadãos e dos próprios órgãos de inteligência e segurança quando estes têm que realizar determinadas operações que envolvam a intervenção sobre direitos e garantias individuais. Nesse sentido, em alguns sistemas, como o canadense e o argentino, há magistrados especializados com competências legais para assuntos de inteligência e segurança, aos quais os órgãos de inteligência e segurança podem recorrer para solicitar ordens judiciais.

- Controle Interno (orgânico), entendido como o conjunto de normas e procedimentos orgânicos voltados ao estabelecimento de condutas para os agentes e servidores e prevenir abusos. Born destaca que assume papel de destaque, sobretudo nos países de recente passado autoritário, a criação de uma cultura organizacional que estabeleça com clareza as atribuições e competências do serviço de inteligência em um regime democrático, e também os limites de atuação de seu pessoal. Acrescente-se a essa modalidade a existência de rígidos, eficientes e efetivos mecanismos de punição para aqueles cuja conduta viole os referidos preceitos. Finalmente, em conformidade como o que defendem Caparini e Ugarte, esse cenário é completado pela preocupação com a formação de quadros conscientes da necessidade de atuação da Inteligência salvaguardada em preceitos democráticos e pela exigência desse comprometimento, especialmente dos oficiais que ocupam posição de mando na organização.
- Escrutínio Independente, ou seja, o controle exercido pela sociedade civil, com destaque para os meios de comunicação, a imprensa escrita, falada e televisiva. A sociedade civil pode controlar a atividade de inteligência monitorando e denunciando os abusos e cobrando reações dos governantes.

Acrescente-se às cinco modalidades assinaladas por Hans Born o papel do Ministério Público, com suas competências constitucionais, no caso brasileiro, de defesa da ordem jurídica, do regime democrático e dos interesses sociais e individuais indisponíveis.[25] Como fiscal do cumprimento da lei pela Administração, e atuando de forma autônoma e independente, o Ministério Público, no Brasil, é competente para investigar, entre outras coisas, eventuais condutas incompatíveis com o ordenamento normativo e os princípios democráticos. Importante seria, no modelo brasileiro, que houvesse membros do Ministério Público especializados em temas de Inteligência, o que lhes

[24] Bandeira de Mello, *op. cit.*, p. 222.

[25] Constituição da República Federativa do Brasil, arts. 127 a 130.

permitiria, assim como poderia também ocorrer com os magistrados, uma melhor compreensão das peculiaridades dessa atividade. A classificação do controle, segundo Born, está sintetizada na Tabela II.

Tabela II. Classificação do Controle da Atividade de Inteligência			
CATEGORIA	**SUJEITO ATIVO**	**TIPOLOGIA**	**OBSERVAÇÕES**
Executivo	Poder Executivo (Alto Escalão)	Público Interno Político	Estabelece diretrizes, objetivos, prioridades e alocação dos recursos.
Executivo	Inspetor-Geral Controlador-Geral Corregedor	Público Externo à organização Interno ao Executivo Político e técnico	Fiscaliza a atividade prestando contas ao chefe da pasta ou à autoridade política mais alta.
Parlamentar	Poder Legislativo (Parlamento ou órgãos auxiliares compostos por não parlamentares)	Público Externo Político	Fiscaliza as decisões e atos do Executivo, aprova leis sobre a atividade de inteligência, verifica as contas e autoriza o orçamento; autoriza operações de inteligência.
Judiciário	Juízes e Tribunais	Público Externo Técnico	Controla *in concreto* a legitimidade dos atos da Administração.
Ministério Público	Promotores e Procuradores	Público Externo Técnico	Fiscaliza a legalidade da atividade de inteligência e a ameaça aos direitos e garantias fundamentais em nome da sociedade.
Interno (orgânico)	A própria agência/serviço de inteligência Setor de segurança orgânica	Público Interno Técnico-Político	Conjunto de normas e procedimentos orgânicos voltados ao estabelecimento de condutas para os agentes e servidores e prevenir abusos. Código de Ética.
Independente	Sociedade civil Mídia Entidades privadas	Externo Privado	Acompanha a atividade; investiga; denuncia irregularidades.
Classificação estabelecida a partir das análises de Hans Born (com adaptações).			

3.2. MECANISMOS NÃO PARLAMENTARES DE CONTROLE DA ATIVIDADE DE INTELIGÊNCIA – CLASSIFICAÇÃO SEGUNDO OS NÍVEIS DE CONTROLE (Gill)

Uma última taxonomia que merece atenção neste estudo é a estabelecida por Peter Gill[26], que analisa a fiscalização e o controle da atividade de inteligência a partir de níveis de controle. Reitere-se, esses níveis são o controle interno (agencial), o controle realizado pelo Poder Executivo, o controle externo público, a cargo do Poder Legislativo (e de seus órgãos auxiliares) e do Judiciário (aí incluído o Ministério Público), e o controle popular.

3.2.1. Controle Interno (agencial)

O primeiro nível identificado por Gill é o do controle no âmbito interno dos serviços de inteligência. Pode ser relacionado ao controle profissional interno da classificação de Ugarte e com o controle interno orgânico de Born. Seus mecanismos básicos, segundo Gill, são as auditorias internas e os colaboradores individuais voluntários (o que alguns chamariam de "delatores").

Sobre o assunto, Gill assinala que as agências de inteligência costumam ser "deixadas de lado" por ministros e funcionários do Executivo[27] por razões que iriam de desconhecimento sobre a atividade – melhor, portanto, deixar o serviço cuidar de suas obrigações – a receio de se envolver muito. Isso parece ser mais significativo quando o titular da pasta à qual o serviço está subordinado é um político, com outras preocupações e pretensões além do gerenciamento da inteligência.

No que concerne a essas observações de Gill, cabem alguns comentários. Particularmente em regimes que tiveram passado autoritário recente, é comum que políticos não queiram se envolver com as atividades dos órgãos de informações. Entretanto, esses órgãos devem estar subordinados a algum ministério, o que, muitas vezes, gera certo incômodo ao titular da pasta.[28] Uma alternativa é vincular diretamente a agência ao Primeiro Ministro ou a Presidente da República; mas esses mandatários muitas vezes também não querem ver seus nomes diretamente associados a serviços de inteligência. Nesse sentido, a alternativa brasileira foi uma solução inteligente para não envolver políticos com a comunidade de inteligência: subordinou-se a ABIN ao Gabinete de Segurança Institucional (GSI), pasta cujo titular tem sido, pelo menos até a conclusão

---

[26] Gill (1994), *op. cit.*

[27] Gill (1994), *op. cit.*, p. 253.

[28] Em regimes autoritários, ao contrário, o chefe da Inteligência costuma ser muito poderoso e influente. *Vide* os casos de Golbery, Médici, Figueiredo e Medeiros, no Brasil, ou de Andropov, na URSS. Vale lembrar, ainda, que George Bush, antes de ser vice de Ronald Reagan e depois Presidente dos EUA, foi embaixador na China e Diretor da CIA.

desta obra, um oficial general. Com isso, a ABIN, que de acordo com seu projeto inicial deveria estar diretamente vinculada ao Presidente da República, acabou estruturada como órgão do GSI, criando-se mais um nível de acesso entre o Diretor da Agência e o Chefe de Estado e Governo.

De toda maneira, é fundamental que haja mecanismos de controle interno na própria agência. Há críticas no sentido de que tais mecanismos são pouco eficazes, sobretudo por envolverem a fiscalização do órgão por funcionários e setores que fazem parte de sua própria estrutura. É o que assinala Gill ao comentar os exemplos da CIA e do FBI.[29] Sobre a CIA, Gill lembra que a agência tinha vários órgãos com função de auditoria interna, inclusive um Escritório do Inspetor-Geral (o qual era nomeado pelo Diretor da CIA e reportava-se a ele). Apesar disso, nenhum desses órgãos foi capaz de identificar os desvios de conduta e as falhas descobertas pela Comissão Church, nos anos 1970, nem no caso Irã-Contras, na década de 1980. Isso acabou levando ao estabelecimento, pelo Congresso dos EUA, de um cargo de Inspetor Geral independente para fiscalizar a CIA, em 1989.

No caso do FBI, é legendária a autonomia da agência durante as décadas de direção de Edgar Hoover[30] e, segundo Gill, os mecanismos de controle interno pareciam ter como objetivo assegurar a obediência (quando não, submissão) do pessoal do *Bureu* aos desejos do seu Diretor.[31] De fato, controle não se fazia. Reformas tiveram início com Clarence Kelley, que se tornou Diretor do FBI em 1977. Kelley reorganizou o sistema de auditoria interna e trouxe mais responsividade à agência. Ainda assim, barreiras orgânicas e de cultura organizacional continuam fortes obstáculos ao controle interno.

Outro exemplo, então no caso brasileiro, é a figura do Corregedor-Geral que existe em certos órgãos policiais. No caso do Departamento de Polícia Federal, além do Corregedor-Geral,[32] há o Conselho de Ética e Disciplina e o Conselho Superior de Polícia. E, claro, no âmbito da Administração Pública há os órgãos internos de fiscalização de contas.

Sobretudo em órgãos de segurança e inteligência, o que deve ficar claro em termos de controle intra-agencial, é a importância da existência de um setor para avaliar a conduta dos servidores do órgão e as operações desencadeadas. Esse setor deve, a princípio, estar diretamente ligado ao Diretor-Geral, prestando contas somente a ele. Natural que haja, ainda, outros organismos de controle mais setorizados. Orientações específicas sobre o desenvolvimento do controle interno à agência serão analisadas em tópico próprio ainda neste Capítulo.

---

[29] Gill (1994), *op. cit.*, pp. 253-254.

[30] Hoover esteve à frente do FBI durante nada menos que 48 anos, de 1924 a 1972.

[31] Gill (1994), *op. cit.*, p. 254.

[32] As atribuições do Corregedor-Geral estão previstas no art. 31 do Regimento Interno do DPF, instituído pela Portaria no 1.300, de 4 de setembro de 2003.

Além do(s) órgão(s) interno(s) para realizar a fiscalização e o controle, essas atividades na agência devem contar também com a colaboração do próprio pessoal do órgão. Nesse aspecto, Gill assinala a relevância de se estimular que servidores informem sobre irregularidades e tenham acesso aos superiores ou ao órgão específico de controle.[33] Essa modalidade se coaduna com a perspectiva de controle informal de Caparini.[34]

3.2.2. Controle do Executivo

No segundo nível, o do Poder Executivo, Gill identifica três mecanismos: a supervisão ministerial, as comissões de segurança e o Inspetor-Geral. No que concerne à supervisão ministerial, Gill[35] assinala como exemplos importantes o do *Attorney General*[36] (nos EUA e na Austrália), o *Solicitor General* (Canadá), cargo substituído pelo de Ministro da Segurança Pública com a criação deste Ministério, e o *Home Secretary* (Reino Unido). No Brasil, o Ministro-Chefe do Gabinete de Segurança Institucional e o Ministro da Transparência e Controladoria-Geral da União também têm esse papel.

Uma vez que a supervisão ministerial já foi objeto de análise em outras classificações, o que convém assinalar sobre as observações de Gill é ele que lembra que, apesar de em regimes parlamentaristas a responsabilidade do ministro da pasta ser absoluta em virtude da subordinação hierárquica dos servidores ao Ministro, isso nunca se aplicou efetivamente aos órgãos de inteligência e segurança na Grã-Bretanha exatamente porque nem os serviços de informações nem as instituições policiais jamais fizeram parte de semelhante estrutura hierárquica. De toda maneira, registra, ainda que ministros não tenham tempo nem inclinação para exercer funções de fiscalização e controle sobre

---

[33] A título de exemplo, à época em que Ariel De Cunto era Diretor-Geral da ABIN, foi estabelecida prática salutar em que o Diretor-Geral disponibilizava uma tarde por semana em sua agenda para receber servidores em seu gabinete, podendo-se tratar ali de qualquer assunto diretamente com o titular do órgão. Essa prática foi seguida pela sucessora de De Cunto e seus adjuntos. Registre-se, ainda, o fato de De Cunto buscar conhecer todos os servidores da Agência. Outra prática interessante do coronel era a de almoçar com os concursados que faziam o curso de formação para ingresso no órgão. Já o delegado Mauro Marcelo de Lima e Silva, que comandou a ABIN entre 2004 e 2005, tinha uma prática que entrou para o folclore da organização: almoçava com os servidores aniversariantes e lhes dava uma foto sua de presente (!).

[34] *"There is therefore a need to incorporate some protection for what might be described as informal mechanisms for 'internal oversight', specifically 'whistleblowers', alternatively described as 'ethical resisters'."* Gill (1994), *op. cit.*, p. 255.

[35] Gill (1994), *op. cit.*, pp. 258-259.

[36] Nos EUA, com a criação do *Department of Homeland Security* e do cargo de *Director of National Intelligence*, os titulares dessas pastas passaram a exercer algumas das funções de supervisão ministerial do *Attorney General* no que concerne à comunidade de Inteligência e segurança.

as comunidades de inteligência e segurança, isso deve ser estimulado.[37] Nesse sentido, Ugarte já comentou a importância do ministro para o controle.

Quanto ao estabelecimento de comissões ministeriais para supervisionar o aparato de inteligência, as observações de Gill coincidem com as de Ugarte. Cita o exemplo da *Security Comission*, criada no Reino Unido em 1964, a qual se encontrava apenas por determinação do Primeiro-Ministro para tratar de algum problema específico de segurança, encarregando-se de relatórios esporádicos de revisão. Gill também faz críticas à eficiência e eficácia dos PFIAB e do IOB estadunidenses.

Dentro da perspectiva de controle no âmbito do Executivo, o recurso mais relevante assinalado por Gill é o instituto do *Inspector General* (IG). Segundo Gill, trata-se do principal método por meio do qual se pode realizar fiscalização e controle no âmbito do Executivo, sendo ferramenta importante para o ministro especialmente em regimes parlamentaristas. Geralmente, o IG responde diretamente ao ministro e pode realizar auditoria independente nos órgãos que controla.

Hans Born e Ian Leigh identificam o instituto do *Inspector General* como autoridade independente de fiscalização e controle dentro da Administração Pública.[38] Lembram que tanto o IG quanto os auditores e as comissões administrativas de inquérito têm por objetivo permitir ao Governo assegurar-se de que terá toda a informação relevante sobre a conduta de seus serviços de inteligência e de que estes estão agindo de acordo com as políticas estabelecidas.

Ainda segundo Born e Leigh, onde primeiro se cogitou o instituto do IG foi nos EUA, de modo que em 2005 havia cerca de uma dúzia de IG para a comunidade de inteligência estadunidense, todos independentes das agências sob sua jurisdição. Claro que há distinções entre as atividades de cada IG nos EUA: alguns escritórios foram criados por lei (como os IG para a CIA e para o Departamento de Defesa); outros se constituíram administrativamente a partir de determinação do Secretário (Ministro) da pasta (*v.g.*, os encarregados da *Defense Intelligence Agency* e do *National Reconnaissance Office*). Ademais, alguns se reportam ao Congresso e ao Executivo, enquanto outros só prestam contas ao chefe da pasta ou a outras autoridades do Executivo, como o Conselho de Segurança Nacional.[39] Ugarte lembra os propósitos da criação do cargo de Inspetor-Geral da CIA:

---

[37] Gill (1994), *op. cit.*, p. 260.

[38] Born & Leigh (2005), *op. cit.*, p. 110.

[39] Sobre o assunto, *vide* http://www.milnet.com/usint/int023.htm. Há, também o Capítulo 14 do Relatório Preparing fot the 21st Century – An Appraisal of U.S. Intelligence, produzido pela Commission on the Roles and Capabilities of the United States Intelligence Community, do Congresso dos EUA (disponível em: <http://www.gpoaccess.gov/int/report.html>).

(...) criar um escritório objetivo e efetivo, adequadamente responsável perante o Congresso, para iniciar e levar a efeito, de forma independente, inspeções, investigações e auditorias relativas a programas e operações da Agência; (...) prover liderança e recomendar políticas traçadas para promover economia, eficiência e eficácia na administração de tais programas e operações, e detectar fraude e abuso em tais programas e operações; (...) prover meios para manter o diretor plena e correntemente informado sobre os problemas e deficiências relativos à administração de tais programas e operações, e a necessidade (...) ações corretivas; e na forma prescrita por esta seção, assegurar que a Comissão Seleta de Inteligência do Senado e a Comissão Permanente Seleta de Inteligência da Câmara de Representantes sejam mantidas informadas, de modo similar, sobre os problemas significativos e deficiências, assim como sobre a necessidade de (...) ações corretivas (...).[40]

Outro aspecto importante do ofício do IG diz respeito a sua esfera de sigilo. Convém ter claro que o IG não tem função precípua de informar ao público, à sociedade civil, sobre o objeto de sua fiscalização. Não lhe cabe, assim, assegurar a *accountability* dos serviços de inteligência e segurança junto à opinião pública, mas sim ao Executivo. Os escritórios dos IG, portanto, são órgãos de assessoramento do Governo, em particular do Poder Executivo e a ele devem reportar-se em primeira instância, ainda que haja casos em que a apresentação do trabalho IG perante o Legislativo também possa/deva ocorrer, como acontece na Austrália e com alguns IG dos EUA.[41]

O caso mais notório e eficiente de IG era o canadense,[42] em que a lei estabelecia um Escritório do Inspetor-Geral para fiscalizar o CSIS, não se encarregando das outras organizações de Inteligência. Apesar do êxito (e, para alguns críticos, exatamente por isso[43]), o cargo de IG do CSIS foi abolido por Stephen Harper em 2012, transferindo-se parte das atribuições do IG para o

---

[40] Ugarte (2003), *op. cit.*, p. 122.

[41] *"Whether an office of this kind reports to the government or to Parliament, in either case, careful legal delineation of its jurisdiction, independence and powers are vital. Independent officials may be asked to review an agency's performance against one or more of several standards: efficiency, compliance with government policies or targets, propriety or legality. In any instance, however, the office will need unrestricted access to files and personnel in order to be able to come to a reliable assessment. In practice an independent official is unlikely to be able to scrutinise more than a fraction of the work of an agency. Some of these offices work by 'sampling' the work and files of the agencies overseen – this gives an incentive for the agency to establish more widespread procedures and produces a ripple effect. Some also have jurisdiction to deal with individual complaints (...)"* Born & Leigh (2005), *op. cit.*, p. 111.

[42] Gill (1994), *op. cit.*, p. 263; e Born & Leigh (2005), p. 110.

[43] Sobre o assunto, *vide* "CSIS oversight urged by ex-PMs as a Conservative rush Bill C-51 debate" (*CBC News*, 19/02/2015), disponível em: <http://www.cbc.ca/news/politics/csis-oversight-urged-by-ex-pms-as-conservatives-rush-bill-c-51-debate-1.2963179> (acesso em: 17 jan. 2018), e "CSIS watchdog to be cut in budget" (*CBC News*, 27/04/2012), disponível em: <http://www.cbc.ca/news/politics/csis-watchdog-to-be-cut-in-budget-1.1246605> (acesso em: 17 jan. 2018).

Security Intelligence Review Committee (SIRC)[44]. Apesar do retrocesso no modelo canadense e mesmo com a extinção do IG do CSIS, é conveniente, entretanto, que sejam feitos comentários um pouco mais aprofundados sobre o papel do IG no sistema canadense de então, bem como sucinta apresentação de outros dois modelos.

3.2.2.1. O Inspetor-Geral no modelo canadense

No Canadá, o instituto do IG e suas atribuições estavam previstos em uma parte do *CSIS Act* intitulada "*Inspector General*" e compreendiam as seções 30 a 33 da referida lei. De acordo com a seção 30, o IG era nomeado pelo Governo e respondia ao Vice-Ministro da pasta à qual o CSIS estava subordinado. As funções do IG eram:

- monitorar o cumprimento pelo CSIS das regras gerais em matéria operacional, ou seja, nas atividades-fim desenvolvidas;
- revisar (*review*) as atividades-fim do Serviço;
- certificar anualmente as atividades do CSIS.[45]

De acordo com a seção 31 do *CSIS Act*, ao IG deveria ser dado acesso a todas as informações disponíveis no CSIS relacionadas ao desempenho de suas funções, cabendo ao Diretor e empregados do Serviço fornecer-lhe informação, relatórios e quaisquer explicações julgadas necessárias pelo IG para o exercício de suas atribuições.[46] Registre-se que sua credencial de segurança era máxima em

---

44 "Ottawa abolishes spy overseer's office". *National Post*, 26/04/2012. Disponível em: <http://nationalpost.com/news/canada/csis-office-of-the-inspector-general> (acesso em: 17 jan. 2018).

45 *"The primary goal of the OIG is to support the Minister in exercising Ministerial responsibility for CSIS. The goal will be pursued: (...) 1) by carrying out its review work meticulously from an independent perspective, free from narrow interests or biases, in order to add value in the collaborative search with its partners for greater effectiveness in CSIS operations; (...) 2) by making constructive contributions, in concert with other participants, that are intended to achieve continuous improvement in the effectiveness, proportionality and appropriateness of CSIS operational activities; and (...) 3) by seeking to be fully informed about CSIS' operational activities so as to be in a position to inform the Minister of issues or matters of such importance that they warrant the Minister's personal attention."* Canada. Office of the Inspector General of CSIS. "*A strategic perspective for the Inspector General of CSIS*". Disponível em: <http://www.publicsafety.gc.ca/abt/wwa/igcsis/stratper-eng.aspx>. Acesso em: 25 fev. 2008.

46 *"Access to information (...) 31. (1) Notwithstanding any other Act of Parliament but subject to subsection (2), the Inspector General is entitled to have access to any information under the control of the Service that relates to the performance of the duties and functions of the Inspector General and is also entitled to receive from the Director and employees such information, reports and explanations as the Inspector General deems necessary for the performance of those duties and functions." CSIS Act, section 31, (1).*

virtude de suas prerrogativas.[47] Assim, o IG tinha acesso a todas as informações de posse do CSIS ou por ele produzidas, à exceção (como também ocorre ao SIRC) das chamadas "confidências de Gabinete"[48], limitação que provocou críticas da Comissão Especial do Senado[49] encarregada de avaliar o Sistema de Inteligência do país. A Comissão defendia o acesso completo a tudo que estivesse de posse do CSIS, como forma de garantir um controle pleno das atividades realizadas.

Nos termos da seção 33 do *CSIS Act*, o Diretor da agência deveria submeter relatório periódico de atividades ao Ministro, com cópia para o IG. Além deste, que costumava ser anual, relatórios específicos produzidos e encaminhados pelo Diretor ao titular da pasta também deveriam ser remetidos ao Escritório do IG.[50] Com base nesses relatórios e em outros procedimentos de fiscalização das atividades do CSIS, o IG produzia ele próprio um relatório, chamado de "Certificado".[51] O Certificado tinha validade anual, e era apresentado ao Ministro da Segurança Pública (ao qual estavam subordinados tanto o CSIS quanto o IG), devendo nele constar, entre outras coisas, se era satisfatório o documento também anual apresentado pelo Diretor do CSIS, bem como a apresentação das atividades do IG de monitoramento da agência.[52] Cópias do Certificado e

---

[47] *"Compliance with security requirements (...) 32. The Inspector General shall comply with all security requirements applicable by or under this Act to an employee and shall take the oath of secrecy set out in the schedule." CSIS Act, section 32.*

[48] *"Compelling production of information (...) (2) No information described in subsection (1), other than a confidence of the Queen's Privy Council for Canada in respect of which subsection 39(1) of the Canada Evidence Act applies, may be withheld from the Inspector General on any grounds." CSIS Act, section 31, (2).*

[49] Canada. Senate of Canada. Special Committee on the Canadian Security Intelligence Service. *Delicate Balance: A Security Intelligence Service in a Democratic Society*, *op. cit.*, p. 30.

[50] *"Periodic reports by Director (...) 33. (1) The Director shall, in relation to every period of twelve months or such lesser period as is specified by the Minister, submit to the Minister, at such times as the Minister specifies, reports with respect to the operational activities of the Service during that period, and shall cause the Inspector General to be given a copy of each such report." CSIS Act, section 33 (1).*

[51] Os certificados do IG estão disponíveis, com as ressalvas de confidencialidade, em: <http://www.publicsafety.gc.ca/abt/wwa/igcsis/igcsis-en.asp>. Acesso em: 25 fev. 2008.

[52] *"Certificates of Inspector General (...) (2) As soon as practicable after receiving a copy of a report referred to in subsection (1), the Inspector General shall submit to the Minister a certificate stating the extent to which the Inspector General is satisfied with the report and whether any act or thing done by the Service in the course of its operational activities during the period to which the report relates is, in the opinion of the Inspector General, (a) not authorized by or under this Act or contravenes any directions issued by the Minister under subsection 6(2); or (b) involves an unreasonable or unnecessary exercise by the Service of any of its powers." CSIS Act, section 33 (2).*

do Relatório do Diretor do CSIS eram remetidas também para o SIRC,[53] que os consideraria em seu próprio relatório anual ao Ministro e ao Parlamento.[54]

Portanto, o IG tinha a função de assessorar o Ministro da Segurança Pública (outrora *Solicitor General of Canada*), de maneira independente e especializada, sobre as atividades-fins e políticas do CSIS.[55] Fosse por meio da revisão das atividades do serviço secreto, fosse pela certificação de que o desempenho do CSIS era consentâneo com os princípios democráticos e nos termos da lei, ou ainda por meio de recomendações ao Ministro para melhoria da atividade de inteligência, o IG constituia um dos aspectos mais interessantes do modelo de controle canadense.[56]

A equipe que trabalhava no Escritório do IG era pequena, não alcançando duas dúzias de pessoas.[57] Para a consecução do trabalho, fundamental se mostrava a interação do IG com o CSIS e com o SIRC. Mesmo o IG fazendo parte do secretariado do Ministério (estando, assim, no segundo nível de controle, segundo a classificação de Gill) e o SIRC sendo um órgão fora da estrutura do Poder Executivo (no terceiro nível, portanto), ambos deveriam atuar em cooperação, exatamente com o objetivo de fortalecer o controle.

---

53 *"Transmission to Review Committee (...) (3) As soon as practicable after receiving a report referred to in subsection (1) and a certificate of the Inspector General referred to in subsection (2), the Minister shall cause the report and certificate to be transmitted to the Review Committee." CSIS Act, section 33 (3).*

54 O processo de revisão e monitoramento do IG do CSIS é detalhado em Gill (1991), *op. cit.*, pp. 264-266.

55 *"As one of the major participants in Canada's national security system, the Inspector General (IG) will support the Minister of Public Safety and Emergency Preparedness in her statutory responsibility for CSIS by providing independent, timely, and sound advice respecting CSIS operational activities and policies. (...) This objective recognizes that the Inspector General is one of a number of players in the national security system, and that for the system as a whole to operate effectively, everyone must work together in a cooperative fashion. (...) In other words, the objective focuses on the development of solutions or remedies in a collaborative relationship with other participants in the national security system."* Office of the Inspector General of CSIS. *"A strategic perspective for the Inspector General of CSIS", op. cit.*

56 De toda maneira, havia críticas ao trabalho do IG. Nos primeiros anos, por exemplo, assinalava-se a inoperância do Escritório do IG em virtude de sua equipe reduzida e das dificuldades de relacionamento com o CSIS – situação semelhante ao que aconteceu com o SIRC. No processo de revisão do *CSIS Act*, cinco anos depois de sua entrada em vigor, a Comissão Especial da Câmara dos Comuns assinalou que o IG precisava de mais independência para realizar sua tarefa. Medidas foram então tomadas para aumentar sua capacidade de atuação de maneira mais isenta. Maiores informações sobre o IG podem ser obtidas no documento *"A strategic perspective for the Inspector General of CSIS", op. cit.*, produzido pelo *Office of the Inspector General of CSIS*.

57 Entrevista com Eva Punklett e Arnold Zeman, respectivamente *Inspector General* e *Assistant Inspector General* do CSIS, em junho de 2006.

Repita-se que, em abril de 2012, alegando razões orçamentárias e argumentando que o SIRC era suficiente para o devido controle do serviço de inteligência canadense, o Governo extinguiu o Escritório do Inspetor-Geral do CSIS, o que suscitou muitas críticas[58]. A certificação do CSIS foi transferida para o SIRC, que, apesar das novas responsabilidades, não teve mais aportes orçamentários nem aumento de pessoal. Em 6 de novembro de 2017, o Governo do liberal Justin Trudeau criou uma Comissão de Parlamentares (não é uma Comissão do Parlamento) para "monitorar e fiscalizar as operações de qualquer agência ou departamento do governo com atribuições de segurança nacional". A Comissão, chamada por alguns de "SuperSIRC" tem competência para realizar o controle (*review*) das atividades não só CSIS, mas também da Real Polícia Montada do Canadá (RCMP) e de outras agências de segurança e Inteligência. Sua primeira composição é de deputados e senadores, da base do Governo, da oposição e também independentes. Trata-se de passo importante para recuperar as capacidades de controle externo da Inteligência canadense.[59]

3.2.2.2. O Inspetor-Geral no modelo australiano

Outro sistema onde se destaca o mecanismo do IG é o australiano.[60] Nesse caso, o cargo de *Inspector-General of Intelligence and Security* (IGIS) foi criado pelo *Inspector-General of Intelligence and Security Act 1986*, a partir das recomendações da segunda Comissão Hope.[61] Ao contrário de seu congênere canadense, compete ao IGIS da Austrália a fiscalização das seis principais agências que compõem a comunidade de inteligência daquele país: *Australian Secret Intelligence Service* (ASIS); *Australian Security Intelligence Organisation* (ASIO); *Defence Imagery & Geospatial Organisation* (DIGO); *Defence Intelligence Organisation* (DIO); *Defence Signals Directorate* (DSD); e *Office of National Assessments* (ONA). O escritório do IGIS é vinculado diretamente ao gabinete do Primeiro-Ministro, reportando-se a este e ao Parlamento.

A partir de uma solicitação de ministro, uma denúncia ou reclamação de particular ou de ofício, o IGIS pode iniciar uma investigação e solicitar informações das agências e verificar se estão atuando de acordo com a lei,

---

[58] "Ottawa abolishes spy overseer's office". *National Post*, 26/04/2012. Disponível em: <http://nationalpost.com/news/canada/csis-office-of-the-inspector-general> (acesso em: 17 jan. 2018).

[59] Sobre o assunto, *vide* "Trudeau names parliamentary committee to oversee security, intelligence agencies" (CBC News, 06/11/2017), disponível em: <http://www.cbc.ca/news/politics/security-oversight-committee-parliament-1.4389720> (acesso em: 17 jan. 2018).

[60] Sobre o sistema australiano de fiscalização e controle da atividade de inteligência, *vide:* <http://www.igis.gov.au/account.cfm>.

[61] Informações sobre o IG australiano estão disponíveis no sítio oficial na internet : <http://www.igis.gov.au/>.

as diretrizes ministeriais, de maneira correta (*propriety*), considerando, particularmente a proteção aos direitos humanos e as garantias individuais. O IGIS tem acesso pleno a toda documentação produzida e pode convocar oficiais de inteligência para depor. Seus relatórios vão para o ministro da pasta à qual esteja subordinada a agência, produzindo ainda relatórios anuais ao Primeiro-Ministro e ao Parlamento.[62]

Gill critica o modelo australiano em virtude de suas amplas atribuições (de fato, lembra que o IGIS assume as funções do IG do Canadá e do SIRC) diante do pequeno *staff*. Também acusa a instituição australiana de ineficiente e pouco comprometida com o aprofundamento das investigações que realiza. Foge ao escopo da presente obra análise mais detalhada do modelo australiano e de sua eficiência e eficácia.

3.2.2.3. O Inspetor-Geral no modelo sul-africano

Na África do Sul, foram criados os cargos de Inspetores Gerais, os quais se reportam ao Parlamento.[63] No caso dos serviços de inteligência civis, o cargo de IG foi estabelecido pelo *Act 40 of 1994*, e reformulado pelo *Intelligence Services Control Amendment Act* (*Act 66 of 2002*). De acordo com essa legislação, o IG encontra-se vinculado ao Ministro dos Serviços de Inteligência, e tem por função revisar as atividades da comunidade de inteligência sul-africana e investigar denúncias apresentadas por qualquer cidadão ou pela Comissão Permanente de Inteligência do Congresso da África do Sul (*Joint Standing Committee on Intelligence* – JSCI).[64] O IG é nomeado pelo Presidente da República, mediante

---

62 Esses relatórios estão disponíveis em: <http://www.igis.gov.au/annual.cfm>. Acesso em: 01/01/2008.

63 Sobre o controle da atividade de inteligência na África do Sul *vide* The Institute for Security Studies. *Submission on Intelligence Governance and Oversight in South Africa to the Ministerial Review Commission on intelligence by The Institute for Security Studies.* Published in May 11th, 2007. Disponível em: <http://www.intelligence.gov.za/Ministerial%20Review%20Commission/Submissions/Submission%20%20-%20ISS1%20on%20Intelligence.pdf>. Acesso em 01/01/2008.

64 *"The IG: first, the new Act deemed that there should only be one Inspector-General of Intelligence, once again pointing to the difficulty in appointing even one, let alone multiple IGs. In addition, the IG's mandate was expanded to include the ability "to order investigation by and to receive a report from the Head of a Service or the Inspector-General regarding any complaint received by the Committee from any member of the public regarding anything which such member believes that a Service has caused to his or her person or property". The IG's overall mandate was expanded and defined to include "(a) to monitor compliance by Service with the Constitution, applicable laws and relevant policies on intelligence and counterintelligence; (b) to review the intelligence and counter-intelligence activities of any Service; (c) to perform all functions designated to him or her by the President or Minister responsible for a Service." Furthermore, the IG would "(cA) receive and investigate complaints from members of the public and members of the Services on alleged maladministration, abuse of power, transgressions of the Constitution, laws and policies referred to in paragraph (a), corruption and improper enrichment of any person through an act or omission of any member". Finally, the IG now*

aprovação de dois terços dos membros da Assembleia Nacional.[65] A África do Sul possui ainda uma Comissão Ministerial de Revisão, nomeada pelo Ministro dos serviços de inteligência com o objetivo de assessorá-lo no sentido de fortalecer o controle dos serviços de informações, garantindo que atuem de acordo com a constituição, as leis e os princípios democráticos e buscando minimizar condutas ilegais e arbitrariedades.[66]

Aspecto que merece destaque no modelo sul-africano relaciona-se ao fato de que o IG não é vinculado a qualquer dos serviços de inteligência, sendo independente e reporta-se ao Parlamento e ao JSCI. Seu acesso, de acordo com a lei, é irrestrito a toda e qualquer informação necessária ao devido cumprimento de sua missão. Como no caso australiano, não se pretende fazer considerações mais aprofundadas sobre as atribuições do IG na África do Sul.[67]

3.2.3. Controle Judicial

Ao tratar do terceiro nível, Gill faz referência ao controle externo e assinala o controle parlamentar, o controle judicial e aquele realizado por "órgãos especiais de revisão" (*special review bodies*). Uma vez que o controle parlamentar será aprofundado em tópico específico, passa-se aos outros dois.

No que concerne ao controle judicial, Gill lembra que os agentes públicos não estão acima da lei e que o Judiciário tem função precípua de proteger a sociedade contra o abuso de poder. O maior problema, ressalta, é que em alguns modelos se tenta excluir questões de segurança nacional da tutela do Judiciário. Essa percepção é muito clara nos EUA, que têm larga tradição de controle judiciário que não aceita que qualquer assunto não possa ser apreciado pelo Poder Judiciário. Percepção semelhante ocorre também no Brasil, onde, segundo

---

had "(d) to submit certificates to every Minister responsible for a Service...(e) to submit reports to the Committee ...(f) to submit reports to every Minister responsible for a Service pursuant to the performance of functions contemplated in paragraphs (a), (b), (c) and (cA)"." Kevin A. O'Brien. *Controlling the Hydra: an Historical Analysis of South African Intelligence Oversight*. Conference paper presented at the Seminar Making Intelligence Accountable: Executive and Legislative Oversight of Intelligence Services, organized by the Geneva Centre for the Democratic Control of Armed Forces in Oslo, Norway, September 2003, pp. 44-45.

[65] Maiores informações podem ser obtidas a partir do sítio oficial do Ministério para Serviços de Inteligência da África do Sul (*Ministry for Intelligence Services*). Disponível em: http://www.intelligence.gov.za/.

[66] Sobre a Comissão sul-africana, *vide*: <http://www.intelligence.gov.za/Ministerial%20Review%20Commission/index.asp>. Acesso em 01/01/2008.

[67] Para maiores informações, *vide* <http://www.oigi.gov.za/>.

a própria Constituição, em seu art. 5º, XXXV, "a lei não excluirá da apreciação do Poder Judiciário lesão ou ameaça a direito".[68]

No sistema de Westminster, comenta Gill, essa visão é inversa. De fato, assinala que no Reino Unido, tradição do modelo conduz à falta de ingerência do Judiciário em assuntos de segurança nacional.[69] E, a partir da referência de Supperstone,[70] cita os comentários de Lord Diplock no Parlamento britânico, segundo o qual "a Segurança Nacional é de responsabilidade do Executivo [*executive government*]; que medida é necessária para proteger seus interesses [da Segurança Nacional] é... assunto da exclusiva responsabilidade do Executivo, matéria sobre a qual é o governo, e não as cortes de justiça, que tem a última palavra. O tema é, por excelência, uma questão não judicial. O processo judicial é totalmente inepto para lidar com o tipo de problema da competência da segurança nacional".[71]

Portanto, ao contrário do que acontece em regimes presidencialistas, onde a separação de poderes e o sistema de freios e contrapesos exigem um controle judicial efetivo, no modelo de Westminster o princípio da supremacia do Parlamento pode ser usado como argumento para colocar determinadas questões – como segurança nacional e inteligência – à parte da tutela do Poder Judiciário. Vale ressalvar, no entanto, que no modelo canadense o Judiciário participa de maneira mais significativa, autorizando, por exemplo, determinadas operações de inteligência.

Convém assinalar ainda, no caso do Brasil, o papel do Ministério Público no controle da atividade de inteligência. De acordo com o art. 129, inc. VII, entre as funções do *Parquet* está "exercer o controle externo da atividade policial". No âmbito da União, isso se dá na forma da Lei Complementar nº 75, de 20 de maio de 1993, que estabelece, em seu art. 3º, que o "Ministério Público da União exercerá o controle externo da atividade policial tendo em vista: a) o respeito aos fundamentos do Estado Democrático de Direito, aos objetivos fundamentais da República Federativa do Brasil, aos princípios informadores das relações internacionais, bem como aos direitos assegurados na Constituição Federal e na lei; b) a preservação da ordem pública, da incolumidade das pessoas e do

---

68 Trata-se aqui do princípio da inafastabilidade do controle jurisdicional, conhecido como direito de ação, que primeiramente encontrou amparo no ordenamento constitucional brasileiro com a Carta de 1946. É um direito público subjetivo exercitável até mesmo contra o próprio Estado, que não pode recusar-se à prestação da tutela jurisdicional. Também chamado de princípio da acessibilidade ampla ao Poder Judiciário.

69 "In the UK the dominant view is that the issue [national security] is not for the judges." Gill (1994), *op. cit.*, p. 281.

70 Supperstone, Michael. "The Law relating to Security in Great Britain". *In*: Robertson, Ken G. *British and American Approaches to Intelligence*. Basingstoke: Macmillan, 1987, pp. 224-225.

71 Gill (1994), *op. cit.*, p. 282 (livre tradução).

patrimônio público; c) a prevenção e a correção de ilegalidade ou de abuso de poder; d) a indisponibilidade da persecução penal; e) a competência dos órgãos incumbidos da segurança pública". As leis complementares referentes à organização e às atribuições dos Ministérios Públicos estaduais seguem essa linha.

Ademais, o art. 9º da referida Lei Complementar nº 75/1993 trata expressamente desse controle, o qual será exercido "por meio de medidas judiciais e extrajudiciais podendo: I – ter livre ingresso em estabelecimentos policiais ou prisionais; II – ter acesso a quaisquer documentos relativos à atividade-fim policial; III – representar à autoridade competente pela adoção de providências para sanar a omissão indevida, ou para prevenir ou corrigir ilegalidade ou abuso de poder; IV – requisitar à autoridade competente para instauração de inquérito policial sobre a omissão ou fato ilícito ocorrido no exercício da atividade policial; V – promover a ação penal por abuso de poder". Incontestável, portanto, as atribuições do Ministério Público de controle externo da atividade policial.

Se o controle externo da atividade policial pelo *Parquet* é tema pacificado, o mesmo não pode ser dito sobre o controle sobre a atividade de inteligência conduzida pelas Polícias. A pergunta que se apresenta é se a atividade de inteligência deve ser considerada atividade-fim das Polícias que as sujeite ao controle externo do Ministério Público. Em caso afirmativo, certamente procuradores e promotores terão essa atribuição de controlar externamente a atividade de inteligência; caso contrário, o controle externo da Inteligência policial deve estar a cargo de outros entes, precipuamente pertencentes ao Poder Legislativo. De toda maneira, a resposta tem como aspecto central a natureza da atividade de inteligência exercida pela Polícia.

Em *Atividade de Inteligência e Legislação Correlata* (2018, *op. cit.*), assinalamos as diferenças entre a atividade de inteligência policial e a investigação criminal. Enquanto aquela tem por objetivo reunir dados e produzir conhecimentos para assessorar um processo decisório (de caráter estratégico ou tático-operacional), o fim do inquérito é, basicamente, identificar indícios de autoria e materialidade de um delito. Atividade de Inteligência não se subsume à atividade-fim policial de investigação, portanto. O mesmo se aplica ao policiamento ostensivo realizado pelas Polícias Militares para a manutenção da ordem pública, ainda que se possa considerar que, nesse caso, o Ministério Público tem a atribuição de fiscalizar as atividades conduzidas pelas Polícias Militares como o tem para quaisquer outras atividades da Administração Pública.

Voltando para a atividade de inteligência conduzida pelas Polícias Civis e pela Polícia Federal, reiteramos que não se deve misturar aquela com a investigação. Caso isso ocorra, certamente a competência de controle do *Parquet* também alcançará a atividade de inteligência. Isso permitiria a procuradores e promotores ter acesso mesmo a relatórios de inteligência caso estes fossem inseridos nos autos ou associados a inquéritos policiais. Complicado, porém, é que o conjunto dos documentos produzidos pelo setor de inteligência esteja acessível ao Ministério Público sob o argumento do exercício do controle externo da atividade policial.

A questão do controle externo da atividade de inteligência policial pelo Ministério Público chegou aos tribunais. Em 15 de junho de 2016, a 1ª Turma do Superior Tribunal de Justiça (STJ), ao julgar o Recurso Especial (REsp) nº 1.439.193/RJ, de relatoria do Ministro Gurgel de Faria, entendeu que "o controle externo da atividade policial exercido pelo *Parquet* deve circunscrever-se à atividade de polícia judiciária, conforme a dicção do art. 9º da LC nº 75/1993, cabendo-lhe, por essa razão, o acesso aos relatórios de inteligência policial de natureza persecutório-penal, ou seja, relacionados com a atividade de investigação criminal"[72].

O REsp sob análise relacionava-se a mandado de segurança impetrado pelo Ministério Público Federal (MPF) para que lhe fosse franqueado acesso a relatórios de inteligência produzidos no âmbito da Superintendência da Polícia Federal no Rio de Janeiro, entre janeiro de 2008 e fevereiro de 2011, com base na previsão de controle externo da atividade policial pelo Ministério Público. Incluíam-se na demanda do *Parquet* aqueles relatórios "não destinados a compor acervo probatório de investigações criminais formalizadas". A Polícia Federal recusara-se a remeter os documentos, argumentando que o MPF estava a extrapolar suas atribuições constitucionais, visto que "a produção dos relatórios de inteligência não estaria sujeita ao controle externo do MPF". Ademais, argumentava-se que os conhecimentos constantes nos relatórios de inteligência tinham por objetivo subsidiar processos decisórios e em assuntos de interesse nacional, especial no "tocante a ameaças à sociedade e ao Estado Democrático de Direito". Não se trataria, portanto, de atividade policial.

A sentença proferida sobre o mandato de segurança determinou que o acesso fosse concedido ao Ministério Público. O Tribunal Regional Federal da 2ª Região (TRF2) manteve a decisão de primeira instância. A União recorreu ao STJ, requerendo reforma da decisão do TRF2, pedindo que fosse reconhecida a impossibilidade de envio dos relatórios de inteligência gerados pela polícia ao MPF. Argumentava-se que relatório de inteligência produzido pela Polícia não poderia acarretar, necessariamente "a deflagração de inquérito policial ou mesmo de investigação policial *lato sensu*, já que a atividade de inteligência é uma atividade que pode transcender o âmbito policial". Asseverava-se, ainda,

[72] BRASIL. Superior Tribunal de Justiça. Primeira Turma. Julgado de 14/06/2016, Recurso Especial (REsp) nº 1.439.193/RJ, Relator Ministro Gurgel de Faria.

que “nem sempre o Ministério Público deve ter acesso ao RELINT [Relatório de Inteligência], mas apenas quando este diga respeito às funções ministeriais”. Haveria, inclusive, sustentava a União, “abuso de legalidade no pedido do Ministério Público”, uma vez que “documentos da Inteligência não podem ser juntados aos autos de investigação criminal”, sendo importante que essa diferenciação fosse feita.

Em sua análise do recurso, a 1ª Turma do STJ entendeu, de forma unânime, que o *Parquet* não pode ter acesso irrestrito aos relatórios de Inteligência produzidos Polícia Federal. O relator observou que “o pedido do MPF era genérico e daria acesso, na prática, a todos os documentos gerados pela Inteligência da Polícia Federal”. Convém transcrever parte do voto do Ministro Relator:

> *“Como se observa, se o controle externo da atividade policial exercido pelo Parquet deve circunscrever-se à atividade de polícia judiciária, conforme a dicção do art. 9º da LC 75/1993, somente cabe ao órgão ministerial acesso aos relatórios de inteligência emitidos pela Polícia Federal de natureza persecutório-penal, ou seja, que guardem relação com a atividade de investigação criminal. (...) Desse modo, o pleito ministerial voltado ao acesso a ‘todos os relatórios de inteligência’ produzidos pelo Departamento de Polícia Federal no Rio de Janeiro, de modo irrestrito e incluindo aqueles não destinados a aparelhar procedimentos investigatórios criminais formalizados, escapa, no meu modesto sentir, do poder fiscalizador atribuído ao Ministério Público. (...) Solução diversa poderia ocorrer se, com base em algum elemento indiciário, o Parquet postulasse informações acerca de relatórios de casos concretos e específicos para apurar a sua regularidade, o que, renove-se, não é a hipótese em exame.”*

Ao acompanhar o voto do relator, o Ministro Sérgio Kukina, Presidente da 1ª Turma, defendeu que haveria um risco genérico de que “informações alheias à efetiva atividade de polícia judiciária pudessem vir a domínio do MPF sem que isso fosse recomendável”.

O julgado de 2016 do STJ constitui importante referência em termos jurisprudenciais. Nesse sentido, a 3ª Turma do Tribunal Regional Federal da 5ª Região (TRF5), no Processo nº 08001274720174058304, negou ao MPF acesso a dados relativos a relatórios sigilosos e à gestão administrativa da Superintendência da Polícia Federal em Salgueiro, Pernambuco. No caso em tela, o *Parquet*, para o preenchimento de Formulário de Visita Técnica instituído pela Resolução nº 20/2007, do Conselho Nacional do Ministério Público (CNPM), “exigiu do chefe da Polícia Federal em Salgueiro, sob ameaça de imputação de crime de responsabilidade e de incidência nas penalidades da Lei de Improbidade Administrativa, o preenchimento imediato de todo o formulário, por via administrativa”, constando ali tanto informações de caráter administrativo quanto aquelas contidas em relatórios de inteligência.

Os magistrados entenderam que "não se mostra cabível é que o órgão do MPF, sob pretexto de atuar no controle externo da atividade policial, tenha acesso irrestrito a informações que não se inserem no conceito de atividade-fim, como é o caso dos atos praticados no desempenho da atividade tipicamente administrativa e dos relatórios de inteligência produzidos pela PF que não guardem relação com a investigação policial e a persecução penal". E assevera o Acórdão nº 438510, de 30/11/2017, destacando a jurisprudência do STJ:

> *"(...) Além disso, embora seja inviável pré-definir toda e qualquer atividade-fim de cunho policial, o Superior Tribunal de Justiça já assentou seu entendimento no sentido de que Ministério Público Federal, no exercício do controle externo da atividade policial, não possui acesso irrestrito a todos os relatórios de inteligência produzidos pelo Departamento de Polícia Federal, mas somente aos relatórios de inteligência policial de natureza persecutório-penal, ou seja, relacionados com a atividade de investigação criminal. É o que se extrai do Informativo de Jurisprudência nº 0587 do STJ, cujas teses fixadas foram extraídas do julgamento do REsp 1.439.193/RJ. (...) É importante ressaltar que não se nega ao Ministério Público Federal, nos limites das atribuições que lhe foram conferidas pela Constituição Federal, o poder de fiscalizar os atos praticados pelo Poder Público em geral, a fim de garantir a observância das regras e preceitos legais e constitucionais que regem a Administração Pública. O que não se mostra cabível é que o órgão do Ministério Público Federal, sob o pretexto de atuar no controle externo da atividade policial, tenha acesso irrestrito a informações que não se inserem no conceito de atividade-fim, como é o caso dos atos praticados no desempenho da atividade tipicamente administrativa e dos relatórios de inteligência produzidos pela Polícia Federal que não guardem relação com a investigação policial e a persecução penal."*[73]

Ainda que não deva ter acesso irrestrito à totalidade dos documentos de inteligência produzidos pelos órgãos de Inteligência Policial, ao Ministério Público esse acesso não deve ser negado quando os referidos documentos forem usados na persecução criminal, sobretudo se compuserem inquéritos policiais. Nesse caso, o que se tem é o uso inapropriado da Inteligência, cuja função é produzir conhecimentos para assessorar uma tomada de decisão, jamais para a produção de provas em um inquérito policial.

De toda maneira, a atividade de inteligência policial não deve ser conduzida sem controle externo. Esse papel, não obstante, é do Poder Legislativo. Assim, no âmbito federal, cabe ao Congresso Nacional, e mais especificamente à Comissão Mista de Controle das Atividades de Inteligência (CCAI), a prerrogativa de fiscalizar e controlar externamente a Inteligência Policial. A estrutura de controle federal deve ser reproduzida nos Estados, com essas atribuições sob a égide das Assembleias estaduais.

[73] BRASIL. Tribunal Regional Federal da 5ª Região. 3ª Turma. Acórdão nº 438510, de 30/11/2017.

3.2.4. Órgãos Especiais de Revisão (*Special Review Bodies*)

No que concerne ao que Gill identifica como *special review bodies*, pode-se dizer que são órgãos de controle externo compostos por não parlamentares e que têm a função de realizar fiscalização independente. O principal exemplo citado por Gill é o SIRC canadense. No caso australiano, havia o *Security Appeals Tribunal* (SAT), presidido por um juiz e com função de receber denúncias contra servidores públicos e conduzir investigações sobre candidatos a ocupar cargos públicos. O SAT foi extinto em 1996 e suas atribuições transferidas para o *Administrative Appeals Tribunal* (AAT). Em Portugal, há o já citado Conselho de Fiscalização do Sistema de Informações da República Portuguesa (CFSIRP).

Como órgãos externos de controle, Gill assinala, ainda, os Comissariados, geralmente com a função de apurar denúncias ou avaliar queixas contra as organizações sob sua jurisdição, como os Comissários canadenses para a *Communications Security Establishment* (CSE) e para a Real Polícia Montada (RCMP).

3.2.4.1. O SIRC no modelo canadense

Sem dúvida, a grande inovação em termos de controle externo produzida pela legislação canadense foi a criação do *Security Intelligence Review Committee* (SIRC). O SIRC é um órgão externo de revisão das atividades do CSIS, que se reporta diretamente ao Parlamento. É o único órgão com mandato legal para conduzir a revisão independente e regular das atividades do CSIS.[74] Seu papel tem sido entendido como de uma instância encarregada de assegurar ao Parlamento e à sociedade canadenses que o serviço de inteligência está cumprindo plenamente seu mandato tanto no que concerne à segurança do Estado quanto na preservação, em suas atividades, dos direitos e garantias individuais. Para cumprir esse objetivo, o SIRC supervisiona as atividades-fim do CSIS e investiga as reclamações e denúncias contra o serviço.

Segundo a seção 34 do *CSIS Act*, o SIRC é composto de não menos que três e não mais que cinco Conselheiros Privados da Rainha (*privy councillors*), nomeados pelo Primeiro-Ministro – consultada a oposição, bem como os líderes dos partidos que disponham de, no mínimo, doze membros na Câmara dos

---

[74] *"The Security Intelligence Review Committee is the only body with the legal mandate and expertise to carry out ongoing, independent review of the activities of CSIS. SIRC was established under the CSIS Act (1984) to provide assurance to the Parliament of Canada and to Canadians that CSIS is acting in accordance with the law, policy and Ministerial Direction in the performance of its duties and functions. In doing so, SIRC seeks to ensure that CSIS respects the fundamental rights and freedoms of Canadians."* Canada. Security Intelligence Review Committee (SIRC). *SIRC Annual Report 2006–2007 – An Operational Review of the Canadian Security Intelligence Service.* Ottawa: Public Works and Government Services Canada, 2007, p. 3. [*SIRC Annual Report 2006-2007*].

Comuns – para mandato de até cinco anos, renovável uma única vez por outros cinco, no máximo. Os membros do SIRC têm credencial de segurança compatível com sua atividade e os dados a que têm acesso, respondendo por qualquer violação da confidencialidade.[75]

Importante destacar que os membros do SIRC não podem ser nem Senadores nem Deputados, muitos não tendo mesmo afiliação política. Com isso, percebe-se a opção, no Canadá, por um órgão de controle externo composto por não parlamentares, apesar de prestar contas diretamente ao Parlamento. Também a consulta ao Líder da Oposição e aos demais líderes de partido tem por objetivo fazer com que o SIRC reflita a composição da Câmara dos Comuns. Entretanto, na prática, nunca se conseguiu verdadeiramente a composição do Parlamento.[76]

O mandato do SIRC é definido nas seções 38 e 39 do *CSIS Act*. Compete ao órgão de controle externo conduzir revisões das atividades-fim do CSIS no desempenho de suas funções.[77] São competências do SIRC, portanto:

- examinar as instruções do Ministro ao CSIS;
- examinar os acordos celebrados entre o CSIS e os governos provinciais (ou uma de suas secretarias[78]) e com as forças policiais provinciais para lhes fornecer análises e avaliações de segurança,[79] e revisar a informação e a Inteligência trocadas e transmitidas em virtude desses acordos;
- examinar os acordos do CSIS com governos estrangeiros ou organizações internacionais, e revisar a informação e a Inteligência trocadas e transmitidas em virtude desses acordos;
- examinar os acordos entre o CSIS e os órgãos federais e Ministérios, e revisar a informação e a Inteligência trocadas e transmitidas em virtude desses acordos;
- examinar os relatórios apresentados pelo Diretor do CSIS referentes a potenciais condutas ilegais de oficiais do Serviço;
- monitorar as solicitações feitas pelos ministros da Defesa e dos Assuntos Estrangeiros para que o CSIS os assessore, no interior do Canadá, na reunião de dados e produção de Inteligência relacionados a governos estrangeiros;

---

[75] *"Compliance with security requirements (...) 37. Every member of the Review Committee and every person engaged by it shall comply with all security requirements applicable by or under this Act to an employee and shall take the oath of secrecy set out in the schedule." CSIS Act, section 37.*

[76] *Arar Commission Report, Dec/2006*, p. 266.

[77] Essas funções do CSIS estão definidas nas seções 12 a 17 do *CSIS Act*.

[78] No Canadá, as secretarias provinciais são chamadas ministérios.

[79] Lembre-se que o CSIS presta apoio aos governos provinciais e municipais em assuntos de Inteligência.

- examinar as diretrizes e regulamentações do serviço;
- reunir e analisar as estatísticas sobre atividades operacionais (atividades-fim) do CSIS.

Outro aspecto importante do mandato do SIRC consiste em assegurar que as atividades do CSIS sejam conduzidas de acordo com a lei, com os regulamentos e as instruções do Ministro, e que o serviço secreto não esteja atuando de forma arbitrária, excessiva ou desnecessária. Nesse sentido, a preocupação envolve claramente a necessidade de garantia da segurança por meio da atividade de inteligência conduzida pelo CSIS diante da consciência de que abusos não podem ser cometidos, mas que determinados grupos usam o escudo da proteção aos direitos e liberdades individuais para ameaçar o Canadá e seus aliados.[80]

Além do relatório anual apresentado ao Parlamento, com cópia ao Ministro da Segurança Pública,[81] o SIRC pode produzir relatórios específicos sobre quaisquer questões de sua competência. Esses relatórios podem ser encaminhados diretamente ao Ministro – que, inclusive, pode solicitar ao SIRC produzi-los. Ao SIRC compete, ademais, investigar duas categorias de reclamações: as relacionadas a "quaisquer atividades do Serviço" e as sobre recusas relativas a credenciamento de segurança de servidores públicos, candidatos a cargos públicos ou particulares que celebrem contrato com o governo.[82] O mandato do SIRC envolve, finalmente, a investigação sobre:

- relatórios que o Ministro da Cidadania envia ao SIRC por força da seção 19 do *Citizenship Act* sobre recomendações de recusa à concessão de cidadania ou sobre certificado de repúdio a pessoa de quem se tenha motivos razoáveis para suspeitar que possa representar ameaça ao Canadá ou participar em ações criminosas passíveis dessa punição;
- representações formuladas pela Comissão Canadense de Direitos Humanos nos termos da seção 45 do *Canadian Human Rights Act*, quando um Ministro informa à Comissão que determinada reclamação, apresentada à Comissão com base na referida lei, está sob a égide da segurança nacional.

No que concerne aos procedimentos de revisão conduzidos pelo SIRC, é importante registrar que este possui servidores com credenciamento para acessar documentos sigilosos e realizar a revisão do CSIS. São os chamados *liaison officiers* (*agents de liaison*). Uma vez que a maioria dos documentos sob análise são sigilosos, o SIRC tem um escritório exclusivo na sede do CSIS, em

---

[80] *SIRC Annual Report 2006-2007*, pp. v-vi.

[81] Todos os relatórios anuais do SIRC, desde o primeiro de 1984, estão disponíveis em: <http://www.sirc.gc.ca/anrran/index-eng.html.> Acesso em: 01/03/2008.

[82] *CSIS Act*, seções 41 a 46.

Ottawa, com toda a infraestrutura necessária para que seus funcionários exerçam suas atividades de controle. Trata-se de medida importante que pode servir de modelo para outros órgãos de controle externo. De fato, tremendamente válida é a ideia de manter um posto dentro do órgão controlado, de modo a se dificultar sobremaneira a perda ou divulgação de dados sigilosos de posse do serviço de inteligência. Ressalte-se, ainda, que o pessoal do SIRC tem credencial permanente de segurança compatível com suas atribuições.

As normas empregadas pelo SIRC em sua revisão estão contidas em quatro tipos de instrumentos básicos, que constituem o arcabouço legislativo e político que orienta as atividades do CSIS. São elas:

- o *CSIS Act*;
- as instruções ministeriais, que constituem o principal instrumento por meio do qual o Ministro da Segurança Pública exerce sua autoridade sobre o CSIS. Por meio delas, o Ministro fornece as diretrizes gerais ao Diretor. Compreendem comandos sobre uma vasta gama das atividades do Serviço. O SIRC fiscaliza todas essas instruções ministeriais e as mudanças delas decorrentes;
- as exigências anuais em matéria de Inteligência e segurança doméstica (*national requirements for security intelligence*), as quais são apresentadas anualmente pelo Ministro para prover o CSIS com orientações sobre as áreas em que deve concentrar seus esforços de investigação e como o Serviço deve melhor desempenhar suas atividades de coleta/busca, análise e produção de conhecimento, bem como as outras funções de sua competência;
- as políticas operacionais do CSIS referentes às regras que se aplicam a todo o conjunto das atividades operativas (atividades-fim). O SIRC revisa regularmente todas as atualizações das políticas operacionais do CSIS.

Anualmente, o SIRC elabora um plano de trabalho relativo a suas atividades de revisão, chamado plano de pesquisa (*research plan).* A cada ano, são selecionados tópicos para aprofundamento das investigações (revisão), cuja escolha baseia-se, entre outras coisas, em:

- prioridades de atuação do CSIS;
- atividades particulares que possam implicar em potenciais violações ou intrusões nos direitos e liberdades individuais;
- prioridades e preocupações emergentes no Parlamento e na sociedade canadenses;
- o relatório classificado sobre as atividades-fim que o Diretor do CSIS submete anualmente ao Ministro;

- a avaliação regular de cada setor operacional do Serviço e das atividades-fim desenvolvidas por seus escritórios regionais, bem como dos postos no exterior;
- a necessidade de examinar regularmente todos os serviços, deveres e funções do CSIS;
- os eventos suscetíveis de representar ameaça à segurança do Canadá;
- problemas e preocupações mencionados em relatórios anteriores do SIRC;
- os compromissos do SIRC em reexaminar questões específicas;
- assuntos referentes à função do Comitê de tratar de representações contra o CSIS;
- novas orientações estratégicas ou iniciativas anunciadas pela direção do CSIS ou pelo Governo.

Destaque-se que as revisões específicas e as desencadeadas sob a égide da seção 54 do *CSIS Act* adquiriram importância na década de 1990 e nos primeiros anos do século XXI, particularmente em razão do recrudescimento do terrorismo como ameaça. Ao realizar essas revisões, o SIRC propõe-se a analisar todos os documentos e arquivos relevantes (a critério do próprio pessoal do Comitê ou em virtude de metodologia específica de análise), tanto em papel quanto em formato eletrônico, ordens judiciais (e os pedidos que as fundamentam), relatórios operacionais, comunicações internas do CSIS, arquivos de trocas de informações entre o CSIS e outras agências, entre outros. O SIRC também conduz entrevistas com funcionários do CSIS e recebe *briefings* destes.

Em cada processo de revisão são examinadas questões essenciais, como a motivação do CSIS para suspeitar de uma ameaça à segurança nacional, a proporcionalidade entre o nível da investigação e a gravidade da ameaça, o intercâmbio de informações entre o Serviço e outras agências (domésticas e estrangeiras), e se o CSIS respeitou os direitos individuais e agiu dentro da legalidade em seu trabalho.[83] A partir desses trabalhos, o relatório conterá críticas e recomendações sobre os procedimentos operacionais e a adequação desses ao arcabouço legal e à prática democrática.

---

[83] *"In each of its reviews, the committee examined several essential questions, such as: Did CSIS have reasonable grounds to suspect a threat to the security of Canada? Was the level of investigation proportionate to the seriousness of the threat? Did exchanges of information between CSIS and domestic and foreign partners comply with the agreements and the caveats that govern information sharing in each case? Last but not least, did the service's investigation respect the rights of individuals who were involved in lawful activities such as protest or dissent?" Testimony of Susan Pollak, as Executive Director of the Security Intelligence Review Committee, in 06/18/2007.*

As revisões duram normalmente meses, e envolvem reuniões e debates intensivos com o CSIS, e o exame de milhares de páginas de documentos. Uma vez concluída uma revisão, esta é encaminhada para o Diretor do CSIS (e também para o Inspetor-Geral, até que esse cargo foi extinto em 2012), quando não diretamente para o Ministro da Segurança Pública. São feitos sumários ostensivos, em que são retiradas observações e informações sobre segurança nacional. Esses sumários irão compor o Relatório Anual que será encaminhado ao Parlamento. Registre-se que o Relatório Anual é, portanto, ostensivo, e que o Parlamento não tem acesso a dados sigilosos analisados pelo SIRC.[84]

A decisão do então Primeiro-Ministro Stephen Harper de extinguir o cargo de Inspetor-Geral do CSIS, transferindo parte das atribuições para o SIRC, em 2012, fundamentou-se no argumento de que não seria necessário que a Inteligência canadense tivesse dois órgãos de controle com as mesmas atribuições – o que não correspondia à realidade dos fatos, uma vez que a missão e as competências do IG e do SIRC eram distintas. Por exemplo, enquanto o IG reportava-se apenas ao Ministro, o qual tinha acesso a todos os documentos sigilosos, o mesmo não acontece, repita-se, com os destinatários dos relatórios do SIRC, os membros do Parlamento.[85] Ademais, enquanto o IG geralmente costumava ser um alto funcionário de carreira, com ampla experiência na área de Segurança e Inteligência, os membros do SIRC têm muito mais vínculos políticos com o Governo e a sociedade canadenses. Para piorar a situação, ao contrário do que se esperava, apesar de lhe serem atribuídas maiores responsabilidades, o órgão colegiado de controle tem enfrentado problemas que vão de redução orçamentária e diminuição no número de funcionários[86] ao envolvimento de membros ou ex-membros do SIRC em situações controversas.[87]

---

[84] *Testimony of Susan Pollak, as Executive Director of the Security Intelligence Review Committee, in 06/18/2007.*

[85] "*Unlike the members of SIRC, Inspectors General had decades of experience working in Canada's security and intelligence community. They had the background, access and mandate to provide as close to real-time oversight of the spy agency as is possible in a Westminster system.*" KENNY (2015), *op. cit.*

[86] LIVERMORE, Daniel. "SIRC: Good People Can't Save a Bad Institution". In: *CIPSBLOG*, 15/06/2015. Disponível em: <http://www.cips-cepi.ca/2015/06/15/sirc-good-people-cant-save-a-bad-institution/> (acesso em: 30 dez. 2017).

[87] Em janeiro de 2014, Chuck Strahl renunciou à Presidência do SIRC após a imprensa ter divulgado seu envolvimento com o lobby do petróleo. Um ano antes, Arthur Porter (que fora membro e presidente do SIRC entre 2008 e 2011) foi preso, juntamente com a esposa, sob acusação de fraude contra o Governo do Quebec. Sobre o assunto, *vide* "Arthur Porter arrested in Panama". *CBC News*, 27/05/2013, disponível em: <http://www.cbc.ca/news/canada/montreal/ex-mcgill-hospital-boss-arthur-porter-arrested-in-panama-1.1302252> (acesso em: 30 jan. 2018); WOODS, Allan, "Arthur will fight extradition to face fraud charges in Canada", *Toronto Star*, 30/05/2013, disponível em: <https://www.thestar.com/news/canada/2013/05/30/arthur_porter_appears_set_to_contest_extradition_to_canada_on_fraud_charges.html> (acesso em: 30 jan. 2018); "Quebec anti-corruption squad nabs

Diante talvez de um dos piores momentos da história do controle da inteligência no Canadá desde a criação, em 1984, do CSIS e do SIRC, o Primeiro-Ministro Justin Trudeau anunciou, em 6 de novembro de 2017, a criação de um novo órgão para fiscalização e controle da comunidade de segurança e inteligência canadense: a *National Security and Intelligence Committee of Parliamentarians* (NSICOP), uma Comissão de Parlamentares (não uma Comissão do Parlamento ou de uma das Casas), cuja missão é fiscalizar (*reviewing*) todo o aparato de segurança e inteligência canadenses.[88] A Comissão, composta por deputados e senadores, reporta-se ao Primeiro-Ministro e suas atribuições estão previstas no *National Security and Intelligence Committee of Parliamentarians Act*. A ideia é tornar o controle mais efetivo de um setor que se expandiu e tornou-se mais poderoso sob o Governo Harper. Ademais, busca-se dar uma resposta a setores da sociedade canadense que assinalavam a necessidade de maior *accountability* dos órgãos de segurança e inteligência.

Apesar das críticas e dúvidas sobre a efetividade da NSICOP[89], percebe-se uma mudança no mecanismo de controle das organizações de segurança e inteligência canadenses. Nesse contexto, são atribuídas mais

---

fifth man in mega-hospital fraud case, Porter remains at large". *National Post*, 12/03/2013, disponível em: <http://nationalpost.com/news/canada/quebec-anti-corruption-squad-nabs-fifth-man-in-mega-hospital-fraud-case-porter-remains-at-large> (acesso em: 30 jan. 2018); "Former CSIS watchdog Arthur Porter arrested in Panama". National Post, 28/05/2013, disponível em: <http://nationalpost.com/news/canada/arthur-porter-arrested-in-panama> (acesso em: 30 jan. 2018); "Ex-spy watchdog reportedly under microscope as anti-corruption squad raids hospital office, probes SNC-Lavalin contract". *National Post*, 20/09/2012, disponível em: <http://nationalpost.com/news/canada/arthur-porter-reportedly-under-scrutiny-over-snc-lavalin-contract> (acesso em: 30 jan. 2018); "Canada's top spy watchdog resigns over lobbying questions by Steven Chase", *The Globe and Mail,* 24/01/2014, disponível em: <https://www.theglobeandmail.com/news/politics/canadas-top-spy-watchdog-resigns-over-lobbying-questions/article16498943/> (acesso em: 30 jan. 2018); "Spy watchdog's registration for Northern Gateway lobbying under fire from NDP". *The Globe and Mail,* 06/01/2014, Disponível em: < disponível em: <https://www.theglobeandmail.com/news/politics/spy-watchdogs-registration-for-northern-gateway-lobbying-under-fire-from-ndp/article16219804/> (acesso em: 30 jan. 2018); "CSIS watchdog's Enbridge job". *Democracy North*, 23/11/2014, Disponível em: < disponível em: <http://rabble.ca/podcasts/shows/democracy-north/2014/01/democracy-north-jan-18-csis-watchdog%E2%80%99s-enbridge-job-battered-> (acesso em: 30 jan. 2018); e "Chuck Strahl, CSIS Watchdog Chair, Registers as Northern Gateway Lobbyist". *The Huffington Post*, 06/01/2014, Disponível em: < disponível em: <http://www.huffingtonpost.ca/2014/01/06/chuck-strahl-csis-northern-gateway-enbridge_n_4549384.htm> (acesso em: 30 jan. 2018).

[88] "Prime Minister announces new National Security and Intelligence Committee of Parliamentarians", matéria publicada na página oficial do Primeiro-Ministro do Canadá, em 06/11/2017. Disponível em: < Disponível em: <https://pm.gc.ca/eng/news/2017/11/06/prime-minister-announces-new-national-security-and-intelligence-committee> (acesso em: 15 jan. 2018).

[89] LEUPRECHT, Christian; MCNORTON, Hayley. "Canada's New Intelligence Oversight Committee Lacks Necessary Expertise". In: *The Star*, 13/11/2017, Disponível em: < disponível em: <https://www.thestar.com/opinion/commentary/2017/11/11/canadas-new-intelligence-oversight-committee-lacks-necessary-expertise.html> (acesso em: 30 jan. 2018).

responsabilidades aos membros do Parlamento, tanto deputados quanto senadores, da base do Governo, de oposição e também independentes (importante lembrar que os senadores não são eleitos, têm mandato vitalício e nem sempre pertencem a algum partido).

O SIRC e os outros órgãos não parlamentares de controle continuam existindo no Canadá e relacionam-se com a NSICOP. Apesar dos percalços, a experiência canadense tem servido de modelo para o estabelecimento de sistemas de controle pelo mundo, por exemplo, em países do Leste Europeu. Trata-se, sem dúvida, de um dos casos mais avançados do uso de um órgão externo de revisão para controlar os serviços secretos e seu estudo não deve ser desprezado.

3.2.5. O Controle Popular

No último nível está o controle popular. Gill lembra que o debate público sobre Inteligência é menos intenso e mais raro do que em outras áreas das políticas públicas como educação, saúde ou seguridade social. Em países como Brasil e o Canadá, isso é menos intenso ainda – apesar do crescimento da insegurança pública naquele e da ameaça do terrorismo neste virem estimulando algum debate nesses países sobre o papel dos serviços de inteligência. De toda maneira, a questão central dessa relação entre Estado e sociedade estaria baseada na tentativa do Estado de esconder o máximo possível sua atuação na área de informações e na necessidade da opinião pública de conhecer mais sobre assunto.[90] Certamente é discussão que continuará enquanto houver Estado e, por conseguinte, atividade de inteligência.

Aspecto interessante do controle popular repousa no fato de que, particularmente na área de inteligência, a intensidade desse controle varia de acordo com a formação histórico-cultural de um povo, o sistema político, e a confiança de uma sociedade no Estado. Assim, nos EUA, que têm uma tradição de participação popular incontestável na Administração dos negócios públicos e uma sociedade tremendamente atenta e crítica à conduta dos governantes, o controle do Estado frente a eventuais abusos contra os cidadãos é muito alto. Já no Reino Unido isso é mais complexo, em virtude da tradição de supremacia do Parlamento e da ideia de que Sseguranca Nacional é assunto que deve ficar adstrito às mais altas esferas de governo. A França, por sua vez, é caracterizada por um Estado forte e que não admite grande ingerência nesse tipo de assunto – o que se reflete nas dificuldades de controle externo dos serviços de inteligência naquele país.[91]

---

[90] Gill (1994), *op. cit.*, p. 296.

[91] Destarte, mesmo o controle parlamentar da atividade de inteligência na República Francesa praticamente inexiste.

Gill lembra que mesmo nos EUA ainda há poucos grupos organizados contribuindo para o debate sobre Inteligência. Naquele país destacam-se a *Association of Former Intelligence Officers* e o *Center of National Security Studies*. Há também outras associações que reúnem profissionais de inteligência, acadêmicos e o público em geral interessado no assunto, com o crescimento dos *think tanks* que contribuem para o fomento ao debate e, naturalmente, para uma maior fiscalização por parte da sociedade. Exemplos são a *International Association for Intelligence Education* (IAFIE), a *International Association of Law Enforcement Intelligence Analysts* (IALEIA), e associações de acadêmicos como a *Federation of American Scientists* (FAS) e a *International Studies Association* (ISA), ambas com setores voltados aos estudos de inteligência.[92]

Outro grupo importante nos EUA, destaca Gill, é o *Consortium for the Study of Intelligence*, criado em 1979 sob os auspícios do *National Strategy Information Center*, que reúne acadêmicos, produz publicações e promove colóquios para tratar de diversos aspectos da atividade de inteligência nos EUA.[93] Nesse sentido, convém registrar a importância da academia no debate público e no fomento ao controle da atividade de inteligência.

Loch Johnson faz referência aos grupos de pressão no Legislativo – *lobbies* – e à mídia como elementos importantes nesse contexto.[94] Não obstante, também registra os problemas e as dificuldades que enfrentam essas organizações para exercer sua influência sobre a Inteligência. No que concerne aos grupos de interesse que poderiam influenciar a política, Johnson lembra que são poucos os envolvidos com Inteligência e que mesmo estes não podem tratar de seus descontentamentos e queixas em público, em virtude da natureza sigilosa de seu trabalho.[95] Já no que concerne à mídia, há as barreiras naturais à imprensa criadas pelos serviços de informações. Isso se justifica por razões de segurança nacional, mas pode acabar isolando a comunidade de inteligência e dificultando a *accountability* e o controle.

Portanto, o controle dos serviços secretos pode-se dar em diferentes níveis e de diferentes maneiras. De um primeiro controle interno, agencial (onde a cultura da organização, mecanismos normativos e o papel dos dirigentes constituem fatores essenciais para evitar desvios de conduta), ao controle popular (em que a sociedade se mostra atenta à forma como atua a Inteligência), passando pelo controle no âmbito do Poder Executivo e do Judiciário, tudo isso está centrado

---

92 Todas essas organizações dispõem de sítios na internet.

93 O sítio do *Consortium* na internet é: < http://www.intelligenceconsortium.org/index.htm>.

94 Johnson (2004), *op. cit.*, p. 4.

95 Exemplo citado por Johnson é o da Boeing Corporation, responsável pela produção dos satélites de vigilância.

na ideia de *accountability*. Prestar contas, assim como tomar contas, são deveres dos entes e agentes públicos e mostram-se essenciais para a democracia e para o Estado de Direito.

Feitos os comentários sobre os mecanismos de controle não parlamentar, o próximo capítulo tratará de aspecto de grande importância para esta obra: o controle parlamentar da atividade de inteligência.

Capítulo 4

O CONTROLE PARLAMENTAR DA ATIVIDADE DE INTELIGÊNCIA

If there is one lesson that our Committee felt above all must be learned from our study of the abuses which have been reported, it has been the crucial necessity of establishing a system of congressional oversight.

Senator Walter Mondale, Church Committee

Dentre as diversas modalidades de controle, o exercido pelo Parlamento é de grande relevância em uma democracia. Nas palavras de Ugarte, "não há dúvida de que o Congresso constitui um símbolo de controle fundamental nos países democráticos".[1] Sobre o tema, Llanos e Mustapic[2] ressaltam que "o controle parlamentar é uma peça central na arquitetura democrática" e que "com ele se procura evitar que a vontade dos legisladores seja desvirtuada, pelo Executivo ou pela burocracia, no momento de ser colocada em prática".

4.1. A EXPERIÊNCIA ESTADUNIDENSE

Apesar de já ter sido feita alusão ao histórico do controle parlamentar, convém destacar a relevância da experiência estadunidense, desenvolvida a partir dos resultados das Comissões Church (no Senado) e Pike (na Câmara) e da criação das comissões permanentes de controle nas Câmaras Alta e Baixa do Congresso dos EUA, respectivamente *Senate Select Committee on Intelligence* (SSCI), em 1976, e *House Permanent Select Committee on Intelligence* (HPSCI), em 1977.

As referidas comissões temporárias constituídas pelo Poder Legislativo estadunidense e presididas pelo Senador Frank Church e pelo Deputado Otis G.

---

[1] Ugarte (2003), *op. cit.*, p. 110.

[2] Llanos & Mustapic, *op. cit.*, p. 9.

Pike, foram criadas para apurar as irregularidades cometidas pela comunidade de inteligência nas décadas de 1960 e 1970, em especial pela CIA e pelo FBI.

Entre as condutas identificadas, havia desde operações para matar líderes políticos estrangeiros (como as tentativas de assassinato de Fidel Castro pela CIA) a violações a direitos civis de cidadãos estadunidenses cometidos pelo FBI, inclusive com a perseguição de lideranças como Martin Luther King Jr. – constatou-se mesmo uma tentativa do FBI de chantagear King às vésperas deste receber o Prêmio Nobel da Paz e iniciativas para induzir o reverendo a cometer suicídio. Problemas relacionados à Guerra do Vietnã e ao Caso Watergate também estiveram sob o escrutínio das Comissões que chegaram a conclusões semelhantes em seus relatórios finais.

O Relatório Final da Comissão Pike nunca chegou a ser formalmente publicado, já que não houve sua aprovação pela Câmara por razões políticas.[3] No Senado, por sua vez, o Relatório Final da Comissão Church foi aprovado e publicado em 1976, tornando-se a base para o desenvolvimento dos mecanismos de controle externo da comunidade de Inteligência dos EUA.[4] O Poder Legislativo federal norte-americano implementou, assim, durante a década de 1980, um dos mais importantes mecanismos de controle parlamentar, com destaque para o Senado, que passou por seu "batismo de fogo" com o caso Irã-Contras (1987) na Administração Reagan.[5]

Graças aos trabalhos das Comissões Church e Pike, os EUA se mostraram pioneiros no controle da atividade de inteligência pelo Congresso. O modelo estadunidense é, portanto, um dos mais avançados, e se destaca pelas já citadas comissões permanentes da Câmara e do Senado, com parlamentares conduzindo o controle direto e permanente dos serviços secretos, em um sistema complexo e diversificado. Apesar de fugir ao escopo desta obra estudo mais aprofundado sobre os procedimentos de controle parlamentar realizados nos EUA, deve-se chamar atenção para a necessidade de maior conhecimento daquele modelo, particularmente em regimes presidencialistas.

De toda maneira, a experiência estadunidense revela a importância do controle externo da Administração Pública, particularmente dos órgãos de segurança e inteligência, por parte do Poder Legislativo. Esse controle faz parte do mecanismo de freios e contrapesos no modelo presidencialista e as últimas décadas desde os anos setenta ilustram bem a relevância de um Legislativo vigilante.

---

[3] Há uma versão, porém, publicada por Gregory Andrade DIAMOND no livro *The Unexpurgated Pike Report* (McGraw-Hill, 1992, op. cit.).

[4] Referências a esses documentos estão na Bibliografia, assinaladas como "US SENATE. Select Committee to Study Governmental Operations with Respect to Intelligence Activities".

[5] Sobre o assunto, sugere-se os trabalhos de Johnson e Ott, além de artigo do próprio Senador Church e a monografia de Snider (*vide* Bibliografia).

4.2. POR QUE O LEGISLATIVO DEVE CONTROLAR A ATIVIDADE DE INTELIGÊNCIA?

Hans Born assinala quatro razões para a participação do Poder Legislativo no processo de fiscalização e controle da atividade de inteligência:[6] primeiramente, há sempre o risco de que os serviços secretos cometam abusos. Nesse sentido, a fiscalização parlamentar das ações de inteligência busca prevenir e coibir esses abusos.

Em segundo lugar, Born lembra que o controle por parte do Poder Legislativo é fundamental para que o Poder Executivo não extrapole em suas competências e se utilize dos órgãos de inteligência para fins político-eleitorais ou até partidários. Inteligência é uma atividade de Estado, não devendo ser "politizada" por interesses de grupos ou facções de governo. Nesse contexto, também é importante que os parlamentares que atuam em órgãos de controle estejam conscientes de que ali exercem funções de Estado, devendo colocar de lado posições políticas em prol do interesse comum de salvaguardo do Estado e das instituições democráticas.[7]

Esse "comprometimento com as funções de Estado e não com interesses políticos" por parte dos membros das comissões parlamentares de controle muitas vezes não é assimilado com clareza e, mesmo em democracias consolidadas, não são raros escândalos envolvendo a revelação por parlamentares de informações às quais tiveram acesso sob sigilo, o que acaba provocando graves prejuízos aos interesses e à segurança nacional.[8] A maneira de se evitar esse tipo de problema, ou ao menos diminuir a probabilidade de sua ocorrência, é, além da conscientização dos parlamentares e dos funcionários das Casas que tenham acesso a dados sigilosos, estabelecer mecanismos legais rígidos de punição para a divulgação de informações confidenciais obtidas em virtude do cargo. Tais punições devem englobar perda do mandato, inelegibilidade e até prisão.

---

[6] Born (2004), *op. cit.*, p. 5.

[7] *In the U.S. and the United Kingdom, many of those responsible for overseeing intelligence in both national legislative bodies are currently involved in investigating the functioning of the services as well as the conduct of political leaders responsible for tasking and directing the services. Parliamentarians need to guarantee a viable system of checks and balances that prevents one branch of the state from dominating."* Born (2004), p. 5.

[8] Exemplo importante é os das comissões de controle da atividade de inteligência do Congresso dos EUA, particularmente a do Senado (SSCI). Sobre o assunto, há trabalho muito interessante de Ott, Marvin C., "Partisanship and Decline of Intelligence Oversight" (*In*: George, Roger Z. & Kline, Robert D. (eds.). *Intelligence and the National Security Strategist: Enduring Issues and Challenges*. Lanham: Rowman & Littlefield Pub., 2006, pp. 103-123), no qual o autor faz um retrospecto dos trinta anos de controle legislativo nos EUA e chama atenção para o que assinala como o "período de ouro"da Comissão do Senado, os anos 1980, quando o órgão atuava de maneira isenta e não partidária e tinha em seus quadros de assessoramento uma equipe técnica independente e sem comprometimento político.

Um terceiro argumento para a irrestrita fiscalização do Parlamento sobre a Inteligência, registra Born, repousa no fato de que são os parlamentares, como legítimos representantes do povo, que votam e autorizam o orçamento para os serviços secretos. Assim, quanto mais os membros do Legislativo conhecerem os serviços de inteligência, suas peculiaridades, objetivos, ações e limitações, mais facilmente perceberão a importância da atividade por eles exercida. Com isso, pode haver uma maior inclinação desses políticos a apoiar propostas de emendas ao orçamento para o setor de inteligência e defender acréscimos na verba para o setor. Nossa experiência na Comissão Mista de Controle das Atividades de Inteligência (CCAI) confirma o argumento de Born. De fato, pudemos testemunhar pessoalmente o quanto os parlamentares que vieram a conhecer melhor os serviços secretos passaram a apoiá-los e a defender, inclusive, mais recursos para a Inteligência na proposta orçamentária encaminhada pelo Poder Executivo ao Congresso Nacional.

Claro que a fiscalização parlamentar também tem por objetivo verificar se os recursos foram empregados de maneira apropriada.[9] Daí a importância de que o Parlamento seja o derradeiro avaliador do desempenho dos serviços de inteligência, considerando, inclusive, sua eficiência. Isso só pode ser conseguido com um exercício efetivo do controle parlamentar.[10]

Finalmente, o Parlamento, em defesa de seus representados, tem a obrigação de verificar se os direitos e as garantias individuais e a legislação em vigor são respeitados pelo Estado e, mais especificamente, pelos serviços de inteligência em suas operações. Esse, de fato, é o primeiro propósito do controle parlamentar, segundo o Relatório de Kestelijn-Sierens para a Comissão para Relações Públicas e Parlamentares da Assembleia da União Européia Ocidental, aprovado em 12 de novembro de 2002.[11]

Sem dúvida, além do cidadão, os próprios serviços secretos se beneficiam com essa fiscalização, pois podem operar, dentro de princípios democráticos, com respaldo do Poder Legislativo. O Parlamento, nesse caso, atuaria como

---

[9] Born & Leigh (2005), *op. cit.*, p. 77.

[10] DCAF. *"Parliamentary Oversight of Intelligence Services". DCAF Backgrounder* (separata), 03/2006, p. 2.

[11] *"The first purpose of the role played by the parliaments in this area is to check compliance by the intelligence services with the legislative framework that they themselves set when they adopted the laws instituting those services, and whose prime objective is to ensure that a balance is struck – between security and individual freedom and between the collective interests of society and the rights of individual citizen – that takes account of the real situation and history of the country concerned."* Assembly of Western European Union – The Interim European Security and Defence Assembly, *"Parliamentary oversight of the intelligence services in the WEU countries – current situation and prospects for reform – Report submitted on behalf of the Committee for Parliamentary and Public Relations by Mrs. Kestelijn-Sierens, Rapporteur"* (Documento A/1801, 04 DEZ 2002), p. 5.

intermediário entre a Inteligência e a opinião pública, tendo um papel educacional no sentido de informar a esta sobre a importância e a necessidade daquela, desde que os serviços operem sob condições democraticamente aprovadas.[12]

4.3. DIFICULDADES E DESAFIOS PARA O EFETIVO CONTROLE PARLAMENTAR

A experiência tem demonstrado que há dificuldades no exercício do controle da atividade de inteligência pelo Parlamento. Um dos fatores que dificultam o controle é o desconhecimento dos parlamentares e assessores a respeito das peculiaridades da atividade. Além disso, segundo Thomas Bruneau,[13] em muitos países, mesmo em democracias consolidadas, os governos às vezes colocam empecilhos à fiscalização do Legislativo. Há, ainda, registra ele, o desinteresse dos parlamentares em tomar parte de comissões que lhes trazem poucos ganhos políticos – uma vez que se espera que as atividades da comissão tenham caráter sigiloso. Finalmente, Bruneau lembra que há casos em que os legisladores chegam a temer participar em uma comissão que lide com temas que podem vir a relacionar-se a arbitrariedades do Estado ou a assuntos que "as pessoas preferem ignorar".[14]

4.3.1. Questão de autoridade

Essas dificuldades englobam também os desafios para o efetivo controle. Na perspectiva do DCAF, os desafios envolvem autoridade, capacitação, atitude, e o dilema sigilo *versus* transparência.[15] No que concerne à autoridade, o DCAF

---

[12] Assembly of Western European Union – The Interim European Security and Defence Assembly, *"Parliamentary oversight of the intelligence services in the WEU countries – current situation and prospects for reform – Report submitted on behalf of the Committee for Parliamentary and Public Relations by Mrs. Kestelijn-Sierens, Rapporteur"* (Documento A/1801, 04 Dez. 2002), p. 5.

[13] Bruneau (2000), *op. cit.*, pp. 23-24.

[14] *"The possibility exists that democratically elected civilians may not in fact be interested in controlling the intelligence apparatus in new democracies. In virtually all of these countries, the use of elections to determine access to power is a new and relatively fragile means of determining who wields power. Even in old and stable democracies leaders often prefer "plausible deniability," rather than access to the information required to control a potentially controversial or dangerous organization or operation. Logically, this would be even more the case in newer democracies. First, the politicians may be afraid of antagonizing the intelligence apparatus through efforts to control it because the intelligence organization might have embarrassing information concerning them. Second, they may be afraid because the intelligence organization in the past engaged in arbitrary and violent actions, and the politicians are not sure that these practices have ended. Third, there are probably no votes to be won in attempting to control an organization that most people either don't know about or want to ignore."* Bruneau (2000), *op. cit.*, pp. 23-24.

[15] DCAF. *"Parliamentary Oversight of Intelligence Services"* (*op. cit.*) p. 3.

assinala que o mandato dos órgãos de controle externo pode ser prejudicado quando certos serviços são dispensados (ou não são obrigados) de se reportar ao Legislativo (isso acontece, em alguns casos, com serviços de inteligência das Forças Armadas, com órgãos informais de inteligência dentro da estrutura do Executivo ou mesmo em sistemas que valorizam mecanismos de controle baseados no institucionalismo e não no funcionalismo).

Mesmo em países com tradição democrática como a França e, até muito recentemente, a Grã-Bretanha, a legislação possui lacunas que dificultam o controle de determinados órgãos de segurança e inteligência ou, em alguns casos, impedem o acesso daqueles que teoricamente teriam atribuição de controlar esses entes. Em modelos parlamentaristas, as confidências de Gabinete (inclusive possíveis ordens para o desencadeamento de operações de inteligência) também estão alheias a qualquer forma de controle externo. Justificativas de segurança nacional igualmente costumam ser usadas para impedir que determinadas ações dos serviços secretos tornem-se conhecidas por aqueles que não estejam diretamente vinculados ao órgão de inteligência. Enfim, são vários os argumentos usados para se dificultar ou impedir o controle, sendo o da "falta de autoridade para isso" um dos mais danosos para a democracia.

Também pode prejudicar a autoridade fiscalizadora do Legislativo a transferência para entes privados de determinadas tarefas tradicionalmente desempenhadas pelos órgãos de inteligência. Exemplo disso é o uso de empresas privadas ou mesmo mercenários para certas "operações especiais" as quais, se realizadas por agentes públicos, poderiam ir de encontro a princípios norteadores da Administração ou conduzir à violação de leis internacionais ou de outros países e que, se descobertas, causariam imbróglios diplomáticos ao Estado que as tivesse patrocinado. Enquanto os agentes públicos dificilmente poderiam ser dissociados da ação do Estado ou de governos, homens e mulheres trabalhando para organizações privadas tornariam mais complexa a evidenciação desses vínculos.

Assim, a "terceirização" de algumas atividades relacionadas à segurança e à inteligência poderia isentar os agentes públicos de responsabilidade de acordo com certas legislações. Recorrendo-se a entes privados, condutas inadequadas a agentes público ou mesmo delitos poderiam ser cometidos sem que fosse possível chamar o Estado à responsabilidade por isso. Daí a necessidade da fiscalização funcional inclusive de ações desempenhadas por organizações privadas.

4.3.2. Cooperação internacional

Outro aspecto que pode abalar a autoridade do Legislativo diz respeito ao crescimento da cooperação internacional em áreas como o contraterrorismo ou mesmo em atividades tradicionais de inteligência. O fato é que, para cooperar, em especial no que concerne à área de inteligência, muitos governos e serviços secretos exigem que as informações transmitidas sejam preservadas e protegidas inclusive da ingerência do Legislativo. Caso interessante é da cooperação na área de inteligência financeira, em que as Unidades de Inteligência Financeira (*Financial Intelligence Units* – FIU) dos vários países costumam estabelecer restrições à difusão dos dados compartilhados – restrições que alcançam, inclusive, o controle externo. Esses procedimentos encontram amparo no regime internacional de combate à lavagem de dinheiro e crimes financeiros, o qual tem como instituição principal o Grupo de Ação Financeira Internacional Contra Lavagem de Dinheiro (GAFI).

Ademais, ainda no caso da cooperação internacional, como ficaria a fiscalização de uma atividade de determinado órgão de inteligência cujo conhecimento produzido (ou operações realizadas) só tivesse sido possível em virtude de dado obtido a partir da cooperação com uma agência estrangeira, e essa agência proibisse qualquer forma de transparência sobre seus procedimentos? Ou seja, como fiscalizar determinada situação em que o serviço secreto fiscalizado tivesse feito uso de informação protegida fornecida legal e oficialmente por um serviço estrangeiro sob promessa de não se revelar a fonte ou a maneira como foi obtida? E se determinados procedimentos fossem admitidos de acordo com a legislação do país que produziu o conhecimento de inteligência ou obteve os dados, mas contrários às normas do que os recebeu por meio de um acordo de cooperação? Uma solução identificada por Gill seria o fomento à cooperação internacional na área de controle da atividade de inteligência o que, em termos factuais, é extremamente difícil e muito pouco plausível de ser realizado.

Portanto, se a cooperação internacional é essencial no combate às chamadas "novas ameaças", mostrando-se importante instrumento para a atuação dos serviços secretos por todo o mundo, essa cooperação pode gerar empecilhos ao efetivo controle desses órgãos de inteligência. De toda maneira, na prática, é muitas vezes mais importante receber a informação e garantir o êxito de uma operação, por exemplo, de contraespionagem ou contraterrorismo, que não receber esses dados sob o argumento da transparência. Entretanto, tanto controladores quanto controlados devem ter em mente que o compromisso da manutenção do sigilo em um processo de cooperação entre serviços secretos de países diferentes é de extrema importância e que a quebra desse acordo, ainda que sob argumento da transparência no regime democrático, pode ser extremamente danosa. Eis mais um dilema com o qual têm que lidar as modernas democracias.

4.3.3. Capacitação de quadros para o controle: o caso estadunidense

Em termos de dificuldades e desafios ao efetivo controle parlamentar, o DCAF também assinala aqueles relacionados à capacitação de quadros para o exercício desse controle, destacando que "a supervisão da atividade de inteligência requer um bom entendimento do papel dos serviços de inteligência em um sistema de informações racional".[16] Quadros preparados e conhecedores dos meandros da atividade de inteligência são essenciais, portanto, para um controle eficiente e eficaz. Além disso, é importante que o órgão de controle tenha recursos financeiros suficientes para realizar seu trabalho e uma equipe experiente e capacitada para conduzir a fiscalização. O assunto já foi objeto de análise em capítulo anterior, mas convém destacar os comentários de Marvin Ott sobre a qualificação dos funcionários da Comissão de Controle do Senado dos EUA (SSCI) nos anos 1980, lembrando que a expertise em algumas áreas desenvolvida por certos funcionários do órgão de controle superava a do próprio pessoal da inteligência.

Segundo Ott, é importante que as comissões de controle dos serviços secretos reúnam e mantenham quadros profissionais de qualidade, e que esses quadros sejam compostos por funcionários sem motivação política ou vínculo partidário. Lembra que, na década de 1980, o pessoal do SSCI tinha essas características e que, em áreas-chave, como os programas de contrainteligência, devido à sua alta capacitação, alguns desses profissionais do Senado mostraram-se mais experientes que suas contrapartes na comunidade de inteligência. Ott assinala, ainda, que a equipe da Comissão do Senado costumava ter mais tempo lidando com determinados temas que o pessoal do Executivo, uma vez que os funcionários dos serviços secretos eram transferidos de setor ou mudavam de posto na carreira com muito mais frequência.[17]

O grau de especialização e a competência profissional de seus quadros alcançado pela SSCI estadunidense nos anos oitenta não encontra similar no mundo, argumenta Ott. Para confirmar essa observação, destaca a quantidade de pessoas da equipe do SSCI que vieram a ocupar altos cargos na comunidade de inteligência na década seguinte, inclusive o principal deles, o de Diretor Central de Inteligência (DCI), ocupado por George Tenet entre julho de 1997 e julho de 2004.[18] Tenet foi o DCI a ficar mais tempo no cargo depois de Allen Dulles, passando por duas administrações adversárias (Clinton e Bush). Além do cargo de DCI, ex-funcionários do SSCI vieram a ocupar postos como o de

---

[16] DCAF. *"Parliamentary Oversight of Intelligence Services"* (*op. cit.*) p. 3.

[17] Ott, *op. cit.*, p. 112.

[18] Tenet (1953-) começou sua carreira no Senado como assessor parlamentar no início dos anos oitenta. Em 1985 passou a compor a equipe do SSCI, sendo seu Diretor de 1988 a 1993. No Governo Clinton foi primeiro nomeado assessor de Inteligência do Conselho de Segurança Nacional (1993-1995), depois Vice-Diretor Central de Inteligência (1995-1997), até tornar-se DCI em 1997. Sua experiência no Senado foi de grande valia para incrementar as relações entre a comunidade de inteligência e o Congresso, uma vez que Tenet conhecia melhor que ninguém os dois lados do controle e a importância das boas relações entre os dois Poderes, particularmente em área tão sensível.

Inspetor-Geral da CIA, Diretor de Assuntos Parlamentares da CIA, Vice-Diretor Executivo da CIA, Diretor do *National Reconnaissance Office* (NRO),[19] entre outros na comunidade de inteligência.[20]

Países que não têm pessoal com experiência na área de inteligência trabalhando em órgãos de controle costumam enfrentar maiores dificuldades em exercer essa fiscalização de forma efetiva. É o caso, por exemplo, do ente canadense, o SIRC, que já enfrentou alguns problemas em sua revisão das atividades do CSIS, exatamente pela carência de pessoal qualificado em Inteligência, apesar da alta capacitação de sua equipe em outras áreas[21] – no caso do Canadá, críticos ao novo órgão de controle, a NSICOP, assinalam que a falta de conhecimento de seus membros e equipe sobre as atividades dos fiscalizados é um dos maiores problemas que a Comissão enfrentará.[22] Assim, fundamental que os controladores se preocupem com a capacitação e a expertise de sua assessoria.

4.3.4. Vontade política (atitude)

No que se refere à atitude, o DCAF defende que deve haver uma vontade genuína por parte daqueles que compõem os órgãos de controle parlamentar em efetivamente realizar a fiscalização e o controle. Isso tem a ver com o aspecto já tratado do real interesse em fiscalizar, de modo que, reitere-se, não adianta haver uma base legal e uma comissão parlamentar bem estruturada e com recursos humanos e materiais se não houver vontade política para implementar o controle. Vontade política é fundamental.

Sem vontade política e comprometimento em realmente fiscalizar os serviços de inteligência, o controle pode acabar em mero formalismo e não dar resultado. O corolário é o aumento da desconfiança na atividade de inteligência e o desprestígio desta e dos próprios entes que a deveriam controlar.

Registre-se, ainda, que é com vontade política que se pode, a partir de um sistema sem controle ou com mecanismos de controle limitados, desenvolver um aparato parlamentar eficiente e eficaz para fiscalizar e controlar a comunidade de inteligência. Em um regime democrático, se há uma instância em que se pode modificar a legislação para se aperfeiçoar o acompanhamento das atividades da Administração Pública, esta instância é o Parlamento, representante legítimo do

[19] Ott, *op. cit.*, p. 112.

[20] *"(...) the extent to which oversight still works with regard to the Senate occurs because of so many of the senior officials of the Intelligence Community com from the SSCI. To a person, they believe in the importance of congressional oversight, and have continued to act on that belief even as the Senate committee."* Ott, *op. cit.*, p. 119.

[21] Susan Pollak. Depoimento perante o *Standing Senate Committee on the National Security and Defence*, em 18 de junho de 2007, *op. cit.*

[22] *Vide* LEUPRECHT & MCNORTON (2017, *op. cit.*).

titular máximo do poder, o povo. Portanto, com vontade política, reformas podem ser desencadeadas como aconteceu nos EUA na década de 1970.

Nas modernas democracias, o Legislativo tem, assim, a prerrogativa de fiscalizar e, não havendo recursos humanos, materiais e arcabouço legal, de criar esses mecanismos de fiscalização e controle, aprovando leis, alocando recursos materiais e humanos para essa tarefa e, naturalmente, capacitando seu pessoal com esse objetivo.

4.3.5. Sigilo *versus* transparência

Outro desafio identificado pelo DCAF que já foi analisado neste trabalho diz respeito ao dilema sigilo *versus* transparência. O que é importante enfatizar, outrossim, é que o próprio órgão de controle deve estar atento às normas de sigilo e confidencialidade para o exercício de sua fiscalização, de modo que o controle possa ser realizado sem que o sigilo da atividade de inteligência – particularmente no que tange a operações – seja comprometido.

Aspecto que também deve ser ressaltado diante do desafio "sigilo *versus* transparência" é a necessidade de um relacionamento entre o órgão de controle e o(s) controlado(s) baseado na confiança e no respeito mútuos. Fundamental, assim, que os serviços de inteligência acreditem que os parlamentares lidarão com as informações que lhes forem fornecidas seguindo critérios de confidencialidade exigidos pela sensibilidade do assunto.[23]

Sobre o tema, Tom Bruneau[24] lembra que, "uma vez que conhecimento é poder, é importante que se especifique quem tem acesso ao conhecimento de inteligência e de que maneira", se esse acesso deve limitar-se ao pessoal castrense ou alcançar o pessoal civil do Executivo. Tratando do Poder Legislativo, Bruneau questiona quem deve ter o acesso, se alguns parlamentares ou todos, bem como se esse acesso deve ocorrer ou não anteriormente ao desencadeamento de operações. E completa destacando que o assunto não diz respeito à simples difusão de conhecimento de inteligência (e, consequentemente, de eventuais operações de inteligência relacionadas), "mas a uma avaliação geral da informação após certo período de tempo", ou seja, ao acesso que se pode ter a essas informações quando caducar o período em que devem permanecer

[23] Esse foi um dos aspectos ressaltados por Ronald Atkey, primeiro Presidente (*Chair*) do SIRC, em entrevista concedida a este autor em julho de 2006. Atkey assinalou que os primeiros anos do SIRC não foram fáceis em razão da desconfiança que o pessoal do CSIS tinha do órgão de controle externo e da relutância do Diretor do serviço de Inteligência canadense em cooperar e "abrir" o CSIS ao SIRC. Segundo Atkey, apenas quando melhoraram essas relações, e cresceu a confiança e o respeito mútuo entre os dois órgãos, é que foi possível desenvolver os mecanismos de controle externo.

[24] Bruneau (2000), *op. cit.*, pp. 22-23.

classificadas e essas se tornarem públicas. Conclui alertando que uma difusão mais ampla da inteligência tem implicações diretas sobre o controle: "se as agências souberem que no futuro seus arquivos serão abertos ao escrutínio público, elas darão mais atenção a sua conduta" e procedimentos.[25]

Portanto, a própria ciência de que um dia seus arquivos serão abertos (ainda que decorridas décadas desde sua classificação) parece, assinalam alguns especialistas em controle, funcionar como mecanismo inibidor de desvios de conduta e de irregularidades no âmbito dos serviços secretos. Claro que há segredos de Estado que jamais poderão se tornar públicos, mas uma gama significativa de atividades desencadeadas pelos órgãos de segurança e inteligência, ou o conhecimento produzido a partir dessas atividades, pode vir a ser desclassificado após transcorrido período previsto em lei[26] e que varia de acordo com a legislação de cada país e o grau de sigilo no documento ou da operação.[27] Ressalva deve ser feita no sentido de que o órgão controlador não deve ter competência para desclassificar qualquer documento produzido e fornecido pelo(s) controlado(s). Só quem classificou (ou autoridade hierarquicamente superior) tem a prerrogativa de desclassificar um documento.[28]

4.4. MODELOS DE CONTROLE PARLAMENTAR

Uma vez apresentadas as razões para o controle parlamentar da atividade de inteligência e as dificuldades e desafios para implementá-lo e exercê-lo de maneira eficiente e eficaz, convém tratar um pouco da forma como é exercido em diferentes regimes. Claro que, reitere-se, cada país e sistema político terá seu modelo de controle específico, ou seja, os Parlamentos têm distintos poderes para fiscalizar os Governos nessa área. Esses poderes estarão explicitados nas normas

---

[25] *"The possibility of wider distribution also holds implications for control. If the agencies know that in the future the files will be open for public scrutiny, they must be careful of their behavior."* Bruneau (2000), *op. cit.*, pp. 22-23.

[26] No Brasil, as normas referentes a arquivos públicos e à desclassificação de documentos estão contidas na Lei nº 8.159, de 8 de janeiro de 1991, e na Lei nº 12.537, de 18 de novembro de 2011 (Lei de Acesso à Informação – LAI), respectivamente.

[27] Sobre o assunto, *vide* nosso livro *Atividade de Inteligência e Legislação Correlata*, 6ª ed. (Niterói: Impetus, 2018).

[28] Infelizmente, e somos enfáticos nessa crítica, no Brasil dois princípios universais referentes à classificação de informações foram ignorados de maneira irresponsável, a nosso ver, pela Lei de Acesso à Informação: 1) o do sigilo permanente de algumas informações que contenham matéria de alta relevância para a segurança nacional e para os interesses do Estado; 2) a regra de desclassificação ou reclassificação apenas por quem classificou a informação ou autoridade hierarquicamente superior. No primeiro caso, a LAI estabelece em 50 anos o prazo máximo para que uma informação permaneça sob sigilo. No que concerne à desclassificação ou reclassificação, a LAI atribuiu esse poder a uma "Comissão Mista de Reavaliação de Informações", estabelecida por um artigo sem *caput* da lei (o art. 35)!

constitucionais e infraconstitucionais, com destaque para os regimentos internos do Parlamento e do órgão de controle.[29] Antes de se passar para as formas gerais do exercício do controle da atividade de inteligência, serão relacionados alguns tipos de controle parlamentar exercidos pelo mundo, a título de exemplo.

4.4.1. Tipologia do Controle Parlamentar

O controle parlamentar da atividade de inteligência pode-se dar por meio de comissões regulares, voltadas para temas da área de segurança e defesa[30] (como nos EUA antes das reformas de 1976 e 1977, ou, em tese, no Brasil antes de 1999), por órgãos independentes vinculados ao Parlamento (é o caso de Canadá e Portugal), por Comissões de Parlamentares (órgãos distintos das Comissões do Parlamento, a exemplo da NSICOP canadense) ou, pontualmente, com comissões *ad hoc* para tratar de algum tema em voga que envolva a Inteligência (as Comissões Church e Pike nos EUA, *v. g.*, e as CPIs no Brasil). Entretanto, o mais comum é que esse controle seja exercido por comissões permanentes especializadas.[31]

Nos países em que o Congresso é unicameral, lembra Ugarte,[32] é comum o exercício do controle por uma comissão permanente integrante da Câmara única. Já em regimes bicamerais, esse controle pode ser feito por uma comissão em cada Casa ou por um órgão bilateral (ou Comissão Mista). É o que acontece atualmente na Argentina, com a Comissão Bicameral de Fiscalização dos Órgãos e Atividades de Inteligência (*Comisión Bicameral de Fiscalización de los Organismos y Actividades de Inteligencia del Congreso de la Nación*),[33] no Brasil, com a Comissão Mista de Controle das Atividades de Inteligência (CCAI)[34], na

---

[29] Assembly of Western European Union - The Interim European Security and Defence Assembly, *"Parliamentary oversight of the intelligence services in the WEU countries – current situation and prospects for reform – Report submitted on behalf of the Committee for Parliamentary and Public Relations by Mrs. Kestelijn-Sierens, Rapporteur"* (Documento A/1801, 04 Dez. 2002), p. 5.

[30] Em alguns casos, o alcance das comissões parlamentares já existentes, como as de defesa nacional ou de Forças Armadas, é ampliado de modo a incluir temas de Inteligência. Nesse sentido, é competência da Comissão de Relações Exteriores e de Defesa Nacional da Câmara dos Deputados (CREDN) no Brasil tratar de assuntos de Inteligência e Contrainteligência, atribuição que permanece mesmo depois da criação da Comissão Mista de Controle das Atividades de Inteligência (CCAI).

[31] Ugarte (2003), *op. cit.*, p. 110.

[32] Ugarte (2003), *op. cit.*, p. 110.

[33] Criada pela *Ley de Inteligencia Nacional* (Ley 25.520, de 06/12/2001). Para maiores informações sobre essa comissão *vide* <http://www.senado.gov.ar/parlamentario/comisiones/info/104> (acesso em: 05 fev. 2018).

[34] Criada pelo art. 6º da Lei nº 9.883/1999 e regulamentada pela Resolução nº 2, de 2013 – CN. Para o sítio da CCAI na internet, *vide* <http://legis.senado.leg.br/comissoes/comissao;jsessionid=DEBE9CD696CC4B2402D3589936DE5886?0&codcol=449> (acesso em: 05 fev. 2018).

Comissão Parlamentar de Controle da República Italiana *(Comitato parlamentare per i servizi di informazione e sicurezza e per il segreto di Stato)*,[35] e na Comissão de Inteligência e Segurança do Parlamento do Reino Unido *(The Intelligence and Security Committee)*.[36]

Nos regimes bicamerais, o controle parlamentar da atividade de inteligência pode ocorrer, ainda, por meio de comissões paralelas, estabelecidas em cada uma das Câmaras (a exemplo do que ocorre nos EUA), ou mesmo por uma comissão exclusiva na Câmara baixa, tal como acontece no Reino da Holanda, que tem uma comissão pertencente à Câmara dos Deputados, apesar de o controle efetivo ser feito por um órgão vinculado ao Parlamento e composto por não parlamentares, a *Commissie van Toezicht op de Inlichtingenen Veiligheidsdiensten* (CTIVD).[37] O modelo holandês é similar ao belga, com a diferença que a comissão permanente no Reino da Bélgica pertence ao Senado e não à Câmara. Essa comissão da Câmara Alta conta com o auxílio de um comitê permanente, constituído por três membros não parlamentares e designados pelo Senado, o chamado Comitê Permanente "R" (*Comité permanent de contrôle des services de renseignements)*, encarregado da fiscalização da atividade de inteligência na Bélgica.[38]

Sobre as características gerais das comissões de controle, Ugarte[39] lembra que podem ter um mecanismo de designação dos seus membros em razão do cargo que ocupam no Congresso (como o de líder de bloco parlamentar ou de presidente de determinada comissão, a exemplo do que acontece nos EUA e no Brasil). Podem, entretanto, não ter esse caráter, levando-se em consideração como único requisito para pertencer ao órgão de controle a condição de parlamentar (é o que acontece nas comissões argentina e italiana).

---

[35] Criada pela Lei nº 801, de 24 de outubro de 1977, de *"istituzione e ordinamento dei servizi per le informazioni e la sicurezza e disciplina del segreto di Stato"*. Para maiores informações sobre esta comissão, *vide* <http://www.camera.it/_bicamerali/sis/home.htm> (acesso em: 05 fev. 2018).

[36] Instituída pelo *Intelligence Services Act 1994*. Para maiores informações sobre esta comissão, composta por membros da Câmara dos Lordes e da Câmara dos Comuns (nenhum deles podendo ser Ministro do Governo), *vide* <http://isc.independent.gov.uk/> (acesso em: 05 fev. 2018).

[37] *Vide* o *Intelligence and Security Services Act 2002* do Reino da Holanda. Para acessar o sítio da Comissão na internet, composta por três membros, não parlamentares, nomeados por decreto real, *vide* <https://www.ctivd.nl/> (acesso em: 05 fev. 2018).

[38] O *Comité permanent de contrôle des services de renseignements* (*Comité permanent R*) foi instituído pela Lei Orgânica do Controle dos Serviços de Polícia e de Informações (*Loi organique du contrôle des services de police et de renseignements*), de 18 de julho de 1991. A mesma lei criou também o Comitê Permanente de Controle dos Serviços de Polícia (*Comité permanent de contrôle des services de police*, ou *Comité "P"*). Para maiores informações sobre o Comitê Permanente R, *vide* <http://www.comiteri.be/index.php/fr/comite-permanent-r> (acesso em: 05 fev. 2018), e para o Comitê Permanente P, *vide* <http://www.comitep.be/> (acesso em: 05 fev. 2018).

[39] Ugarte (2002), *op. cit.*

Quando o requisito para compor uma comissão de controle externo é basicamente ser parlamentar, é comum que a indicação dos componentes do órgão obedeça a critérios relacionados ao perfil individual do parlamentar (seu interesse e conhecimento de segurança e defesa, por exemplo), ou à representação partidária na Casa. Pode-se optar, ainda, a exemplo da Comissão de Controle dos Gastos Reservados do Congresso dos Deputados da Espanha (*Comisión de control de los gastos reservados del Congreso de los Diputados del Reino de España),*[40] por compor a comissão com um membro de cada bloco representado no Congresso.

No caso brasileiro, convém assinalar, discutiu-se, por ocasião da aprovação do Regimento Interno da CCAI, se a composição não deveria respeitar a representação partidária na Câmara e no Senado. Optou-se, entretanto, pela estrutura paritária de seis deputados e seis senadores. Assim, além dos seis membros "natos" (os líderes da maioria e da minoria e o Presidente da Comissão de Relações Exteriores e Defesa Nacional de cada Casa), o Regimento Interno (RICCAI) acrescentou quatro parlamentares indicados pela maioria e pela minoria do Senado e da Câmara cada um, e ainda um Senador e um Deputado eleitos pelas respectivas comissões de Relações Exteriores e Defesa Nacional.[41]

Lembremos, ademais, que pode ocorrer que a Comissão dependa de um órgão com poderes investigativos, tal qual o já mencionado Comitê Permanente "R" da Bélgica. Entretanto, o mais comum é que a própria comissão parlamentar tenha competência para isso, podendo, inclusive, requisitar apoio de autoridades policiais, como acontece na Argentina, ou de outros setores de fiscalização do Legislativo e até do Executivo, a exemplo do que pode ocorrer no Brasil, em que as CPIs têm autoridade para requisitar funcionários do Tribunal de Contas da União (TCU) e de órgãos do Executivo para auxiliar em suas investigações.[42]Há comissões que têm faculdades investigativas expressas, *v.g.*, os comitês parlamentares nos EUA, Argentina e Brasil, e os órgãos não parlamentares belga e canadense. Claro que essas competências podem ser limitadas, a exemplo do que ocorre na Itália e no Reino Unido. Entretanto, em países de tradição presidencialista baseada no modelo americano, doutrinariamente espera-se que o controle exercido pelo Legislativo seja pleno, com ampla competência investigativa dos órgãos

[40] Para maiores informações sobre a referida Comissão, vide <http://www.congreso.es/portal/page/portal/Congreso/Congreso/Organos/Comision?_piref73_7498063_73_1339256_1339256.next_page=/wc/detalleInformComisiones?idOrgano=151 (acesso em: 05 fev. 2018).

[41] Vide Resolução nº 2, de 2013 – CN (Regimento Interno da Comissão Mista de Controle das Atividades de Inteligência – RICCAI).

[42] No caso brasileiro, as comissões permanentes do Congresso também podem requisitar pessoal externo, inclusive do Executivo, ou do TCU para auxiliar nos trabalhos. Sobre o assunto, *vide* Santi, Marcos Evandro Cardoso, "O Paradoxo da Atuação do Congresso Nacional na Democracia" (*separata* – Brasília, 2007), e, do mesmo autor, *As CPIs e o Planalto* (Curitiba: Prisma, 2014).

do Congresso e acesso irrestrito – ainda que os legisladores e o pessoal que os assessora devam cumprir os requisitos de sigilo e necessitem de credencial de segurança para acessar essas informações. Em regimes presidencialistas, ao contrário do que ocorre em modelos parlamentaristas, não se admite que o Legislativo tenha qualquer limitação ao controle do Executivo, mesmo – ou, por que não, principalmente – no que concerne a assuntos de segurança nacional. Isso não garante, entretanto, a efetividade do controle.[43]

Há comissões que têm faculdades investigativas expressas, *v.g.*, os comitês parlamentares nos EUA, Argentina e Brasil, e os órgãos não parlamentares belga e canadense. Claro que essas competências podem ser limitadas, a exemplo do que ocorre na Itália e no Reino Unido. Entretanto, em países de tradição presidencialista baseada no modelo americano, doutrinariamente espera-se que o controle exercido pelo Legislativo seja pleno, com ampla competência investigativa dos órgãos do Congresso e acesso irrestrito – ainda que os legisladores e o pessoal que os assessora devam cumprir os requisitos de sigilo e necessitem de credencial de segurança para acessar essas informações. Em regimes presidencialistas, ao contrário do que ocorre em modelos parlamentaristas, não se admite que o Legislativo tenha qualquer limitação ao controle do Executivo, mesmo – ou, por que não, principalmente – no que concerne a assuntos de segurança nacional. Isso não garante, entretanto, a efetividade do controle.[44]

Há, ainda, as comissões encarregadas de fiscalizar os "gastos reservados", mais conhecidos no Brasil como "verba secreta". Ugarte[45] cita o exemplo da Comissão de Verificação dos Fundos Especiais da República Francesa (*Commission de vérification des fonds spéciaux*), composta por dois deputados, dois senadores e dois membros da Corte de Contas, e com função de fiscalizar os gastos reservados dos serviços de informações daquele país. Há, também,

---

[43] *"(...) In a parliamentary system, the fusion of legislature and executive creates a fundamental structural impediment to effective legislative oversight of executive intelligence entities. In the United States, however, with its almost unique separation of powers, legislative oversight is, at least in principle, feasible. Feasible does not mean workable. Obvious and difficult questions exist as to whether an institution dedicated to free debate and wide-open public access can ever be a reliable custodian of the Nation's most sensitive secrets. At the same time, congressional oversight is notably and particularly important in the case of intelligence, given its clandestine nature (...)."* Ott, *op. cit.*, p. 106.

[44] *"(...) In a parliamentary system, the fusion of legislature and executive creates a fundamental structural impediment to effective legislative oversight of executive intelligence entities. In the United States, however, with its almost unique separation of powers, legislative oversight is, at least in principle, feasible. Feasible does not mean workable. Obvious and difficult questions exist as to whether an institution dedicated to free debate and wide-open public access can ever be a reliable custodian of the Nation's most sensitive secrets. At the same time, congressional oversight is notably and particularly important in the case of intelligence, given its clandestine nature (...)."* Ott, *op. cit.*, p. 106.

[45] Ugarte (2002), *op. cit.*

a já citada comissão espanhola, *Comisión de control de los gastos reservados del Congreso de los Diputados del Reino de España*. Nesse sentido, importante destacar que os gastos reservados devem ser preocupação constante dos órgãos de controle externo.

Ainda no que concerne às diferentes formas de composição dos órgãos de controle parlamentar, conveniente lembrar dos já citados organismos compostos por não parlamentares e que assessoram o Parlamento no controle, como o SIRC canadense, o Comitê Permanente "R" belga, a CTIVD holandesa, e o CFSIRP português. Naturalmente, tais instituições não podem ser classificadas como comissões parlamentares (por não serem integradas por membros do Parlamento), mas como órgãos de controle externo do Parlamento ou do Poder Legislativo. Em 2012, foi apresentada no Senado Federal a Proposta de Emenda à Constituição (PEC) nº 67, que, entre outras coisas, institui um Conselho vinculado ao Poder Legislativo e composto por não parlamentares para fiscalizar e controlar os serviços de inteligência.[46]

Aqui há espaço para a referência à discussão permanente sobre qual a melhor opção, um órgão composto por parlamentares ou um ente de assessoramento do Legislativo sem composição parlamentar. As opiniões divergem e cada modelo tem suas vantagens e desvantagens. Por exemplo, inegável a legitimidade e os poderes que pode avocar para si uma comissão parlamentar, sobretudo em regimes presidencialistas. Acrescente-se a isso as prerrogativas dos deputados e senadores, como imunidade, independência e as capacidades políticas que lhe são próprias e exclusivas.

Já um organismo composto por não parlamentares, por sua vez, pode contar com a dedicação em tempo integral de seus membros e costuma ser menos politizado. Esse aspecto da dedicação de maior tempo, impossível para os parlamentares, é, de fato, uma das grandes vantagens do órgão não parlamentar. Nesse sentido, um Conselho nomeado pelo Parlamento e se reportando a este pode mostrar-se muito mais eficaz, eficiente e efetivo para a realização do controle.

Alternativa interessante também foi a encontrada por alguns parlamentos europeus, que combinaram a comissão parlamentar com um comissário ou um *ombudsman*.[47] Esse mecanismo costuma ser útil particularmente no que concerne

---

[46] BRASIL. Senado Federal. Proposta de Emenda à Constituição nº 67, de 2012.

[47] "Entre os atores institucionais independentes que monitoram o setor de segurança, o *ombudsman*, ou ouvidor, ocupa uma posição especial. Existem países onde o *ombudsman* tem competência geral e lida com todos os problemas relacionados com o mau funcionamento da administração. Muitos países têm um outro órgão que executa um papel similar, como o comissário ou o comitê de reclamações públicas (caso da Nigéria)." Born, Hans, Fluri, Philipp & Johnsson, Anders B. (eds.). *Controle parlamentar da área de segurança nacional: princípios, mecanismos e práticas*. Kiev: União Interparlamentar e Centro para o Controle Democrático das Forças Armadas de Genebra, 2005, p. 90.

à apuração de queixas, denúncias e reclamações de particulares contra os serviços de inteligência e segurança. Atente-se, ainda no que concerne a comissários ou ouvidores como auxiliares do Parlamento, ao modelo estadunidense de inspetor-geral da CIA que se reporta diretamente ao Congresso.

Diante dessa diversidade de alternativas de aparato de controle, repita-se, cada país deve optar por aquele que melhor se adeque a sua própria realidade, ou mesmo estabelecer modelos híbridos. Não existe fórmula pronta nem modelos que possam ser importados de maneira absoluta. Entretanto, o que se deve ter em mente é a importância de o Parlamento exercer a fiscalização dos órgãos de Segurança e Inteligência.

4.5. O EXERCÍCIO DO CONTROLE PARLAMENTAR DA ATIVIDADE DE INTELIGÊNCIA

Como o controle parlamentar pode ser exercido? De que mecanismos dispõe o Poder Legislativo para controlar a atividade de inteligência? Certamente a resposta a estas perguntas varia conforme o sistema político e o nível de desenvolvimento democrático de cada país. Entretanto, há aspectos gerais que estão presentes nos distintos modelos e sistemas de controle.

O primeiro mecanismo de controle reside no poder legiferante. Em regimes democráticos, para que haja eficiência nos "freios e contrapesos" e seja verificado o cumprimento da lei por parte dos órgãos de segurança e inteligência, é fundamental que haja uma estrutura normativa que estabeleça claramente não só o mandato dos serviços de inteligência, mas também lhes imponha os limites. Compete precipuamente ao Poder Legislativo prover o sistema jurídico-normativo com esse arcabouço legal para a Inteligência e fiscalizar o cumprimento dessas leis.[48]

4.5.1. Arcabouço legal

Assim, o DCAF recomenda que o controle democrático da atividade de inteligência deva começar com o estabelecimento de um arcabouço legal claro e explícito para a área.[49] E como a iniciativa legislativa normalmente se encontra prevista na Constituição, em geral estabelecendo-se responsabilidade compartilhada[50] para isso, aconselha-se que o papel do serviço de inteligência já

[48] Bruneau & Dombroski, *op. cit.*, p. 13.

[49] DCAF Intelligence Working Group, "*Intelligence Practice and Democratic Oversight – A Practitioner's View*", *op. cit.*, p. 33.

[50] Entenda-se como responsabilidade compartilhada de iniciativa legislativa a atribuição constitucional tanto do Governo (Poder Executivo) quanto do Parlamento de iniciarem o processo legislativo, ou seja, apresentarem projetos de lei.

esteja explicitado no texto constitucional, uma vez que a Carta Magna é o ápice do sistema legal de um Estado.[51] Isso, entretanto, é raro na maioria das democracias, costumando as normas sobre inteligência estar em âmbito infraconstitucional.

De toda maneira, é importante que as regras para a Inteligência sejam fundamentadas em lei. Ainda em conformidade com o proposto pelo DCAF, para que se garanta a eficácia do arcabouço legal, a legislação de inteligência de um país deve definir com clareza:

- as missões básicas dos serviços de inteligência;
- as áreas de responsabilidade desses serviços;
- os limites de sua competência;
- os métodos de funcionamento e as restrições a suas atividades;
- a estrutura organizacional geral;
- as relações entre os serviços de inteligência e segurança em uma comunidade de informações;
- as formas por meio das quais os serviços serão controlados e fiscalizados;
- os mecanismos de fiscalização e controle executivos, judiciários e legislativos; e
- os meios legais para se lidar com denúncias, queixas e reclamações de particulares, especialmente no caso de violações aos direitos humanos.[52]

Acrescente-se a essa legislação específica de inteligência o estabelecimento de normas de manuseio de dados e informações, proteção ao conhecimento, salvaguarda de assuntos sigilosos e de proteção à privacidade e a outros direitos e liberdades individuais.[53]

É importante que constem na legislação, ainda, as responsabilidades do Presidente, do Primeiro-Ministro e/ou do(s) ministro(s) ao(s) qual(is) os serviços de inteligência estejam subordinados. Isso também é competência precípua do Poder Legislativo, assim como a definição legal das relações entre os serviços secretos, seus superiores e controladores. Claro que muitas dessas normas podem ser estabelecidas não pelo Poder Legislativo, mas dentro da própria esfera de competência do Executivo. De toda maneira, o Parlamento sempre terá a prerrogativa de legislar sobre as regras gerais.

---

[51] DCAF Intelligence Working Group, "*Intelligence Practice and Democratic Oversight – A Practitioner's View*", *op. cit.*, p. 33.

[52] DCAF Intelligence Working Group, "*Intelligence Practice and Democratic Oversight – A Practitioner's View*", *op. cit.*, p. 34.

[53] DCAF Intelligence Working Group, "*Intelligence Practice and Democratic Oversight – A Practitioner's View*", *op. cit.*, pp. 34-35.

Alguns parlamentos têm atribuições, inclusive, de estabelecer um sistema de regras e estatutos para a comunidade de inteligência, compreendendo as normas referentes à atividade em si, aí incluídas as definições e categorias de informações sensíveis, os níveis de classificação da informação e as disposições sobre credenciais de segurança, autorização de acesso a dados sigilosos, disseminação e compartilhamento de dados e conhecimentos, desclassificação de arquivos e documentos. Interessante, por exemplo, o caso argentino, em que a legislação prevê que o currículo dos cursos da escola de inteligência deva ser objeto de avaliação do Poder Legislativo. De toda maneira, o fundamental é que sejam estabelecidos padrões gerais e tipificadas condutas, de modo a permitir o controle judicial no caso concreto.[54]

Finalmente, registre-se que, além das leis estabelecidas pelo Parlamento, há sempre as normas de competência do Executivo (como as *executive orders* nos EUA, ou os decretos e portarias no Brasil), que devem cobrir de maneira mais detalhada a atividade de inteligência. Em que pese o fato de não envolverem o chamado processo legislativo,[55] o controle parlamentar deve considerar essas normas executivas em sua fiscalização, a exemplo do que acontece no Brasil com a Política Nacional de Inteligência (PNI), documento norteador da Inteligência brasileira, fixada por meio de decreto, após ouvido o órgão de controle externo (como dispõe o art. 5º da Lei nº 9.883/1999), e que é utilizada como referência para que a CCAI exerça seu controle. Mesmo as regras estabelecidas dentro da própria organização, como as diretrizes do chefe principal da agência e o código de ética para os profissionais do serviço secreto, podem ser empregadas como mecanismos de controle.

4.5.2. Orçamento

O poder de aprovar o orçamento da Administração Pública como um todo é dos mais importantes mecanismos de controle de que dispõe o Poder Legislativo.[56] Em países como EUA e Brasil, dinheiro nenhum pode ser empregado pelo Estado sem a aprovação do Congresso, em um processo complexo e que compreende autorização de gastos e abertura de créditos. Há, ainda, a fiscalização da execução desse orçamento, outra atribuição do Congresso – no Brasil, auxiliado pelo TCU.

Não se pretende tratar do controle orçamentário da atividade de inteligência na presente obra. O que convém registrar a esse respeito é que

[54] DCAF Intelligence Working Group, "*Intelligence Practice and Democratic Oversight – A Practitioner's View*", *op. cit.*, p. 35.

[55] Doutrinariamente, o processo legislativo envolve a produção de normas iniciadas ou que passem pelo crivo do Poder Legislativo.

[56] Lowenthal, *op. cit.*, p. 156.

dificilmente outra atividade congressual permite o acesso tão amplo e profundo que a fiscalização orçamentária.[57]

O poder do Parlamento também se mostra evidente em sua capacidade de autorizar os gastos. Sem essa autorização, com procedimentos específicos em cada país, as atividades da Administração Pública, aí incluídas as dos serviços de inteligência, ficam limitadas e podem ter sua eficiência e eficácia prejudicadas. Em síntese, o orçamento dá poder ao Congresso sobre a inteligência e compete aos controladores saberem como vão fazer uso desse poder.

4.5.3. Audiências

As audiências, públicas ou reservadas (secretas), constituem outro importante instrumento de controle de que dispõe o Poder Legislativo. É por meio delas que os parlamentares podem obter informações de autoridades (como ministros, secretários, diretores) ou de agentes públicos sobre as atividades desenvolvidas e os projetos e diretrizes de ação da Inteligência. Também as audiências são fundamentais para instruir investigações de comissões parlamentares (permanentes ou especiais). É ainda nas audiências que a atividade legislativa se mostra de maneira mais explícita à opinião pública e por meio delas se busca promover a transparência tanto no âmbito do Legislativo quanto do Executivo, desde que isso seja possível e não comprometa a segurança nacional.

Claro que, quando se trata do controle da atividade de inteligência, questão importante refere-se ao sigilo das audiências. De fato, por envolver tema de elevada sensibilidade, o mais natural é que as oitivas – particularmente daqueles depoentes que fazem parte da comunidade de informações – sejam reservadas, abertas somente aos parlamentares, funcionários e assessores da comissão, e ao pessoal credenciado. Deve-se evitar que as referidas audiências se transformem em local para debates político-partidários quando envolverem questões de Estado e segurança nacional ou mesmo que sejam usadas para promoção pessoal de alguns políticos.[58]

---

[57] Lowenthal, *op. cit.*, p. 157.

[58] *"As another basic requirement of effective oversight, the committees must adopt a nonpolitical approach to their responsibilities. For important periods since its inception, the SSCI has been that great rarity – a genuinely nonpartisan Senate committee. The chairman from the majority party and the vice chairman from the minority acted, in effect, as co-chairman. Behind the committee's sealed doors, out of sight of the press and public, members conducted their business as colleagues, not partisans. Professional staff was typically selected with no reference to political affiliation. An invisible observer in the committee room during this period, not knowing one Senator from another, would have been unable to tell who was a Republican and who was a Democrat. This was remarkable in a partisan-crazed institution like the Senate."* Ott, *op. cit.*, pp. 111-112.

Assim, alguns estudiosos do assunto observam que a realização de audiências fechadas (e, portanto, sem cobertura da imprensa e de grupos de pressão) permite aos parlamentares agir de maneira mais isenta no que concerne a interesses individuais ou político-partidários. Ott, por exemplo, comenta a diferença no comportamento dos mesmos parlamentares em reuniões abertas da Comissão de Relações Exteriores do Senado dos EUA e nas audiências reservadas da Comissão de Inteligência: nesta última, sem a presença de "holofotes" e da mídia, os senadores assumiam uma conduta imparcial e atuavam de maneira politicamente isenta, sem influência de seus interesses político-partidários.[59]

Loch Johnson, por sua vez, tem perspectiva completamente inversa à de Ott. Após acompanhar, assim como Ott, centenas de horas de sessões públicas e reservadas na Câmara e no Senado dos EUA, Johnson atesta que o comportamento dos políticos variava muito pouco de um tipo de audiência para outro.[60] Nossa experiência no acompanhamento de sessões públicas e secretas nas Comissões de Relações Exteriores e Defesa Nacional do Senado, na CCAI e em CPIs, leva-nos a concluir que há sim variação no comportamento dos parlamentares, mas não de maneira tão intensa. O fato é que, em sessões reservadas, tanto os depoentes quanto seus ouvintes ficam mais à vontade para falar e prestar contas aos parlamentares e, estes, por sua vez, para exercer suas funções de controle de atividades relacionadas à Segurança Nacional. Já as audiências públicas contam com uma participação mais intensa – e muitas vezes efusiva – dos parlamentares, particularmente quando envolvem temas polêmicos ou em voga e são marcadas por debates mais acalorados.

Johnson lembra, ainda, que as audiências constituem oportunidades importantes para avaliar o próprio mecanismo de controle parlamentar. Nesse sentido, dados a serem considerados são a quantidade de audiências realizadas em um período, se foram públicas ou reservadas, os temas tratados e as questões apresentadas e, também, que parlamentares compareceram a elas e com que frequência.[61] Acrescente-se à análise a maneira como se comportaram os parlamentares nas sessões em sua função de controle – por exemplo, se tiveram conduta mais ou menos incisiva em relação ao(s) depoente(s) ou defenderam posição sobre determinado tema tratado pela comissão.[62]

Assim, sejam públicas ou reservadas, as audiências mostram-se como mecanismos de controle parlamentar de grande relevância. Em que pesem

---

[59] Ott, *op. cit.*, p. 112.

[60] Johnson, Loch (1996), *op. cit.*, p. 95.

[61] Trabalho interessante sobre o caso brasileiro é o de Santos, Maria Helena de Castro. "Controles parlamentares e os militares no Brasil: audiências públicas e requerimentos de informações, 1995-2004". *In*: Llanos & Mustapic, *op. cit.*, pp. 113-139.

[62] *Vide* Johnson (1996), *op. cit.*, pp. 89-118. Trata-se, de fato, de análise acurada do mecanismo de *accountability* (particularmente sob enfoque congressual) do setor de inteligência no modelo estadunidense.

as diferenças em termos de efetividade de controle, tanto as abertas como as realizadas a portas fechadas permitem ao Legislativo aumentar sua fiscalização. De fato, é por meio de sessões nas Comissões que se consolidam as relações entre controladores e controlados, com benefício da democracia.

4.5.4. Aprovação de autoridades

O controle da atividade de inteligência pelo Legislativo também é exercido por meio da aprovação de nomes para ocupar a direção de serviços de inteligência.[63] Nos EUA, por exemplo, é atribuição do Senado aprovar os nomes do Diretor de Inteligência Nacional (*Director of National Intelligence* – DNI) e de outros diretores da comunidade de inteligência, e, no Brasil, compete ao Senado aprovar o nome do Diretor-Geral da ABIN.[64] Isso reafirma a autoridade do Legislativo perante os órgãos de informações, ao mesmo tempo em que contribui para o diálogo entre controladores e controlados, uma vez que o chefe da inteligência vai ao Legislativo apresentar-se e depende do aval deste Poder (ou de uma de suas Casas) para ser confirmado no cargo. Reforça-se, dessa maneira, a ideia de que Inteligência é assunto de Estado e que deve ser tratada como matéria de interesse nacional.

Importante ressaltar que não basta apenas a exigência de aprovação formal dos nomes de diretores da Inteligência pelo Senado. É importante que a comissão encarregada dessa tarefa realmente avalie o indicado, faça-lhe questionamentos e, caso não se julgue satisfeita, não aprove seu nome. Claro que isso requer amadurecimento político e envolvimento dos membros da comissão com o assunto em tela. Caso contrário, tem-se um controle parlamentar formalmente estabelecido, mas inócuo em termos de efetividade.[65]

4.5.5. Aprovação de acordos internacionais

Nos diversos ordenamentos constitucionais pelo mundo, é comum que acordos internacionais necessitem da autorização do Poder Legislativo (ou de uma de suas Casas) para que possam ser ratificados pelo Executivo. Trata-se de atribuição pouco lembrada em termos de controle parlamentar. Entretanto, a capacidade de monitorar e autorizar a adesão a instrumentos internacionais é também mecanismo importante de controle da atividade de inteligência por parte do Poder Legislativo.[66]

---

[63] *"The power to confirm or reject nominations is an extremely important political power (...)."* Lowenthal, *op. cit.*, p. 158.

[64] Sobre a aprovação do Diretor-Geral da ABIN pelo Senado, *vide* nosso livro *Atividade de Inteligência e Legislação Correlata, op. cit.*

[65] Lowenthal, *op. cit.*, p. 159.

[66] Lowenthal, *op. cit.*, p. 159.

Quanto mais inserido em regimes internacionais de segurança e inteligência, maior a necessidade de um país celebrar tratados multilaterais e bilaterais sobre assuntos que vão da cooperação técnica e transferência de Inteligência e dados ao estabelecimento de mecanismos especiais de conduta em determinadas áreas, como extradição, controle de fronteiras, política de imigração, ou assistência recíproca nas áreas militar e de inteligência. Daí que, ao avaliar esses acordos sobre segurança e autorizá-los (ou vetá-los), o Poder Legislativo interfere diretamente na área de informações e também está a controlar o Executivo.[67]

Apenas a título de exemplo, convém citar um acordo celebrado entre EUA e Canadá, em dezembro de 2002, relativo à assistência emergencial e que prevê o emprego de tropas de uma parte no território da outra. Há também os tratados sobre controle de imigração e aduana entre os dois países, que permitem, entre outras coisas, que sejam criadas nos principais aeroportos canadenses "zonas de jurisdição estadunidense" para o controle, ainda no território do Canadá, da entrada nos EUA. Nessas zonas, trabalham funcionários estadunidenses de imigração, aduana e de outros segmentos da Administração Pública dos EUA.

No Brasil, exemplo de atuação do Legislativo no controle da atividade de inteligência por meio de autorização de acordos internacionais é o *Acordo para a Proteção de Informação Classificada entre a República Federativa do Brasil e a República Portuguesa*, assinado na cidade do Porto, em 13 de outubro de 2005, e aprovado por meio do Decreto Legislativo nº 272, de 18 de setembro de 2008. O referido tratado, que foi incorporado ao ordenamento jurídico brasileiro por meio do Decreto nº 7.329, de 5 de outubro de 2010, prevê uma série de medidas de salvaguarda de informações no contexto da cooperação bilateral entre os dois países lusófonos.

Mais recentemente, em 31 de janeiro de 2018, foi promulgado, por meio do Decreto nº 9.273, o *Acordo entre a República Federativa do Brasil e o Reino da Espanha Relativo à Troca e Proteção Mútua de Informações Classificadas*, firmado em Brasília, em 15 de abril de 2015. Esse tratado, renegociado em razão do disposto na Lei de Acesso à Informação brasileira, foi submetido ao Poder Legislativo e ali aprovado por meio do Decreto Legislativo nº 82, de 25 de maio de 2017, e estabelece um conjunto de regras e procedimentos sobre segurança de Informações Classificadas em conformidade com o ordenamento jurídico do Brasil e do Reino de Espanha. Como esses, há outros acordos tramitando no Congresso Nacional, sendo ali avaliados pelas Comissões, permitindo ao Parlamento conhecer sobre a atuação do Executivo para fomentar a cooperação internacional nas áreas de segurança e inteligência.

---

[67] Importante lembrar, por exemplo, que os EUA não ingressaram na Liga (ou Sociedade) das Nações (SDN) em 1919 exatamente porque o Tratado de Versalhes não foi aprovado pelo Senado daquele país, apesar de ter sido o Presidente Wilson o grande idealizador da referida organização internacional.

4.5.6. Requerimentos de informações

Um dos mecanismos mais importantes à disposição do Poder Legislativo para controlar a Administração Pública são os requerimentos de informações. Por meio deles, o parlamentar pode solicitar individualmente informações do Poder Executivo, a princípio, sobre quaisquer assuntos. Nesse sentido, no caso brasileiro, há apenas a limitação de que o pedido deva versar sobre fatos, não sendo possível se perguntar sobre intenções das autoridades a quem são dirigidos.[68]

O requerimento de informações é instrumento amplamente utilizado em democracias presidencialistas como EUA e Brasil. No modelo de Westminster, as confidências de Gabinete não estão sujeitas ao controle do Parlamento e os períodos de questões – nos quais os parlamentares podem arguir diretamente os componentes do Gabinete – são preferidos aos requerimentos de informações – não que estes não possam ser usados para obter detalhes sobre as políticas e as ações da Administração Pública.

Claro, lembra Lowenthal,[69] que pode acontecer de o Congresso apresentar vários requerimentos de informações – o que poderia sinalizar um intenso controle realizado pelos parlamentares –, mas esses tenham pouco uso por parte dos deputados e senadores. Perguntas interessantes também são se o Executivo realmente responde a requerimentos de informações, como o faz e quais os desdobramentos desses processos.

4.5.7. Investigações e relatórios

Função essencial do Poder Legislativo – especialmente em regimes presidencialistas – é investigar e apurar denúncias sobre irregularidades na Administração Pública, em qualquer que seja a esfera dos Poderes. Daí o trabalho das CPIs e outras comissões e grupos parlamentares.[70] Essas investigações resultam em relatórios que podem ser de extrema relevância para diagnosticar determinado problema e propor mudanças. Na área de inteligência, o exemplo mais notório é o do Relatório Final da Comissão Church (EUA, 1976).

---

68 *Vide* art. 216 do Regimento Interno do Senado Federal (RISF) e art. 116 do Regimento Interno da Câmara dos Deputados (RICD).

69 Lowenthal, *op. cit.*, p. 160.

70 Foge do escopo deste trabalho tratar das CPIs. Sobre o assunto, *vide* Santi, Marcos. *Criação de Comissões Parlamentares de Inquérito:* tensão entre o direito constitucional de minorias e os interesses políticos da maioria (Porto Alegre: S. A. Fabris, 2007); Barandier, Antonio Carlos (Org.). *CPI: os novos comitês de salvação pública* (Rio de Janeiro: Lumen Juris, 2001); Pedro Arruda França, *Manual das CPIs:* legislação, doutrina e jurisprudência: defesas de direitos adjetivos e substantivos penais dos indiciados, de cidadania e individuais, garantias constitucionais, interesses coletivos e da nacionalidade (Rio de Janeiro: Forense, 2001); e Francisco Rodrigues da Silva, *CPIs federais, estaduais, municipais:* poderes e limitações (Recife: Ed. Bagaço, 2000).

Nos EUA há, ainda, os relatórios periódicos publicados pelas comissões do Senado e da Câmara.[71] Apesar de serem breves (naturalmente, em virtude da sensibilidade do tema tratado), esses documentos asseguram ao Congresso e à opinião pública que um controle tem sido constantemente realizado, além de criarem uma série de textos políticos que o Executivo deve levar em consideração.[72] Situação semelhante ocorre na Argentina, em que a Comissão Bicameral de Controle do Congresso deve elaborar e encaminhar ao Poder Executivo e ao Congresso da Nação um informe anual secreto que compreenda *"a. el análisis y evaluación de las actividades, funcionamiento y organización del Sistema de Inteligencia Nacional, en función de la ejecución del Plan de Inteligencia Nacional; b. la descripción del desarrollo de las actividades de fiscalización y control efectuadas por la Comisión Bicameral en cumplimiento de sus misiones, con la fundamentación correspondiente; c. La formulación de recomendaciones para el mejoramiento del funcionamiento del Sistema de Inteligencia Nacional."*[73] Há, ainda, os relatórios especiais sobre determinado tema objeto de análise do órgão de controle.[74]

Nos regimes parlamentaristas, as Comissões Parlamentares ou os órgãos de assessoramento do Parlamento em assuntos de segurança e inteligência também produzem relatórios periódicos. Isso acontece, por exemplo, com o SIRC canadense. Viabiliza-se, dessa maneira, uma fiscalização regular das atividades dos serviços secretos, ao mesmo tempo que se promove a *accountability* dos controladores perante o Poder Legislativo e os cidadãos.

Além desses relatórios produzidos pelo órgão de controle, há ainda a prática, em algumas democracias, dos serviços de inteligência apresentarem relatórios periódicos de suas atividades aos órgãos controladores.[75] Assim

---

[71] Esses documentos estão disponíveis nos sítios da SSCI e da HPSCI na internet.

[72] Lowenthal, *op. cit.*, p. 160.

[73] Argentina. *Ley de Inteligencia Nacional*. Art. 33 (4).

[74] Exemplo é o Relatório do SSCI intitulado *The Use by the Intelligence Community of Information Provided by the Iraqi National Congress* (U.S. Senate. Senate Select Committee on Intelligence. Washington, D.C., September 8, 2006. 109th Congress, 2d Session. Report 109-330).

[75] *"The parliament, and particularly the oversight body, needs to have sufficient power to obtain information and documents from the government and intelligence services. The precise extent that a parliamentary oversight body requires access to security and intelligence information and the type of information concerned depends on the specific role that it is asked to play. An oversight body whose functions include reviewing questions of legality, effectiveness and respect for human rights will require access to more specific information than one whose remit is solely policy. Similarly, it will have a stronger case for a right of access to documents (rather than information or testimony from identified witnesses). Clearly, however, an oversight body should have unlimited access to the necessary information in order to discharge its duties."* Born & Leigh, *op. cit.*, p. 91.

ocorre, por exemplo, nos EUA, Grã-Bretanha, Canadá, Noruega e Argentina.[76] Nos modelos parlamentaristas, essa prestação de contas se dá, também, por relatórios ao Parlamento apresentados pelo ministro ao qual se subordina a agência de inteligência.

Claro que as comissões de controle precisam de informações de distintas origens para realizar sua tarefa e instruir a supervisão dos serviços de inteligência. Daí algumas legislações estabelecerem a prerrogativa do órgão de controle de requisitar documentos e informação de organizações do setor privado e de convocar particulares para suas audiências. Isso garante que o Parlamento trate com diferentes pontos de vista além da posição oficial do governo. O controle será mais efetivo nesse aspecto se a comissão tiver capacidade coercitiva de convocar pessoas e se os depoentes que a ela se apresentarem estiverem sujeitos a sanções por ausência injustificada, falso testemunho ou por omissão de informações[77]– preservado o direito de legítima defesa e o princípio da não produção de provas contra si mesmo.

4.5.8. Outros mecanismos

Além desses mecanismos, existem outros mais específicos de cada regime, muitos dos quais desenvolvidos a partir da estrutura do relacionamento político entre o Executivo e o Legislativo. Como exemplo, há o que Lowenthal chama de "*taking hostages*",[78] ou seja, medidas no âmbito do processo legislativo que forcem o Executivo a fazer algo que seja da vontade dos parlamentares, *v.g.*, reter ou postergar a votação de um projeto do interesse do governo. No Brasil, isso ocorre de diferentes maneiras, como obstrução e ou ausência de quórum. De toda maneira, essas iniciativas não constituem prática exclusiva dos Legislativos brasileiro e estadunidense.

Nos EUA, Lowenthal lembra, ainda, da prerrogativa das Comissões especializadas do Congresso de serem informadas antecipadamente sobre certas operações (*covert actions*) a serem desencadeadas pelos serviços de inteligência.[79] Assim, os membros das comissões de controle do Congresso não só são informados previamente sobre a necessidade/interesse dos serviços secretos em desencadear determinadas operações como em alguns casos lhes é solicitado que autorizem essas ações. Trata-se de modelo que poderia ser seguido

[76] No caso argentino, de acordo com o art. 33 (2) da *Ley de Inteligencia Nacional*, um Informe Anual das Atividades de Inteligência, de caráter secreto, deve ser produzido pelo serviço de inteligência e encaminhado à Comissão Bicameral de Controle dentro de dez dias a partir do início do período de sessões ordinárias.

[77] Born & Leigh, *op. cit.*, p. 92.

[78] Lowenthal, *op. cit.*, p. 160.

[79] Lowenthal, *op. cit.*, p. 161.

em países onde o Legislativo não tem apenas tarefa revisora, mas fiscaliza e controla todo o processo.

Há, finalmente, o que Loch Johnson chama de controle informal, por meio de atividades pouco relacionadas aos regulamentos do Congresso, mas que também têm sua eficácia: jantares e encontros reservados entre legisladores e diretores das agências;[80] partidas de golfe e tênis no *Congressional Country Club* e outros eventos sociais que permitam aos congressistas conhecer um pouco mais da atividade e seus profissionais de maneira mais à vontade e informal.[81] Claro que para isso também é importante que haja intercâmbio e boas relações entre o pessoal que trabalha nas comissões e a comunidade de inteligência. Quanto mais conhecimento tiverem os funcionários que assessoram o Congresso e mais familiarizados estiverem com a comunidade de inteligência, melhor poderão auxiliar os parlamentares. Nesse sentido, um mecanismo de controle informal é a capacitação dos quadros do Legislativo na área de inteligência e em outros assuntos de segurança nacional.

4.6. PARÂMETROS PARA A ANÁLISE DO CONTROLE PARLAMENTAR DA ATIVIDADE DE INTELIGÊNCIA

Um último aspecto que deve ser tratado sobre controle parlamentar da atividade de inteligência diz respeito aos parâmetros a serem adotados para que se possa avaliar a efetividade e a eficiência desse controle. Nesse sentido, qualquer que seja o modelo político-institucional adotado, desde que em regime democrático, é possível considerar os seguintes aspectos que servirão de parâmetro:[82]

- mandato do órgão de controle;
- poderes de fiscalização e controle do orçamento de inteligência;
- tipologia do órgão de controle;
- coercitividade;
- capacidade autorizativa.

---

[80] No caso da ABIN, particularmente na administração de Márcio Buzanelli, alguns cafés da manhã foram promovidos para parlamentares na Agência, de modo que estes conhecessem as instalações e um pouco sobre a atividade em si. O mesmo se fez com jornalistas e outros segmentos da sociedade. Buzanelli dava atenção especial às relações públicas do órgão de inteligência, com o objetivo de tornar a ABIN mais conhecida e derrubar preconceitos e desconfianças.

[81] Johnson, Loch (1996), *op. cit.*, pp. 94-95.

[82] Quando não for feita referência distinta, os comentários neste tópico tomam por base o material produzido pelo DCAF, particularmente a obra de Born & Leigh, *Making Intelligence Accountable: Legal Standards and Best Practice for Oversight of Intelligence Agencies*, *op. cit.*

4.6.1. Mandato

No que concerne ao mandato, já se tratou do assunto neste capítulo. Não obstante, convém ressaltar a importância de que o Legislativo tenha competência para fiscalizar e controlar a totalidade do sistema de inteligência, independentemente de que órgão a exerça. Assim, um mandato de caráter funcional – e não institucional – é preferível.[83]

Outro aspecto relacionado ao mandato tem a ver com a opção por um único órgão para fiscalizar todas as agências de inteligência ou por múltiplas instituições de controle para os serviços específicos. As percepções variam de país para país e, no caso do órgão de controle do Legislativo, as alternativas compreendem tanto comissões nas duas Casas, quanto em apenas uma das Casas, Comissões Bilaterais e até órgãos externos – como ocorre com o SIRC canadense e o CFSIRP português. Ademais, pode ocorrer sobreposição de funções nas Comissões Parlamentares, com uma comissão de Defesa ou de Segurança Nacional com mandato que compreenda atribuições também da Comissão de Inteligência.[84] De toda maneira, o ideal é que, ainda que haja comissões com atribuições coincidentes, o controle parlamentar siga critérios funcionais e não institucionais. Também já se tratou do assunto neste capítulo.

No caso de modelos em que o controle não é pleno, exemplo muito utilizado é o do Reino Unido, em que o mandato do *Intelligence and Security Committee* (ISC)[85] compreende apenas parte do aparato de inteligência, de modo que o *Defence Intelligence Staff*, o *Joint Intelligence Committee* e o *National Criminal Intelligence Service*[86] não se encontram sob supervisão do ISC. Assim, apesar da efetividade da fiscalização exercida pelo ISC sobre as agências de sua competência, inegável a deficiência do controle parlamentar britânico ao não abarcar a totalidade do aparato de informações.[87]

Também sobre o mandato, Born & Leigh[88] assinalam que há basicamente duas maneiras de se estruturar o mandato de uma comissão parlamentar de controle. Na primeira delas, são estabelecidas amplas competências para a

[83] Born & Leigh, *op. cit.*, p. 80.

[84] Exemplos são os EUA e o Brasil.

[85] O ISC, criado em 1994, é composto por membros da Câmara dos Lordes e da Câmara dos Comuns, indicados pelo Primeiro-Ministro mediante consulta ao líder da oposição, e tem por competência examinar as despesas, políticas e administração do MI5, do MI6 e do GCHQ. E é ao Primeiro-Ministro que se reporta o ISC, o qual, após edição dos relatórios, os encaminha ao Parlamento.

[86] Sobre os serviços de inteligência britânicos, *vide* Smith, Michael, *op. cit.*

[87] No que concerne ao sistema de controle parlamentar no Reino Unido, *vide* o capítulo de Leigh, "Accountability of Security and Intelligence in the United Kingdom". *In*: Born, Johnson & Leigh, *op. cit.*, pp. 79-98.

[88] Born & Leigh, *op. cit.*, pp. 80-83.

comissão e feitas ressalvas ao mandato, ou seja, relaciona-se o que não compete ao órgão fiscalizar. Na segunda alternativa, as atribuições e funções do organismo de controle parlamentar são explicitadas. Exemplos do primeiro caso são as legislações britânica e australiana e do segundo a estadunidense, a argentina e, de certo modo, a brasileira.

Outra distinção em termos de competências tem a ver com o mandato do órgão de controle parlamentar para fiscalizar atividades operacionais ou se é limitado a aspectos político-administrativos e financeiros. Sobre o assunto, Born & Leigh assinalam que, para ter competências de fiscalizar operações, o órgão parlamentar de controle deve ter grande credibilidade e poderes significativos (por exemplo, a coercitividade para a produção de provas). Entretanto, a efetividade do controle pode acabar comprometida exatamente por causa desses grandes poderes, especialmente se o órgão não dispuser de condições de fato de conduzir investigações. Ademais, assinalam Born & Leigh, há o perigo dos controladores ficarem demasiado próximos às agências de inteligência. Excesso de poderes pode, portanto, inibir a fiscalização por parte do Poder Legislativo.[89]

A alternativa indicada por Born & Leigh é o estabelecimento de um órgão de controle parlamentar com fiscalização limitada a políticas e finanças e sem envolvimento com operações.[90] Essa pode ser até a melhor alternativa para sistemas em que conduzem o controle por meio da revisão (*review*) por parte do Parlamento. Entretanto, em regimes em que o Legislativo participa

---

[89] *"A parliamentary oversight body able to examine intelligence operations may have greater credibility and may be given greater powers (for example, to compel the production of evidence). However, it will face inevitable restrictions on how it conducts its investigations and on what can be reported to parliament or to the public. It will operate in effect within the ring of secrecy and that will create a barrier between it and the remainder of parliament. Provided it establishes a reputation for independence and apparent thoroughness this need not affect its legitimacy. However, parliament and the public will have to take it on trust to a certain degree that proper oversight of operational matters is taking place without the supporting evidence being available. A second danger is that an oversight body of this type gets too close to the agencies it is responsible for overseeing. For example, although a legal requirement that it be notified in advance of certain actions by the agency may appear to strengthen oversight, it could also inhibit the oversight body from later criticism of these operational matters."* Born & Leigh, *op. cit.*, p. 82.

[90] *"The alternative approach is to limit the function of the parliamentary oversight body to matters of policy and finance. These are issues which can be more readily examined in the public arena with the need for far fewer restrictions in the national interest on what is disclosed (although the publication of precise budgetary details may be prejudicial to national security). The difficulty of this second approach, however, is that it detracts from one of key tasks of parliamentary scrutiny: to ensure that government policy in a given field is carried out effectively. Without access to some operational detail, an oversight body can have or give no assurance about the efficiency of the security and intelligence agency in implementing the published policy. The same applies to auditing issues of legality or the agencies' respect for fundamental rights – tasks which are given to parliamentary oversight bodies in some countries. Such exercises in parliamentary oversight may lack credibility unless founded on some clear evidence about the behaviour of the agency concerned."* Born & Leigh, *op. cit.*, p. 82.

mais efetivamente das decisões de Estado, particularmente em nações presidencialistas onde os mecanismos de freios e contrapesos estão entre os fundamentos institucionais dessas democracias, o Parlamento não pode se isentar de uma atuação mais expressiva em termos de controle. Daí a necessidade de um controle amplo, com acesso irrestrito a todo tipo de informação e com responsabilidades relacionadas inclusive à supervisão de atividades que possam suscitar reações domésticas e internacionais.

Assim, em termos de controle parlamentar, plenamente compreensível a percepção doutrinária taxativa em países como os EUA no sentido de que o Congresso deve sim ter papel decisivo na supervisão mesmo das operações de inteligência autorizadas pelo Presidente da República. Em regimes presidencialistas não se aceita qualquer forma de "confidência de Gabinete" que escape à fiscalização do Poder Legislativo. Particularmente no que diz respeito a temas de segurança nacional, aí é que o Congresso deve estar presente,[91] e não se pode transigir para qualquer forma de limitação aos poderes do Congresso de fiscalizar o Executivo.

A legislação alemã é outra que garante controle amplo e irrestrito do parlamento sobre o aparato de inteligência. A Alemanha possui um órgão parlamentar de controle, o *Parlamentarisches Kontrollgremium*, encarregado da fiscalização dos serviços de inteligência doméstica (o *Bundesamt fur Verfassungsschutz* – BfV), de inteligência externa (*Bundesnachrichtendienst* – BND) e de inteligência militar (*Militärischer Abschirmdienst* – MAD). O *Bundestag* deve ser informado pelo Governo Federal das atividades dos órgãos citados, inclusive de operações, por meio do *Parlamentarisches Kontrollgremium*.[92]

4.6.2. Atribuições orçamentárias

No que concerne às competências do Parlamento relacionadas ao orçamento de inteligência e segurança, o que resta dizer é que há basicamente três tipos de Parlamento: os que atuam diretamente na elaboração do orçamento; os que podem influenciar o orçamento; e os que têm pouca ou nenhuma autoridade sobre processo orçamentário. No primeiro caso, o Legislativo tem a capacidade de emendar ou rejeitar a proposta orçamentária enviada pelo Executivo, bem como formular sua própria alternativa de proposta. O segundo tipo pode emendar ou rejeitar o orçamento, mas não tem capacidade de apresentar sua proposta.

---

[91] Exemplo disso é a participação do Senado e da Câmara na composição do Conselho de Defesa Nacional brasileiro, bem como a necessidade de acompanhamento do Congresso de crises, inclusive nos casos de estado de sítio.

[92] República Federal da Alemanha. *Act governing the Parliamentary Control of Intelligence Activities by the German Federation. Parliamentary Control Panel Act (PKGrG), April* 1978.

Já o terceiro tipo não tem qualquer ingerência sobre o orçamento, sendo incapaz de emendá-lo ou rejeitá-lo, sendo o Legislativo bastante limitado nesse sentido.

Uma vez que o Congresso representa os contribuintes, natural que tenha ingerência sobre o orçamento. No caso particular do setor de inteligência, é conveniente avaliar se o Legislativo tem capacidade de emendar e fiscalizar o orçamento, inclusive a parte relacionada à verba secreta. Assim, indicador importante da autoridade do órgão de controle tem a ver com a capacidade desse órgão de apresentar emendas ao orçamento.

4.6.3. Composição e funcionamento dos órgãos de controle

Sobre as tipologias de órgãos de controle, além dos aspectos já tratados em tópicos anteriores, é importante considerar, assinalam Born & Leigh, como é composta a Comissão de fiscalização e controle, como são indicados os membros, a quem prestam contas, se têm credencial de segurança e em que nível. Em termos de composição, deve-se avaliar, primeiramente, se o órgão é formado ou não por parlamentares. Já se falou dos prós e contras de um comitê parlamentar, sendo conveniente lembrar que uma composição de membros do Legislativo dá maior legitimidade ao órgão, apesar do risco de inefetividade em razão do eventual desinteresse dos legisladores em dele participar. Assim, enquanto alguns parlamentos optaram por entregar o controle a um órgão composto por não parlamentares com maior expertise e dedicação de tempo (como Canadá,[93] Noruega e Portugal), outros preferem manter o controle nas mãos de membros do Congresso (*v.g.*, EUA, Argentina e Brasil).

Vencido o aspecto da composição parlamentar, Born & Leigh assinalam que é preferível um comitê pequeno, com poucos membros e com critérios para a escolha destes. Importante analisar também como ocorre a indicação dos membros e do pessoal que trabalhará no órgão. Questões como a representatividade partidária na comissão, a presença de representantes da maioria e da minoria e a escolha de políticos mais experientes e com interesse em Segurança Nacional e Inteligência devem ser consideradas. Outro aspecto importante a ser observado diz respeito ao tempo que os parlamentares podem permanecer como membros do órgão de controle.

Ademais, cabe verificar como é feito o processo de escolha do presidente da comissão, seu mandato e atribuições. Também é importante saber se todos os parlamentares podem ter acesso às sessões secretas e documentos produzidos pela comissão (como acontece no Brasil) ou se as audiências reservadas e em

---

[93] No caso canadense, importante lembrar que foi Justin Trudeau quem criou, em 2017, uma Comissão de Parlamentares para controlar os órgãos de segurança e inteligência. Essa comissão, repita-se, não pertence ao Parlamento, reporta-se ao Primeiro-Ministro, e o Comitê de Controle não parlamentar (o SIRC) continua existindo.

que os relatórios secretos são apresentados e discutidos só podem ser acessíveis aos membros do órgão (a exemplo dos EUA).

Finalmente, ainda sobre as tipologias, particularmente nos modelos parlamentaristas há a diferença entre "Comissões do Parlamento" e "Comissões de Parlamentares". Essa distinção é importante tendo em vista os poderes do órgão, suas limitações e, sobretudo, por quem seus membros são nomeados e a quem prestam contas. Assim, enquanto a "Comissão do Parlamento" (ou Comissão Parlamentar) é nomeada pelo Parlamento e presta contas a ele exclusivamente, sendo, portanto, mais independente, a "Comissão de Parlamentares" não tem necessariamente as referidas atribuições e competências. De fato, as comissões de parlamentares costumam ter menos poder do que as comissões do parlamento, uma vez que os componentes daquelas são escolhidos e indicados pelo Primeiro-Ministro (ainda que mediante consulta ao Parlamento ou à oposição) e acabam tendo com o Premier vínculos muito estreitos, inclusive prestando contas a ele primeiramente.

4.6.4. Credencial de segurança, acesso a informações e dados sigilosos, e poder de desclassificar documentos

Entende-se por "credencial de segurança" o "certificado, concedido por autoridade competente, que habilita determinada pessoa a ter acesso a dados ou informações em diferentes graus de sigilo". No caso brasileiro, o Decreto nº 7.845, de 14 de novembro de 2012, em seu art. 2º, inc. VI, define credencial de segurança como o "certificado que autoriza pessoa para o tratamento de informação classificada". Já o acesso a dados ou informações classificados se dará em razão da "necessidade de conhecer" a pessoas credenciadas conforme os graus de sigilo, que no Brasil são "reservado", "secreto" e "ultrassecreto".[94]

Uma vez que têm mandato de controle pleno, é importante que a credencial de segurança dos membros da comissão de controle seja de grau máximo. Convém verificar, portanto, se os membros (e também o pessoal que assessora a comissão) têm essa credencial de segurança. No Brasil, a prerrogativa do mandato parlamentar dá aos membros do Congresso Nacional o direito de acesso irrestrito às informações classificadas no âmbito da Administração Pública – isso ocorre em razão do sistema de "freios e contrapesos", garantindo-se ao Poder Legislativo o pleno acesso para o devido exercício da fiscalização e do controle do Poder Executivo.

---

[94] Até o advento da Lei nº 12.527, de 18 de novembro de 2011, a Lei de Acesso à Informação (LAI), os graus de sigilo estavam previstos na Lei nº 8.159, de 8 de janeiro de 1991, e eram quatro: reservado, confidencial, secreto e ultrassecreto. A LAI simplesmente aboliu o grau de sigilo "confidencial", de modo que todos os documentos com essa classificação se tornaram ostensivos com a vigência da lei, em 16 de maio de 2012.

A autoridade da comissão para desclassificar documentos fornecidos pelos órgãos de informações também deve ser considerada. O art. 4º, inc. V, do Decreto nº 4.553, de 27 de dezembro de 2002, revogado pelo Decreto nº 7.845/2012, estabelece que desclassificação é o "cancelamento, pela autoridade competente ou pelo transcurso de prazo, da classificação, tornando ostensivos dados ou informações".[95]

Desclassificação é tema, diga-se de passagem, muito delicado, pois pode prejudicar sobremaneira a relação de confiança entre controlador e controlado e atrapalhar a efetividade do controle.[96] Inaceitável, de fato, que as autoridades parlamentares tenham competência para desclassificar dados e informações, bem como documentos fornecidos pele Poder Executivo. No Brasil, o acesso a dados sigilosos por parlamentares ocorre por transferência de sigilo, não havendo que se falar em desclassificação em razão do compartilhamento.

Ainda sobre a prerrogativa de desclassificar documentos, parece-nos, portanto, não ser de bom alvitre que o órgão de controle externo a tenha. Afinal, doutrinariamente, só quem pode desclassificar um documento é quem o classificou ou autoridade hierarquicamente superior (em que pese a LAI ter ignorado essa particularidade criando, a nosso ver de forma absurda, um ente com essa atribuição: a Comissão Mista de Reavaliação de Informações – CMRI). De toda maneira, o órgão de controle externo está em outra esfera.

O fato de que órgão de controle externo não deva ter competência para desclassificar documentos a ele transferidos não significa que seu acesso a informação classificada seja de alguma maneira limitado. O que é temerário, repita-se, é que o referido órgão possa tornar público documento produzido e classificado por outro ente da Administração Pública e, no caso de regimes presidencialistas, da estrutura de outro Poder.

No Brasil, o Decreto nº 4.553/2002 estabelecia, em seu art. 8º, que dados ou informações classificados no grau de sigilo ultrassecreto "somente poderão ser reclassificados ou desclassificados, mediante decisão da autoridade responsável pela sua classificação". Já os dados e informações classificados nos graus secreto,

---

[95] Apesar de revogado, entendemos que o Decreto nº 4.553/2002 contém definições e procedimentos úteis sobre salvaguardas de dados, informações, documentos e materiais sigilosos que não foram alcançados no Decreto nº 7.845/2012.

[96] *"Systems vary in how they handle reporting of sensitive material. In the US, the onus of being informed not only rests with the oversight body, but with the executive as well. In Australia, on the other hand, the Parliamentary Committee is forbidden from requiring 'operationally sensitive information' from being disclosed; requests for documents cannot be made be made by the Committee to agency heads or staff members or to the Inspector-General, and ministers may veto evidence from being given. A power of veto of this kind effectively returns disputes over access to information to the political arena. What is important is that powers to obtain information match the parliamentary oversight body's mandate."* Born & Leigh, *op. cit.*, p. 92.

confidencial e reservado eram tratados no art. 9º, que prescrevia que a autoridade responsável pela classificação ou autoridade hierarquicamente superior competente para dispor sobre o assunto, poderá, "respeitados os interesses da segurança da sociedade e do Estado", alterar ou mesmo cancelar a classificação, "por meio de expediente hábil de reclassificação ou desclassificação dirigido ao detentor da custódia do dado ou informação sigilosos". A LAI, repita-se, subverteu essa ordem, criando uma Comissão Mista de Reavaliação de Informações (CMRI) com poderes, inclusive, para desclassificar informações e documentos classificados pelas autoridades com competências de classificar documentos como "ultrassecreto" – entre elas, o próprio Presidente da República.

Assim, em seu inciso II do § 1º do art. 35 (cujo *caput* foi vetado, criando um dispositivo legal sem *caput*!!!), a LAI dispõe que compete à CMRI "rever a classificação de informações ultrassecretas ou secretas, de ofício ou mediante provocação de pessoa interessada". Isso, a nosso ver, é contrário a preceitos doutrinários de classificação e constitui mais um dos contrassensos criados pela LAI.

4.6.5. Preservação do sigilo

De toda maneira, a prática dos órgãos de controle em várias democracias é no sentido de se proteger as informações sensíveis contra vazamentos.[97] Também é fundamental que seja preservada a identidade do pessoal da área de inteligência, inclusive dos que comparecerem perante os órgãos de controle. Importante que haja legislação que puna a revelação não autorizada de segredos no âmbito da Administração Pública e dos três Poderes, em especial daqueles segredos vinculados à Inteligência e à Segurança Nacional. Há países com sanções graves à liberação não autorizada de informações sigilosas, conduta considerada crime contra a Segurança Nacional.[98] Entretanto, a preservação do sigilo envolve tanto o estabelecimento de um arcabouço legislativo para coibir os vazamentos como também a conduta pessoal dos membros da comissão de controle em termos de consciência e responsabilidade ao tratar com segredos de Estado.

Tem-se, portanto, um grande dilema relacionado à preservação do sigilo e à natureza da atividade parlamentar. O problema é que não é fácil conciliar a atividade político-parlamentar com a manutenção do sigilo sobre atos e fatos da Administração Pública. O parlamentar tem compromissos de transparência para com seus eleitores e suas atividades e sobrevivência política dependem muito da constante exposição perante seus constituintes, o que fica prejudicado se

[97] Born & Leigh, *op. cit.*, p. 93.

[98] Países como os EUA, a Noruega e o Canadá estabeleceram rígidas penas àqueles que violarem segredo de Estado.

estiver limitado ao sigilo de uma Comissão de Inteligência. Faz parte da natureza da atividade parlamentar tornar públicas informações e não o contrário. Como dizia um político em Brasília, "informação no Parlamento é como dinheiro: todos querem ter e fazer circular".

4.6.6. Capacidades coercitiva e autorizativa das comissões

A coercitividade é a autoridade de que dispõe a comissão de trazer pessoas "sob coação" para comparecer perante o órgão. Também se relaciona à competência do ente de controle para requerer documentos produzidos pelos serviços de inteligência, constituindo-se ilícito, nesse sentido, a recusa ou desobediência ao determinado pela comissão. Trata-se, indubitavelmente, de aspecto dos mais relevantes para garantir a efetividade do controle.

Um último parâmetro que pode ser considerado na análise dos tipos de órgãos de controle parlamentar é se a legislação prevê a necessidade de que estes sejam informados previamente sobre operações e se tenham capacidade autorizativa como requisito para que determinadas ações dos serviços de inteligência sejam desencadeadas. O assunto já foi objeto de análise e somente é importante lembrar que em regimes presidencialistas essa capacidade costuma estar mais presente que nos modelos parlamentaristas.

4.7. EFETIVIDADE DA COMISSÃO PARLAMENTAR

Considerando-se os distintos modelos de controle parlamentar, convém apresentar uma síntese das características que deve ter uma comissão em benefício da efetividade do controle. De acordo com estudo realizado por Greg Hannah, Kevin O'Brien e Andrew Rathmell,[99] para que uma comissão parlamentar de controle opere de maneira efetiva, devem ser atendidos os seguintes aspectos:

- seu funcionamento e poderes devem ser baseados em regras de procedimento, ou seja, em um regimento interno, com recursos subsidiários às normas da(s) Casa(s);
- deve ter controle sobre suas próprias tarefas;
- deve dispor de poderes para convocar ministros e quaisquer cidadãos, em especial oficiais de inteligência, para comparecer perante a comissão;
- suas sessões devem ser ordinariamente secretas (por razões de segurança e preservação do sigilo);
- deve apresentar relatórios periódicos (no mínimo anuais) ao Parlamento, salvaguardada a informação classificada;

---

[99] Hannah, O'Brien & Rathmell, *op. cit.*, p. 12.

- deve haver a prerrogativa de requisitar qualquer tipo de informação, salvaguardado o sigilo sobre as operações em curso (em modelos parlamentaristas isso é mais aceitável) e, principalmente, a identidade das fontes;
- tem que possuir competência para desclassificar qualquer informação, caso se delibere que tal desclassificação é de grande relevância ao interesse público;[100]
- deve ter sua própria sala de sessões, corpo de funcionários específico, orçamento próprio e mecanismos de salvaguarda das informações em um sistema de processamento de dados capaz de lidar com material classificado.[101]

Nem sempre as comissões parlamentares poderão ter todos esses requisitos preenchidos. Alguns são até condenáveis do ponto de vista doutrinário, como a capacidade de desclassificação de documentos, por razões já expostas neste capítulo. Entretanto, quanto mais próximo estiver desses padrões, mais efetivo pode ser o controle da atividade de inteligência. Não obstante, cabe sempre a ressalva de que acima de qualquer requisito, a fiscalização e o controle só serão efetivos se as instituições democráticas estiveram bem estabelecidas e se houver vontade política para realizá-lo.

---

[100] Discordamos terminantemente desse aspecto, uma vez que apenas a autoridade competente para classificar um documento deve ser competente para desclassificá-lo. Trata-se de condição essencial para a preservação da atividade de inteligência e, pelo menos no caso do ordenamento jurídico brasileiro, a medida seria, a nosso juízo, clara interferência de um Poder em outro, extrapolando a competência fiscalizadora do Legislativo e maculando o princípio pétreo constitucional da separação dos poderes.

[101] Esse é outro aspecto fundamental para o efetivo e eficiente funcionamento da comissão. O órgão de controle externo tem que dispor não só de orçamento próprio, mas de pessoal capacitado para lidar com informações sigilosas e assessores especializados em Inteligência, além de estrutura física apropriada a suas atividades.

Capítulo 5

ORIENTAÇÕES E PRÁTICAS DE CONTROLE DA ATIVIDADE DE INTELIGÊNCIA

When oversight has been capable and constructive, it has been a major asset to the IC [Intelligence Community]. When degraded or misused, it has been an albatross around the neck of the intelligence agencies.

Marvin Ott

Para o estudo do tema do presente livro, considera-se importante que sejam apresentadas orientações práticas sobre as ações de controle nos diferentes níveis. O que se almeja com este capítulo é, portanto, trazer ao leitor uma síntese de orientações e práticas baseada na experiência de vários sistemas pelo mundo, do modelo estadunidense aos estabelecidos na Europa Ocidental, bem como daqueles implementados (ou em implementação) nas democracias recentes do Leste Europeu. As principais fontes para a síntese que será aqui apresentada são os trabalhos produzidos pelo DCAF, pelo Conselho da Europa e também as recentes obras publicadas com estudos de casos de controle da atividade de inteligência pelo mundo.

Pretende-se fazer nas páginas seguintes apresentação eminentemente tópica, pontual, acerca de orientações e práticas do controle nos diferentes níveis. A ideia é tornar disponível ao leitor um guia rápido que lhe possibilite verificar de forma expedita se determinado modelo vai ao encontro do que é empregado por muitas democracias. São, em resumo, orientações gerais a respeito de como proceder para a realização do controle, as quais podem ser consideradas por quem deseje estabelecer um marco legal para a atividade. Antes, porém, ainda cabem alguns breves comentários sobre os aspectos gerais da prática do controle.

5.1. ASPECTOS GERAIS

Em termos gerais, mecanismo prático importante para o controle da atividade de inteligência, segundo Bruneau & Dombroski,[1] é a separação do aparato de inteligência em diferentes agências, de modo a prevenir que uma única entidade tenha o monopólio da reunião, produção e fornecimento da Inteligência. A sugestão é que se distribua a atividade entre órgãos civis e militares, policiais, fiscais ou, ainda, entre agências distintas para inteligência doméstica e inteligência externa. Reitere-se que a maioria dos países, entre os quais EUA, Israel, França, Grã-Bretanha, Alemanha, Portugal, Rússia, adotam essa divisão entre serviços de inteligência externa e de segurança interna.

Claro que a opção de diluir a atividade em um grupo de agências pode comprometer a eficiência do trabalho, causar deficiências na disseminação do conhecimento e mesmo gerar competição entre os serviços – o que até pode ser salutar. De toda maneira, parece ser uma melhor alternativa em termos de controle que ter todo o aparato de inteligência (ou a maior parte dele) concentrado em uma única superorganização, como era o caso de alguns regimes autoritários da América Latina e da Europa Oriental, por exemplo, o KGB soviético e o SNI no Brasil.[2]

Frente a esse dilema, a alternativa de estruturação do aparato de inteligência pode ser distribuir a atividade por diferentes órgãos, mantendo-os, porém, todos subordinados a uma única autoridade do Executivo que lhes estabeleça as diretrizes gerais e contribua para sua integração. Exemplo disso é o DNI nos EUA e o modelo português. Também é importante que o controle externo desse aparato de inteligência ocorra de forma funcional e não estrutural. Não obstante, havendo vários órgãos de controle, esses devem manter permanente cooperação e intercâmbio de informações, reitere-se.

Passa-se, portanto, à apresentação sintética de sugestões de boas práticas para o estabelecimento de controle e fortalecimento da *accountability* nos diferentes níveis, conforme proposto pelo DCAF. Ainda que as sugestões a seguir tenham caráter eminentemente normativo, considera-se importante relacioná-las por serem fruto de estudos que vêm sendo realizados há alguns anos por Hans Born e o pessoal do centro suíço em parceria com universidades, parlamentos e agências de inteligência pelo mundo.

---

[1] Bruneau & Dombroski, *op. cit.*, pp. 16-17.

[2] Observe-se que tanto o KGB quanto o SNI, apesar de não serem os únicos serviços de inteligência em seus respectivos países, reuniam uma série de competências, entre as quais as de conduzir a inteligência doméstica e a inteligência externa, e acumularam significativo poder na estrutura do Estado.

5.2. ÂMBITO AGENCIAL

No que concerne à agência ou serviço de inteligência, o DCAF sugere que:

- o papel do serviço de inteligência deve estar claramente definido e limitado a assuntos que sejam detalhadamente explicitados, todos relacionados a ameaças graves à segurança nacional e à sociedade;[3]
- os conceitos de ameaças à segurança nacional e à sociedade devem estar especificados em termos legais;
- a competência territorial de um organismo de segurança ou inteligência deve ser definida com clareza e todo o poder de ação fora do território deve estar acompanhado das correspondentes salvaguardas;[4]
- as tarefas e os poderes compreendidos no mandato do serviço de inteligência devem estar claramente definidos na legislação aprovada pelo Parlamento;
- importante também, sobretudo em países que vivenciam regimes pós-autoritários, que sejam implementadas garantias legais e institucionais com o objetivo de impedir o mau uso do aparato de segurança e inteligência.[5]

Essas orientações gerais possibilitam à agência de inteligência operar sob a égide de um arcabouço legal e com orientação clara. Devem ser aspectos conhecidos de toda organização e seguidos pelo conjunto dos funcionários, dos mais subalternos aos diretores.

Reitere-se que a figura do diretor máximo do serviço secreto é de extrema importância para a garantia de que a organização atue em conformidade com os princípios democráticos e seguindo as orientações gerais e específicas para a atividade. Sobre o diretor do órgão de inteligência, o DCAF sugere que:

- a legislação estabeleça o processo de designação do diretor (ou diretores) do serviço de inteligência, bem como atributos que deve ter qualquer candidato a ocupar esse cargo e, ainda, fatores que levem à desqualifação do indicado para o posto e à perda do cargo;
- a designação deve ser examinada e confirmada por um ente externo ao Poder Executivo, preferencialmente do Poder Legislativo ou preposto seu;

---

[3] A título de exemplo, sugere-se consulta ao sítio do BfV, o serviço de inteligência doméstica alemão, no qual se encontra claramente a disposição das ameaças com as quais o serviço deve lidar. Disponível em: <http://www.verfassungsschutz.de>. Acesso em: 10 jan. 2008.

[4] *Vide*, por exemplo, no sistema estadunidense, a distribuição clara de competências entre a CIA e o FBI e as limitações à atuação da NSA.

[5] Por exemplo, evitando-se a "partidarização" do aparato de inteligência e o uso dos serviços de informações contra opositores políticos.

- é desejável que a oposição parlamentar participe da indicação ou, no mínimo, do processo de aprovação do nome do Diretor;
- os critérios para designação, nomeação e destituição do Diretor devem estar claramente especificados em lei;
- a legislação deve conter garantias para se evitar que pressões indevidas sejam exercidas sobre o diretor, e também para evitar o abuso do cargo por ele;[6]
- se possível, mais de um membro do Gabinete (ou do Governo) deve participar da escolha e designação do diretor (por exemplo, o Presidente ou Primeiro-Ministro e o Ministro da pasta ao qual o serviço esteja subordinado). Em regimes presidencialistas, em que a autoridade do Presidente da República é individual e absoluta e os Ministros são apenas prepostos seus, essa sugestão do DCAF parece estranha e pouco plausível. Entretanto, a experiência demonstra que quando ocorre a escolha do diretor de um serviço de inteligência pelo Presidente à revelia do Ministro ao qual o órgão está subordinado, as consequências acabam sendo danosas e pode-se, no mínimo, comprometer a relação entre o diretor e o ministro, o que certamente refletirá nas organizações por eles dirigidas.

Sobre a autorização aos serviços de segurança e inteligência para que façam uso dos chamados "poderes especiais", entendidos como "os poderes ampliados que se outorga a esses órgãos e que afetam diretamente as liberdades civis",[7] o DCAF sugere que:

---

[6] Pode-se, por exemplo, estabelecer normas sobre a permanência do diretor no cargo, como um mandato específico, ou regras para destituí-lo em caso de abuso de autoridade ou de outras condutas consideradas comprometedoras de sua função.

[7] De acordo com Best, Richard (*Intelligence Issues for Congress.* Washington D.C.: Congressional Research Service, 12 september 2001), *apud* Born & Leigh (*op. cit.*, p. 37), "*the collection of information may require that the intelligence services possess exceptional or special powers, which allow for the limitation of human rights, especially the right to privacy. The following special powers can be distinguished: 1. conduct surveillance and record information as well as trace information; 2. to conduct a search of enclosed spaces or to search closed objects; 3. to open letters and other consignments without consent of the sender or addressee; 4. to use stolen or false identities, keys, special software or signals for clandestinely entering, copying or corrupting databases; 5. to tap, receive, record and monitor conversations, telecommunication, other data transfer or movement – within the country or from abroad; 6. to turn to providers of public telecommunication networks and public telecommunication services with the request to furnish information relating to identity of users as well as all the traffic that has taken place or will take place; 7. to have access to all places for installing observation*".

- no Estado de Direito, é mandatório que todo poder especial que possua ou exerça os serviços de segurança e inteligência deva ter fundamento legal;
- a lei deve ser clara, inequívoca e também exaustiva para que nenhum agente de órgão da Administração Pública, particularmente os da área de segurança e inteligência, possa se ver tentado a recorrer a métodos e práticas que não estejam regulamentados;
- o princípio da proporcionalidade deve estar enraizado na legislação referente ao emprego de poderes especiais e a sua supervisão;
- a legislação deve estabelecer mecanismos para coibir o abuso dos poderes especiais, bem como seu emprego por pessoas não pertencentes aos órgãos de segurança e inteligência ou não autorizadas a recorrer a essas práticas;
- toda ação desencadeada pela Administração Pública para combater o terrorismo (e, naturalmente, qualquer das chamadas "novas ameaças") deve incondicionalmente respeitar os direitos humanos e os princípios do Estado de Direito;
- independentemente dos atos cometidos por suspeitos ou condenados por atividades terroristas ou criminosas, os serviços de inteligência não devem violar o direito à vida, garantido por normas e regimes internacionais de proteção à pessoa humana;
- como garantia contra abuso dos poderes especiais e em defesa dos direitos humanos, as operações desencadeadas pelos serviços de inteligência devem estar sujeitas a mecanismos apropriados de fiscalização, controle e revisão.

Outro aspecto fundamental para o controle do aparato de segurança e inteligência do Estado diz respeito à obtenção de dados, produção e manuseio de informações, bem como o uso e conservação de arquivos pelos serviços de inteligência. A respeito do uso da informação e dos arquivos, o DCAF sugere que:

- a legislação restrinja a reunião e o manuseio de informação e o acesso a arquivos e informações sobre pessoas a propósitos e circunstâncias necessários ao cumprimento do marco legal ao qual os serviços de segurança e inteligência estejam vinculados;
- devem ser estabelecidas regras referentes a prazos para retenção da informação, uso dos arquivos, acesso a estes, seu manuseio e destruição e, também, garantias de cumprimento dos princípios internacionais de proteção de dados;
- deve-se prever em lei a realização de auditorias para fiscalizar o cumprimento do disposto no item anterior;

- a atividade de inteligência não deve ser excluída das normas que protegem e asseguram o direito à informação, ressalvado o sigilo motivado por imperativos de segurança nacional;[8]
- o Poder Judiciário deve ser capaz de examinar a conduta dos órgãos de inteligência também no que concerne ao recurso a esses poderes especiais;
- no caso de recebimento de informação de uma organização internacional ou de uma agência estrangeira, devem ser aplicados os controles tanto do país de origem quanto do receptor (aí incluídas, convém destacar, as restrições de compartilhamento e acesso);
- para que uma informação seja revelada a serviços de inteligência estrangeiros, ou mesmo a uma organização internacional, estes devem comprometer-se a retê-la e utilizá-la observando as mesmas regras estabelecidas pela legislação nacional, bem como as leis aplicáveis ao órgão que a recebe.

Em termos de direção e controle interno da agência, o DCAF sugere que:

- os serviços de inteligência não podem estar acima da lei. Portanto, se o pessoal desses serviços suspeitar ou souber de atos ou ordens no âmbito do órgão contrários ao disposto na legislação, tem a obrigação de comunicar suas suspeitas;
- é imperioso que existam normas para apoiar e protejer aqueles que denunciem as práticas ilegais e as irregularidades;
- os funcionários do serviço devem ser capacitados e constantemente reciclados com base em um código de conduta que contemple os aspectos éticos de suas funções;
- as políticas administrativas internas devem ser formalizadas com um claro *status* legal. Isso dificulta que motivos pessoais ou oficiosos beneficiem determinados funcionários em detrimento de outros;
- aspectos demasiado sensíveis ou que representem especificidades que não possam ser tornados públicos devem ser regidos por normas internas do órgão.

5.3. PODER EXECUTIVO

Na esfera do controle pelo Executivo, as sugestões do DCAF distribuem-se entre as relativas ao conhecimento ministerial e ao controle da inteligência, controle sobre operações, à cooperação internacional e às salvaguardas contra

[8] A legislação brasileira sobre salvaguarda de informações e o instituto do *habeas data* alcançando inclusive os arquivos dos serviços de inteligência colocam o Brasil na vanguarda legislativa sobre liberdade e acesso à informação.

abusos do Ministro. Sobre o conhecimento ministerial para o controle da inteligência, o DCAF sugere que:

- a legislação de inteligência deve conter regras sobre direitos de acesso diferenciados, quais sejam, o direito do Executivo de acesso à informação em poder do serviço de inteligência, e o direito da chefia do órgão de ter acesso ao Ministro que o controla;
- o Ministro deve ter a responsabilidade de formular as políticas de segurança e inteligência. Deve ter também a prerrogativa de receber informes periódicos dos serviços de inteligência, sendo legalmente responsável pela aprovação de ações relacionadas a matérias politicamente sensíveis.

Já no que concerne ao controle sobre operações, particularmente as mais intrusivas (como as *covert actions* norte-americanas), o DCAF sugere que todas as operações desse tipo sejam aprovadas por autoridade competente do Executivo de acordo com a legislação estabelecida pelo Parlamento. Também assinala que nenhuma operação que atente contra os direitos humanos deve ser autorizada e que relatórios periódicos devem ser produzidos. Acrescente-se à sugestão do DCAF a prática de se estabelecer a necessidade de notificação ao Legislativo das operações a serem desencadeadas, o que é importante sobretudo em regimes presidencialistas.

O DCAF traz ainda sugestões relativas à cooperação internacional. Segundo o Centro, é essencial que esta cooperação seja devidamente autorizada pelos ministros aos quais se subordinam os serviços cooperantes e sujeita às garantias mínimas necessárias ao cumprimento das leis nacionais e das obrigações de direito internacional. É sugerido, ademais, que se adotem garantias legais para impedir que o compartilhamento de informações e inteligência burle as normas inderrogáveis de proteção aos direitos humanos e os controles estabelecidos no ordenamento jurídico interno.

Finalmente, na esfera do Executivo, o último conjunto de sugestões apresentadas pelo DCAF refere-se às salvaguardas contra eventuais abusos ministeriais. Propõe-se, então, que tais salvaguardas estejam claramente estabelecidas pela legislação, assim como as garantias contra a politização dos serviços de inteligência. Entre os mecanismos de salvaguarda estão:

- a determinação legal que todas as ordens, diretivas e requerimentos do Ministro sejam feitas por escrito e conhecidas por um órgão externo de revisão;
- a previsão legal de que o Ministro deva manter o líder da oposição informado sobre suas ações e ordens ao serviço.

Também em termos de salvaguardas, sugere-se que se estabeleçam mecanismos rígidos para evitar que os serviços de inteligência operem em favor de interesses de qualquer partido ou grupo político. Ademais, não devem atuar para levantar informações sobre atos de protesto, defesa ou dissenso que façam parte do processo democrático e se realizem de acordo com a lei. Isso, entretanto, não pode ser empecilho para que os serviços de inteligência acompanhem organizações que, ainda que legalmente estabelecidas, possam representar ou vir a representar ameaça às instituições democráticas, à segurança nacional e à sociedade.[9]

5.4. CONTROLE EXTERNO NÃO PARLAMENTAR

Sobre o controle externo não parlamentar, o DCAF apresenta sugestões de práticas para o controle judiciário, o controle por autoridades independentes e para o estabelecimento de órgãos externos de auditoria, como o SIRC. Atente-se para o fato de que órgãos de controle externo vinculados ao parlamento, mas não compostos por parlamentares, estão compreendidos nessa categoria.

Para o Poder Judiciário, competente para lidar com as ações propostas pelos cidadãos (como mandados de segurança ou *habeas corpus*), o DCAF sugere que:

- o juízo ou tribunal competente para receber denúncias e julgar ações deve ser constituído por pessoas que cumpram os requisitos legais e constitucionais para ocupar o cargo. Essas pessoas devem contar com garantia de permanência no cargo enquanto durar seu mandato. Ou seja, o que o DCAF propõe é o respeito ao princípio do juiz natural e a garantia de prerrogativas dos magistrados (entre as quais a inamovibilidade) para que possam realizar um julgamento justo;
- até onde seja possível, o processo judicial deve ocorrer de maneira pública. Mesmo em situações em que se exija segredo de justiça, é fundamental que se garanta às partes e a seus representantes legais a maior transparência e o direito de acesso ao processo;
- a lei deve prever a possibilidade de arquivamento da denúncia ou da ação quando o magistrado (ou o tribunal) considerá-la improcedente, inclusive em razão de sua natureza vexatória ou frívola;
- se, por questões de segurança nacional, for necessário restringir a participação do denunciante no processo de controle judicial, essa decisão deve ser da competência do juiz ou tribunal do caso, e também devem ser estabelecidas compensações e salvaguardas para que o julgamento ocorra de maneira imparcial e dentro do devido processo legal;

---

[9] Exemplo são movimentos sociais ou grupos políticos que preguem a subversão, a tomada do poder pela força ou a instabilidade institucional como meios de alcançar seus objetivos políticos.

- o juiz ou tribunal que exercerão o controle precisam ter capacidade coercitiva, ou seja, devem ter competência para emitir mandados ou quaisquer ordens legalmente vinculantes para se chegar a resultados no processo. Entre essas competências, o DCAF sugere a de determinar o pagamento de indenizações e a destruição de material em poder dos serviços de inteligência;
- a lei deve fixar claramente o alcance do controle judiciário e as motivadoras deste. Esse controle deve ser amplo e profundo e alcançar a essência da atividade de inteligência, não se restringindo a meros aspectos processuais.

Uma última sugestão, que não consta das apresentadas pelo DCAF, mas que pode ser de grande relevância para a efetividade do controle judicial, diz respeito ao estabelecimento de varas especializadas para tratar de assuntos de inteligência. É importante que haja magistrados e membros do Ministério Público capacitados a lidar com questões relacionadas ao campo de atuação dos serviços secretos. Fundamental, portanto, que estes juízes e promotores/procuradores passem, no mínimo, por cursos que lhes esclareçam sobre meandros dessa atividade tão complexa e hermética. Nesse sentido, convém destacar o trabalho feito pela Associação Internacional para Estudos de Segurança e Inteligência (INASIS),[10] que há anos capacita magistrados, membros do Ministério Público e outras autoridades (como policiais e servidores de órgãos fazendários e de agências reguladoras) em temas de inteligência. Entre os cursos da INASIS, convém citar o *Curso de Especialização em Inteligência de Estado e Inteligência de Segurança Pública*, que em 2018 chega a sua décima turma. Também a Escola Superior do Ministério Público da União (ESMPU) e a Escola de Inteligência Militar do Exército (ESIMEX) têm contribuído para a formação de juízes, procuradores, promotores e servidores públicos, com treinamentos e estágios sobre Inteligência. Muitos Ministérios Públicos estaduais no Brasil também têm buscado capacitar seus membros nesses assuntos, como o de Minas Gerais, o do Maranhão e o de Santa Catarina.

Sobre as autoridades independentes para realizar controle externo, o DCAF assinala que a revisão e o controle externo dos órgãos de segurança e inteligência fiquem a cargo de autoridades ou funcionários independentes e imparciais (como o *ombudsman* ou o *Inspector General*), que deverão considerar os seguintes aspectos:

- a autoridade ou funcionário encarregado do controle deve cumprir requisitos legais e constitucionais para ocupar seu cargo, e contar com a garantia de inamovibilidade enquanto durar seu mandato;
- a lei deve fixar claramente o alcance e o escopo do controle;

[10] Para acessar o sítio da INASIS na internet, *vide* <http://www.inasis.org>.

- a autoridade ou funcionário deve ter poderes legais suficientes para fiscalizar e controlar questões de fundo e avaliar provas relacionadas às práticas e atribuições dos órgãos de inteligência;
- a autoridade ou funcionário deve ter competência para determinar a forma e o alcance de qualquer ordem, relatório ou decisão que resulte do processo de fiscalização.

Aspecto também não alcançado pelas sugestões do DCAF diz respeito ao estabelecimento claro dos mecanismos de prestação de contas dos controladores, por exemplo, a quem estes se reportam e de que maneira. Assim, é importante que fique claro, por exemplo, se o Inspetor-Geral se reportará ao Ministro da pasta (como acontecia no Canadá) ou ao Parlamento (tal como ocorre nos EUA).

Sobre o estabelecimento de auditorias externas independentes, as sugestões do DCAF são as seguintes:

- para garantir a independência do órgão de auditoria, suas atividades devem ter um marco legal, o órgão deve estar subordinado ao Parlamento e seu diretor (e, sob uma perspectiva mais ampla, a totalidade de seus membros) deve ser nomeado ou confirmado pelo Parlamento;
- a lei que estabelecer o(s) órgão(s) de controle externo deve contemplar disposições sobre mandato, mecanismos de prestação de contas, relatórios, designação do diretor e dos membros, estrutura e pessoal, acesso a informação classificada, entre outras;
- os membros do órgão e seu pessoal devem ter acesso livre a informações classificadas, com as restrições específicas para proteger a identidade das fontes e a sensibilidade de algumas operações;
- os órgãos de controle criados por lei devem não somente realizar auditorias financeiras, mas também fiscalizar o desempenho das organizações, e suas atividades em geral. Nesse caso, mais interessante parece ser dividir o controle entre um órgão encarregado da fiscalização financeiro-orçamentária e outro do controle finalístico;
- uma vez que os órgãos de controle lidam com informação classificada, devem ser estabelecidas garantias contra o vazamento dessas informações.

Outra observação para complementar a proposta do DCAF é que o órgão de controle independente deve ser permanente e não criado ou alocado para responder a situações específicas. Auditorias independentes *ad hoc* são bem-vindas, mas é temerário um sistema que só conte com elas.

5.5. CONTROLE PARLAMENTAR

Para concluir a síntese das orientações sobre práticas para aperfeiçoamento e efetivação do controle a partir das sugestões do DCAF, passa-se às propostas relacionadas ao controle parlamentar. Uma vez que já se tratou das especificidades das melhores práticas para o órgão de controle do Parlamento, serão acrescentados aspectos gerais referentes às atribuições e prerrogativas do Poder Legislativo.

No que concerne ao mandato do órgão de fiscalização e controle parlamentar, o DCAF sugere que:

- o alcance do mandato deve ser horizontal, ou seja, todo o setor de inteligência (aí incluídos os departamentos e funcionários auxiliares) deve estar sujeito ao controle do(s) órgão(s) parlamentar(es);
- também deve ter alcance vertical o controle parlamentar, ou seja, o mandato deve incluir as atribuições de fiscalização e controle baseadas em aspectos como: (a) legalidade; (b) eficácia; (c) eficiência; (d) orçamento e contabilidade; (e) cumprimento de normas nacionais e internacionais de proteção aos direitos humanos; (f) aspectos políticos e administrativos dos serviços de inteligência;
- quanto maior o sistema de inteligência e o número de organizações encarregadas dessa atividade, maior a necessidade de contar com subcomissões especializadas de controle parlamentar;
- o mandato do órgão de controle deve ser claro e específico;
- as recomendações e relatórios do órgão de fiscalização parlamentar devem ser, ressalvadas as restrições de segurança e sigilo: (a) publicados; (b) discutidos no parlamento; (c) supervisionados no que concerne a sua implementação pelo Executivo em geral e pelos serviços de inteligência em particular;
- os recursos e poderes legais à disposição do órgão de controle parlamentar devem ser proporcionais ao alcance de seu mandato.

Sobre a composição do órgão de fiscalização e controle parlamentar, o DCAF propõe que:

- convém deixar claro que os órgãos de fiscalização e controle pertencem ao Parlamento. Com isso, evita-se a criação de entes de controle compostos por parlamentares, mas "subordinados" de alguma maneira ao Executivo (como as Comissões de Parlamentares canadenses);
- é o Parlamento que deve ter a competência para nomear e destituir os membros de qualquer órgão que exerça o controle em seu nome;

- a representação no ente de controle parlamentar deve abarcar todo o espectro político, preferencialmente de forma proporcional à composição partidária no Parlamento;
- em regimes parlamentaristas, os Ministros do Governo devem ser excluídos da lista de possíveis integrantes da comissão de controle, do mesmo modo que se deve requerer aos membros do Parlamento que renunciem a suas funções na comissão caso sejam designados Ministros (essas são medidas de garantia da independência do órgão de controle);
- os membros da comissão devem manter-se em seus cargos de acordo com a vontade do Parlamento, e não do Poder Executivo;
- o presidente do órgão deve ser eleito pelo Parlamento e/ou pelos próprios membros da comissão, e não nomeado pelo governo.

Derradeira observação sobre a composição do órgão de fiscalização e controle parlamentar não citada pelo DCAF pode ser extraída do modelo italiano. Na Itália, a presidência da Comissão de controle deve sempre ficar a cargo de um membro da oposição. Em outros modelos, a presidência é dada a um membro da maioria e a vice-presidência, a um representante da minoria. Isso é importante para garantir que o órgão de controle exerça suas funções de maneira menos partidária.

O DCAF também propõe que, uma vez que o órgão de controle lide com material sigiloso, é conveniente que seus membros passem por um processo de investigação de vida pregressa sobre sua conduta e condições de compor uma comissão com tamanha sensibilidade. Argumenta-se mesmo que isso poderia ser motivo para que se vete um nome de parlamentar para compor a comissão. Na prática, entretanto, a medida é pouco viável e pode ir de encontro às prerrogativas dos parlamentares. Afinal, um parlamentar que tenha um passado menos ilibado que outro é tão legítimo ao representar seus constituintes quanto o último, cabendo aos mecanismos políticos e às normas de conduta política e às regras eleitorais (como a chamada Lei da Ficha Limpa brasileira – Lei Complementar nº 135, de 4 de junho de 2010) limitar o acesso ao Parlamento de pessoas com condutas incompatíveis com o cargo a que aspirem.

Prática mais importante diz respeito à atribuição de credencial de segurança de mais alto nível aos membros da comissão e a pelo menos alguns de seus funcionários. Isso é fundamental para a garantia dos plenos poderes do órgão de controle para fiscalizar e mesmo realizar auditorias/investigações junto aos serviços de inteligência, requisitar informações e documentos e chamar à oitiva pessoas da comunidade de informações. As sugestões sobre os poderes parlamentares para obtenção de informação e documentos são as seguintes:

- o órgão de controle externo deve ter poder de iniciar investigações/auditorias;
- seus membros devem ter acesso irrestrito a toda a informação necessária para o desenvolvimento de suas tarefas de fiscalização e controle;
- o órgão de controle deve ter o poder de convocar (inclusive coercitivamente) pessoas para suas audiências e de requerer depoimentos sob juramento;
- a lei deve estabelecer a obrigação do Executivo de informar o órgão de controle sobre assuntos pertinentes às competências desse órgão;
- o órgão de controle tem que ter poder de adotar medidas para a salvaguarda da informação sensível a que tenha acesso e evitar sua divulgação não autorizada;
- eventuais divergências entre os serviços de inteligência e os órgãos de controle sobre liberação e acesso a dados e informações devem ser decididas pelo próprio Parlamento.

Com referência à remessa ao Parlamento de relatórios preparados pelo órgão de controle, o DCAF assinala que a responsabilidade primordial pelo momento e a forma com que esses relatórios são enviados, bem como a decisão de dar a conhecer publicamente informações ou dados sigilosos, deve recair sobre o próprio órgão de controle. Não obstante, sugere que se apresente relatório ao Parlamento ao menos uma vez por ano, e que o governo e os organismos de inteligência tenham acesso prévio ao documento produzido pelo órgão de controle externo para que possam assinalar eventuais supressões de informação sensível, cabendo ao órgão de controle parlamentar a avaliação da conveniência de acatar as sugestões daqueles.

Apesar de aceitável em modelos parlamentaristas, a sugestão do DCAF de que seja encaminhado previamente o relatório da comissão parlamentar de controle ao Executivo depara-se com os princípios da separação e independência dos Poderes, pedra fundamental dos sistemas presidencialistas. Nesse sentido, qualquer encaminhamento prévio de material produzido por um órgão do Poder Legislativo ao Executivo "para apreciação deste" pode ser objeto da crítica de que seria uma demonstração de subordinação do Legislativo ao Executivo, sobretudo em se tratando da atribuição fiscalizadora do Parlamento. Assim, sugestão interessante, mas de complexa implementação em sistemas onde a separação entre Executivo e Legislativo é plena.

Por último, há as sugestões do DCAF concernentes ao controle orçamentário. Primeiramente, alvitra-se que o ente de controle parlamentar tenha acesso a todos os documentos pertinentes ao orçamento de inteligência, mantidas as salvaguardas para que não ocorram vazamentos de informação classificada. Também se defende que a supervisão do orçamento dos serviços de segurança e inteligência seja regida pelos mesmos princípios de bom governo que regulam as outras atividades da Administração Pública (com exceções reguladas por lei). Daí que, sob essa perspectiva, o DCAF propõe que a competência para fiscalizar e controlar o orçamento seja compartilhada entre a comissão de controle temática e a comissão de orçamento do Parlamento. Assinala-se, ainda, que um Legislativo forte deve ter o direito de autorizar o orçamento, que os serviços de inteligência só podem utilizar os recursos para os fins específicos autorizados e que não lhes seja permitido transferir ou contingenciar recursos sem a devida autorização legislativa.

São essas as propostas do DCAF para o estabelecimento de mecanismos eficientes de controle dos serviços de segurança e inteligência. Claro que é pouco provável que todas sejam adotadas em um modelo. Ademais, a elas podem ser acrescentadas outras, como aqui tentamos fazer, oriundas da experiência de outros sistemas políticos e de controle e que, ressaltamos, levem em consideração a realidade com que se lida. Não obstante, essas orientações podem servir para qualquer nação que resolva criar mecanismos de fiscalização e controle da atividade de inteligência.

Concluídas as observações sobre os aspectos gerais de controle, passamos para o capítulo que trata do controle da atividade de inteligência no Brasil.

Capítulo 6

O CONTROLE DA ATIVIDADE DE INTELIGÊNCIA NO BRASIL

No Estado Democrático de Direito, não se pode privilegiar o mistério, porque a supressão do regime visível de governo compromete a própria legitimidade material do exercício do poder.

Ministro Celso de Mello, STF

O capítulo sexto deste livro trata do controle da atividade de inteligência no Brasil. Assim, pretende-se apresentar um histórico do controle, bem como a forma que se dá atualmente para que, então, sejam apresentadas nossas sugestões para a melhoria deste controle. Para a boa compreensão do tema é importante, preliminarmente, fazer uma breve retrospectiva da atividade dos serviços secretos no País.

6.1. A ATIVIDADE DE INTELIGÊNCIA NO BRASIL

A atividade de inteligência civil no Brasil remonta à década de 1920, quando, em 1927, foi criado o Conselho de Defesa Nacional (CDN), cuja função era estudar e coordenar informações sobre "todas as questões de ordem financeira, econômica, bélica e moral, relativas à defesa da Pátria".[1] Mas foi apenas após a II Guerra Mundial e no contexto da Guerra Fria que se criou um órgão específico para tratar de informações (como era então chamada a Inteligência) no País, o Serviço Federal de Informações e Contrainformações (SFICI). Estabelecido pelo Decreto nº 9.775-A, de 6 de setembro de 1946, o SFICI só seria efetivado 12 anos depois. A implementação do SFICI apenas 12 anos após sua criação evidencia, por um lado, o pouco interesse no assunto em uma época em que a vida política no Brasil era marcada por sua mais profunda fase de populismo. Por outro, entretanto, esse fato serve para evidenciar que Inteligência e democracia são plenamente compatíveis, pois o primeiro serviço civil de informações foi fundado

[1] Brasil. Decreto nº 17.999, de 29 de novembro de 1927.

e entrou em funcionamento exatamente durante o período mais democrático da história do Brasil desde o golpe de 15 de novembro de 1889.

Com o regime militar, estabelecido a partir de 31 de março de 1964, o Presidente Humberto de Alencar Castello Branco apresentou ao Congresso Nacional, por sugestão do General Golbery do Couto e Silva,[2] o projeto de criação do Serviço Nacional de Informações (SNI), o que ocorreu com a aprovação da Lei nº 4.341, de 13 de junho de 1964. De acordo com o art. 3º daquela Lei, o SNI tinha como principais funções:

a) assessorar o Presidente da República na orientação e coordenação das atividades de informação e contrainformação afeitas aos Ministérios, serviços estatais, autônomos e entidades paraestatais;
b) estabelecer e assegurar, tendo em vista a complementação do sistema nacional de informação e contrainformação, os necessários entendimentos e ligações com os Governos de Estados, com entidades privadas e, quando for o caso, com as administrações municipais;
c) proceder, no mais alto nível, à coleta, avaliação e integração das informações, em proveito das decisões do Presidente da República e dos estudos e recomendações do Conselho de Segurança Nacional, assim como das atividades de planejamento a cargo da Secretaria-Geral desse Conselho;
d) promover, no âmbito governamental, a difusão adequada das informações e das estimativas decorrentes.

Assim, o SNI herdou a estrutura do SFICI, mas tinha mais atribuições e mais prestígio do que este. De fato, de acordo com a Lei nº 4.341/1964, o Chefe do SNI possuía as "honras e prerrogativas de Ministro de Estado" e sua nomeação, pelo Presidente da República, deveria ser aprovada pelo Senado (art. 5º). Ao longo do período militar, o órgão de inteligência foi adquirindo cada vez mais prestígio, ao mesmo tempo em que também cresceu seu poder. Logo, a singela estrutura do SFICI deu lugar a um amplo sistema de informações, com órgãos vinculados nos diferentes níveis de governo e com agências e delegacias que cobriam todo o território brasileiro, tendo alguns postos também no exterior.

> *Embora atividades secretas de busca de informações, sob o patrocínio do governo, existissem no Brasil há mais tempo, foi a criação do SNI, em junho de 1964, poucos dias após a tomada do poder pelos militares, que marcou o início de um período específico. Nele os serviços secretos representariam enorme concentração de poder e,*

[2] Uma das mentes mais brilhantes da caserna brasileira no século XX, o General Golbery é considerado precursor do Planejamento Estratégico do Brasil e um dos ícones da doutrina geopolítica brasileira. Golbery defendia a criação de um órgão de inteligência que pudesse subsidiar o Presidente da República com informações estratégicas de mais alto nível. Tendo sido o primeiro chefe do SNI, Golbery acabaria vendo sua ideia desvirtuada com o recrudescimento do regime militar e teria chegado a comentar que "havia criado um monstro".

alimentados pela semiclandestinidade oficial, tanto ajudariam a dar sustentação de forma definitiva aos governos militares quanto teriam importância excepcional durante a estratégia da 'abertura política'. Os serviços secretos foram, na melhor acepção do termo, 'atores políticos' qualificados do período.[3]

A partir do final da década de 1960, com início da luta armada em reação ao regime militar, no que ficou conhecido como "os anos de chumbo", o SNI passou a envolver-se cada vez mais com a repressão. A eficiência e eficácia de seus agentes na vigilância e detenção dos oponentes do regime e a violência de alguns de seus métodos deixariam feridas na sociedade brasileira que levariam anos para cicatrizar, com algumas ainda abertas. A atuação do serviço naquele período contribuiria para o estigma que acompanha a atividade de inteligência no Brasil até nossos dias.[4]

O apogeu do SNI foi precisamente na primeira metade da década de 1980, quando chegou à Presidência da República o General João Baptista Figueiredo, o último dos presidentes militares. Figueiredo havia sido nada menos que o Chefe do SNI no governo anterior e, portanto, natural que o órgão ganhasse mais prestígio. No Governo Figueiredo, o Chefe do SNI foi o General Octavio Medeiros, que promoveu o fortalecimento do Serviço em uma escala sem precedentes.

Com o restabelecimento do governo civil, o SNI continuou em funcionamento. Entretanto, em 15 de março de 1990, um dos primeiros atos do novo Presidente Fernando Collor de Mello foi a extinção do SNI, em um contexto de reestruturação da Administração Pública Federal.[5] Tinha início um dos períodos mais infaustos para a atividade de inteligência no Brasil. Por meio de um ato do Chefe do Executivo, a superestrutura do sistema de informações em torno do SNI desapareceu, e o órgão central perdeu seu mandato, seus objetivos e seu *status* de Ministério, sendo reduzido a um pequeno departamento da Secretaria de Assuntos Estratégicos da Presidência da República (SAE).[6] Muitos documentos foram perdidos, outros tantos destruídos.

A maior parte da opinião pública brasileira viu com bons olhos o fim do SNI. Já se tentara por duas vezes na década de 1980 a extinção do órgão, considerado pouco adequado ao regime democrático que se estabelecia. Até Collor, entretanto, o SNI havia resistido, continuava influente e a transição democrática não conseguiu pôr-lhe termo. A extinção do SNI deu-se por um impacto direto e preciso e não houve na sociedade brasileira quem realmente "chorasse a morte do monstro".

---

[3] Bitencourt, Luís Antônio. *O Poder Legislativo e os Serviços Secretos no Brasil*, 1964-1990. Brasília: Faculdades Integradas Católica de Brasília, 1992, p. 26.

[4] Bitencourt, op. cit., p. 27.

[5] Fernando Collor de Mello reestruturou a Presidência da República e os Ministérios por meio da Medida Provisória nº 150, de 15 de março de 1990, convertida na Lei nº 8.028, de 12 de abril de 1990.

[6] No âmbito da SAE foi criado o Departamento de Inteligência (DI), cuja única função era "implementar medidas de proteção a assuntos sigilosos, em nível nacional."

Durante a primeira metade da década de 1990 a atividade de inteligência de Estado no Brasil permaneceu legada a segundo plano. Entretanto, apesar da quase inoperância do órgão de inteligência civil, os demais membros da comunidade de informações do País continuaram atuando, muitos se fortalecendo em suas respectivas áreas, particularmente a inteligência militar e a da Polícia Federal. De toda maneira, sempre que se falava em Inteligência na sociedade brasileira, voltava o fantasma do SNI e do autoritarismo.

As mudanças na Ordem Internacional e a consolidação da democracia no Brasil acabaram possibilitando, a partir da segunda metade da década de 1990, o ressurgimento do debate sobre a importância do Estado brasileiro possuir um serviço de inteligência. Debates ocorreram no Parlamento e mesmo um seminário sobre atividade de inteligência no regime democrático foi realizado.[7]

Em 1995, com a posse de Fernando Henrique Cardoso, a Presidência da República passou por uma reestruturação, mantendo-se a SAE como órgão de assessoramento direto da Presidência. Estabeleceu-se, subordinada à SAE, uma Subsecretaria de Inteligência (SSI). Também naquele início de governo foi autorizada a criação de uma agência brasileira de inteligência e, enquanto isso não ocorresse, a SSI, apesar de continuar institucionalmente subordinada à SAE, estaria de fato sob o comando do Secretário-Geral da Presidência da República. O ex-Chefe do Centro de Inteligência do Exército (CIE), General Fernando Cardoso, foi nomeado assessor especial do Presidente e encarregado de desenvolver o projeto de criação do novo serviço de inteligência. Alguns projetos de lei referentes à criação de um novo órgão de inteligência para o Estado brasileiro também começaram a tramitar no Parlamento.[8]

> *Os trabalhos desenvolvidos pelo General Fernando Cardoso mereceram amplos e polêmicos debates, destacando-se, por exemplo, os aspectos referentes às diferentes concepções para o exercício da atividade e as formas legais para o seu controle em um regime democrático, de modo que se preservassem os direitos e as garantias individuais previstos na Constituição Federal. Os exaustivos e longos debates estenderam-se durante todo o ano de 1995 e o primeiro trimestre de 1996.*[9]

Em abril de 1996, a missão de criar o novo órgão de inteligência passou ao General Alberto Cardoso, Chefe da Casa Militar da Presidência da República, para a qual foi transferida a SSI. O General Alberto Cardoso defendia a criação de uma agência de inteligência voltada à defesa da sociedade e do Estado, particularmente contra ameaças como o crime organizado e a espionagem

[7] Trata-se do Seminário "As Atividades de Inteligência em um Estado Democrático – O Caso do Brasil", promovido em 1994 pela Comissão de Defesa Nacional da Câmara dos Deputados.

[8] Foge ao escopo deste ensaio os detalhes sobre o processo de criação da ABIN e do SISBIN. Sugere-se a leitura de Antunes (op. cit) e do livro de Oliveira, Lúcio Sérgio Porto de. *A história da atividade de inteligência no Brasil* (Brasília: ABIN, 1999).

[9] Oliveira, Lúcio, op. cit., p. 116.

(portanto, com forte viés de *security intelligence*) e que estivesse apta a subsidiar o Presidente da República (e, a seu comando, os mais altos escalões do Governo) com conhecimentos de caráter estratégico. Cardoso também insistia em uma orientação do serviço baseada em fortes valores éticos, como marca da atividade no regime democrático.

Em 1997, foi criado um grupo de trabalho encarregado de elaborar o texto de um Projeto de Lei a ser submetido ao Congresso. Vários modelos e serviços de inteligência pelo mundo foram analisados. Dentre os vários casos, o modelo canadense pareceu o mais interessante para a realidade brasileira: uma única organização civil, sem poder de polícia, com atribuições de inteligência interna, externa e contrainteligência, voltada sobretudo para a segurança interna e conduzindo suas atividades na estrita observância do ordenamento jurídico-constitucional em defesa do Estado democrático e da sociedade. Ademais, as similitudes entre os dois países, particularmente no que concerne a objetivos nacionais e a questões de segurança evidenciaram-se. Os laços com o serviço secreto canadense se estreitariam a partir de então.

A nova agência e, de fato, o novo sistema brasileiro de inteligência, deveriam estar sob estrito controle do Poder Legislativo, como acontece no Canadá e nos EUA. E o próprio Projeto de Lei proposto pelo Poder Executivo já assinalava esse fato, um aspecto inédito da história da atividade de inteligência no Brasil.

Assim, em 19 de setembro de 1997 foi remetido ao Congresso Nacional o Projeto de Lei nº 3.651, que dispunha sobre a instituição do Sistema Brasileiro de Inteligência (SISBIN) e a criação da Agência Brasileira de Inteligência (ABIN). Finalmente, em 7 de dezembro de 1999, após debatido no Parlamento, o projeto entrou em vigor como a Lei nº 9.883. Estava restabelecida a atividade de inteligência de Estado no Brasil.

Desde 1999 o Brasil dispõe, portanto, de um sistema de inteligência com a ABIN como seu órgão central. Esse sistema padece, não obstante, de uma série de problemas estruturais e funcionais que fogem ao escopo da presente obra.[10] O que é importante destacar é que, em seus primeiros anos, o Sistema Brasileiro de Inteligência (SISBIN) viu alguns de seus membros envolvidos em escândalos, com casos de ações irregulares dos setores operacionais, interceptações telefônicas não autorizadas e condutas que provocam críticas tanto no âmbito da Administração Pública quanto na sociedade civil.

---

[10] A esse respeito, *vide Atividade de Inteligência e Legislação Correlata* (op. cit.), e, também de nossa autoria, "O que fazer com nossos espiões? Considerações sobre a Atividade de Inteligência no Brasil" [in: Fernando B. Meneguin (Org.), *Agenda Legislativa para o Desenvolvimento Nacional*. Brasília: Senado Federal, 2010, pp. 299-324].

Em 2008, por ocasião da chamada Operação Satiagraha, desencadeada pelo Departamento de Polícia Federal (DPF), a atividade de inteligência voltou à berlinda. Nesse contexto, a resposta do Congresso se deu por meio de uma Comissão Parlamentar de Inquérito (CPI) da Câmara dos Deputados para investigar escutas telefônicas, e na discussão nas duas Casas sobre a necessidade de maior controle dos serviços secretos.

De fato, os últimos anos evidenciaram maior preocupação com controle dos órgãos de inteligência, tanto interno quanto externo. Debates têm ocorrido periodicamente sobre a relevância da Inteligência para a democracia e sobre como controlar a ABIN e outros entes da comunidade de inteligência. No âmbito do Poder Legislativo, passos importantes foram dados com a organização da Comissão Mista de Controle das Atividades de Inteligência (CCAI), e com a aprovação de seu Regimento Interno (RICCAI), por meio da Resolução nº 2, de 2013 – CN. Assim, caminha-se para o estabelecimento de mecanismos mais efetivos de controle externo da atividade. Nas próximas páginas, pretende-se discorrer sobre o funcionamento do controle da atividade de inteligência no Brasil.

6.2. BREVE HISTÓRICO

No Brasil, em que pese ao controle da Administração Pública ter tradição no que concerne ao controle externo realizado pelo Legislativo (que remonta ao período imperial),[11] às cortes de contas[12] e aos órgãos de controle interno,[13] nas áreas de segurança e, particularmente, Inteligência, o tema ainda é novidade. Salvo pela fiscalização contábil-financeiro-orçamentária, realizada pelo TCU, praticamente não havia, até muito recentemente, mecanismos de controle externo dos órgãos de inteligência.

---

[11] A Constituição Política do Império do Brasil, de 25 de março de 1824, já estabelecia a responsabilidade ministerial (art. 132). Já a Carta republicana, de 24 de fevereiro de 1891, dava ao Congresso Nacional a competência para "velar na guarda da Constituição e das leis e providenciar sobre as necessidades de caráter federal" (art. 35, 1º).

[12] Chaves, Francisco (*Controle Externo da Gestão Pública – A fiscalização pelo Legislativo e pelos Tribunais de Contas.* Niterói: Impetus, 2007, p. 30) assinala que ainda no período imperial surgiu a primeira manifestação pela criação de um tribunal de contas. Em 1826, o Visconde de Barbacena (Felisberto Caldeira Brandt) apresentou um projeto de lei no Senado, que acabou não logrando êxito. O Tribunal de Contas da União (TCU) foi criado apenas na República, por iniciativa de Rui Barbosa, com o Decreto nº 966-A, de 7 de novembro de 1890. Com o art. 89 da Constituição republicana de 1891, o TCU adquiriu *status* constitucional, que nunca mais perdeu.

[13] Chaves (*op. cit.*, p. 30) lembra também que em 1831 foi criado o Tribunal do Tesouro Público Nacional, órgão "presidido pelo Ministro da Fazenda, e composto por outros três membros com funções consultivas, cuja finalidade principal era aumentar a racionalidade gerencial (leia-se contenção de gastos públicos)".

De fato, a legislação de inteligência brasileira ainda não estabelece um mandato claro para a ABIN e tampouco para os outros órgãos do SISBIN, e, até 2013, a única menção ao controle externo estava na própria Lei nº 9.883/1999. Assim, o art. 6º da referida lei dispunha que "o controle e fiscalização externos da atividade de inteligência serão exercidos pelo Poder Legislativo na forma a ser estabelecida em ato do Congresso Nacional". Esse quadro só veio a mudar com a Resolução nº 2, de 2013 – CN, que aprova o Regimento Interno da Comissão Mista de Controle das Atividades de Inteligência (RICCAI), o órgão de controle externo.

Até o advento da Lei nº 9.883/1999, portanto, não havia controle formal externo específico da atividade de inteligência no Brasil. À época do SFICI ou mesmo do SNI, os serviços de inteligência atuavam de maneira independente e autônoma, e os mecanismos de controle restringiam-se ao âmbito agencial e ministerial. De fato, fosse no SNI ou nos demais órgãos do SISNI, a cadeia de comando colocava o Ministro-Chefe do SNI no controle total do sistema (à exceção dos serviços reservados das Forças Armadas, que ficavam subordinados ao respectivo Ministro) e as diretrizes e determinações ministeriais (que algumas vezes se limitavam a ordens verbais ou bilhetes) eram a orientação para as atividades.

Além disso, irregularidades internas ou problemas na conduta do pessoal de informações eram resolvidos na esfera do Serviço ou do Ministério, não chegando a público.[14] Não havia *habes data*, e a possibilidade de o cidadão recorrer contra abusos do Estado muitas vezes encontrava limites nos imperativos de segurança nacional. Isso não significa que não havia controle interno. Entretanto, esse controle seguia mais padrões de eficiência, obediência à hierarquia e comprometimento ideológico, que de cumprimento a dispositivos legais ou de proteção a direitos civis.

À época do SISNI, convém destacar, as relações da comunidade de informações com o Congresso davam-se basicamente por intermédio do SNI. Nesse sentido, Bitencourt[15] lembra que "do lado do SNI e dos serviços secretos, o que aparece são organizações permanentes mergulhadas não apenas no sigilo típico dessas atividades mas, sobretudo, atormentadas nas suas próprias ambiguidades. Do lado do Congresso Nacional, o que sobressai é a profunda ausência de conhecimentos qualificados sobre o tema. Assim, proliferam os falsos argumentos e os equívocos de interpretação". Essa situação mudou muito pouco nos anos que se seguiram ao fim do SNI e do SISNI.

Interessante observar, entretanto, que o regime estabelecido com o movimento de 31 de março de 1964 preocupou-se em encaminhar um projeto de

---

[14] Nos governos militares, a questão poderia mesmo chegar ao Gabinete do Presidente, que por si decidia o que fazer em termos de punições a desvios de conduta.

[15] Bitencourt, *op. cit.*, p. 70.

lei ao Congresso referente à criação do SNI.[16] O projeto foi enviado às comissões da Câmara dos Deputados,[17] onde recebeu emendas referentes às atribuições do novo órgão, na verdade, ampliando-as.[18] Apesar dos pareceres favoráveis à proposta de criação do SNI, algumas vozes se insurgiram no Parlamento. O mais combativo crítico do projeto foi o Deputado João Herculino, que considerava haver absoluta incompatibilidade entre o órgão que se pretendia criar e o parlamento democrático.[19] Em plenário, chegou a asseverar que era razoável que o Governo desejasse munir-se com "um órgão de informações e contrainformações que possa capacitá-lo a conhecer aquilo que se passa no território brasileiro",[20] mas que já dispunha de órgãos com essa tarefa, como o Conselho de Segurança Nacional, a Agência Nacional e a Rádio Nacional. E, demonstrando grande lucidez, enfatizou que o novo serviço poderia se transformar, especialmente em razão da impossibilidade de controle do Legislativo sobre suas ações, na institucionalização da delação.[21] Muito antes da Comissão McDonald no Canadá, ou mesmo da Comissão Church estadunidense, um deputado brasileiro já chamava a atenção para a imprescindibilidade do controle parlamentar da atividade de inteligência.

Além de João Herculino, apenas o Deputado Chagas Rodrigues fez críticas ao projeto, reagindo à impossibilidade de interpelação do Chefe do SNI pelo Congresso Nacional.[22] As demais manifestações foram pela aprovação (com modificações) da proposta encaminhada pelo Presidente da República, o que acabou acontecendo não só pela maioria governista na Casa, mas também porque

---

[16] Trata-se do Projeto de Lei nº 1.968, de 11 de maio de 1964.

[17] As comissões foram a de Constituição e Justiça, a de Segurança Nacional, de Orçamento, de Fiscalização Financeira e Tomadas de Contas e de Finanças (Diário do Congresso Nacional, 12/05/1964, p. 2.989).

[18] Sobre o assunto, *vide* Bitencourt, *op. cit.*, pp. 73 e ss.

[19] Bitencourt, *op. cit.*, p. 77.

[20] Brasil. Câmara dos Deputados. Ata das Sessões da Câmara dos Deputados. Sessão de 25 de maio de 1964, p. 73.

[21] Sobre o art. 4º, § 2º, do Projeto de Lei, que estabelecia que o "Serviço Nacional de Informações está isento de quaisquer prescrições que determinem a publicação ou divulgação de sua organização, funcionamentos e efetivos", Herculino assim pronunciou-se: "(...) Pergunto se à Câmara e ao Congresso Nacional esse serviço prestará informações. Se ele está isento – essa isenção não determina limite – (...) nem ao Congresso Nacional esse serviço prestará informações. Como então julgarmos democrático um projeto que tem um artigo como este? (...) vai dar margem a que ódios pessoais, a que vendetas sejam uma constante no serviço público, lançando a balbúrdia nas repartições, impedindo que qualquer um possa tranquilamente sequer pensar alguma coisa que não seja favorável ao Governo, porque quando da promoção ele será apontado por esse 'dedo duro' oficializado, ao Governo para ganhar pontos para o prêmio da promoção por merecimento". Brasil. Câmara dos Deputados. Ata das Sessões da Câmara dos Deputados. Sessão de 25 de maio de 1964, p. 73.

[22] Bitencourt, *op. cit.*, p. 78.

eram tempos em que não era de muito bom alvitre questionar o Executivo, mesmo que isso fosse uma atribuição e direito precípuos do Legislativo. Aprovado na Câmara por 178 votos a favor, com 52 contrários, o Projeto foi encaminhado ao Senado Federal,[23] que também o referendou em 12 de junho de 1964, enviando-o ao Presidente da República para sanção.

Avaliando o processo de criação do SNI, Bitencourt[24] assinala o grande despreparo do Poder Legislativo no que concerne a assuntos de inteligência. Isso teria contribuído para a ausência de controle parlamentar do SISNI, e para o fortalecimento da autonomia dos órgãos que o compunham. Faz, não obstante, a ressalva de que o acesso a conhecimentos especializados sobre a atividade de inteligência à época era difícil. Acrescente-se a isso o fato de que o tema "controle parlamentar dos serviços secretos" era praticamente inexistente e muito pouco tratado, mesmo em democracias avançadas como os EUA, Canadá, Austrália e Reino Unido.

Nos primeiros anos do SNI, o Congresso não demonstrou comportamento diferente daquele dos momentos iniciais. Segundo Bitencourt, o Legislativo:

> *reagiu retoricamente aos grandes temas, mas continuou a demonstrar falta de conhecimento básico sobre os assuntos ligados aos serviços secretos e não chegou a aprovar qualquer projeto capaz de definir alguma ingerência do Poder Legislativo sobre aquelas organizações do Executivo. As reações foram, em geral, pontuais, originadas na Oposição e respondentes a algum fato específico.*[25]

Desencadeado o processo de abertura rumo à redemocratização, no final dos anos 1970, houve algumas iniciativas no Congresso contra o SNI. Registre-se que essas eram muito mais no sentido de "por fim ao monstro" que a controlá-lo. Por exemplo, em 1979, o Deputado Adhemar Santillo apresentou Projeto de Lei revogando a Lei nº 4.341/1964 (e, portanto, extinguindo o SNI), alegando que o órgão se tornara verdadeira polícia política.[26] No mesmo ano, o Senador Humberto Lucena apresentou proposta de Delegação Legislativa propondo outorga de poderes ao Presidente da República para "elaborar lei extinguindo o SNI e determinando providências complementares a essa medida".[27] Essas proposições, assim como outras poucas que as seguiram, foram rejeitadas e arquivadas.

As iniciativas de levar o Chefe do SNI ao Congresso ou a responder a interpelações de parlamentares também não prosperaram. Na Câmara,

---

[23] Brasil. Congresso Nacional. *Diário do Congresso Nacional*, 04/06/1964, p. 3.857.

[24] Bitencourt, *op. cit.*, p. 84.

[25] Bitencourt, *op. cit.*, p. 85.

[26] Brasil. Câmara dos Deputados. Projeto de Lei nº 100, de 09 de março de 1979.

[27] Brasil. Congresso Nacional. Proposta de Delegação Legislativa nº 1, de 28 de maio de 1979.

Bitencourt lembra que resultaram em arquivamento na forma do art. 200 do Regimento Interno da Casa,[28] sob argumento que o Ministro não poderia ser chamado em virtude da isenção de que gozava o SNI quanto à publicação ou à divulgação de sua organização, funcionamento e efetivos.[29] Claro que essa argumentação não fazia sentido, pois o Chefe do SNI poderia comparecer ao Congresso e responder a interpelações dos parlamentares sem necessariamente ter que fazer qualquer referência aos aspectos proibidos por lei.[30]

De toda maneira, os Chefes do SNI sempre ignoraram qualquer convocação do Congresso. Bitencourt lembra que "o único Chefe do SNI a submeter-se a um debate do Congresso, e mesmo assim sem atender a qualquer convocação, foi o General Ivan de Souza Mendes".[31] O último Chefe do Serviço compareceu perante a Comissão de Defesa Nacional do Senado, para tratar das reformas do órgão, poucos dias antes do fim do Governo Sarney e da extinção do SNI.

Claro que o Congresso não se revelou de todo inerte. Entretanto, atuava de forma reativa, nunca proativa. Exemplo disso são as reações, em 1983, à acusação de envolvimento do SNI na recuperação da revista *O Cruzeiro* e na morte do jornalista Alexandre von Baumgarten. Protestos avolumaram-se na Câmara e no Senado criticando o SNI.[32] No Senado, o pronunciamento mais marcante foi o do Senador Henrique Santillo, que criticava a impossibilidade de acesso à "lista de atividades" do SNI, e propunha a criação de uma CPI para "apurar as denúncias feitas contra o SNI e averiguar a responsabilidade de seus dirigentes".[33] Em defesa do Serviço, manifestou-se o Senador Aloysio Chaves,[34] justificando a existência do SNI por razões de segurança nacional e condenando a iniciativa de Santillo de querer submeter os serviços secretos ao controle do Congresso.

Outro parlamentar que se manifestou a respeito do SNI foi o Senador Álvaro Dias que, em pronunciamento no Plenário da Casa, criticou a recusa do Ministro-Chefe do SNI e do Chefe da Agência Central em atender a convocação da Justiça para prestarem esclarecimentos sobre o Caso Baumgarten. Censurou

---

[28] Bitencourt, *op. cit.*, p. 90.

[29] Lei nº 4.341/1964, art. 4º, § 2º.

[30] "(...) Afinal, o interesse dos parlamentares não dizia respeito a esses tópicos, mas sim ao comportamento da organização diante de situações específicas." Bitencourt, *op. cit.*, p. 91.

[31] Bitencourt, *op. cit.*, p. 91.

[32] Registre-se que só no Plenário da Câmara foram 45 pronunciamentos referentes ao SNI em 1983 (a maioria atacando o órgão), contra apenas 6 alusões ao Serviço no ano anterior. No Senado, foram 10 pronunciamentos referentes ao SNI contra nenhum no ano anterior (fonte: Senado Federal, Secretaria de Informação e Documentação – Subsecretaria de Informações).

[33] Senador Henrique Santillo. Pronunciamento no Plenário do Senado em 10/03/1983, publicado no *Diário do Congresso Nacional* (DCN2) de 11/03/1983, p. 297.

[34] Senador Aloysio Chaves. Pronunciamento no Plenário do Senado em 14/03/1983, publicado no *Diário do Congresso Nacional* (DCN2) de 15/03/1983, p. 340.

o General Newton Cruz, que invocara o art. 207 do Código de Processo Penal[35] e a condição de militar para não prestar esclarecimentos.[36]

Mesmo com o advento da redemocratização, o controle do SNI e do SISNI permaneceu ainda incipiente. Apesar das discussões pontuais no âmbito do Legislativo sobre medidas para modificar o SNI e até mesmo extinguir o Serviço, a realidade era que praticamente não se tratava de controle externo.[37] As tentativas de parlamentares de implementar a supervisão (*oversight*) sobre a comunidade de informações restringiram-se a alguns poucos projetos de lei.[38] Poucas referências foram feitas no Parlamento ao Serviço.[39] A Constituição de 1988 e a legislação infraconstitucional subsequente silenciaram quanto ao SNI e a qualquer mecanismo de controle externo da comunidade de informações.

Assim, os serviços secretos haviam passado praticamente incólumes ao processo de redemocratização e suas relações com o Congresso permaneciam distantes. O desconhecimento da maioria dos parlamentares sobre a atividade de inteligência e sobre as possibilidades de fiscalização e controle dos serviços secretos que eram discutidas pelo mundo garantiam o *status quo* nas relações entre a comunidade de informações e o Poder Legislativo. Ao final do Governo Sarney (1985-1990), entretanto, havia alguns sinais precursores do que poderia ser um sistema de inteligência nos padrões democráticos e com mecanismos eficientes e eficazes de controle interno e externo.

Com a extinção do Serviço, em 1990, o controle perdeu o objeto, uma vez que não havia mais comunidade de inteligência formal a ser fiscalizada. Somente com o processo de criação de um novo serviço civil para o Estado democrático, iniciado no Governo Fernando Henrique Cardoso, é que se recuperaria o assunto. As discussões no Parlamento voltaram à tona com o projeto de lei encaminhado pelo Governo para a criação da ABIN e do SISBIN. Foi então que veio a Lei nº 9.883/99 com a previsão do órgão de controle externo.

---

[35] "Art. 207. São proibidas de depor as pessoas que, em razão de função, ministério, ofício ou profissão, devam guardar segredo, salvo se, desobrigadas pela parte interessada, quiserem dar o seu testemunho." Brasil. Código de Processo Penal.

[36] Senador Álvaro Dias. Pronunciamento no Plenário do Senado em 14/04/1983, publicado no *Diário do Congresso Nacional* (DCN2) de 15/04/1983, p. 1.029.

[37] Em 1985, por exemplo, o Deputado José Genoíno mostrava-se severo crítico da manutenção do SNI no regime democrático que se estabelecia. Fez vários pronunciamentos pela extinção do Serviço e pela remoção do "entulho autoritário" ao qual o SISNI se relacionava (*vide* os discursos do Deputado em 27/03, 17/04, 23/05, 12 e 25/06 e 30/10). Outros parlamentares também se juntariam ao coro pela extinção do SNI.

[38] Bitencourt, *op. cit.*, p. 165.

[39] Para ilustrar essa situação, convém assinalar que, entre 1964 e 1990, ou seja, ao longo de toda a existência do SNI, foram feitos apenas 35 pronunciamentos no Senado com alguma referência ao Serviço, aí incluídos os apartes. Já entre 07/12/1999, data da criação da ABIN, e 20/03/2008, foram feitos 72 pronunciamentos no Senado referentes à Agência (fonte: Senado Federal, Secretaria de Informação e Documentação – Subsecretaria de Informações).

6.3. ASPECTOS GERAIS DO CONTROLE

Antes de se apresentar o atual modelo de controle externo da atividade de inteligência no Brasil, convém fazer as devidas referências sobre os mecanismos de controle interno dos serviços secretos. De fato, a atenção voltar-se-á eminentemente para a ABIN, optando-se por não se tratar de forma mais detalhada dos demais membros do SISBIN, mesmo porque o acesso a informações sobre estes órgãos é bastante restrito.

De toda maneira, convém ressaltar que o que se tem para com os órgãos do SISBIN são os mecanismos gerais de controle interno, agencial, ministerial e do Executivo aplicáveis a toda a Administração Pública. Em alguns órgãos, como o DPF, há a corregedoria, mas que é muito mais voltada à investigação de ilícitos ou irregularidades dos servidores que à avaliação e supervisão do desempenho e da atuação do órgão como um todo. Em outros, a corregedoria atua como setor de inteligência dentro da instituição, ou ao menos usa técnicas de inteligência para levantar informações sobre condutas dos servidores ou contrárias à lei e à instituição.

Também há os entes de controle interno de contas, vinculados à Corregedoria-Geral da União e à Secretaria de Controle Interno. Não se pretende aprofundar esse tipo de controle no presente trabalho, uma vez que o controle exercido por esses órgãos não enfoca as atividades-fim, sendo voltado eminentemente à avaliação de contas.

6.4. O CONTROLE INTERNO: AGENCIAL

6.4.1. O papel do Diretor-Geral

No que concerne ao aspecto agencial, o controle das atividades da ABIN estrutura-se, basicamente, na supervisão do Diretor-Geral do órgão, e nas orientações dele emanadas. O princípio da hierarquia ainda carrega significativa importância em virtude da cultura militar que permanece em alguns setores da agência, senão em sua própria memória organizacional. Daí a importância da figura do Diretor-Geral, que administra o dia a dia do órgão e orienta as atividades de caráter operacional.

Os sete Diretores-Gerais que a ABIN teve entre 1999 e 2018 conheciam ou buscaram conhecer bem a instituição de modo a garantir seu controle agencial. O primeiro deles, o Coronel Ariel de Cunto, atuou diretamente na criação e conhecia bem a ABIN. Quatro deles eram orgânicos e fizeram carreira na instituição (Marisa Diniz, Márcio Buzanelli, Wilson Trezza e Janér Alvarenga) e outros dois eram externos (Mauro Marcelo de Lima e Silva era Delegado da Polícia Civil do Estado de São Paulo e o Diretor-Geral que sucedeu Buzanelli, Paulo Lacerda, oriundo da Polícia Federal). Observe-se que Lacerda, que tomou posse em 4 de outubro de 2007, parece ter buscado, primeiramente, conhecer a instituição para então propor a reestruturação do órgão, ocorrida por meio do Decreto nº 6.408, de 24 de março de 2008. Lacerda foi sucedido por Wilson Trezza que, repita-se, também pertencia aos quadros da Agência e conhecia bem o órgão, mesmo porque fora Secretário de Planejamento, Orçamento e Administração da Agência na gestão anterior. Janér Alvarenga, por sua vez, quando tomou posse como Diretor-Geral, em 2016, tinha 32 anos de serviço na Inteligência, tendo ocupado posições importantes na Agência no Brasil e no exterior.

Registre-se, ademais, que o Diretor-Geral é o primeiro responsável pela organização e que não pode se eximir da responsabilidade pela conduta de seus subordinados e de eventuais irregularidades na atividade-fim. Nesse sentido, convém lembrar que três Diretores-Gerais deixaram seu cargo em razão de denúncias ou problemas envolvendo servidores. O primeiro deles, Ariel de Cunto, teve que pedir exoneração após seguidas acusações de que a ABIN estaria conduzindo interceptação telefônica sem autorização judicial e realizando operações de inteligência, segundo a imprensa, recorrendo a métodos "da época do SNI"[40] para reunir informações sobre políticos e atividades suspeitas de irregularidades na Administração Pública, como o uso indevido de milhagens de companhias aéreas por funcionários do Ministério da Saúde. De Cunto admitiu essas operações,[41] mas lembrou que não se tratava de "arapongagem", mas sim

[40] De maneira geral, as práticas operacionais de inteligência são as mesmas utilizadas em todo o mundo, desde que a atividade se profissionalizou e se desenvolveu no século XX. Por sua própria natureza, são intrusivas (daí a necessidade de um controle efetivo), o que não pode ser diferente. Nesse sentido, o antigo Ministro-Chefe do SNI, General Medeiros, dizia que as operações são a base das informações, o que é irrefutável. Claro que há desconhecimento, por parte da imprensa e da sociedade em geral, sobre esses métodos, justificados por imperativos de segurança nacional. Não se trata aqui de tortura ou violação a direitos humanos, mas sim dos métodos clássicos e aceitos de operações em Inteligência, como a vigilância, a interceptação de comunicações, as técnicas de entrevista (que não é eufemismo para interrogatório), a fotografia operacional, a telemetria, entre outros. Sem eles não há operações; e sem operações, repita-se, não há atividade de inteligência.

[41] "(...) Em entrevista à [Revista] *VEJA*, De Cunto confirmou a existência, por exemplo, de um informe sobre uma reunião do governador [de Minas Gerais] Itamar Franco com assessores em Brasília e também admitiu que houve uma investigação sobre uso abusivo de passagens aéreas no Ministério da Saúde. Mais recentemente, admitiu a investida de dois arapongas contra um empresário que acusara Paulo Henrique Cardoso, filho do Presidente, de privilegiar uma empresa multinacional. (...) As operações da ABIN admitidas publicamente por De Cunto causaram constrangimento ao governo. O Ministro da Saúde, José Serra, ficou irritado com a investigação e pediu explicações ao General Cardoso. O governador Itamar Franco também reagiu com exasperação à notícia. Diante disso, a bisbilhotagem no Ministério da Saúde ganhou nova versão. Antes, De Cunto dizia que o General Cardoso e ele próprio "observaram" que alguns funcionários da Saúde tinham um padrão de vida acima do que seus ganhos permitiam. Depois, a investigação transformou-se num levantamento simplório sobre programa de milhagens. O informe sobre a reunião de Itamar Franco também virou "um papel sem importância que foi para o triturador". Sobre as investigações da ABIN no caso do filho do Presidente, a versão de De Cunto também se chocou com a oficial. Ele disse

de práticas legítimas para averiguar irregularidades na Administração Pública com o objetivo de assessorar o processo decisório e proteger as instituições o que, em verdade, é indiscutivelmente tarefa da ABIN.

Mas a situação de De Cunto ficou insustentável quando a imprensa denunciou que o Diretor-Geral sabia da existência, nos quadros da Agência, de um servidor acusado de ter sido torturador durante o período militar. A pressão pela saída de De Cunto acabou surtindo efeito e o primeiro Diretor-Geral deixou seu cargo.[42] A influência da mídia conseguiu desgastar e derrubar o primeiro Diretor-Geral da ABIN, apesar da competência, profissionalismo e comprometimento de De Cunto para com a atividade e a Agência. À época, em audiência no Congresso Nacional, o então Ministro-Chefe do Gabinete de Segurança Institucional da Presidência da República, General Alberto Cardoso, teria admitido que a ABIN "estaria ficando fora de controle".[43]

Outro Diretor-Geral que perdeu o cargo de maneira traumática foi o Delegado Mauro Marcelo de Lima e Silva. Nesse caso, entretanto, Lima e Silva entrou em atrito direto com o Congresso ao comparar os parlamentares a "bestas-feras em um picadeiro". O comentário se deveu à exposição de um oficial de inteligência da ABIN na chamada "CPI dos Correios", que investigava denúncias de corrupção e uso indevido da máquina pública no âmbito daquela estatal. De toda maneira, se a queda de Ariel de Cunto pode ser associada à ignorância da opinião pública em geral acerca da atividade de inteligência e a preconceitos que remontam ao período militar e ao SNI, a de Lima e Silva evidenciou que um

que os agentes apenas tiveram uma conversa "de psicólogo" com o empresário e que nem ele nem o General Cardoso sabiam do envolvimento do nome do filho do Presidente. Estava errado." Policarpo Júnior. "A gota d'água". *In: Revista Veja*, edição nº 1678 (06/12/2000). Disponível em: <http://veja.abril.com.br/061200/p_044.html>. Acesso em: 25 mar. 2008.

[42] "Até a quinta-feira passada, o coronel Ariel de Cunto era o diretor-geral da Agência Brasileira de Inteligência (ABIN). A explicação oficial para sua demissão, dada por seu chefe imediato, o general Alberto Cardoso, ministro-chefe do Gabinete de Segurança Institucional, é o fato de ter nomeado para um cargo de confiança um tenente, Carlos Alberto del Menezzi, cuja biografia inclui a acusação de ter participado de sessões de tortura de presos políticos durante o regime militar (1964-1985). Essa foi a gota d'água. De Cunto vinha se desgastando havia quase um mês, desde que se descobriu que funcionários da agência por ele chefiada andaram bisbilhotando o que não deviam, como nos tempos do velho SNI da ditadura. Se o método dos arapongas estava parecido com o da velha-guarda, ficou ainda pior quando se soube que um de seus chefes também era gente da ala antiga – e da pior espécie. Aparentemente surpreso com a notícia, o general Cardoso chamou De Cunto, que confirmou a nomeação do tenente, e recomendou sua demissão." Policarpo Júnior. "A gota d'água", *op. cit.*

[43] Rodrigues, Valdeci. "Cardoso: 'ABIN é órgão sem controle'". *In*: *Jornal do Brasil*, 01/12/2000 Disponível em: http://jbonline.terra.com.br/jb/papel/politica/2000/11/30/jorpol20001130007.html. Acesso em: 25/03/2008.

alto funcionário da Administração Pública não poderia simplesmente ofender o Poder Legislativo (sobretudo no exercício da função fiscalizadora do Parlamento) e passar incólume.

Paulo Lacerda, por sua vez, deixou o cargo de Diretor-Geral da ABIN em dezembro de 2008, após ser afastado alguns meses antes – com parte da cúpula da organização – devido à crise desencadeada no contexto da chamada "Operação Satiagraha", deflagrada em julho daquele ano pela Polícia Federal para investigar suposto esquema de corrupção e lavagem de dinheiro envolvendo políticos e empresários. As ações da Satigraha teriam envolvido, inclusive, interceptação telefônica ilegal contra o Presidente do Supremo Tribunal Federal, parlamentares, e altos funcionários do Executivo, entre os quais o Chefe de Gabinete da Presidência da República.

O desgaste para a ABIN teve início quando a imprensa informou que servidores da Agência teriam sido alocados para dar apoio à Satiagraha de maneira oficiosa, e participado, por exemplo, das interceptações telefônicas (violando expressamente a Constituição Federal). Isso teria ocorrido, inclusive, sem a ciência do Diretor-Geral do Departamento de Polícia Federal (DPF), mas com a aquiescência e sob a orientação de Paulo Lacerda. A princípio, Lacerda negou que tivesse determinado a seu pessoal da ABIN para tomar parte na Satiagraha. Entretanto, novas denúncias e a atuação da chamada CPI das escutas telefônicas da Câmara dos Deputados e da Comissão de Controle da Atividade de Inteligência do Congresso Nacional (CCAI), então presididas, respectivamente, pelo Deputado e Delegado de Polícia Federal Marcelo Itagiba e pelo Senador Heráclito Fortes, puseram abaixo as declarações iniciais de Lacerda e evidenciaram o uso de mais de oitenta servidores da ABIN na operação.

A situação ficou insustentável e Lacerda teve que deixar a direção do órgão. Para substituí-lo provisoriamente foi designado o então Diretor da Secretaria de Planejamento, Orçamento e Gestão, Wilson Trezza. O afastamento de Lacerda se deu em setembro de 2008 e sua exoneração em dezembro do mesmo ano. Trezza permaneceu provisoriamente à frente da ABIN durante cerca de um ano, sendo efetivado como o sexto Diretor-Geral no final de 2009.

6.4.2. Outros mecanismos de controle interno agencial

Além do Diretor-Geral, não havia outro mecanismo interno de controle. Com o Decreto nº 6.408, de 24 de março de 2008, a ABIN foi reestruturada, sendo criada a Corregedoria-Geral (tomando-se por base o modelo de corregedoria da Polícia Federal). O órgão de correição se manteve na nova estrutura regimental, aprovada pelo Decreto nº 8.905, de 17 de novembro de 2016 (que revogou o Decreto nº 6.408/2008).

Segundo o art. 7º da estrutura regimental da ABIN, compete à Corregedoria-Geral (órgão de assistência direta e imediata ao Diretor-Geral):

I – receber e apurar denúncias e representações sobre irregularidades e infrações disciplinares cometidas por agentes públicos em exercício na ABIN;

II – planejar, executar, coordenar, supervisionar e controlar as atividades de correição da ABIN;

III – articular o intercâmbio de informações relativas à conduta funcional dos agentes públicos em exercício na ABIN com as demais unidades da ABIN, especialmente com a Assessoria de Segurança Orgânica; e

IV – orientar preventivamente os integrantes das unidades da ABIN quanto ao cumprimento da legislação disciplinar.

Note-se que a Corregedoria-Geral, assim como seu congênere no DPF, tem enfoque disciplinar, voltando-se a averiguar a conduta dos servidores do órgão. Não há mandato para o órgão de correição verificar desempenho em termos operacionais, nem regularidade das operações em si.

O Decreto de 2008 criou, ainda, uma Ouvidoria, cujas atribuições compreendiam, basicamente, "atuar como canal adicional de comunicação entre o servidor e o Diretor-Geral da ABIN; ouvir reclamações, críticas e elogios relativos a serviços prestados por unidade da Agência; ampliar a capacidade do servidor e do cidadão de colaborar com ações da ABIN, na forma de sugestões que propiciem o aperfeiçoamento de serviços prestados; e identificar oportunidades de melhoria de procedimentos por parte da ABIN".[44] Com o Decreto nº 8.905/2016, as atribuições de ouvidoria passaram para o Gabinete do Diretor-Geral, mantendo-se o cargo de Ouvidor.

6.4.3. Os princípios norteadores e ética

Finalmente, como mecanismo de controle interno, há que se assinalar os princípios norteadores da atividade de inteligência, da Administração Pública e o Código de Ética dos servidores públicos federais. Nesse sentido, convém reproduzir comentário no sítio oficial da ABIN sobre os valores e princípios que regem o serviço secreto:

> *A atividade de Inteligência constitui instrumento de Estado de que se valem os sucessivos governos no planejamento, na execução e no acompanhamento de suas políticas, em prol dos interesses nacionais. Para atender a esta finalidade, a atividade de Inteligência brasileira fundamenta-se na preservação da soberania nacional, na defesa do Estado Democrático de Direito, na dignidade da pessoa humana e na fiel observância à Constituição e às leis. Para bem*

[44] Decreto nº 6.408/2008, art. 6º (revogado pelo Decreto nº 8.905/2016).

cumprir sua missão, a ABIN desenvolve uma atividade que abrange, além de aspectos técnicos, a proposição de ética própria, ou seja, de um conjunto de valores que determina atitudes e padrões de comportamento, entre eles: 1 – Lealdade à Nação e, por extensão, à afirmação político-jurídica desta, o Estado; 2 – Profundo sentimento de servir à causa pública e jamais a si mesmo; 3 – Consciência de que o exercício da atividade de Inteligência é impessoal e apartidário; 4 – Fidelidade à instituição e consciência de que os fins desta prevalecem sobre os interesses pessoais; e 5 – o comprometimento com os valores éticos e morais da Agência deve ser assumido por todos os seus componentes, dentro e fora da organização.[45]

Claro que esse mecanismo pode se mostrar pouco eficiente se não estiver associado a sanções. Ademais, assim como acontece com os princípios éticos, há que se atentar para o problema de se desconsiderar esses princípios por entrarem em choque com uma cultura organizacional sedimentada. Nesse caso, deve-se estabelecer um trabalho de rompimento com paradigmas e de adequação da cultura do órgão aos princípios e valores democráticos.

Em linhas gerais, a ética na atividade de inteligência preconiza que os profissionais não podem utilizar o conhecimento em benefício próprio. O conhecimento só deve efetivar-se como poder por intermédio da autoridade destinatária e em proveito da sociedade e do Estado brasileiros. A seleção de novos recursos humanos e a confirmação de integrantes do quadro atual da Inteligência pautam-se, sobretudo, pelos atributos morais dos candidatos ou servidores – mais importantes que a experiência e os conhecimentos científicos. O principal alicerce da Ética na ABIN é a Constituição Federal, sobretudo os princípios contidos no art. 1º Os incisos e parágrafo único dão enquadramento ético à atividade de inteligência de Estado, pois são fundamentos da República – soberania, cidadania, dignidade da pessoa humana, valores sociais, pluralismo político e o povo como fonte do poder. [46]

De fato, a formação dos quadros da ABIN com fundamentos éticos era uma preocupação dos idealizadores da organização desde o início. Em audiência pública perante a Comissão de Defesa Nacional da Câmara dos Deputados, o General Alberto Cardoso, em 21 de maio de 1996, assinalou aos parlamentares que "o trabalho de inteligência requer um envolvimento ético profundo de quem estiver trabalhando nesse tema"[47]. A ética sempre foi uma grande preocupação do General. E ao comentar que a inteligência era ofício que exigia "os melhores talentos e caracteres disponíveis, no sentido de caráter", Cardoso destacou a necessidade de se preservar "uma atividade que deve ser essencialmente ética,

---

[45] Extraído da *homepage* da ABIN, no tópico "Institucional", disponível em: <http://www.ABIN.gov.br/modules/mastop_publish/?tac=Institucional>. Acesso em 26/03/2008.

[46] Extraído da *homepage* da ABIN, disponível em: <http://www.ABIN.gov.br/modules/mastop_publish/?tac=Institucional>, no tópico "Institucional">. Acesso em: 26 mar. 2008.

[47] General Alberto Mendes Cardoso. Apresentação à Comissão de Relações Exteriores e Defesa Nacional da Câmara dos Deputados. Ata da Audiência Pública realizada em 21/05/1996.

fundamentada em um quadro de valores que cultua a verdade sem conotações relativas, a honra que condena o anonimato e a conduta pessoal clara e sem subterfúgios". Afinal, lembrou o primeiro Ministro-Chefe do GSI, "quem trabalha com inteligência (...) tem que ter a consciência de que existe, naquele seu trabalho, naquele produto que vai sair da sua atividade, um potencial muito grande de poder".

Assim, os que pensaram a ABIN não deixaram de considerar a importância do controle agencial se dar, também, pela formação do profissional de inteligência. Aqueles que trabalharam na Agência à época da administração de Cardoso e De Cunto vão se recordar de que o eixo do novo serviço de inteligência idealizado por eles baseava-se na qualificação profissional dos quadros e na formação de oficiais de inteligência que pudessem atuar de maneira eficiente e eficaz em um ambiente turbulento e de constantes transformações, e sob forte orientação ética e consciência de que não se admitiria conduta que afrontasse os princípios democráticos. Nesse sentido, tendo comparecido a outra audiência na Comissão de Relações Exteriores e de Defesa Nacional da Câmara dos Deputados, Cardoso destacou:

> *(...) Os controles devem realmente ser exercidos, a começar pelo indivíduo. E o indivíduo será balizado não só pela formação que tem, pela formação de caráter que traz, como também a formação técnica que recebe na nossa Escola Nacional de Inteligência (...).*[48]

Com o advento da Política Nacional de Inteligência (PNI) e da Estratégia Nacional de Inteligência (ENINT), em 2016 e 2017, respectivamente, a ética recebeu especial atenção em ambos os documentos. Assim, a PNI assinala a "conduta ética" entre os pressupostos da atividade de inteligência, assinalando:

> *A Inteligência pauta-se pela conduta ética, que pressupõe um conjunto de princípios orientadores do comportamento humano em sociedade. A sua observância é requisito fundamental a profissionais de qualquer campo de atividade humana. No que concerne ao comportamento dos profissionais de Inteligência, representa o cuidado com a preservação dos valores que determinam a primazia da verdade, sem conotações relativas, da honra e da conduta pessoal ilibada, de forma clara e sem subterfúgios. (...) Na atividade de inteligência, os valores éticos devem balizar tanto os limites de ação de seus profissionais quanto os de seus usuários. A adesão incondicional a essa premissa é o que a sociedade espera de seus dirigentes e servidores.*

No que concerne à ENINT, um item da Estratégia é dedicado aos "princípios éticos". E ao comentar a conduta ética pela qual a Inteligência deve pautar-se, a ENINT observa que conduta ética representa, para os profissionais de inteligência, especialmente "o cuidado com a preservação dos valores que

[48] General Alberto Cardoso. Apresentação à Comissão de Relações Exteriores e Defesa Nacional da Câmara dos Deputados. Ata da Audiência Pública realizada em 03/12/1997.

determinam a primazia da verdade, sem conotações relativas, da honra e da conduta pessoal ilibada, de forma clara e sem subterfúgios".

Ademais, a ENINT reforça o disposto na PNI, assinalando que os princípios éticos "devem balizar tanto as condutas dos profissionais que lidam com a Inteligência quanto as dos usuários dos conhecimentos produzidos, para conferir à atividade de inteligência a necessária legitimidade e credibilidade perante a sociedade". Esse aspecto é de significativa importância, pois tanto produtores quanto consumidores de Inteligência devem ter a ética como farol para suas condutas. Daí a ENINT completar asseverando que Inteligência como produto "deve ser utilizado no interesse do Estado e da sociedade brasileira, e apenas para propósitos legitimados democraticamente".

Finalmente, a ENINT dispõe que a ética está presente na conduta dos profissionais de Inteligência também quando estes "atuam com a consciência de cumprirem verdadeira missão de Estado, para a qual dedicam seus melhores esforços, sempre imbuídos do espírito de servir a Nação com dedicação e lealdade". Nesse sentido, dispõe que, seja individual ou coletivamente, os seguintes princípios éticos devem orientar os profissionais de Inteligência:

> *Respeito: adotam comportamentos e praticam ações que respeitam a dignidade do indivíduo e os interesses coletivos;*
>
> *Imparcialidade: atuam de modo isento, buscando a verdade no interesse do Estado e da sociedade brasileira, sem se deixar influenciar por ideias preconcebidas, interesses particulares ou corporativos;*
>
> *Cooperação: compartilham de forma sistemática e proativa dados e conhecimentos úteis para promoção e defesa dos interesses do Estado e da sociedade brasileira;*
>
> *Discrição: tratam os diversos aspectos de seu trabalho com reserva e sigilo, visando a proteger e preservar as instituições do SISBIN, os seus integrantes e os conhecimentos produzidos;*
>
> *Senso crítico: analisam e refletem sobre as implicações morais de suas ações e decisões; e*
>
> *Excelência: realizam as atividades com dedicação, qualidade, profissionalismo, de forma metódica, diligente e oportuna.*

Em que pese a confusão feita entre habilidades, condutas e princípios éticos,[49] a ENINT tem o mérito de destacar a importância da ética para a Inteligência. E, no arcabouço dos princípios e normas que orientam a Inteligência, os servidores da ABIN seguem o *Código de Ética Profissional do Servidor Público Civil do Poder Executivo Federal* (aprovado pelo Decreto nº 1.171, de 22 de junho de 1994).

---

[49] A esse respeito, *vide* nossos comentários à ENINT a partir da 6ª edição de *Atividade de Inteligência e Legislação Correlata* (op. cit.).

6.5. O CONTROLE INTERNO NO ÂMBITO DO EXECUTIVO

No que concerne ao controle interno exercido pelo Poder Executivo no Brasil, podem ser destacados o papel do Ministro-Chefe do GSI, da Câmara de Relações Exteriores de Defesa Nacional do Conselho de Governo (CREDEN), e o sistema que tem à frente o Ministério da Transparência e Controladoria-Geral da União (CGU).

6.5.1. O Ministro-Chefe do GSI

No âmbito do Poder Executivo, grande importância tem o controle ministerial no caso da ABIN. Tradicionalmente, a autoridade do Ministro é absoluta no órgão. O Ministro-Chefe do GSI é de fato e de direito o chefe do serviço de inteligência, sendo, portanto, relevante instância de controle da ABIN. Em última análise, é do Chefe do GSI que emanam as diretrizes e orientações para o serviço secreto brasileiro.

Interessante observar que a Agência está na estrutura do GSI, antiga Casa Militar[50] e cujo cargo é, atualmente, ocupado por um General.[51] Assim, apesar de ser um órgão civil, a ABIN subordina-se a um militar. Os valores militares presentes em alguns setores da Agência, apesar de sua influência na cultura organizacional da ABIN ter diminuído nos últimos anos. De toda maneira, a ideia de autoridade e controle na figura do chefe e dos princípios de hierarquia e disciplina tão caros à caserna se faz presente no órgão de inteligência. Talvez a atividade de inteligência conduzida pela ABIN seja um dos poucos casos na Administração Pública brasileira de responsabilidade ministerial de fato, o que entendemos como muito relevante e positivo para a organização e para a própria atividade.

Assim, o Ministro-Chefe do GSI conhece e comanda a ABIN, responde pela ABIN e é quem fala em nome do serviço de inteligência.[52] Ademais, a coordenação das atividades de inteligência federal e de segurança da informação também é prerrogativa do titular da pasta. É pouco provável que se faça algo – e

---

[50] Por força da Medida Provisória nº 1.911-10, de 24 de setembro de 1999, que altera dispositivos da Lei nº 9.649, de 27 de maio de 1998, a Casa Militar passou a chamar-se Gabinete de Segurança Institucional. O art. 24-A criou o cargo de Ministro-Chefe do Gabinete de Segurança Institucional da Presidência da República. As competências e a estrutura básica do GSI estão dispostas nos arts. 10 e 11 da Lei nº 13.502, de 1º de novembro de 2017.

[51] Durante algum tempo o cargo chegou mesmo a ser privativo de oficial general, disposição que deixou de vigorar por seu caráter inconstitucional.

[52] Em audiência pública perante a Comissão de Relações Exteriores e Defesa Nacional da Câmara dos Deputados, o Ministro-Chefe do GSI, General Jorge Armando Félix afirmou: "(...) Eu sou o responsável diretamente, à exceção da parte administrativa, pela Agência Brasileira de Inteligência, uma vez que ela está vinculada ao Gabinete de Segurança Institucional. Então, o que acontece na Agência também é minha culpa." Ata da Audiência Pública realizada em 27/11/2003.

praticamente impossível que se conduza uma operação – no âmbito da Agência sem o conhecimento do Ministro. Exemplo disso é que a autoridade que trata com o Congresso Nacional pelo serviço de inteligência é o Ministro-Chefe do GSI. Desde a época do General Alberto Cardoso, é o Ministro que costuma comparecer perante o Legislativo para tratar de assuntos de inteligência – às vezes vem acompanhado do Diretor-Geral da ABIN, mas isso não é mandatório. E essa prática foi formalizada por meio da Medida Provisória nº 2.216-37, de 31 de agosto de 2001, que acrescentou à Lei nº 9.883/1999 o art. 9º A, que deixava expressa a competência do Ministro, e só dele, para tratar com autoridades externas, aí incluído o Congresso,[53] em nome da ABIN:

> Art. 9º - A. Quaisquer informações ou documentos sobre as atividades e assuntos de inteligência produzidos, em curso ou sob a custódia da ABIN somente poderão ser fornecidos, às autoridades que tenham competência legal para solicitá-los, pelo Chefe do Gabinete de Segurança Institucional da Presidência da República, observado o respectivo grau de sigilo conferido com base na legislação em vigor, excluídos aqueles cujo sigilo seja imprescindível à segurança da sociedade e do Estado.
>
> § 1º O fornecimento de documentos ou informações, não abrangidos pelas hipóteses previstas no *caput* deste artigo, será regulado em ato próprio do Chefe do Gabinete de Segurança Institucional da Presidência da República.
>
> § 2º A autoridade ou qualquer outra pessoa que tiver conhecimento ou acesso aos documentos ou informações referidos no *caput* deste artigo obriga-se a manter o respectivo sigilo, sob pena de responsabilidade administrativa, civil e penal, e, em se tratando de procedimento judicial, fica configurado o interesse público de que trata o art. 155, inciso I, do Código de Processo Civil, devendo qualquer investigação correr, igualmente, sob sigilo.

Note-se que, inicialmente, propusera-se que a ABIN seria vinculada diretamente ao Presidente da República.[54] Não obstante, isso acontecendo, uma instância de controle, a ministerial, acabaria eliminada ou se tornaria

---

[53] A assessoria parlamentar do GSI foi durante anos responsável pela ligação da ABIN com o Congresso. A partir da gestão de Lima e Silva, a Agência tentou desenvolver uma assessoria parlamentar para tratar diretamente com os Deputados e Senadores, mas a medida não foi bem vista pelo GSI. De fato, essa assessoria da Agência atuava no Congresso Nacional, mas não podia prestar informações oficiais, trabalhando paralelamente à do GSI. Com o Decreto nº 8.905/2016 foi criada a Assessoria de Relações Institucionais e Comunicação Social, que tem, entre suas competências, "planejar, coordenar e acompanhar, no Congresso Nacional, os projetos de lei e as iniciativas de interesse da ABIN e assessorar o Diretor-Geral da ABIN e os seus dirigentes quanto a atividades e solicitações do Poder Legislativo".

[54] Isso era expresso na proposta de criação do órgão e declarado pelo General Cardoso quando comparecia ao Congresso para tratar do projeto de lei que instituiria o SISBIN e a ABIN.

competência do Diretor-Geral, que acumularia a supervisão agencial e a ministerial. E a subordinação da Agência ao GSI que seria, a princípio, provisória, mantém-se sem grandes expectativas de mudança. O aspecto positivo disso, em termos de controle, repita-se, é a manutenção da prestação de contas ao Ministro.

6.5.2. A CREDEN

A supervisão ministerial na execução da atividade-fim é, portanto, o principal mecanismo de controle interno da ABIN. Assinale-se a responsabilidade da Câmara de Relações Exteriores e Defesa Nacional (CREDEN)[55] no que concerne à supervisão e execução da Política Nacional de Inteligência (PNI). A ideia inicial é que competiria à CREDEN elaborar a PNI, "segundo diretrizes do Presidente da República e estabelecendo os objetivos necessários ao apoio à ação governamental do Presidente".[56] Ainda em 1996, o General Alberto Cardoso destacava quais seriam as atribuições da CREDEN:

> *Pretende-se que uma das atribuições dessa Câmara seja a elaboração de diretrizes para a ABIN, cujas ideias gerais serão apresentadas pelo Presidente da República, já que Sua Excelência não dispõe de tempo para a elaboração de diretrizes específicas. Aí já se inicia o controle de determinar ao órgão central de Inteligência o que irá produzir, o que interessa ao cliente principal do sistema, o Presidente da República. O órgão que determinaria essas diretrizes à ABIN também fiscalizaria a obediência a elas - vejam que estamos tratando de um controle feito pelo Executivo, portanto, um controle interno. A ABIN, de posse dessas diretrizes, iria tecnicamente transformá-las em objetivos de Inteligência, dentre outros, iniciando um ciclo de produção de conhecimento.*[57]

A partir da PNI, seria concebido o Plano Nacional de Inteligência (PLANINT), que, por sua vez, deveria expressar as necessidades de Inteligência

---

[55] Criada pelo Decreto nº 4.801, de 6 de agosto de 2003, a CREDEN é vinculada ao Conselho de Governo, e tem por finalidade "formular políticas públicas e diretrizes de matérias relacionadas com a área das relações exteriores e defesa nacional do Governo Federal, aprovar, promover a articulação e acompanhar a implementação dos programas e ações estabelecidos, no âmbito de ações cujo escopo ultrapasse a competência de um único Ministério, inclusive aquelas pertinentes a: I - cooperação internacional em assuntos de segurança e defesa; II - integração fronteiriça; III - populações indígenas; IV - direitos humanos; V - operações de paz; VI - narcotráfico e a outros delitos de configuração internacional; VII - imigração; VIII - atividade de inteligência; IX - segurança para as infraestruturas críticas, incluindo serviços; e X - segurança da informação (...); e XI - segurança cibernética" (art. 1º). Cabe, ainda, à CREDEN "o permanente acompanhamento e estudo de questões e fatos relevantes, com potencial de risco à estabilidade institucional, para prover informações ao Presidente da República". Observação importante: apesar de se dizer que a CREDEN foi "criada" em 2003 (pois é assim o teor do decreto), a verdade é que a primeira CREDEN foi estabelecida em 6 de maio de 1996, pelo Decreto nº 1.895.

[56] General Alberto Cardoso. Apresentação à Comissão de Relações Exteriores e Defesa Nacional da Câmara dos Deputados. Ata da Audiência Pública realizada em 03/12/1997.

[57] General Alberto Mendes Cardoso. Apresentação à Comissão de Relações Exteriores e Defesa Nacional da Câmara dos Deputados. Ata da Audiência Pública realizada em 21/05/1996.

da ABIN para atender aos objetivos estabelecidos pela CREDEN. Destaque-se que este Plano alcançaria todo o SISBIN, cujos órgãos receberiam partes do documento referentes a suas competências.[58]

Assim, com a PNI e o PLANINT, ter-se-ia orientação para todo o SISBIN. E a CREDEN poderia supervisionar o sistema como um todo, sendo o órgão central de controle interno do Executivo para a atividade de inteligência:

> *Lembrem-se os senhores de que, quando mencionei a CREDEN, a câmara setorial do Conselho de Governo, eu disse que ela seria um primeiro controle, controle externo ao serviço de inteligência, ainda que interno ao Executivo. Porque vai elaborar a Política e questionar se o Plano Nacional de Inteligência é consentâneo com a Política. E mais: receberá relatórios, sejam periódicos, sejam solicitados da ABIN. Terá, a qualquer momento, condições de chamar o Diretor-Geral da ABIN para uma reunião, a fim de explicar como seu órgão está trabalhando. Este é o primeiro controle.*[59]

Desde 1997, quando essas palavras foram proferidas pelo General Alberto Cardoso no Parlamento, houve mudanças na maneira como se conceberiam os documentos norteadores da Inteligência. Assim, à PNI seguiu-se a ENINT e, a partir desta, o PLANINT foi elaborado. Além desses três documentos fundamentais, estratégias e planos setoriais devem ser produzidos pelos distintos órgãos do SISBIN, de acordo com suas peculiaridades. Registre-se que são a PNI, a ENINT e o PLANINT de extrema importância para orientar as ações da Inteligência e de seus órgãos de controle.

6.5.3. A CGU, o Sistema de Controle Interno e o Sistema de Correição da Administração Pública Federal

Em termos de controle no âmbito do Executivo, convém citar, por último, o Ministério da Transparência e Controladoria-Geral da União (CGU),[60] " órgão do Governo Federal responsável por realizar atividades relacionadas à defesa do patrimônio público e ao incremento da transparência da gestão, por meio de ações de controle interno, auditoria pública, correição, prevenção e combate à corrupção e ouvidoria". Também exerce, como órgão central, "a supervisão técnica dos órgãos que compõem o Sistema de Controle Interno e o Sistema de Correição e das unidades de ouvidoria do Poder Executivo federal, prestando a orientação normativa necessária.[61] Assim, a CGU e a Secretaria Federal de Controle Interno

[58] General Alberto Cardoso. Apresentação à Comissão de Relações Exteriores e Defesa Nacional da Câmara dos Deputados. Ata da Audiência Pública realizada em 03/12/1997.

[59] General Alberto Cardoso. Apresentação à Comissão de Relações Exteriores e Defesa Nacional da Câmara dos Deputados. Ata da Audiência Pública realizada em 03/12/1997.

[60] *Homepage* da CGU, disponível em: <http://www.cgu.gov.br/>.

[61] Brasil. Lei nº 13.502, de 1º de novembro de 2017.

(SFC) e as Secretarias de Controle Interno (CISET) inspecionam a aplicação das verbas orçamentárias da ABIN e dos demais entes da Administração Pública federal".

Importante observar que a fiscalização da CGU, da SFC e das CISET não tem enfoque finalístico, mas sim de verificação da legalidade e dos resultados, avaliando os resultados quanto à eficácia e eficiência, da gestão orçamentária, financeira e patrimonial dos órgãos da Administração Pública federal. Esse controle está previsto no art. 74 da Constituição Federal.[62] Convém acrescentar que os Comandos do Exército, da Marinha e da Aeronáutica, nos quais está inserida a estrutura de inteligência militar, não estão sujeitos aos mecanismos gerais de controle da Administração Pública, tendo seu sistema próprio de controle interno.

6.6. O CONTROLE JUDICIÁRIO E DO MINISTÉRIO PÚBLICO

Não existe controle judicial específico da atividade de inteligência no Brasil. O controle exercido pelo Poder Judiciário dá-se, em caso concreto, preliminarmente, quando compete ao magistrado autorizar determinadas ações no caso da inteligência policial (como a interceptação telefônica), ou por meio de processo e, portanto, *a posteriori*, manifestando-se o magistrado de forma singular ou em instância coletiva mediante provocação. Há também o controle de constitucionalidade da legislação de inteligência. Ao contrário do que ocorre em países como o Canadá, não há no Brasil juízes ou varas especializadas com competência para tratar de assuntos de inteligência ou de segurança nacional.

Observação deve ser feita sobre o papel fiscalizador do Ministério Público. A respeito desse assunto, convém assinalar a previsão no art. 129 da Constituição de 1988, que estabelece a competência do *Parquet* para "zelar pelo efetivo respeito dos Poderes Públicos e dos serviços de relevância pública aos direitos assegurados nesta Constituição, promovendo as medidas necessárias a sua garantia" (inciso

---

[62] "Art. 74. Os Poderes Legislativo, Executivo e Judiciário manterão, de forma integrada, sistema de controle interno com a finalidade de: I – avaliar o cumprimento das metas previstas no plano plurianual, a execução dos programas de governo e dos orçamentos da União; II – comprovar a legalidade e avaliar os resultados, quanto à eficácia e eficiência, da gestão orçamentária, financeira e patrimonial nos órgãos e entidades da administração federal, bem como da aplicação de recursos públicos por entidades de direito privado; III – exercer o controle das operações de crédito, avais e garantias, bem como dos direitos e haveres da União; IV – apoiar o controle externo no exercício de sua missão institucional. (...) § 1º Os responsáveis pelo controle interno, ao tomarem conhecimento de qualquer irregularidade ou ilegalidade, dela darão ciência ao Tribunal de Contas da União, sob pena de responsabilidade solidária. (...)§ 2º Qualquer cidadão, partido político, associação ou sindicato é parte legítima para, na forma da lei, denunciar irregularidades ou ilegalidades perante o Tribunal de Contas da União." Constituição Federal de 1988.

II). Trata-se de órgão eminentemente de fiscalização e de proteção da sociedade e do Estado de direito.[63]

Assunto que diz respeito diretamente às atividades de segurança e inteligência é consequência do estabelecido pelo inciso VII do art. 129 da Carta Magna, que atribui ao Ministério Público a competência para "exercer o controle externo da atividade policial". Certamente aí se incluem as atividades de inteligência conduzidas pelas polícias.

Em 28 de maio de 2007, o Conselho Nacional do Ministério Público (CNMP)[64] aprovou a Resolução nº 20, que disciplina, no âmbito do Ministério Público, o controle externo da atividade policial. Estão sujeitos a esse controle as organizações policiais relacionadas no art. 144 da Constituição Federal, "bem como as polícias legislativas ou qualquer outro órgão ou instituição, civil ou militar, à qual seja atribuída parcela de poder de polícia, relacionada com a segurança pública e persecução criminal" (art. 1º).

O art. 2º da Resolução prevê que o controle externo da atividade policial pelo Ministério Público tem como objetivo "manter a regularidade e a adequação dos procedimentos empregados na execução da atividade policial, bem como a integração das funções do Ministério Público e das Polícias voltada para a persecução penal e o interesse público", atentando, especialmente, para o respeito aos direitos fundamentais assegurados na Constituição Federal e nas leis; a preservação da ordem pública, da incolumidade das pessoas e do patrimônio público; a prevenção da criminalidade; a finalidade, a celeridade, o aperfeiçoamento e a indisponibilidade da persecução penal; a prevenção ou a correção de irregularidades, ilegalidades ou de abuso de poder relacionados à atividade de investigação criminal; a superação de falhas na produção probatória, inclusive técnicas, para fins de investigação criminal; a probidade administrativa no exercício da atividade policial.

Assim, os membros do Ministério Público passam a ter regulamentado seu acesso aos inquéritos policiais, e poderão fiscalizar o cumprimento de mandados de prisão, analisar boletins de ocorrência que não gerarem inquéritos, entre outros procedimentos. O controle externo da atividade policial também permitirá ao Ministério Público livre ingresso em estabelecimentos policiais, cadeias ou presídios, e acesso a quaisquer documentos relativos à atividade policial. O alcance é de órgãos civis e militares, na forma dos arts. 4º e 5º da Resolução.

---

[63] Sobre o papel do Ministério Público na atividade de inteligência, sugere-se o livro de Almeida Neto, Wilson Rocha de. *Inteligência e Contrainteligência no Ministério Público*. Belo Horizonte: Editora Dictum, 2009.

[64] *Homepage* do CNMP: <http://www.cnmp.gov.br/>.

O Ministério Público Militar (MPM)[65] tem competência para atuar no controle externo da atividade de inteligência das Forças Armadas. Interessante destacar que há a parceria entre a Escola de Inteligência Militar do Exército (ESIMEX) e o MPM para capacitar os membros deste último com noções gerais sobre atividade de inteligência e seu emprego na área militar. Isso tem contribuído para maior especialização dos promotores e procuradores em área tão hermética.

Aspecto que merece ser observado diz respeito à possibilidade de controle externo exercido pelo Ministério Público sobre a atividade de inteligência dos órgãos policiais. Teria o *Parquet* competência legal para fiscalizar, de forma eficiente e efetiva, as atividades-fim dos setores de inteligência policial? Ao Ministério Público deveria ser dado acesso a relatórios de inteligência policial? Esse assunto já foi amplamente tratado no item 3.2.3 (Controle Judicial) desta obra, inclusive com referências jurisprudenciais.

Registre-se, finalmente, que, uma vez que a ABIN não é órgão policial, não realiza investigações nem tem poder de polícia, suas atividades não estariam sujeitas à forma de controle externo objeto da Resolução CNMP nº 20/2007. Entretanto, tem o Ministério Público da União (MPU) competência para fiscalizar o serviço de inteligência da maneira que o teria para qualquer outro órgão da Administração Pública federal, direta e indireta.

6.7. O CONTROLE PARLAMENTAR DA ATIVIDADE DE INTELIGÊNCIA NO BRASIL

Provavelmente a mais legítima das formas de controle, o controle externo realizado pelo Poder Legislativo desenvolveu-se muito no Brasil a partir da Constituição de 1988. Na área de Inteligência, entretanto, o exercício desse controle tem enfrentado obstáculos. Entre esses obstáculos merecem destaque o desconhecimento dos parlamentares sobre o assunto e o desinteresse em exercer a fiscalização e o controle dos órgãos de inteligência de maneira mais efetiva.

Para o efetivo controle parlamentar da Inteligência, deputados e senadores podem recorrer a uma variedade de instrumentos jurídico-normativos. Enquanto alguns são aplicáveis à fiscalização e controle do Executivo como um Poder, outros são específicos para os serviços secretos. Esses instrumentos serão analisados a seguir.

[65] *Homepage* do MPM: <http://www.mpm.gov.br>.

6.7.1. Instrumentos formais de controle à disposição do Parlamento

Leany Lemos assinala que "muitos são os instrumentos formais à disposição dos parlamentares brasileiros para o exercício da atividade de controle, seja via Constituição, seja via regimentos internos".[66] Lemos ressalta que tais instrumentos podem referir-se a aspectos organizacionais – prerrogativas das instâncias do Congresso Nacional – ou ações que, "à mão dos membros individualmente, incluem o campo das ações legislativas, o acionamento de esferas externas de auditagem ou a esfera judicial".

No caso brasileiro, os mecanismos de controle parlamentar formal estão previstos na própria Constituição, especialmente em seu art. 49. Optamos pelo ordenamento de Lemos para tratar dos mecanismos gerais à disposição do Legislativo.[67] São eles:

- controle orçamentário;
- poder de aprovar nomes, julgar, e afastar (*to impeach*) membros do Executivo;[68]
- controle fiscal, financeiro e contábil;
- poder de solicitar informações do Executivo;
- poderes investigativos;
- outros poderes exclusivos do Congresso em suas relações com o Executivo como, por exemplo, o aprovar acordos internacionais, autorizar o Presidente da República a declarar guerra, aprovar e suspender estado de defesa e intervenção federal, autorizar e suspender estado de sítio, e sustar atos normativos do Poder Executivo que exorbitem do poder regulamentar ou dos limites de delegação legislativa.

Alguns desses mecanismos já foram objeto do Capítulo 4. Convém apenas fazer uma síntese da aplicabilidade de parte deles para o controle da atividade de inteligência no Brasil. Assim, no que concerne ao controle orçamentário, a

---

[66] Lemos, Leany Barreiro. "Como o Congresso brasileiro controla o Executivo? O uso de requerimentos de informação, convocação de autoridades e propostas de fiscalização e controle". *In*: Llanos & Mustapic, *op. cit.*, pp. 85-112, p. 85. Outro trabalho interessante de Lemos é sua Tese de Doutorado, *Controle Legislativo em Democracias Presidencialistas: Brasil e EUA em perspectiva comparada* (Brasília: Universidade de Brasília, 2005).

[67] Lemos (2005), *op. cit.*, pp. 89-92.

[68] Lemos fala em "nomear" e "exonerar". Entendemos que a expressão mais adequada é "avaliar ou aprovar nomes". A nomeação de autoridades do Poder Executivo é prerrogativa do Presidente da República ou daqueles por ele designados, por exemplo, Ministros de Estado. O mesmo ocorre com a exoneração, o que não impede que o Legislativo pressione o Executivo para que este exonere alguma autoridade, como aconteceu com o ex-Diretor-Geral da ABIN, Mauro Marcelo de Lima e Silva. Formalmente, entretanto, pode exonerar quem pode nomear.

competência é exclusiva do Congresso para aprovação prévia do orçamento, com poder de emendá-lo.

> *No Brasil, o processo orçamentário é completamente distinto [do sistema norte-americano], e também o papel do Congresso. O plano plurianual, a lei de diretrizes orçamentárias e a lei orçamentária anual – essa última, a que contém receitas e despesas da União – são formulados e enviados pelo Executivo ao Congresso. São, assim, projetos de origem do Executivo. O Congresso detém o poder de aprová-lo ou não – é, portanto, um poder de veto legislativo, embora não exerça esse veto, mas somente a prerrogativa de emendar tais proposições. Embora estudos apontem as emendas orçamentárias como um instrumento de atendimento de clientela (...), o somatório de emendas orçamentárias apresentadas não chega a 5% do total do orçamento, e muitas não chegam a ser executadas.* [69]

Importante lembrar que no Brasil prevalece o caráter autorizativo da competência congressual, ou seja, o orçamento aprovado não é compulsório e o Executivo pode suspender os gastos discricionariamente (à exceção das despesas vinculadas), sem consulta ao Congresso. Ainda que o orçamento aprovado possa ser contingenciado pelo Executivo, inegável que a possibilidade de emendar o orçamento da União é avanço em relação ao modelo pré-1988.

> *É bem certo que a possibilidade de emendar o orçamento é um avanço em relação ao processo orçamentário pré-1988, quando o Congresso não podia alterar as peças orçamentárias, cabendo-lhe tão somente rejeitá-las ou aprová-las no todo. E, embora o Presidente detenha o poder de suspender os gastos previstos, desde 1988, cada vez que quiser remanejar gastos, iniciar programas, abrir novos créditos ou instituir fundos, é preciso a aprovação do Congresso. (...) O poder de veto do Legislativo foi aumentado na nova Constituição, em relação ao período autoritário, mas não o suficiente para dar ao Legislativo poder de concorrer com o executivo na alocação de gastos governamentais. Isso limita a ação legislativa e torna o executivo menos colaborativo quando interpelado, porque não depende do Legislativo na mesma proporção que o governo norte-americano depende do Congresso para o desenvolvimento de suas atividades.* [70]

Outra importante competência do Poder Legislativo é a de avaliar, julgar, e afastar membros do Executivo. Nesse sentido, enquanto cabe à Câmara dos Deputados autorizar a instauração de processo contra o Presidente e o Vice-Presidente da República e os Ministros de Estado (art. 51, I, CF/1988), o Senado tem atribuição de julgá-los (art. 52, II, CF/1988).

Registre-se, ainda, a atribuição do Senado de aprovar previamente autoridades dos três Poderes, em um processo que envolve a análise da qualificação técnica do indicado, e permite o debate "sobre políticas e programas em curso em qualquer agência ou instância envolvida, ao lado

---

[69] Lemos (2005b), *op. cit.*, p. 80.

[70] Lemos (2005b), *op. cit.*, p. 80.

daquelas políticas, programas e posturas que o nomeado pretende adotar".[71] Nesse sentido, vale lembrar que o Diretor-Geral da ABIN é indicado pelo Presidente da República, mas tem que ter seu nome aprovado pelo Senado[72] (o que não acontece com o Ministro-Chefe do GSI). Esse é momento importante do controle, pois é de praxe que o candidato a Diretor-Geral vá anteriormente à Câmara Alta para ser apresentado aos Senadores e, de toda maneira, na sessão da Comissão de Relações Exteriores e Defesa Nacional em que seu nome é submetido ao crivo do Senado, o candidato está presente e é sabatinado pelos parlamentares.

Há, também, o controle fiscal, financeiro e contábil, exercido com auxílio do TCU,[73] órgão autônomo e independente, e responsável pela fiscalização das contas públicas.[74] O TCU age de ofício na sua fiscalização das contas públicas, mas também pode ser acionado pelo Congresso para realizar auditorias, investigações e outras atividades de controle. Seus auditores têm acesso às áreas e instalações da Administração Pública, bem como a toda documentação necessária à auditoria.[75]

Já se falou do poder de solicitar informações ao Executivo.[76] Isso se dá por meio de três instrumentos distintos: a convocação de Ministros de Estado,[77] o

---

[71] Lemos (2005), *op. cit.*, p. 90. Lemos lembra que, entre 1989 e 2003, foram submetidas à confirmação pelo Senado 882 autoridades, com 97% de aprovação.

[72] Segundo o parágrafo único do art. 11 da Lei nº 9.883/1999, são "privativas do Presidente da República a escolha e a nomeação do Diretor-Geral da ABIN, após aprovação de seu nome pelo Senado Federal".

[73] *Homepage* do TCU: http://www.tcu.gov.br.

[74] "No que toca às competências do Tribunal de Contas da União, o texto constitucional dispõe sobre a matéria no capítulo dedicado ao Poder Legislativo, conferindo-lhe a atribuição de prestar auxílio ao Congresso Nacional no desempenho do Controle Externo. Porém, deve ficar claro que o Texto Magno não subordina o TCU ao Poder Legislativo ou expressamente o inclui entre os órgãos desse Poder. Efetivamente, a Constituição Federal não vincula o TCU a nenhum órgão de qualquer dos Poderes. (...)" Chaves, *op. cit.*, p. 50.

[75] As competências privativas do TCU constam dos arts. 71 a 74 e 161 da Constituição Federal.

[76] *Vide* Capítulo 4.

[77] "A convocação de ministros é utilizada com parcimônia pelo Plenário das Casas legislativas (...). Entre 1988 e 2004, foram 201 convocações apresentadas na Câmara e 126 no Senado: um total de 344 em dezesseis anos – menos de 1 convocação por parlamentar na Câmara, e 1.5 no Senado, apesar da aparência de que a Câmara domina o cenário. (...) Relembro que as convocações de ministros e outras autoridades nas comissões, onde essa é uma prática comum, não estão incluídas." Lemos (2005b), *op. cit.*, p. 89.

requerimento de informações,[78] e a realização de audiências públicas.[79] Tratam-se os três de mecanismos de controle inerentes ao Poder Legislativo e, no caso brasileiro, com previsão constitucional. Todos são amplamente utilizados pelos parlamentares, assinalando o caráter de controle individual do requerimento de informações e o aspecto coletivo dos outros dois procedimentos.

> *Um incentivo para o uso dos requerimentos é o baixo custo para sua apresentação. É uma ação predominantemente individual. Basta apresentar sua proposição, que será lida e aceita, e posteriormente encaminhada ao ministério ou órgão devidos. (...) Não há, portanto, a necessidade de negociar nas instâncias formais – lideranças, comissões, blocos, partidos – o apoio para essa iniciativa, ou que submeter a voto de maioria. O requerimento também não altera o* status quo *e, assim, o Congresso não incorre também no risco de alterar as políticas públicas numa direção desconhecida. Não gera obrigações ou custos. Isso não quer dizer que não seja uma ação real de controle. Ele pode ser um instrumento estratégico de importância, ao abordar assuntos sensíveis, e para se barganhar ações legislativas ou alocação de recursos.*[80]

No controle da atividade de inteligência, as autoridades do Poder Executivo têm sido chamadas a prestar contas ao Parlamento por meio de audiências públicas ou reservadas, convocações e requerimentos de informações. Isso ocorre desde a discussão sobre o projeto de lei que criou a ABIN, passando por períodos de crises relacionadas ao setor (como a do furto de computadores portáteis da Petrobras que poderiam conter informações sensíveis sobre as reservas de petróleo brasileiras e os acontecimentos no contexto da Operação Satiagraha), até mais recentemente, para esclarecer sobre o papel da Inteligência em grandes eventos e na Segurança Pública.

---

[78] "(...) [O requerimento de informações] é feito por escrito e apresentado no plenário de uma das casas, onde é lido e submetido à votação, e deve ser aprovado por maioria simples. Os requerimentos de informação não podem conter pedido de providência, consulta, sugestão, conselho ou interrogação sobre propósito da autoridade a quem se dirija e, para todos os efeitos, se equiparam ao pedido de remessa de documentos. A recusa ou não atendimento do pedido no prazo de 30 dias, bem como a prestação de informações falsas, importa em crime de responsabilidade. (...) Os requerimentos de informação aparecem quantitativamente como os instrumentos "preferidos": desde a promulgação da Constituição, em outubro de 1988, até 31 de dezembro de 2004, foram apresentados 15.341 requerimentos de informação na Câmara dos Deputados e 3.097 requerimentos de informação no Senado Federal, totalizando 18.438." Lemos (2005b), *op. cit.*, p. 87.

[79] "(...) Previstas no art. 58 da Constituição Federal de 1988, as audiências são realizadas tanto para instruir matéria, tratar de assunto de interesse público relevante, quanto para realizar o controle e poderá ser realizada inclusive por solicitação de entidade da sociedade civil, sindicatos, associações e solicitar depoimento de qualquer autoridade ou cidadão. (...) Os dados aqui apresentados cobrem todas as audiências realizadas no período de 1988 a 2004 para o Senado, e de 1995 até 2004 para a Câmara dos Deputados. No total, foram 1.495 audiências, 865 das quais ocorridas na Câmara e 630 no Senado, exclusivamente no seu sistema de comissões." Lemos (2005b), *op. cit.*, pp. 91-92.

[80] Lemos (2005b), *op. cit.*, pp. 87-88.

Ressalte-se, entretanto, que a prática no Congresso não é de convocar Ministros de Estado, medida vista como de significativo desgaste, pois seu descumprimento enseja crime de responsabilidade. Para evitar o constrangimento desnecessário de autoridades do Executivo, costuma-se substituir a convocação pelo "convite" para audiências públicas ou sessões reservadas.[81] As autoridades do Executivo, ao menos as da área de Inteligência, costumam atender prontamente aos convites do Poder Legislativo. De fato, os Ministros-Chefes do GSI têm ido por iniciativa própria às comissões do Parlamento, acompanhados do Diretor-Geral da ABIN, para prestar contas e esclarecimentos sobre questões relacionadas à Inteligência.

6.7.2. Poderes investigativos: as CPIs

No que concerne a poderes investigativos, provavelmente o instrumento mais conhecido de que dispõe o Legislativo são as Comissões Parlamentares de Inquérito (CPIs), que podem ser mistas (CPMIs) ou criadas no âmbito de uma das Casas.[82] Muitas vezes, o controle se mostra mais efetivo quando realizado pelas CPIs e CPMIs do que pelas Comissões permanentes. A título de exemplo, CPIs têm convocado até servidores da área de Inteligência para depor, com o caso mais notório o do oficial de inteligência Edgar Lange Filho, que foi chamado à CPMI dos Correios. Exposto em audiência pública, Lange Filho teve sua carreira comprometida pela decisão dos parlamentares de realizar a audiência ostensivamente e não de maneira reservada.[83] A situação provocaria a queda do então Diretor-Geral da ABIN, Mauro Marcelo Lima e Silva.

Em 2008, discutiu-se na CPMI dos Cartões Corporativos a questão do acesso do Congresso aos gastos sigilosos do Governo, inclusive à verba secreta da ABIN.[84] O assunto entrou em voga em razão de escândalos envolvendo alegações de uso indevido da verba pública por altas autoridades do Governo Federal. A consequência foi a iniciativa de parlamentares em criar a referida CPMI para investigar o caso. No que concerne aos serviços secretos, foram aprovados o Requerimento nº 7, de 2008, para a convocação do Ministro-Chefe do GSI, General Jorge Félix, e o Requerimento nº 128, de 2008, convidando o General

---

[81] Sobre o assunto, *vide* Lemos (2005 e 2005b), *op. cit.*, e Santos, Maria Helena de Castro, *op. cit.*

[82] Art. 58 da Constituição Federal de 1988.

[83] Sobre o assunto, *vide* o *Relatório Final dos Trabalhos da CPMI "dos Correios"* [Brasil. Congresso Nacional. Comissão Parlamentar Mista de Inquérito "dos Correios". Brasília, abril de 2006, disponível em: <http://www.senado.gov.br/web/comissoes/CPI/RelatorioFinalVol1.pdf>. Acesso em: 25 mar. 2008] vol. 1, pp. 48-54 e as atas daquela CMPI.

[84] Sobre o assunto, *vide* o Estudo nº 52, de 2008, da Consultoria Legislativa do Senado Federal, de nossa autoria conjunta com Gilberto Guerzoni Filho. A *homepage* da CPMI está disponível em: <http://www.senado.gov.br/sf/atividade/Comissoes/consComCPI.asp?com=1424>. Acesso em: 30 mar. 2008.

Alberto Mendes Cardoso a comparecer à CPMI. Também foram aprovadas as convocações do então Diretor-Geral ABIN, Paulo Lacerda (Requerimento nº 21, de 2008),[85] e do ex-Diretor-Geral do órgão, Mauro Marcelo de Lima e Silva (Requerimento nº 22, de 2008).[86]

Diante do debate sobre acesso a dados sigilosos *versus* necessidade de se guardar segredo por razões de segurança nacional, já houve, inclusive, manifestação do Supremo Tribunal Federal (STF). Examinando ações impetradas por um parlamentar[87] e por um partido político[88] contra o Presidente da República (as quais argumentavam que o Mandatário, ao impedir o acesso dos membros do Legislativo a movimentações financeiras de caráter sigiloso, incorria em crime de responsabilidade), a Corte Suprema decidiu que, a princípio, há determinados atos e procedimentos que não podem ser públicos por razões de segurança nacional, mas que o acesso dos parlamentares a essas informações não pode ser cerceado, preservando-se, no entanto, o caráter sigiloso das informações prestadas.[89]

Outra CPI que convocou autoridades e realizou diligências para apurar irregularidades relacionadas aos serviços secretos e órgãos de segurança pública foi a criada na Câmara dos Deputados a partir do Requerimento de CPI nº 5, apresentado em 23 de agosto de 2007, de autoria do Deputado Marcelo Itagiba e outros. Essa Comissão, denominada "CPI das Escutas Telefônicas" (CPIESCUT),

---

[85] Da Justificação do Requerimento, convém extrair a seguinte passagem: "No que toca à Agência Brasileira de Inteligência – ABIN, algumas informações necessitam ser esclarecidas perante este Parlamento e a sociedade brasileira. Segundo noticiado pelo sítio de notícias Terra, os agentes da ABIN realizaram saques em espécie de R$ 26,5 milhões de reais em apenas cinco anos (2003-2007). Só em 2007, foram mais de R$ 11,5 milhões. No entanto, tais despesas não são detalhadas no Portal da Transparência, que as classifica como informações protegidas por sigilo, nos termos da legislação, para garantia da segurança da sociedade e do Estado".

[86] Informações, inclusive cópias dos Requerimentos, disponíveis em: <http://www.senado.gov.br/web/comissoes/documentos/SSCEPI/ReqCartoes_Aprovado.pdf>. Acesso em: 28 mar. 2008.

[87] BRASIL. Supremo Tribunal Federal. Medida Cautelar em Mandado de Segurança nº 27.141-8, impetrada pelo Senador Arthur Virgílio contra o Presidente da República. Consulta Disponível em: < disponível em: <http://www.stf.jus.br/portal/processo/verProcessoAndamento.asp?incidente=2594303> (acesso em: 16 fev. 2018).

[88] BRASIL. Supremo Tribunal Federal. Medida Cautelar em Arguição de Descumprimento de Preceito Fundamental nº 129-3, impetrada pelo Partido Popular Socialista (PPS) contra o Presidente da República. Consulta Disponível em: < disponível em: <http://www.stf.jus.br/portal/jurisprudencia/listarJurisprudencia.asp?s1=%28ADPF%24%2ESCLA%2E+E+129%2ENUME%2E%29+NAO+S%2EPRES%2E&base=baseMonocraticas&url=http://tinyurl.com/abys3y5> (acesso em: 16 fev. 2018).

[89] *Vide* os Relatórios dos Ministros Ricardo Lewandowski e Celso de Mello sobre a Medida Cautelar em arguição de Descumprimento de Preceito Fundamental nº 129-3 e a Medida Cautelar em Mandado de Segurança nº 27.141-8, respectivamente. Interessante observar que se tem, em ambos os casos, uma forma de controle do Judiciário manifestando-se sobre a competência de controle do Legislativo.

tinha a finalidade de investigar escutas telefônicas clandestinas/ilegais, conforme denúncia publicada na Revista *Veja*, edição 2022, nº 33, de 22 de agosto de 2007, mas seus trabalhos desenvolveram-se ao longo dos dois anos seguintes. A Comissão chegou mesmo a tratar de ampla gama de casos relacionados a interceptações telefônicas e escutas ambientais ilegais, operações irregulares das polícias e dos serviços secretos e a atuação de empresas e organizações privadas na violação do sigilo de cidadãos comuns e de autoridades públicas da estatura de parlamentares, ministros de Estado e do Presidente da Suprema Corte. De acordo com o Relatório nº 1, de 2009, da CPIESCUT, apresentado pelo Deputado Nelson Pellegrino:

> *(...) a CPI examinou os procedimentos de diversas operações policiais com o propósito de conhecer os detalhes relativos às escutas telefônicas e ambientais. Essa estratégia permitiu a identificação de muitos desvios, alguns vistos com certa "normalidade". Em resumo, constatou-se a participação de polícias não judiciárias em atividades de execução de escutas telefônicas; a participação de funcionários de operadoras em escutas clandestinas; a concessão generalizada de senhas para acesso de dados telefônicos por juízes a policiais sem que houvesse o prévio exame em cada caso concreto; policiais que mantinham gravações em mídias particulares, a cooperação atípica de agentes de inteligência em operações policiais, a ocorrência de vazamentos etc.*[90]

Consta ainda do Relatório, que a CPI atuou em três vertentes: "as interceptações legais (ou autorizadas) – quem e como as solicitam, autorizam e executam; as interceptações clandestinas – quem e de que modo são executadas; e os equipamentos utilizados nas interceptações legais (autorizadas) e clandestinas – como funcionam, quais suas especificações, quem os fabrica, quem os compra, fiscaliza e quem autoriza a comercialização no país".[91] E nessas três linhas de ação foi identificada a participação de pessoas vinculadas aos órgãos de segurança e inteligência, algumas delas em altos cargos. E a CPIESCUT chamou atenção, ainda, para a existência de um sistema de escutas clandestinas no Brasil, muitas delas realizadas por agentes públicos e como parte de operações em inteligência, no qual milhares de pessoas tiveram sua privacidade violada, de modo como não se viu nem nos períodos mais duros dos regimes autoritários da história do Brasil:

> *Não podemos deixar de mencionar (...) os diversos relatos trazidos a esta CPI de abusos e injustiças – muitos deles com prisões de inocentes – causados por equívocos inaceitáveis, sejam escutas de homônimos, sejam interpretações e transcrições desprovidas de fundamentos, ou resumos elaborados a partir de trechos de conversas descontextualizadas.*[92]

---

[90] Brasil. Câmara dos Deputados. Comissão Parlamentar de Inquérito com a Finalidade de Investigar Escutas Clandestinas/Ilegais – CPIESCUT. *Relatório nº 1, de 2009*. Trata-se de documento de mais de 400 páginas, descrevendo os trabalhos da CPI e suas conclusões.

[91] CPIESCUT, Relatório nº 1, de 2009, p. 9.

[92] CPIESCUT, Relatório nº 1, de 2009, p. 11.

Falou-se de um número surpreendente de mais de 409 mil interceptações autorizadas realizadas no Brasil em 2007,[93] sendo estas, atente-se, apenas as que ocorreriam legalmente. Em depoimento à CPI, um gerente de relacionamento com órgãos públicos de uma grande empresa de telefonia celular operando no Brasil, informou que houve um crescimento considerável nas interceptações telefônicas autorizadas pelo Judiciário entre 2003 e 2007 e que, à época, cerca de 20 mil seriam iniciadas a cada mês.[94]

Outra grave constatação: não existia fiscalização efetiva sobre as atividades de interceptação telefônica realizadas, muitas delas de forma ilegal, por organizações privadas. A Comissão também constatou que não havia qualquer controle sobre a comercialização de equipamentos de escutas clandestinas no Brasil, material de ampla oferta a quem quiser adquiri-lo.

Entre as autoridades ouvidas pela CPIESCUT estavam o Ministro-Chefe do GSI, o Ministro da Defesa e o Ministro da Justiça, bem como os diretores-gerais da ABIN e do DPF e outros dirigentes daqueles órgãos. Houve mesmo declarações desencontradas entre os Ministros e o chefe da pasta da Defesa informou à CPI que a ABIN (lembre-se, sob a égide do GSI) teria comprado equipamentos para escuta telefônica, em clara violação à lei e à Constituição e assinalando que o serviço secreto poderia estar exorbitando suas funções e cometendo ilícito.

De fato, a CPIESCUT operou como órgão de controle, realizando revisão (*review*) das atividades de inteligência conduzidas pela Polícia Federal e pela ABIN, particularmente no contexto da Operação Satiagraha. A atuação da ABIN na referida operação foi objeto de investigação da CPI, que dedicou ao tema parte de seu Relatório nº 1, de 2009. O Relatório destaca que:

> *A Operação* Satiagraha *da Polícia Federal contou com a colaboração de agentes da Agência Brasileira de Inteligência. Muito se discutiu na CPI, embora não integre seu objeto central, a extensão e a legalidade dessa participação. (...) Com o decorrer dos trabalhos comprovou-se a participação de mais de setenta agentes da ABIN em períodos distintos da operação e em diversas atividades, inclusive na transcrição de interceptações telefônicas, conforme depoimentos dos próprios agentes. Não ocorreu, portanto, uma troca de informações de inteligência entre os órgãos integrantes do SISBIN, mas uma participação concreta de servidores da agência de inteligência em atividades típicas da polícia judiciária. (...) Faltam, no entanto, indícios de que agentes da ABIN tenham executado grampos telefônicos ou escutas ambientais, mas apenas a transcrição de conversações telefônicas já gravadas.*[95]

---

[93] CPIESCUT, Relatório nº 1, de 2009, p. 92.

[94] CPIESCUT, Relatório nº 1, de 2009, p. 82.

[95] CPIESCUT, Relatório nº 1, de 2009, p. 365.

Sobre a cooperação entre a polícia e o serviço secreto, os deputados deixaram claro que entendem a importância da troca de informações e da cooperação institucional no âmbito do SISBIN. Entretanto, o que a CPI condena são os procedimentos informais e atípicos da colaboração. Vê-se, no texto do relatório, exemplo de como se pode dar o controle finalístico *a posteriori* da atividade de inteligência feito pelo Parlamento:

> *Registre-se que não se condena a cooperação entre as duas instituições integrantes do Sistema Brasileiro de Inteligência – SISBIN, ao contrário, entendemos salutar a troca de informações que fortaleçam o Estado brasileiro no sentido de combate, principalmente, ao crime organizado e transnacionais. (...) Esse mesmo entendimento se aplica à cooperação com os demais integrantes do SISBIN, tais como o Banco Central, a Receita Federal, o Conselho de Controle de Atividades Financeiras (COAF), entre outros. É também comum a cooperação entre organismos internacionais. (...) Por outro lado, a argumentação de que a ABIN integra o SISBIN (Lei nº 9.883/99 e Decreto nº 4.376/2002, com alterações) não retira dessa colaboração, em particular, o seu caráter atípico, inusual e fora dos padrões brasileiros de cooperação em atividades de inteligência. A informalidade acabou por reduzir o caráter institucional da colaboração. (...) Pelo apurado na CPI, a hierarquia superior da Polícia Federal não tinha conhecimento do grau de profundidade dessa cooperação. A sua solicitação também não seguiu os padrões de formalidades exigidos. (...) Na prática, o que ocorreu foi uma cessão informal dos agentes da ABIN ao presidente do inquérito da operação Satiagraha, Delegado Protógenes Pinheiro Queiroz, visto que os cedidos apenas a ele se reportavam e recebiam determinações. Os agentes da ABIN não produziam relatórios de atividade destinados a seus superiores na Agência, que se limitavam a organizar as escalas e o pagamento de diárias.*[96]

Indubitavelmente, a mais importante das CPIs relacionadas à atividade de inteligência foi aquela criada em 2013, no Senado Federal para "investigar a denúncia de existência de um sistema de espionagem, estruturado pelo governo dos Estados Unidos, com o objetivo de monitorar e-mails, ligações telefônicas, dados digitais, além de outras formas de captar informações privilegiadas ou protegidas pela Constituição Federal". Conhecida como "CPI da Espionagem (CPIDAESP)",[97] a comissão funcionou durante sete meses e concluiu seus trabalhos com um Relatório[98] de mais de trezentas páginas que apresentava um vasto panorama da atividade de inteligência no Brasil, bem como da espionagem internacional. Assinalou, ainda, problemas relacionados à atuação de espiões

---

[96] CPIESCUT, Relatório nº 1, de 2009, p. 365-366.

[97] Para maiores informações sobre a CPIDAESP, *vide* <http://legis.senado.leg.br/comissoes/comissao?23&codcol=1682> (acesso em: 20 fev. 2018).

[98] BRASIL. Senado Federal. Comissão Parlamentar de Inquérito destinada a investigar a denúncia de existência de um sistema de espionagem, estruturado pelo governo dos Estados Unidos, com o objetivo de monitorar e-mails, ligações telefônicas, dados digitais, além de outras formas de captar informações privilegiadas ou protegidas pela Constituição Federal (CPIDAESP). "Relatório nº 1, de 2014" (publicado no *Diário do Senado Federal*, em 17 de abril de 2014).

estrangeiros em território brasileiro e deu especial atenção à segurança das comunicações e à inteligência cibernética.

Assim, a criação da CPIDAESP foi motivada por uma série de denúncias feitas na imprensa mundial sobre espionagem do Governo dos EUA a diversos países, entre os quais o Brasil. A origem dessas notícias foram documentos sigilosos divulgados irregularmente pelo especialista em computação norte-americano Edward Snowden, que trabalhou em empresas vinculadas à Agência de Segurança Nacional (*National Security Agency* – NSA) e à Agência Central de Inteligência (*Central Intelligence Agency* – CIA), respectivamente, a principal agência de inteligência de sinais e o serviço de inteligência externa estadunidenses.

> *Documentos repassados por Snowden ao advogado e colunista Glenn Greenwald, do jornal britânico* The Guardian, *revelaram que os EUA vinham há tempos espionando seus próprios cidadãos e que o esquema de vigilância cibernética também se estendia à Europa e à China. (...) Em julho do ano passado, novos documentos apontaram o Brasil como um dos alvos preferenciais do serviço de inteligência norte-americano. Brasília teria inclusive sediado, pelo menos até 2002, uma das 16 bases de espionagem da NSA ao redor do mundo. A embaixada do Brasil em Washington e a missão do Brasil na Organização das Nações Unidas (ONU) estariam entre os espionados. (...) Novas denúncias, também de julho de 2013, indicaram que o esquema de vigilância dos EUA havia se espalhado pela América Latina.*[99]

O Relatório se dedicava então a descrever um amplo esquema de espionagem por meio de inteligência de sinais realizado pelos EUA e seus aliados por todo o globo e que abrangia milhões de ligações telefônicas, e-mails e outras comunicações de servidores públicos, profissionais de destaque do setor privado, e mais de 35 líderes mundiais, entre os quais a Chanceler alemã, Angela Merkel, o Presidente francês, François Hollande, o Papa Francisco e a Presidente Dilma Rousseff.[100] Diante dessas denúncias, nos principais meios de comunicação do planeta, Washington argumentava que o teria feito por imperativos de segurança nacional, particularmente o combate ao terrorismo.[101]

Ao tratar de Inteligência, além de uma descrição desta e da modalidade inteligência de sinais, o Relatório também fez uma apresentação histórica e estrutural do setor no Brasil, tratou da ABIN e do SISBIN e de seus mecanismos de controle. Assinalou, ademais, alguns problemas que marcavam a Inteligência no País, inclusive no que concerne ao preconceito, desconhecimento e desconfiança com que os serviços de inteligência são percebidos pelos brasileiros.

---

[99] CPIDAESP, Relatório nº 1, de 2014, p. 25.

[100] CPIDAESP, Relatório nº 1, de 2014, p. 27.

[101] CPIDAESP, Relatório nº 1, de 2014, p. 27.

Decorridos quatorze anos da Lei n° 9.883, de 1999, a comunidade de inteligência é ainda recebida com reservas pela sociedade em geral e pelos tomadores de decisão. Os serviços de inteligência operam com grande dificuldade, tanto devido à falta do respaldo legal quanto pelo escasso orçamento, tendo, ainda, que lidar com a desconfiança da população e de seus clientes, os políticos e os administradores públicos dos altos escalões. O Sistema tem dificuldade de integração e mudanças são necessárias, sobretudo em um contexto em que "novas ameaças" se evidenciam e em um momento em que o Brasil se desenvolve e busca aumentar seu protagonismo em âmbito internacional. Em outras palavras, há muitos problemas, e eles têm que ser resolvidos. [102]

Ainda no que concerne à situação da Inteligência no Brasil, o Relatório assinala os problemas e dificuldades então enfrentados pela comunidade de inteligência brasileira, fazendo referência a texto de nossa autoria.[103] Portanto, no que diz respeito à crise na Inteligência, a CPI corrobora nossa percepção, assinalando os problemas e dificuldades do setor:

1) a falta de mandato claro e de apropriada distribuição de competências entre os distintos órgãos do SISBIN;
2) dificuldades de integração e cooperação entre os entes do Sistema;
3) ausência de uma autoridade central que efetivamente coordene os diversos segmentos;
4) falta de legislação que estabeleça mecanismos e protocolos de cooperação;
5) ausência de legislação que dê respaldo à atividade e ao pessoal de inteligência e que proteja o conhecimento sigiloso sob a guarda dos serviços de inteligência;
6) fragilidade orçamentária; e
7) ausência de mecanismos efetivos de controle, particularmente de controle externo, da atividade de inteligência.

Todos esses problemas, completa o Relatório, "estão relacionados à ausência de uma cultura de inteligência entre os brasileiros".[104] Essa constatação evidencia um desafio fundamental para a comunidade de inteligência no Brasil e que a CPIDAESP não se furta em assinalar: a necessidade de se pôr de lado os preconceitos no âmbito da sociedade e dos próprios tomadores de decisão, e de se perceber os serviços secretos como entes fundamentais para a atividade do Estado e a defesa deste e da sociedade.

---

[102] CPIDAESP, Relatório nº 1, de 2014, p. 98.

[103] GONÇALVES, Joanisval Brito. "Brasil, Serviços Secretos e Relações Internacionais: conhecendo um pouco mais sobre o Grande Jogo". In: SILVA FILHO, Edson Benedito da; MORAES, Rodrigo Fracalossi de (Orgs.). *Defesa Nacioanl para o Século 21*. Rio de Janeiro: IPEA, 2012, pp. 295-316.

[104] CPIDAESP, Relatório nº 1, de 2014, p. 99.

Uma consequência da falta de cultura de inteligência no Brasil é o despreparo dos brasileiros (tanto na iniciativa privada quanto no setor público) para fazer frente a ameaças reais como a espionagem (a serviço de outros Estados ou de outras organizações), a atuação de organizações criminosas e mesmo de grupos terroristas. Com isso a vulnerabilidade do Brasil diante desse tipo de ameaça é enorme. Outra consequência é a falta de investimento no setor e a ausência de mecanismos legais e institucionais que viabilizem o trabalho do pessoal de inteligência. [105]

Outro aspecto interessante do Relatório, mas que foge ao escopo desta obra, são as considerações da CPIDAESP sobre a inteligência de sinais e a segurança cibernética. Fala-se dos poucos investimentos no setor e medidas mais ativas para salvaguardar os interesses do Estado e da sociedade brasileiros nesse campo, inclusive com a implementação de uma política de segurança e defesa cibernética,[106] bem como da criação de uma agência de segurança cibernética.[107]A CPIDAESP concluiu seu Relatório com recomendações referentes à atividade de inteligência no Brasil. Destacam-se: 1) a necessidade de fixação da PNI (então ainda inexistente); 2) mais investimentos em inteligência e contrainteligência; 3) maior dotação orçamentária para a comunidade de inteligência; 4) a criação de uma agência brasileira de inteligência de sinais; 5) o estabelecimento de uma Política Nacional de Inteligência de Sinais, bem como de uma estratégia e de planos nacional e setorial; 6) a criação de uma comissão temporária, no âmbito do Senado Federal, para propor reformas na legislação de inteligência brasileira; 7) a aprovação da PEC nº 67, de 2012 (sobre a qual trataremos adiante); e 8) aprofundamento dos mecanismos de controle externo da atividade de inteligência.

Não pretendemos nesta obra entrar em maiores detalhes sobre as atividades da CPIDAESP, da CPIESCUT ou de qualquer outra CPI. Não obstante, é importante que fique evidenciada a relevância dessas comissões e do trabalho que realizam. Seu grau de influência nos destinos da Inteligência pode ser muito alto. Relembre-se, por exemplo, que a queda de dois diretores-gerais da ABIN, Mauro Marcelo de Lima e Silva e Paulo Lacerda, deu-se em estreita relação com situações apuradas ou discutidas no âmbito de CPIs (aquele por ocasião da CPI dos Correios e este na das Escutas Telefônicas). Ademais, as CPIs têm servido para mostrar a crise por que passam algumas organizações e o próprio setor de Inteligência, bem como a ausência de mecanismos efetivos de controle. Nesse sentido, o Relatório nº 1, de 2009, da CPIESCUT constata:

---

[105] CPIDAESP, Relatório nº 1, de 2014, p. 100.

[106] CPIDAESP, Relatório nº 1, de 2014, pp. 115 e ss..

[107] CPIDAESP, Relatório nº 1, de 2014, pp. 160 e ss..

Esta CPI, por fim, pôs holofotes em um setor que vivia sob trevas. Estamos agora em outro patamar, e precisamos, mesmo após seu encerramento concentrar esforços em busca de nova ordem jurídica que coíba abusos, pois, como dito, em se tratando de garantias fundamentais, não há lugar para aventuras.[108]

Na mesma linha seguiu a CPIDAESP em suas conclusões. Com esta CPI, especificamente, ficou evidenciado o efetivo papel do Parlamento no controle da Inteligência. Também se mostrou como se poderia exercer esse controle e como um órgão de controle externo pode contribuir sobremaneira para a atividade controlada. Recomendamos a leitura do Relatório nº 1, de 2014, da CPIDAESP.

Também é atribuição das CPIs não só esclarecer os fatos, apurar irregularidades e identificar culpados, mas propor mudanças na legislação. Nesse sentido, é usual que os relatórios aprovados pelas CPIs contenham também projetos de lei para criar ou modificar o arcabouço legislativo relacionado ao tema objeto do inquérito, inclusive com o intuito de preencher lacunas e modernizar o ordenamento legal. Todas essas são contribuições de uma CPI.

6.7.3. As Comissões Permanentes: a CCAI

Vistos esses instrumentos, registre-se que o principal mecanismo de controle é efetivamente o trabalho das Comissões. Além das Comissões permanentes específicas nas duas Casas, com função fiscalizadora – a Comissão de Fiscalização e Finanças, na Câmara, e a Comissão de Meio Ambiente, Defesa do Consumidor e Fiscalização e Controle, no Senado – há as Comissões de mérito que também atuam no controle do Executivo, com destaque, no que concerne à atividade de inteligência, para a Comissão de Relações Exteriores e de Defesa Nacional da Câmara (CREDN) e sua congênere no Senado (CRE), e para a Comissão de Constituição, Justiça e Cidadania do Senado (CCJ).

Mas a grande inovação no controle externo da atividade de inteligência no Brasil, ao menos em termos formais, foi a criação da Comissão Mista de Controle das Atividades de Inteligência (CCAI). Lembre-se que, após um período de ostracismo no início da década de 1990, a atividade de inteligência no País passou por importante reestruturação com a Lei nº 9.883/1999. O art. 6º da referida Lei estabeleceu que "o controle e fiscalização externos da atividade de inteligência serão exercidos pelo Poder Legislativo na forma a ser estabelecida em ato do Congresso Nacional".

[108] CPIESCUT, Relatório nº 1, de 2009, p. 13.

6.7.3.1. Os primeiros anos (2000-2005)

Em cumprimento à Lei nº 9.883/1999 foi então instalada, a 21 de novembro de 2000, a CCAI.[109] Nessa sessão inaugural,[110] o Presidente da Comissão de Relações Exteriores e Defesa Nacional do Senado Federal, Senador José Sarney, foi eleito o primeiro Presidente da CCAI,[111] enquanto o Presidente da Comissão de Relações Exteriores e Defesa Nacional da Câmara dos Deputados, Deputado Luiz Carlos Hauly, foi designado Relator da primeira matéria em pauta na Comissão: a Mensagem Presidencial (SF) nº 135, de 2000 (MSG 618/2000, de 03/05/2000, na origem), que encaminhava à apreciação do Poder Legislativo a Política Nacional de Inteligência. Uma vez que não havia regulamento das atividades da Comissão, os procedimentos de condução dos trabalhos e apreciação das matérias foram sugeridos pela Presidência da CCAI:

> *A lei silencia totalmente a respeito do funcionamento do Órgão, dizendo apenas como se cria e institui esta Comissão. Assim, acredito que a melhor maneira de encaminharmos nossos trabalhos é, uma vez composta a Comissão, elegermos seu Presidente e Vice-Presidente, visando ao andamento de todos os atos constitutivos que formarão este Órgão, da maior importância para o Congresso Nacional. Nesse sentido, consulto os Srs. Líderes e o Presidente da Câmara dos Deputados se estabeleceríamos para eleição do Presidente e designação do Relator o seguinte critério impessoal: que a Presidência do Órgão seja exercida pelo Presidente da Comissão de Relações Exteriores e Defesa Nacional do Senado Federal e a Relatoria, pelo Presidente da Comissão de Relações Exteriores e Defesa Nacional da Câmara dos Deputados. Se todos estiverem de acordo, esse será o procedimento que adotaremos.* [112]

Também nessa primeira reunião discutiu-se a importância que teria a Comissão, a preocupação com o sigilo dos trabalhos e com o caráter apartidário que deveria nortear o órgão[113] e, ainda, decidiu-se que a CCAI precisava de regulamentação. Para isso, foi apresentada proposta de regimento interno,

---

[109] As informações apresentadas a seguir têm como fonte o *Relatório de Atividades* da CCAI (2000 a 2004), publicado em 9 de junho de 2005, as atas das reuniões, e as memórias pessoais do autor, em virtude de sua atuação junto à Comissão como consultor do Congresso Nacional para a atividade de inteligência.

[110] A Ata dessa primeira reunião foi publicada no *Diário do Senado Federal*, em 29/11/2000, às folhas 23.281 a 23.293.

[111] Neste primeiro momento, a Comissão recebeu a designação de "Órgão de Controle e Fiscalização Externos da Política Nacional de Inteligência (OCFEPNI)".

[112] Senador José Sarney. Ata da 1ª Reunião da CCAI, 21/11/2000, *op. cit.*

[113] "(...) Deixo apenas uma ênfase maior à questão da reserva do sigilo que deveremos todos nós manter em relação às informações estratégicas para o País. E mais do que representantes da Maioria ou da Minoria, sem que haja nenhum conflito com essa representação, acho que todos temos a responsabilidade, neste instante, de construir um instrumento ágil, efetivo e bem estruturado do ponto de vista humano e mesmo técnico, para cumprir uma missão que, repito, coloca o Parlamento com uma responsabilidade além daquelas que já detinha até o dia de hoje." Deputado Aécio Neves. Ata da 1ª Reunião da CCAI, 21/11/2000, *op. cit.*

cabendo também ao Deputado Hauly relatá-la. Interessante que havia uma percepção comum de que se tratava de situação nova na política brasileira, de estabelecimento de um órgão de controle do aparato de inteligência do Estado. Nesse sentido, as palavras do então Deputado Aécio Neves, Líder da Maioria, sintetizam o espírito dos trabalhos:

> *Senhor Presidente, quero, em primeiro lugar, dizer da importância desta reunião para o Parlamento brasileiro. (...) Penso que, no momento em que estamos aqui criando esse Órgão de Controle Externo da atividade de inteligência, estamos demonstrando a maturidade do Parlamento e também o caráter absolutamente democrático deste Governo. Não tenho dúvidas de que, mais do que representantes de Maioria ou de Minoria, neste instante, somos todos representantes do Brasil e estamos tratando de algo que muito de perto tem relação com a própria segurança nacional. (...) E fica apenas, por fim, nossa preocupação em dar a esta Comissão o status que ela precisa ter. Certamente, é um fato extremamente novo e marcante nas relações do Parlamento com o Executivo. Em qualquer sociedade democrática, a ação da Inteligência é absolutamente vital.*[114]

E o caráter inovador do que se faria na Comissão também foi lucidamente assinalado pela constatação de que se tinha a tarefa de criar novas regras e procedimentos para a CCAI e, naturalmente, para a atividade de fiscalização e controle de sua competência:

> *(...) Estamos trabalhando num terreno absolutamente desconhecido para o Congresso Nacional, porque não era da sua experiência, até hoje, um órgão dessa natureza, com essas atribuições e amplitude. Portanto, temos que aqui estabelecer rotinas que, no futuro, serão seguidas pelo Parlamento ou aperfeiçoadas, naturalmente, para que cumpra essas tarefas que são tão importantes para o funcionamento e controle do sistema democrático.*[115]

Entre as medidas iniciais discutidas na primeira reunião da CCAI, estava a convocação do então Ministro-Chefe do GSI, General Alberto Mendes Cardoso, e do Diretor-Geral da ABIN, Ariel de Cunto, para que comparecessem à Comissão para prestar esclarecimentos sobre a atividade de inteligência no Brasil, assunto ainda deveras hermético para a maioria dos presentes. Proposta pelo Líder da Minoria na Câmara, Deputado Aloizio Mercadante,[116] a convocação do Ministro

---

[114] Deputado Aécio Neves. Ata da 1ª Reunião da CCAI, 21/11/2000, *op. cit.*

[115] Senador José Sarney. Ata da 1ª Reunião da CCAI, 21/11/2000, *op. cit.*

[116] "Gostaríamos apenas, a título de contribuição para os trabalhos desta Comissão, de sugerir, em primeiro lugar, a convocação do Ministro-Chefe do Gabinete de Segurança Institucional da Presidência da República, o General Alberto Mendes Cardoso, para comparecer às atividades desta Comissão exatamente nesse período de discussão sobre a regulamentação, para que possamos debater todos os episódios que deram início a esse processo, bem como discutir com S. Exª esses mecanismos de controle, expormos e confrontarmos as nossas preocupações em relação à forma de controle externo da Agência Brasileira de Inteligência. (...) Estou encaminhando à Presidência a solicitação de convocação do Diretor-Geral da Agência Brasileira de Inteligência – ABIN, Ariel De Cunto, para que também esteja presente nessa sessão, a fim de debatermos o desempenho da Agência." Deputado Aloizio Mercadante. Ata da 1ª Reunião da CCAI, 21/11/2000, *op. cit.*

produziu significativo debate, questionando-se mesmo se a CCAI teria poderes para fazê-lo. Como resultado da discussão, o primeiro importante precedente: deliberou-se que o órgão de controle externo tinha, sim, poderes para convocar o Ministro e outras autoridades. E Cardoso compareceu à segunda reunião, de caráter secreto, realizada em 30 de novembro seguinte.

Em 2001, a CCAI reuniu-se apenas duas vezes. Na primeira, oito meses depois da sessão em que se ouvira o General Cardoso,[117] elegeu-se o Presidente e estabeleceu-se o regime de alternância anual da Presidência da Comissão entre os Presidentes das Comissões de Relações Exteriores e Defesa Nacional de cada Casa.[118] Na segunda, aprovou-se o projeto de Regimento Interno do órgão, qual seja, o Projeto de Resolução (PRN) nº 8, de 2001-CN, que "dispõe sobre as finalidades, composição e funcionamento da Comissão Mista de Controle das Atividades de Inteligência (CCAI), órgão de controle e fiscalização externos da atividade de inteligência, previsto no art. 6º da Lei nº 9.883, de 7 de dezembro de 1999, e estabelece outras normas relativas à sua atuação". A proposição foi despachada para a Câmara dos Deputados, lá permanecendo durante anos sem nunca ter sido votada.[119]

Diante da situação, o Deputado Hauly acabou por apresentar, em 19 de junho de 2008, um novo Projeto de Resolução do Congresso Nacional, de nº 2, de 2008, dispondo "sobre as finalidades, composição e funcionamento da Comissão Mista de Controle das Atividades de Inteligência (CCAI), órgão de controle e fiscalização externos da atividade de inteligência, previsto no art. 6º da Lei nº 9.883, de 7 de dezembro de 1999", e estabelecendo outras normas relativas à sua atuação. Ao contrário do anterior, este seguiu a tramitação devida na forma do disposto no Regimento Comum, sendo finalmente aprovado, em dezembro de 2013, e constituindo-se no Regimento Interno da Comissão Mista de Controle das Atividades de Inteligência (RICCAI). Será dada atenção ao RICCAI nas próximas páginas.

---

[117] Um dos grandes problemas diagnosticados na CCAI é a dificuldade de reunião do órgão. Sucessivas vezes, as sessões têm sido convocadas e canceladas por falta de quórum.

[118] Reunião realizada em 15/08/2001, com Ata publicada no *Diário do Senado Federal* de 22/08/2001, às folhas 17.595 a 17.600.

[119] Em conversa com regimentalistas do Congresso, identificamos o que pode ter sido um erro de procedimento ao se encaminhar a proposta para a Câmara. Por se tratar de resolução do Congresso Nacional, ela deveria ter sido apresentada por uma das Mesas das duas Casas ou por, no mínimo, 100 subscritores, sendo 20 Senadores e 80 Deputados, discutida e votada em sessão conjunta do Congresso Nacional, na forma do art. 128 do Regimento Comum do Parlamento (RCCN). Entretanto, seguiu-se a tramitação de projeto de lei elaborado por Comissão Mista, previsto no art. 143 do RCCN. Apesar de requerimentos pela urgência da apreciação da proposta, o projeto permaneceu estanque durante anos.

Em 2002, sob a presidência do Deputado Aldo Rebello, a CCAI realizou cinco reuniões, em que foram ouvidas autoridades como o Ministro-Chefe do GSI, o Diretor-Geral da Polícia Federal[120] e o Presidente do Tribunal Superior Eleitoral. Os temas das audiências, algumas públicas, outras reservadas, envolveram desde denúncias contra a ABIN sobre invasão de privacidade de cidadãos até questões relacionadas ao DPF, como o andamento das atividades de combate ao crime organizado e a aplicação de recursos recebidos de agências estrangeiras como o FBI estadunidense. Houve, ainda, audiências para tratar da segurança dos sistemas de processamento de dados e das "urnas eletrônicas" por ocasião das eleições federais e estaduais daquele ano e para discutir o problema da segurança pública no País e o apoio que os órgãos de inteligência do Governo federal poderiam oferecer no combate ao crime e à violência.

Também sob os auspícios da CCAI, foi realizado, em 2002, o Seminário *Atividades de Inteligência no Brasil: Contribuições para a Soberania e a Democracia*. O evento, o maior até então realizado no País sobre o tema, reuniu políticos, jornalistas, acadêmicos e profissionais da área de inteligência, segurança e defesa, brasileiros e estrangeiros, e constituiu importante foro de discussão sobre os destinos da atividade e seus mecanismos de fiscalização e controle. Do Seminário resultou uma publicação, de grande importância particularmente em virtude da escassa produção sobre o tema no Brasil. Em 2003 não houve reuniões da Comissão.

Em 2004, ocorreram três audiências da CCAI. O tema central desses encontros foi a atuação de agências de inteligência estrangeiras em território brasileiro, noticiado pela imprensa. Além de um suposto colaborador desses serviços, foi chamado e compareceu à CCAI para prestar esclarecimentos, em reunião reservada, o ex-Chefe do Escritório do FBI no Brasil, o estadunidense de origem portuguesa Carlos Alberto Costa.

6.7.3.2. O Regimento Provisório de 2005

O ano de 2005 foi bastante intenso para a CCAI. De fato, em 2005, a Comissão realizou mais reuniões e audiências que em todos os anos anteriores somados. Também foi feita, pela primeira vez, a fiscalização aprofundada de determinadas atividades da ABIN, em razão de uma denúncia publicada pela mídia de que a Agência teria "investigado" suposto financiamento de campanha do Partido dos Trabalhadores (PT) com dinheiro doado pelas Forças Armadas Revolucionárias da Colômbia (FARC). Foram feitas diversas oitivas (como a do Ministro-Chefe do GSI e a do suposto "informante" relacionado pela imprensa)

---

[120] Importante lembrar que a CCAI não fiscaliza apenas a ABIN, mas quaisquer órgãos governamentais que atuem na área de inteligência.

e diligências realizadas. Após alguns meses de trabalho, a Comissão aprovou um relatório (secreto) sobre o caso, e produziu nota (ostensiva) na qual informava que nada havia sido encontrado sobre a denúncia. Esse foi, sem dúvida, o primeiro trabalho efetivo da CCAI como órgão de controle externo e pôde-se constatar a maneira isenta como os representantes da base do Governo e os da oposição lidaram com o tema. Interessante que a tarefa foi eminentemente de revisão (*review*), nos moldes do sistema de Westminster.

Acrescente-se que, uma vez que o Regimento Interno ainda se encontrava tramitando, a Comissão decidiu aprovar um Regimento provisório para nortear suas atividades. Nesse sentido, os trabalhos do órgão passaram a ser regulados por este instrumento provisório, observando-se a autoridade que têm as Comissões Parlamentares de se autorregulamentar.

De acordo com seu Regimento Provisório, a CCAI tinha por objetivo central "a fiscalização e o controle externos das atividades de inteligência e contrainteligência e de outras relacionadas com a área de inteligência, desenvolvidas por órgãos brasileiros, componentes do Sistema Brasileiro de Inteligência (SISBIN), a fim de assegurar que tais atividades sejam realizadas em conformidade com a Constituição Federal e com as normas constantes do ordenamento jurídico nacional, em defesa dos direitos e garantias individuais e do Estado e da sociedade".[121] Já no § 1º do art. 2º do Regimento encontrava-se o entendimento da Comissão sobre o significado de fiscalização e controle:

> Art. 2º (...)
> § 1º Entende-se por fiscalização e controle, para os fins desta Resolução, todas as ações referentes à supervisão, verificação e inspeção das atividades de pessoas, órgãos e entidades relacionados à inteligência e contrainteligência, bem como à salvaguarda de informações sigilosas, com vistas à defesa do Estado Democrático de Direito e à proteção do Estado e da sociedade.

Portanto, o Regimento Provisório estabelecia que tudo que estivesse relacionado à supervisão, verificação e inspeção de atividades de pessoas, órgãos e entidades relacionadas à Inteligência e à Contrainteligência, bem como à salvaguarda de informações sigilosas, seria de competência da CCAI. A Comissão poderia fiscalizar inclusive os órgãos da Administração indireta e concessionárias de serviços públicos, ainda que fossem empresas privadas, como as do setor de telefonia.

O § 4º do art. 2º previa que, "para o bom cumprimento de suas funções, a CCAI terá acesso a todos os órgãos e instalações do SISBIN, independentemente do seu grau de sigilo". Esse acesso é irrestrito. Sobre o assunto, o General Alberto

[121] Regimento Provisório da Comissão Mista de Controle das Atividades de Inteligência, aprovado em 6 de abril de 2005.

Cardoso chegou a afirmar que os "membros dessa comissão precisam ter acesso absoluto a todos os conhecimentos produzidos pelo sistema, pela ABIN" e que "terão credencial máxima de acesso a documentos sigilosos".[122] Destaque-se que Cardoso, falando em sessão da Câmara dos Deputados, fez a ressalva de que cabia ao Congresso regulamentar esse acesso, inclusive no que concerne às penalidades aos que tornassem públicas as informações protegidas por sigilo: "Como o Congresso vai selecionar, estabelecer um código de ética para esta comissão, isso é assunto do Congresso. O Executivo sequer tentará insinuar qualquer coisa em relação a isso".[123]

Como as demais Comissões Parlamentares, o Regimento Provisório também atribuía à CCAI competências para "convocar Ministro de Estado ou titular de órgão diretamente subordinado ao Presidente da República para prestar, pessoalmente, informações sobre assuntos relacionados às atividades de inteligência e contrainteligência e à salvaguarda de assuntos sigilosos" (art. 5º), e para "solicitar depoimento de qualquer autoridade ou cidadão relacionados à atividade de inteligência, contrainteligência ou salvaguarda de informações" (art. 6º). Independentemente do Regimento Provisório, convém registrar, a competência de convocar Ministros e convidar qualquer cidadão é atribuição constitucional das Comissões do Poder Legislativo.

Outra atribuição precípua das Comissões é, lembramos, a aprovação de requerimentos de informações ao Poder Executivo, relacionados a matérias de competência da CCAI. A Comissão também podia, assinalava o Regimento Provisório, receber denúncia de qualquer cidadão sobre arbitrariedades cometidas por órgãos sob sua fiscalização. Trata-se de mais uma instância à qual podem recorrer aqueles que se sintam violados em seus direitos basilares, como o da privacidade.

Ademais, o Regimento Provisório de 2005 também previa, em seu art. 23, que "as reuniões da CCAI serão secretas, salvo quando a Comissão deliberar em contrário, delas só podendo participar os seus membros e os servidores credenciados" e que "qualquer dos membros da Comissão poderá requerer a realização de reunião aberta, o que será decidido por maioria". O art. 24 estabelecia que "as atas das reuniões da CCAI serão classificadas como secretas, sendo seu trato e manuseio realizados nos termos das normas legais e regimentais que disciplinam a matéria".

Finalmente, no que concerne à participação, nas reuniões da Comissão, de Parlamentares que não a integrassem, ou de outras autoridades, externas

---

[122] General Alberto Cardoso. Apresentação à Comissão de Relações Exteriores e Defesa Nacional da Câmara dos Deputados. Ata da Audiência Pública realizada em 03/12/1997.

[123] General Alberto Cardoso. Apresentação à Comissão de Relações Exteriores e Defesa Nacional da Câmara dos Deputados. Ata da Audiência Pública realizada em 03/12/1997.

ao Poder Legislativo, o art. 25 do Regimento Provisório previa que somente poderia ocorrer "se nesse sentido houver requerimento aprovado pela maioria dos membros da Comissão" e que esta participação estaria "condicionada à assinatura do termo de responsabilidade, sujeitando-se os autorizados às normas de sigilo e às penas por suas violações". Na prática, os parlamentares que não são membros da Comissão não encontravam nem encontram empecilhos para participar de suas reuniões, apenas não tendo direito de voto e devendo guardar o sigilo sobre o que foi ali tratado.

O Regimento Provisório nortearia, portanto, os trabalhos da Comissão entre 2005 e 2009, quando, com nova proposta de Regimento aprovada sob a presidência do Deputado Severiano Alves, a CCAI passaria a orientar-se por este novo documento. Entretanto, pouca atenção se deu àquele primeiro documento nos anos seguintes. De toda maneira, o Regimento Provisório de 2005 serviu para evidenciar a necessidade de ser ter um regulamento para as atividades da CCAI, o que só viria a acontecer, de fato, em 2013.

6.7.3.3. Atividades entre 2006 e 2013

Em 2006, pouca atividade houve no âmbito da CCAI, com apenas duas reuniões. Já em 2007 não houve reunião da CCAI, e o ano de 2008 começou com uma sessão, reservada, para tratar com o então Ministro-Chefe do GSI, Jorge Armando Félix, sobre o furto de computadores da Petrobras que poderiam conter dados sensíveis.

O General Félix seria ouvido novamente em junho, também em reunião reservada, sobre a atuação de militares no Morro da Providência, no Rio de Janeiro. Observe-se que a CCAI se encontrava então sob a presidência do Senador Heráclito Fortes, o qual, apesar de pertencer a um partido de oposição, buscou conduzir os trabalhos do órgão de controle externo sob uma perspectiva apartidária, determinando que as reuniões fossem secretas e não permitindo a exposição pública do Ministro ou do Governo. Pela ótica de alguém que acompanhou pessoalmente essas audiências, não nos resta dúvida acerca da preocupação do Senador Heráclito Fortes em conduzir a CCAI como uma Comissão de Estado, salvaguardando os interesses nacionais acima de questões político-partidárias.

Mas 2008 estava apenas começando e seria o ano da Operação Satiagraha. Denúncias veiculadas pela mídia de irregularidades na operação conduzida pelo Delegado Protógenes Queiroz, com destaque para a divulgação de um relatório que transcrevia conversa telefônica entre o então Presidente do STF, Ministro Gilmar Mendes, e o Senador Demóstenes Torres, liderança de oposição. O documento teria sido produzido na ABIN e fornecido ao jornalista que o publicou por um servidor da Agência. Em razão desses episódios, a CCAI intensificou suas atividades.

Autoridades foram ouvidas em audiências públicas e reservadas. Às audiências públicas de 9 e 17 de setembro de 2008 compareceram o Ministro-Chefe do GSI, o então Diretor-Geral da ABIN, Paulo Lacerda, e o então Diretor-Geral do Departamento de Polícia Federal, Luiz Fernando Corrêa. As autoridades puderam apresentar sua versão dos acontecimentos e foram inquiridas pelos parlamentares. As audiências serviram ainda para tornar pública divergência entre o Diretor-Geral da ABIN e seu colega da Polícia Federal, bem como o fato de que servidores da agência de inteligência teriam participado da Operação Satiagraha sob ordens de Lacerda e sem o conhecimento de Corrêa.

A uma das audiências de setembro de 2008 foi chamada toda a cúpula da ABIN, comparecendo ao plenário da Comissão o diretor-adjunto e os diretores dos departamentos da agência, entre eles o que fora acusado de, seguindo as orientações de Lacerda, determinar a seu pessoal que desse apoio à operação do Delegado Protógenes Queiroz. Foi um momento delicado de exposição da ABIN e do SISBIN. Não há como negar que a atuação da CCAI contribuiu para a decisão do Presidente da República de afastar Lacerda e parte da cúpula da ABIN, o que culminaria na exoneração do diretor-geral e de seu adjunto, alguns meses depois.

A primeira reunião ordinária da CCAI em 2009 ocorreu no dia 28 de abril, quando a Presidência da Comissão foi transferida para o Deputado Severiano Alves (PDT-BA), então Presidente da Comissão de Relações Exteriores e de Defesa Nacional da Câmara Baixa. Severiano Alves daria grande impulso à Comissão, convocando reuniões e debatendo temas de Inteligência, inclusive com representantes das várias agências que compõem o SISBIN. Outra iniciativa do Deputado foi o requerimento para a realização de um seminário internacional sobre controle dos serviços secretos, que viria a ocorrer em dezembro daquele ano. Com Severiano Alves, o controle da atividade de inteligência voltou a ser discutido no Congresso Nacional.[124]

Indubitavelmente, a Presidência de Severiano Alves teve seus pontos mais marcantes no que concerne à produção legislativa. Duas iniciativas do deputado baiano se mostrariam passos importantes na construção de um arcabouço normativo para a Inteligência no Brasil e seu controle: 1) a Proposta de Emenda à Constituição (PEC) nº 398, de 2009, que elevava a atividade de inteligência ao nível constitucional, inserindo um capítulo na Carta Magna voltado à Inteligência e seu controle; e 2) a apresentação, discussão e aprovação de um Regimento Interno para a CCAI que constituiria novo Regimento Provisório para a Comissão e que vigorou até a aprovação do texto definitivo, pelo Congresso Nacional, em 2013.

---

[124] As informações sobre a CCAI, como matérias em tramitação, relatórios, pautas de suas reuniões e as atas das audiências públicas estão disponíveis no sítio da Comissão na internet (<http://www.senado.gov.br/sf/atividade/conselho/conselho.asp?con=449>).

Iniciativa absolutamente pioneira, a PEC nº 398, de 2009, inseria o Capítulo IV ao Título V da Constituição Federal para trazer, pela primeira vez na história das Constituições brasileiras, a Inteligência e seus mecanismos de controle ao âmbito constitucional. Diante da constatação de que, apesar de ser uma Carta extensa e ampla, com mais de 250 artigos originais, dezenas de emendas, tratando dos mais distintos temas, a Constituição brasileira de 1988 não faz qualquer referência à importante atividade de Estado que é a Inteligência, Severiano Alves entendeu que passava da hora de se tratar desse assunto na Lei Maior. Elaborou então uma minuta de PEC, a qual discutiu com parlamentares (deputados e senadores) da base do Governo e da oposição, membros e não membros da CCAI. Também apresentou a proposta ao então Ministro-Chefe do GSI, que assinalou a importância da iniciativa, e a outros representantes do SISBIN (estive presente em alguns desses encontros e reuniões com a comunidade de inteligência).

Era generalizada a percepção positiva acerca da proposta de Severiano, que foi apresentada e começou a tramitar. Encaminhada à Comissão de Constituição e Justiça e de Cidadania (CCJC) da Câmara dos Deputados, obteve Parecer, cujo relator foi o Deputado Marcelo Itagiba, pela admissibilidade, não se identificando nela nada que obstasse as cláusulas pétreas da Constituição.[125]

A PEC nº 398, de 2009, viria a ser arquivada em 31 de janeiro de 2011, por força do art. 105 do Regimento Interno da Câmara dos Deputados, segundo o qual "[f]inda a legislatura, arquivar-se-ão todas as proposições que no seu decurso tenham sido submetidas à deliberação da Câmara e ainda se encontrem em tramitação, bem como as que abram crédito suplementar, com pareceres ou sem eles, salvo as: I – com pareceres favoráveis de todas as Comissões; II – já aprovadas em turno único, em primeiro ou segundo turno; III – que tenham tramitado pelo Senado, ou dele originárias; IV – de iniciativa popular; V – de iniciativa de outro Poder ou do Procurador-Geral da República". A proposição de Severiano chegava a seu termo, sem se tornar texto constitucional. Mas a ideia do deputado baiano sobreviveria, e voltaria a ser acolhida, dessa vez no Senado Federal, pouco tempo depois.

A outra iniciativa de extrema importância no campo legislativo conduzida por Severiano Alves foi a adoção de um Regimento Provisório para a CCAI. Tomando por base o Regimento Provisório de 2005 e o PRN nº 2, de 2008-CN, de autoria do Deputado Luiz Carlos Hauly (o qual praticamente reproduzia o texto da proposta anteriormente consubstanciada no PRN nº 8, de 2001 – CN, do

[125] Para o Parecer da CCJC, *vide* <http://www.camara.gov.br/proposicoesWeb/prop_mostrarintegra;jsessionid=B1D244C849C0DD19DDD78F6C6E12BFAE.proposicoesWebExterno2?codteor=697044&filename=Tramitacao-PEC+398/2009> (acesso em: 1º jun. 2018)

próprio Haully e que estava estagnada[126]), Severiano reuniu os membros da CCAI e outros parlamentares e apresentou um Substitutivo a este segundo PRN, que seria utilizado como Regimento Provisório pela Comissão até que o definitivo fosse aprovado pelo Congresso Nacional.

Assim, a proposição de Severiano ia ao encontro daquela de Haully e assinalava o interesse da CCAI de se orientar sob regras mais claras. A Comissão pôde, dessa maneira, dispor de um regulamento até que, em dezembro de 2013, o PRN nº 2, de 2008-CN foi aprovado pelo Parlamento, na forma do Substitutivo de Severiano, e passou a vigorar como a Resolução nº 2, de 2013-CN, que, como parte do Regimento Comum do Congresso Nacional, tornou-se o Regimento Interno da Comissão Mista de Controle das Atividades de Inteligência (RICCAI), sobre o qual se tratará no próximo Capítulo.[127]Antes de se passar para o próximo item, cabe menção às atividades da CCAI em 2012, quando assumiu a Presidência da Comissão o Senador Fernando Collor (à época, PTB-AL), então Presidente da Comissão de Relações Exteriores e Defesa Nacional do Senado. Além de atuar para a aprovação do PRN nº 2, de 2008-CN, Collor convocou reuniões da Comissão e audiências públicas para tratar de temas relacionados à Inteligência. Além disso, ao final daquele ano, apresentou uma nova PEC, que recuperava o proposto na PEC de Severiano Alves, elevando a Inteligência ao nível constitucional: é a PEC nº 67, de 2012, que, quando da conclusão desta edição (agosto de 2018), tramitava no Senado Federal. A nova "PEC da Inteligência" será objeto do próximo capítulo.

6.7.3.4. As atividades da CCAI a partir do RICCAI (2013)

A partir de dezembro de 2013, sob a Presidência do Deputado Nelson Pellegrino (PT-BA), a CCAI passou a atuar com seu Regimento Interno (RICCAI), o que permitiria maior efetividade dos trabalhos da Comissão. Note-se, entretanto, que a Comissão só voltaria a se reunir no primeiro semestre de 2014, uma vez que sua composição depende tanto da composição das outras comissões do Senado e, sobretudo, da Câmara (uma vez que ali, as comissões são constituídas anualmente enquanto no Senado são bianuais) e da escolha dos líderes. Assim, e esse é aspecto que interfere no dia a dia da CCAI, apenas no final de fevereiro ou início de março (em alguns casos, só em abril), é que se saberá qual a composição da Comissão naquele ano.

---

[126] Diante da necessidade de regulamentação das atividades da CCAI e, uma vez que o PRN nº 8, de 2001 –CN, encontrava-se estagnado, o Deputado Luiz Carlos Hauly, repita-se, apresentou o PRN nº 2, de 2008 – CN. A proposição tramitou no Parlamento até 2013, quando foi aprovada.

[127] A aprovação do RICCAI foi resultado do empenho de diversos parlamentares, com destaque para aqueles que foram Presidente ou Vice-Presidente da Comissão enquanto tramitava o projeto: Severiano Alves (PDT-BA), Perpétua Almeida (PCdoB-AC), Fernando Collor (PTC-AL), Nelson Pellegrino (PT-BA) e Ricardo Ferraço (PSDB-ES).

Enquanto em 2013 houve seis reuniões da CCAI (entre março e dezembro daquele ano), em 2014, sob a Presidência do Senador Ricardo Ferraço (então PMDB-ES), e já com a nova composição de doze membros, foram apenas quatro reuniões, com 15 requerimentos propostos (contra 9 no ano anterior)[128].

Em 2015, sob a Presidência da Deputada Jô Moraes (PCdoB-MG), a CCAI teve seu período mais intenso de atividades desde a entrada em vigor do RICCAI. Já se tratou da Presidência de Jô Moraes no Capítulo 2. Entretanto, cabe destacar o empenho da parlamentar em tornar mais efetivo o controle realizado pela Comissão, com uma aproximação maior dos entes controlados. Assim, a Presidente e os membros da CCAI fizeram visitas à ABIN e a outros órgãos de Inteligência, promoveram audiências públicas para tratar de temas relacionados e apresentaram requerimentos de informações, por exemplo, referentes à ausência de uma PNI e à necessidade de um novo concurso público para a ABIN. Também foi em 2015 que a CCAI passou a ter reuniões ordinárias mensais (o que acabaria não acontecendo nos anos seguintes) e, com a aprovação da Resolução nº 03, de 2015 – CN, a Comissão passou, a partir de então, a apresentar emendas ao Projeto de Lei Orçamentária Anual (PLOA).

> *Sob coordenação da presidente Jô Moraes, a CCAI apresentou emendas ao Projeto de Lei Orçamentária Anual de 2016 (PLOA 2016), direcionando receitas para a ABIN, órgão central do SISBIN, e também para órgãos do Ministério da Defesa (Marinha, Exército e Aeronáutica), totalizando R$ 120.000.000,00 (cento e vinte milhões de reais) para serem aplicados em inteligência e contrainteligência. Foram propostos recursos também para apoio de inteligência na realização de grandes eventos.* [129]

Foi ainda na condição de Presidente da CCAI que Jô Moraes apresentou o Projeto de Lei nº 3.578, primeira proposição legislativa a tratar expressamente de operações de Inteligência. A proposição tem o mérito de deixar claro que, em qualquer democracia, há necessidade de serviços de inteligência e de seu segmento operacional, e, ainda estabelecer a discussão, no Poder Legislativo, sobre o tema:

> *Também para enfrentar os desafios da atividade de inteligência e fortalecer o controle democrático dos serviços secretos, apresentei o Projeto de Lei nº 3.578, de 2015, que "estabelece procedimentos, penalidades e controle judicial do uso de meios e técnicas sigilosos de ações de busca de informação pela atividade de inteligência de Estado, no âmbito da Agência Brasileira de Inteligência". A*

[128] As informações sobre as atividades da CCAI em 2013 e 2014 estão disponíveis nos relatórios respectivos, disponíveis em: <http://legis.senado.leg.br/comissoes/comissao?0&codcol=449> (acesso em: 1º jun. 2018).

[129] BRASIL. Congresso Nacional. Comissão Mista de Controle das Atividades de Inteligência. "Relatório de Atividades 2015". Disponível em: < Disponível em: <http://legis.senado.leg.br/sdleg-getter/documento/download/801dc07e-afc7-4bbe-942b-84c41c17d471> (acesso em: 10 jan. 2018), p. 22.

proposta foi construída com contribuição destacada de especialistas da Associação Internacional para Estudos de Segurança e Inteligência (INASIS). [130]

Aspecto importante assinalado no "Relatório de Atividades 2015" da CCAI diz respeito à melhor compreensão, pelos parlamentares, da importância da Inteligência em um Estado democrático. Isso é fruto, entre outras coisas, do amadurecimento da Comissão e do maior envolvimento dos seus membros, sem preconceitos, com o tema. Sobre o caráter estratégico da Inteligência, Jô Moraes destaca na apresentação do Relatório:

> *O presente relatório expõe, de forma sucinta, as atividades promovidas, visitas e debates realizados pelos integrantes da COMISSÃO DE CONTROLE DA ATIVIDADE DE INTELIGÊNCIA-CCAI, refletindo a permanente busca de difundir, na sociedade, o sentido estratégico das atividades de Inteligência para a defesa do Estado brasileiro. (...) As grandes potências possuem uma forte e ativa atividade de inteligência, incluindo investimentos em modernos sistemas e em infraestrutura própria para sua sustentação. Estabelecem seus planos de desenvolvimento a partir das informações produzidas pelos seus órgãos e agentes. E mais, promovem uma indústria cultural de valorização de seus agentes e organismos, muito além do julgamento de sua missão.* [131]

E completa:

> *Ademais, no momento em que vivemos atualmente, reforça-se a necessidade do país dar um salto na compreensão dos desafios na área de Inteligência. É essencial a publicação da Política Nacional de Inteligência, bem como a estruturação de uma Agência de Segurança Institucional, subordinada diretamente à Presidência da República, garantindo ao dirigente maior da nação privilegiadas informações para a tomada de decisões de forma ágil e objetiva. Fundamental, também, é o investimento na estrutura dos serviços de Inteligência, recomposição do seu quadro próprio, por meio de concurso público e reforço orçamentário livre de contingenciamentos, como garantia de efetivação dos serviços. (...) Definir a importância dessa atividade para a soberania nacional, constitucionalizando-a e reforçar seus órgãos de controle como garantia democrática, só pode ocorrer com amplo debate com a sociedade.* [132]

Jô Moraes escreve essa apresentação do Relatório em um momento em que ainda não se tinha a PNI aprovada (apesar da cobrança permanente feita pela

---

[130] BRASIL. Congresso Nacional. Comissão Mista de Controle das Atividades de Inteligência. "Relatório de Atividades 2015". Disponível em: < Disponível em: <http://legis.senado.leg.br/sdleg-getter/documento/download/801dc07e-afc7-4bbe-942b-84c41c17d471> (acesso em: 10 jan. 2018), p. 6.

[131] BRASIL. Congresso Nacional. Comissão Mista de Controle das Atividades de Inteligência. "Relatório de Atividades 2015". Disponível em: < Disponível em: <http://legis.senado.leg.br/sdleg-getter/documento/download/801dc07e-afc7-4bbe-942b-84c41c17d471> (acesso em: 10 jan. 2018), p. 5.

[132] BRASIL. Congresso Nacional. Comissão Mista de Controle das Atividades de Inteligência. "Relatório de Atividades 2015". Disponível em: < Disponível em: <http://legis.senado.leg.br/sdleg-getter/documento/download/801dc07e-afc7-4bbe-942b-84c41c17d471> (acesso em: 10 jan. 2018), pp. 5- 6.

CCAI ao Governo a esse respeito), a ABIN estava já há oito anos sem concurso público, e o GSI fora extinto. Esse quadro mudaria com o afastamento de Dilma Rousseff e o início do Governo de Michel Temer.

Com a turbulência política no Brasil em 2016, a CCAI teve apenas três reuniões naquele ano, em maio, outubro e novembro, tendo sido a primeira e a última audiências públicas em que se ouviu o Ministro-Chefe do GSI (pois a pasta fora recriada por Temer), e a de outubro para deliberação sobre as emendas à PLOA. Em 2017, houve duas reuniões da Comissão, e em 2018 ainda não havia ocorrido nenhuma até a conclusão desta edição (agosto de 2018) – o que não significa que os Presidentes da Comissão naqueles anos não tivessem atuado realizando o controle externo do SISBIN.[133]

6.8. DEMAIS CONSIDERAÇÕES SOBRE O CONTROLE DA INTELIGÊNCIA NO BRASIL

Muito pouco ainda há a se comentar em termos de críticas ao controle da atividade de inteligência no Brasil. Isso se deve a uma razão bem simples: esse controle é ainda muito incipiente. De maneira geral, cabe destacar o comentário de Leany Lemos,[134] segundo a qual estudos e ensaios indicam o "insucesso" das novas democracias quanto à atividade de controle do Executivo e, no caso da América Latina, um dos postulados principais da literatura é a "escassa capacidade para fiscalizar o Poder Executivo e a burocracia". No setor de Inteligência não é diferente, senão mais complicado.

No que concerne ao controle interno no âmbito do Executivo, não há órgão para fazê-lo em termos finalísticos para os diversos entes do SISBIN e para a ABIN em particular. A CREDEN é quase que uma ficção jurídica e não tem qualquer autoridade de fato – nem condições de pessoal e expertise – para supervisionar a comunidade de inteligência (em que pese ter se mostrado mais atuante desde o início do Governo Temer). Ademais, o País passou quase 17 anos sem uma Política Nacional de Inteligência (PNI), 18 sem uma Estratégia Nacional de Inteligência (ENINT), e 19 anos sem um Plano Nacional (PLANINT) que norteassem a atividade. Esses documentos só viriam a compor o arcabouço normativo brasileiro em 2016, 2017 e 2018, respectivamente.[135] Para o controle dos serviços secretos esses documentos são de significativa importância, pois

[133] De fato, a Deputada Bruna Furlan (PSDB-SP) e o Senador Fernando Collor (PTC-AL), presidentes da CCAI em 2017 e 2018, respectivamente, sempre se mostraram muito atentos às questões de Inteligência e aos entes controlados.

[134] Lemos (2005), *op. cit.*, pp. 85-86.

[135] A esse respeito, *vide Atividade de Inteligência e Legislação Correlata* (2018), *op. cit.*

ali estão objetivos, diretrizes e orientações para os entes do SISBIN e, portanto, parâmetros para o exercício do controle pela CCAI.

No caso da ABIN, mesmo o controle ministerial depende muito da personalidade do Ministro que estiver à frente da pasta à qual a Agência esteja subordinada e de seu interesse e conhecimento sobre Inteligência. Essa situação pôde ser evidenciada à época dos dois ministros do Governo Dilma Rousseff (General José Elito, do GSI, entre 2011 e 2015, e Ricardo Berzoini, quando da extinção do GSI e da subordinação da Inteligência à Secretaria de Governo da Presidência da República) e daquele do Governo Michel Temer (quando o GSI foi criado sob o comando do General Sérgio Etchegoyen): enquanto Elito e Berzoini parecem ter tido dificuldade em lidar com o serviço secreto a eles subordinado, Etchegoyen foi responsável por reformas extremamente importantes, internas e externas, com destaque para reestruturação da Agência, a publicação da PNI, da ENINT e do PLANINT, e mudanças inclusive na cultura institucional da ABIN.[136]

A nosso ver, portanto, o Ministro tem papel de extrema relevância para o controle interno da Inteligência. E se no caso da ABIN houve momentos em que o chefe da pasta se mostrava conhecedor profundo da matéria (como se deu com os Generais Fernando e Alberto Cardoso, por exemplo), nos demais órgãos do sistema, pouco provável que os Ministros tenham real controle dos setores de Inteligência a eles subordinados, à exceção dos Comandantes militares com relação a seus respectivos serviços de informações, e do General Joaquim Silva e Luna, que assumiu a pasta da Defesa no último ano do Governo Temer.

Em termos de controle externo, passos importantes já foram dados, mas há muito o que fazer. No âmbito do Poder Judiciário e do Ministério Público, juízes, promotores e procuradores começam a se capacitar para melhor entender os meandros da atividade de inteligência. Destaca-se, nesse sentido, a criação do pioneiro Curso de Especialização em Inteligência de Estado e Segurança Pública, promovido pela Fundação Escola Superior do Ministério Público de Minas Gerais (FESMP), e que depois passou à égide da Associação Internacional para Estudos de Segurança e Inteligência (INASIS), chegando a sua décima turma em 2018. Esse curso tem contado com a participação de servidores públicos dos três Poderes e das esferas federal, estadual e municipal, bem como de magistrados e membros do Ministério Público.[137] Do programa de pós-graduação da INASIS têm saído estudos de conclusão de curso bastante interessantes, podendo-se notar um processo de capacitação de juristas e outros profissionais na área. O Ministério Público da União (nos seus distintos ramos) e outros Ministérios

[136] *Vide Atividade de Inteligência e Legislação Correlata* (2018), *op. cit.*

[137] Sobre o Curso de Especialização em Inteligência de Estado e Segurança Pública, *vide* <http://www.inasis.org>.

Públicos estaduais, por meio de suas escolas de governo, têm realizado cursos de capacitação de servidores em Inteligência. Enfim, busca-se maior conhecimento sobre Inteligência entre os juristas.

No que concerne ao controle realizado pelo Poder Legislativo, em âmbito federal, passo importante foi a aprovação do Regimento Interno da CCAI. Entretanto, o fato é que, da maneira como está organizado o controle parlamentar específico para a atividade de inteligência no Congresso Nacional, este ainda pode se tornar mais efetivo, pois a Comissão carece de uma estrutura própria e a rotatividade dos membros, em especial dos deputados (que são alterados a cada ano), dificulta a manutenção de uma memória institucional, particularmente entre os parlamentares. Assim, embora haja interesse de alguns deputados e senadores de proceder à fiscalização dos serviços secretos, o Congresso dispõe de mecanismos institucionais ainda muito debilitados para efetivá-lo.

Ainda sobre o controle externo exercido pelo Poder Legislativo, em alguns Estados da Federação já tem início um processo de estruturação de órgãos de controle dos sistemas de inteligência estaduais pelas Assembleias. O Ceará foi pioneiro nesse processo, com o Projeto de Indicação nº 2, de 2018, de autoria do Deputado Fernando Hugo (PP), que "cria a Secretaria de Inteligência Estratégica, a Agência Estadual de Inteligência, o Conselho Estadual de Inteligência do Estado do Ceará, estabelece o Sistema Estadual Interagências de Inteligência e dá outras providências".[138] Esse projeto, aprovado em 10 de maio de 2018 pelo plenário da Assembleia Legislativa,[139] dá ênfase ao controle. Assim, cria um Conselho Estadual de Inteligência do Estado do Ceará que tem, entre suas competências, "realizar o controle interno da atividade de inteligência" (art. 11, IX).

A iniciativa de Fernando Hugo é meritória, uma vez que assinala não só que a Inteligência é tema que passa a ser discutido com mais efetividade no âmbito do Poder Legislativo dos Estados, mas também que os parlamentares estaduais já se mostram cientes de seu poder-dever de fiscalizar e controlar os órgãos de inteligência estaduais. Nesse sentido, já o art. 2º do referido Projeto é expresso ao assinalar que "[o] controle e fiscalização externos da atividade de inteligência serão exercidos pelo Poder Legislativo do Estado do Ceará". Na justificativa, o autor observa:

---

138 Para o Projeto de Indicação nº 2, de 2018, *vide* <https://www2.al.ce.gov.br/legislativo/tramit2018/pi2_18.htm> (acesso em: 1º jun. 2018).

139 Sobre o assunto, *vide* matéria publicada no portal da Assembleia Legislativa do Estado do Ceará, "AL aprova Superintendência de Segurança Pública", publicada em 11/05/2018 e Disponível em: < disponível em: <https://web.al.ce.gov.br/index.php/component/k2/item/74072-al-aprova-superintendencia-de-seguranca-publica> (acesso em: 1º jun. 2018).

O controle externo do Poder Legislativo cearense tem por objetivo verificar tanto a legitimidade como a eficácia da atividade de inteligência, devendo evitar um posicionamento meramente reativo, episódico ou de respostas contingenciais, procurando também influir permanentemente para atingir as mudanças desejadas, emanando recomendações e buscando estimular as condutas e atitudes adequadas. (...) Os parlamentos são, sem dúvida, os mais poderosos órgãos de controle da atividade de inteligência em todo o mundo.[140]

Indubitavelmente, as palavras do parlamentar cearense assinalam a necessidade de maior envolvimento do Poder Legislativo com assuntos de Inteligência e seu controle. Interessante notar que Fernando Hugo destaca que seu projeto foi concebido a várias mãos, com destaque para a Delegacia do Ceará da Associação dos Diplomados da Escola Superior de Guerra (ADESG)[141] e para o Ministério Público Estadual.[142]

Ainda com o objetivo de viabilizar o controle, são necessárias mudanças legais e até constitucionais. Essas transformações serão objeto do próximo capítulo. Enquanto não ocorrem, o quadro do controle da atividade de inteligência no Brasil, seja interno, seja externo, não se mostra dos melhores. De fato, tem-se um cenário de pouco ou nenhum controle.

Para mudar esse quadro, há que se ter vontade política, o que passa mesmo por uma transformação na percepção que a sociedade e seus dirigentes têm da Inteligência como produto, processo e organização. Sem isso, não haverá quem realmente controle os serviços secretos no Brasil. Quem perde é a sociedade... e a democracia.

---

[140] Projeto de Indicação nº 2, de 2018, Justificativa. Disponível em: < Disponível em: <https://www2.al.ce.gov.br/legislativo/tramit2018/pi2_18.htm> (acesso em: 1º jun. 2018).

[141] "Ademais, o presente Projeto de Indicação Legislativa possui a colaboração ativa da ADESG – Associação dos Diplomados da Escola Superior de Guerra – Delegacia do Ceará, na pessoa do Cel. QOBM José Ananias Duarte Frota e revisão final do Ilustríssimo Doutor Joanisval Brito Gonçalves". Projeto de Indicação nº 2, de 2018, Justificativa. Disponível em: < Disponível em: <https://www2.al.ce.gov.br/legislativo/tramit2018/pi2_18.htm> (acesso em: 1º jun. 2018).

[142] "(...) registramos o apoio do Ministério Público Estadual na pessoa do Procurador-Geral de Justiça, Dr. Plácido Rios, e todo o colegiado, agregando valor a esta propositura". Projeto de Indicação nº 2, de 2018, Justificativa. Disponível em: < Disponível em: <https://www2.al.ce.gov.br/legislativo/tramit2018/pi2_18.htm> (acesso em: 1º jun. 2018).

Capítulo 7

SUGESTÕES PARA UM MELHOR CONTROLE DA INTELIGÊNCIA NO BRASIL

Quem trabalha com inteligência (...) tem que ter a consciência de que existe, naquele seu trabalho, naquele produto que vai sair da sua atividade, um potencial muito grande de poder.

General Alberto Mendes Cardoso

Neste breve capítulo, são apresentadas algumas sugestões para a melhoria do controle da Inteligência e das próprias atividades dos serviços secretos no Brasil. Além das reformas legais e regimentais, parece-nos de grande importância que a Inteligência seja elevada ao âmbito constitucional, de modo a dar maiores garantias não só aos profissionais que atuam na área, mas também à sociedade e ao Estado, que estarão mais seguros em ter sua comunidade de inteligência atuando de acordo com a Carta Magna, as leis e os princípios democráticos.[1]

7.1. A INTELIGÊNCIA E A CONSTITUIÇÃO BRASILEIRA

Celebrando três décadas de existência em 2018, a Constituição brasileira continua com uma lacuna importante: apesar de seus mais de 250 artigos originários, e de outros tantos inseridos por cerca de uma centena de emendas, a Lei Maior não faz qualquer referência a uma função que existe desde que os primeiros homens se organizaram em sociedade e que constitui alicerce importante do Estado democrático, qual seja, a Inteligência. Como uma assembleia constituinte que se preocupou em estabelecer, no texto constitucional,

[1] Algumas das considerações apresentadas neste capítulo constituem síntese de capítulo de nossa autoria, intitulado "Conhecimento e Poder: a Atividade de Inteligência e a Constituição Brasileira" e publicado na coletânea *Constituição de 1988: o Brasil 20 Anos Depois*, organizada por Bruno Dantas, Eliane Cruxên, Fernando Santos, Gustavo Ponce de Leon Lago (Brasília: Senado Federal, Instituto Legislativo Brasileiro, 2008, vol. III, pp. 591-607).

a manutenção do Colégio Pedro II na órbita federal, não fez qualquer alusão aos serviços secretos?[2]

Assim, talvez o aspecto mais importante sobre a Inteligência e a Constituição de 1988 é que, de maneira surpreendente e inusitada, a Carta Magna brasileira não faz absolutamente qualquer menção aos serviços secretos nem às atividades por eles desempenhadas. Simplesmente o tema não aparece em nosso texto constitucional, apesar da significativa importância do SNI à época. De fato, com a Assembleia Nacional Constituinte (ANC) e a nova Carta de 1988, o SNI não seria extinto e nem se estabeleceria qualquer mecanismo direto de controle externo para a comunidade de informações.[3]

Segundo Luís Antônio Bitencourt,[4] a Constituinte não extinguiu o SNI basicamente por três motivos: a identificação do Serviço com as Forças Armadas;[5] a atuação do General Ivan de Souza Mendes, então Ministro-Chefe do órgão, junto ao círculo parlamentar;[6] e o desconhecimento da atividade de informações, o que fazia com que o Legislativo não concentrasse "vontade e convicção efetivas que pudessem conduzir categoricamente à extinção do SNI". Em outras palavras, a discussão sobre a atividade de inteligência acabaria ao largo da Constituinte, na qual havia uma gama muito grande de temas considerados "mais importantes".

Às considerações de Bitencourt podem ser agregadas as observações de Wendy Hunter.[7] A professora da Universidade da Califórnia observa que, entre as razões pelas quais a ANC não pôs fim ao SNI estava o fato de o órgão já não ser tão ativo (ou ameaçador) a ponto de despertar a vontade de extingui-lo, vontade esta direcionada para outras instâncias, como o Conselho de Segurança Nacional (que acabou extinto, diga-se de passagem).[8] Hunter também identifica o temor de que o SNI reagisse contra a tentativa de desmantelá-lo, o que poderia abalar a jovem

---

[2] Nada contra o colégio Pedro II. Como monarquista, é sempre bom ter lembrado o nome do maior estadista que o Brasil já teve.

[3] Foge ao escopo deste livro a análise das discussões sobre o papel da Inteligência e a incorporação desse tema ao texto constitucional por ocasião da ANC que produziria a Carta de 1988. Não obstante, parece-nos assunto interessante para a pesquisa acadêmica.

[4] Bitencourt, *op. cit.*, pp. 113-114.

[5] Para Bitencourt, o SNI teria se beneficiado do guarda-chuva das Forças Armadas contra possíveis pressões por sua extinção durante a Constituinte. Ademais, o Serviço contou com o apoio das "eficientes e ativas assessorias parlamentares montadas pelos militares". De fato, ainda hoje as assessorias parlamentares das três Forças são exemplo de eficiência e profissionalismo no trato com os parlamentares em defesa dos interesses dos Comandos.

[6] Destaque-se o bom relacionamento que o General Ivan tinha com algumas lideranças constituintes importantes como os Deputados Ulysses Guimarães e Bernardo Cabral.

[7] Hunter, Wendy. *Eroding Military Influence in Brazil – Politicians against Soldiers*. The University of North Carolina Press, 1997, pp. 59-60.

[8] Oliveira, Eliézer Rizzo de. *Democracia e Defesa Nacional:* a criação do Ministério da Defesa na presidência de FHC. Barueri, SP: Manole, 2005, p. 138.

democracia (isso, de certa maneira, contradiz as observações de Bitencourt). Finalmente, houve o fato de que, uma vez que a campanha pelo fim do SNI era encabeçada pelo Deputado José Genoíno,[9] do Partido dos Trabalhadores e tradicional militante de esquerda, o assunto acabou em uma disputa ideológica e mesmo parlamentares que se opunham ao SNI terminaram votando contra sua abolição por se tratar de pleito da esquerda. Assim, o Serviço seria beneficiado e preservado, na perspectiva de Hunter, pelas disputas ideológicas na ANC.

Mas se não extinguiu o SNI nem reformulou a atividade de informações no Brasil, a ANC, e isso é muito relevante, não deu qualquer atenção ao tema no texto constitucional. Enquanto as Forças Armadas e as autoridades de segurança pública são expressamente referidas na Carta de 1988,[10] nenhuma menção é feita aos serviços secretos e muito menos ao papel da Inteligência para a defesa do Estado e da sociedade. No que concerne a processo legislativo, isso pode ser interpretado de duas maneiras: 1) simples desinteresse no assunto; ou 2) vontade de legá-lo a segundo plano, não lhe atribuindo importância constitucional e deixando uma ampla possibilidade de se lidar com o assunto infraconstitucionalmente. Sem respaldo constitucional, a Inteligência acabaria enfraquecida.[11]

Tem-se, portanto, um problema latente na atividade de inteligência: a falta de amparo constitucional. E a própria legislação infraconstitucional é efêmera ao tratar das competências e atribuições da ABIN e dos demais órgãos do SISBIN.[12] Falta, ainda, alusão clara aos mecanismos de controle da atividade de inteligência,

---

[9] Importante registrar que José Genoíno acabaria se destacando como um dos parlamentares que mais entendiam de questões de segurança e defesa no Congresso e teria papel fundamental no processo legislativo que culminaria na criação da ABIN e do SISBIN. Genoíno, na visão de algumas pessoas da comunidade de inteligência no primeiro Governo Lula, poderia mesmo ser um candidato interessante à chefia do serviço de inteligência civil, quando não ao cargo de Ministro da Defesa. O envolvimento com o "escândalo do mensalão" e a condenação em 2012, por crimes de corrupção ativa, em processo que tramitou no STF, poriam fim a quaisquer pretensões do ex-Deputado de ocupar um cargo de destaque na Administração Pública.

[10] A Constituição consagra seu Título V à "Defesa do Estado e das Instituições Democráticas", no qual o Capítulo II é dedicado às Forças Armadas: "Art. 142. As Forças Armadas, constituídas pela Marinha, pelo Exército e pela Aeronáutica, são instituições nacionais permanentes e regulares, organizadas com base na hierarquia e na disciplina, sob a autoridade suprema do Presidente da República, e destinam-se à defesa da Pátria, à garantia dos poderes constitucionais e, por iniciativa de qualquer destes, da lei e da ordem". O Capítulo III, por sua vez, volta-se à Segurança Pública: "Art. 144. A segurança pública, dever do Estado, direito e responsabilidade de todos, é exercida para a preservação da ordem pública e da incolumidade das pessoas e do patrimônio, através dos seguintes órgãos: I – polícia federal; II – polícia rodoviária federal; III – polícia ferroviária federal; IV – polícias civis; V – polícias militares e corpos de bombeiros militares".

[11] Nas palavras de um importante Ministro dos governos FHC, Lula e Dilma, e que foi constituinte, por ocasião da ANC não havia clima para se discutir Segurança Nacional ou temas correlatos.

[12] Sobre o assunto, *vide Atividade de Inteligência e Legislação Correlata* (2018), *op. cit.*

particularmente no que concerne ao controle externo exercido pelo Poder Legislativo. Sem um arcabouço legal sólido que regulamente suas atividades, os serviços secretos estão sujeitos não só a desvios de conduta, mas vulneráveis a mudanças conjunturais em sua estrutura, organização e missões. Também um mecanismo de controle externo baseado na fiscalização pelo Congresso, direta e indiretamente, pode ser alternativa interessante para ao menos atenuar os problemas e dificuldades da atividade de inteligência no Brasil.

7.2. A ELEVAÇÃO DA INTELIGÊNCIA AO *STATUS* CONSTITUCIONAL

Alternativa interessante, portanto, para tornar mais evidente o papel da Inteligência na defesa da sociedade e do Estado democrático, seria elevar o tema à esfera constitucional. Nesse sentido, no Título V, que trata da "Defesa do Estado e das Instituições Democráticas" e compreende três Capítulos, respectivamente, sobre o Estado de Defesa e o Estado de Sítio, as Forças Armadas, e a Segurança Pública, é cabível também um capítulo sobre "a Inteligência" ou "a Atividade de Inteligência".

No Capítulo sobre Inteligência, mereceria constar no texto constitucional, por exemplo, artigo que definisse Inteligência (como produto, processo e organização), bem como Contrainteligência e, ainda, alusão à importância da Inteligência no Estado democrático. Esse capítulo, ademais, definiria a necessidade de um sistema de inteligência a serviço do Brasil e de mecanismos de cooperação entre seus órgãos.

Finalmente, importante que o texto constitucional estabeleça mecanismos de controle externo dos serviços secretos. Atenção especial deve ser dada ao controle parlamentar, exercido por uma comissão mista do Congresso Nacional ou por órgãos de controle em cada Casa. É fundamental que a Comissão seja composta por parlamentares e que esteja claro seu caráter de órgão de Estado e não de instituição em que prevaleçam interesses político-partidários. Nesse sentido, a CCAI já se configura como a instância legítima para o exercício desse controle (de caráter eminentemente parlamentar, feito por deputados e senadores).

7.3. A CRIAÇÃO DE UM ÓRGÃO DE CONTROLE EXTERNO PARA AUXILIAR O PARLAMENTO

Iniciativa que poderia tornar o controle externo mais efetivo seria a criação de órgão de controle composto por não parlamentares e vinculado ao Poder Legislativo, que aqui denominaremos Conselho de Controle da Atividade de Inteligência. Os membros desse Conselho seriam aprovados pelo Parlamento e teriam um mandato fixo, só podendo ser destituídos por vontade da maioria nas duas Casas. Estabelecido como órgão auxiliar do Poder Legislativo, assim como acontece com o TCU, o Conselho deveria prestar contas diretamente ao Congresso Nacional e a suas Casas, ou mesmo ao(s) órgão(s) de controle composto(s) por parlamentares, no caso, à CCAI. Importante que o referido Conselho esteja previsto na própria Constituição da República.

O Conselho se encarregaria da fiscalização e do controle quotidianos de toda a comunidade de inteligência, tendo credencial máxima de segurança, e com acesso irrestrito a atividades, conhecimentos e organizações de inteligência. O *status* constitucional daria respaldo maior tanto ao Conselho quanto aos próprios entes fiscalizados. A regulamentação das atividades por ele desenvolvidas poderia se dar em âmbito infraconstitucional.

Para a efetividade de seus trabalhos, o Conselho deveria, assim, ter algumas características fundamentais:

- ser órgão auxiliar do Congresso Nacional para o efetivo exercício da fiscalização e do controle externo, reportando-se diretamente ao Parlamento e só a ele;
- as regras de organização e funcionamento seriam estabelecidas por ato do Congresso Nacional;
- ser composto por conselheiros, escolhidos entre cidadãos brasileiros com notórios conhecimentos jurídicos ou técnicos referentes ao controle finalístico da atividade de inteligência. Sugerimos um número entre cinco e sete membros;
- os conselheiros deveriam ter mandato fixo, renovável, e ser inamovíveis, salvo por decisão de Congresso Nacional, mediante proposta do órgão de controle externo ou de um quinto dos membros de cada Casa;
- os conselheiros deveriam ter credencial máxima de segurança e acesso irrestrito a dados e informações sobre as atividades exercidas pelos entes da comunidade de inteligência, bem como a áreas e instalações desses entes (daí a importância da credencial máxima de segurança);
- os órgãos do Sistema Brasileiro de Inteligência deveriam ser legalmente obrigados a prestar todas as informações requeridas pelo Conselho, devendo, ainda, disponibilizar espaço físico exclusivo em suas instalações para o exercício das atividades de controle a cargo do Conselho.

Note-se que, de forma alguma, a existência do Conselho e da CCAI são incompatíveis. De fato, aquele é órgão auxiliar desta e do Congresso Nacional no exercício do controle externo da atividade de inteligência. Entretanto, diferentemente do que ocorre com a CCAI, o Conselho poderia exercer atividade permanente e quotidiana de fiscalização e controle, com a vantagem de seus membros poderem se dedicar exclusivamente a essa tarefa, algo impossível para uma instância composta por parlamentares, os quais já têm agenda intensa de trabalho e compromissos dentro e fora das Casas do Congresso.

7.3.1. A proposição do Senador Demóstenes Torres

Em 2008, o então Senador Demóstenes Torres, atento às necessidades de controle mais efetivo dos serviços secretos no Brasil, trouxe o assunto à discussão. Foi produzido projeto de lei criando um Conselho de Controle. Apesar de nunca ter sido apresentado, o projeto foi remetido pelo senador para as lideranças do Congresso, alguns parlamentares interessados no assunto e para outras autoridades dos Poderes Executivo, Judiciário e do Ministério Público, bem como para a Associação dos Servidores da ABIN e outras organizações da sociedade civil.

O Projeto de Demóstenes Torres alterava o art. 6º da Lei nº 9.883, de 1999, que passaria a vigorar da seguinte maneira:

> "Art. 6º O controle e fiscalização externos da atividade de inteligência serão exercidos pelo Poder Legislativo, especialmente por meio de um órgão de controle externo composto por Deputados e Senadores, e com o auxílio do Conselho de Controle da Atividade de Inteligência, na forma a ser estabelecida em ato do Congresso Nacional.
>
> § 1º O Conselho de Controle da Atividade de Inteligência, órgão auxiliar do controle externo do Poder Legislativo, será composto por sete Conselheiros, escolhidos entre cidadãos brasileiros com notórios conhecimentos técnicos e experiência referentes ao controle finalístico da atividade de inteligência e indicados:
>
> I – dois pelo Senado Federal;
>
> II – dois pela Câmara dos Deputados;
>
> III – um pelo Presidente da República;
>
> IV – um pelo Supremo Tribunal Federal;
>
> V – um pelo Ministério Público da União.
>
> § 2º Os Conselheiros, indicados na forma do parágrafo anterior, serão nomeados por Ato da Mesa do Congresso Nacional, após terem sua indicação aprovada pelo órgão de controle externo referido no *caput* deste artigo.
>
> § 3º Os Conselheiros terão mandato de cinco anos, admitida uma recondução, podendo ser destituídos apenas por decisão do Congresso Nacional, mediante proposta do órgão de controle externo ou de um quinto dos membros de cada Casa.
>
> § 4º Os membros do Conselho terão credencial máxima de segurança e acesso irrestrito a dados e informações sobre as atividades exercidas pelos órgãos componentes do Sistema Brasileiro de Inteligência, bem como acesso irrestrito a áreas e instalações desses entes e a documentos por eles produzidos.

§ 5º Aos Conselheiros serão assegurados os mesmos direitos, vantagens, prerrogativas e tratamento, inclusive protocolar, que na Administração Pública Federal são atribuídos aos ocupantes de cargos de Secretário-Executivo de Ministério.

§ 6º Os órgãos componentes do Sistema Brasileiro de Inteligência prestarão todas as informações requisitadas pelo Conselho, devendo, ainda, disponibilizar espaço físico exclusivo em suas instalações para o exercício das atividades de controle a cargo do Conselho.

§ 7º O Conselho prestará contas periodicamente ao Poder Legislativo sobre suas atividades de fiscalização e controle dos órgãos do Sistema Brasileiro de Inteligência, nos termos do ato a que se refere o *caput* deste artigo.

§ 8º O ato a que se refere o *caput* deste artigo definirá, ainda, a composição e o funcionamento do órgão de controle externo e a forma de desenvolvimento dos seus trabalhos com vistas ao controle e fiscalização dos atos decorrentes da execução da Política Nacional de Inteligência, bem como as demais competências e atribuições do Conselho de Controle da Atividade de Inteligência. (NR)"

Demóstenes Torres também se preocupou com a necessidade de sigilo das atividades do Conselho. Para isso, e para vigiar e punir contra eventuais vazamentos de informações de posse do Conselho e a ele relacionadas, o Projeto acrescia o art. 6º-A à Lei nº 9.883, de 1999:

"Art. 6º A A divulgação, sem justa causa, de qualquer informação sigilosa de posse dos Conselheiros, daqueles a serviço do Conselho, ou de quem quer que tenha acesso à informação em virtude das atividades do Conselho, será punida com detenção de 6 a 12 anos e multa, salvo se importar em crime mais grave.

Parágrafo único. O Parlamentar que tornar pública ou divulgar, por qualquer meio, informação sigilosa obtida em virtude de suas atribuições de controle da atividade de inteligência incorre no crime previsto no *caput* deste artigo e em quebra de decoro parlamentar, sem prejuízo das demais sanções nas esferas penal, cível e administrativa."

Note-se que de forma alguma as atribuições do Conselho entrariam em choque com as do TCU, cujo enfoque de controle é contábil, financeiro e orçamentário. O TCU continuaria com suas prerrogativas e competências e, de fato, a cooperação entre o Conselho e a Corte de Contas daria mais amplitude ao controle dos serviços secretos no País.

O Projeto do Senador Demóstenes Torres encontra-se no anexo desta obra. Ainda que nunca tenha sido apresentado, entendemos por bem mantê-lo como referência sobre iniciativas legislativas voltadas à fiscalização e ao controle da Inteligência. De fato, se aprovado, o referido Projeto permitiria mais uma instância de controle dos órgãos de inteligência no Brasil.

A ideia de um Conselho de Controle da Atividade de Inteligência também foi acolhida tanto na PEC nº 398, de 2009, como na PEC nº 67, de 2012. O assunto tem-se mostrado presente nos debates legislativos desde 2009 (quando se preparava a primeira edição deste livro) e acreditamos assim continuará nos próximos anos. Ao estabelecimento de um Conselho de Controle não parlamentar devem estar associadas as alterações infraconstitucionais que permitirão aos serviços secretos operar de forma mais eficiente e eficaz e sob efetivo controle.

7.4. ALTERAÇÕES NAS NORMAS INFRACONSTITUCIONAIS

Muitas são as mudanças que devem ser feitas em âmbito infraconstitucional, não só para viabilizar a atividade de inteligência no Brasil, mas também para garantir seu efetivo controle. Já analisamos a legislação brasileira de inteligência e lhe fizemos as devidas críticas em nossa obra *Atividade de Inteligência e Legislação Correlata* (*op. cit.*). Entretanto, cabem ainda algumas observações no que concerne às mudanças que podem contribuir para a melhoria nos mecanismos de controle.

7.4.1. Aspectos legais: a Política Nacional de Inteligência (PNI) e a Estratégia Nacional de Inteligência (ENINT)

Já na primeira edição deste livro defendíamos a implementação de uma Política Nacional de Inteligência (PNI) como medida importante para o exercício pleno do controle dos serviços secretos. Como documento norteador das atividades da comunidade de inteligência no País, a PNI é um dos alicerces normativos para a atuação da Inteligência. Trata-se, juntamente com a Estratégia Nacional de Inteligência (ENINT), de instrumento imprescindível para que fique claro aos serviços secretos quais são as demandas de inteligência do Estado brasileiro e, de certo modo, quais os limites que devem ter os agentes públicos do setor em sua conduta.

Prevista no art. 5º da Lei nº 9.883, de 1999, a PNI reveste-se de suma importância não só para a atividade de inteligência em si como para seu efetivo controle. É com base nela que se pode verificar quais as linhas de ação, as áreas de interesse e as orientações gerais para a comunidade de inteligência do Brasil, e também os parâmetros que serão referência ao controle político-finalístico da atividade. A partir da PNI é que são produzidos a ENINT, o Plano Nacional de Inteligência (PLANINT) e os Planos Setoriais, de modo a estabelecer um arcabouço normativo fundamental para a atividade. A PNI serve, ainda, de base para as diretrizes de inteligência estabelecidas pela CREDEN e que, apesar de reservadas, devem ser do conhecimento dos órgãos de controle.

Portanto, a PNI é de grande relevância para o efetivo exercício do controle interno e, sobretudo, do controle externo, uma vez que é com base nela (e nos documentos associados) que os controladores podem avaliar o desempenho dos serviços secretos, e se a comunidade de inteligência está realmente atendendo as demandas do Estado e da sociedade na produção de conhecimentos e salvaguarda dos interesses nacionais.

A título de preservação da memória dos trabalhos legislativos, convém assinalar que, em 14 de dezembro de 2009, chegou ao Parlamento a Mensagem Presidencial nº 198, de 2009, de autoria do Presidente da República, a qual "encaminha ao Congresso Nacional, nos termos do parágrafo único do art. 5º, e do § 1º do art. 6º da Lei nº 9.883, de 7 de dezembro de 1999, o texto da proposta da Política Nacional de Inteligência". O texto foi então enviado à CCAI e ali indicado como Relator da matéria o Senador Renan Calheiros, líder da Maioria no Senado. O objetivo do Executivo era, na forma da lei, submeter a PNI ao Congresso para "exame preliminar e oferecimento de sugestões pelo órgão de controle externo da atividade de inteligência em cumprimento ao disposto no parágrafo único do art. 5º da Lei nº 9.883, de 7 de dezembro de 1999".[13]

Em abril de 2010, o Senador Renan Calheiros abriu mão da relatoria da PNI e o Presidente da CCAI, Senador Eduardo Azeredo, avocou a matéria. Após a discussão do Relatório, o mesmo foi votado na Comissão em 3 de agosto de 2010, com sugestões dos parlamentares, e encaminhado ao Presidente da República. Apreciada a Política pelo órgão de controle externo, estava o Chefe de Estado em condições de fixá-la, por meio de decreto, o que contribuiria sobremaneira para a atividade de inteligência no Brasil e, naturalmente, para um melhor controle dos serviços secretos.

Apesar da celeridade do Parlamento em analisar o Projeto de PNI e propor-lhe sugestões, uma vez devolvido ao Poder Executivo, a proposta de PNI permaneceu até o final do Governo Lula e durante todo o Governo de Dilma Rousseff sem ser publicada pelo Chefe de Estado. Só viria a ser fixada por Michel Temer, por meio do Decreto nº 8.793, de 29 de junho de 2016 (portanto, quase 17 anos após a sua previsão na Lei nº 9.883, de 1999). A ela, repita-se, seguiram-se a ENINT (em 2017) e o PLANINT (em 2018). Tanto a PNI quanto a ENINT são analisadas em nosso livro *Atividade de Inteligência e Legislação Correlata* (2018, *op. cit.*). O PLANINT, por sua vez, não é documento ostensivo.

Em que pese a meritória iniciativa do Governo Temer em finalmente publicar a PNI, cabe registrar que o documento fixado em 2016 diferia muito pouco daquele que foi encaminhado ao Parlamento em 2009. Ou seja, as sugestões da CCAI não foram acatadas pelo Poder Executivo.

---

[13] Exposição de Motivos (EM) GSI nº 152, de 4 de novembro de 2009, que acompanha a MSG nº 198, de 2009.

Apesar de não explicitar o que seja o "controle", a PNI assinala o "controle interno e externo da atividade de inteligência" como "instrumentos essenciais à Inteligência nacional". A ENINT, por sua vez, dedica um subitem de sua Introdução ao "controle da atividade de inteligência". Nesse sentido, a ENINT assinala que:

> *Para garantir que o sigilo não afete o Estado Democrático de Direito, as sociedades desenvolveram mecanismos de controle com atores variados. Na maioria dos países do Ocidente, o controle está a cargo do Poder Legislativo, por meio de comissões específicas. Mas há diversas formas de controle para a atividade de inteligência. (...) Em primeiro lugar, há um controle realizado pelo órgão executivo, assegurando que os objetivos a serem alcançados, assim como as políticas a serem implementadas e os planos formulados respondam adequadamente às demandas da sociedade. Esse controle é responsável também por garantir que os gastos dos serviços de Inteligência sejam efetuados com racionalidade e exclusivamente para ações legítimas, necessárias e úteis para o Estado. (...) No caso brasileiro, esse tipo de controle é exercido pela Câmara de Relações Exteriores e Defesa Nacional do Conselho de Governo, responsável pela supervisão da execução da PNI, e pelo Gabinete de Segurança Institucional, a quem cabe coordenar a atividade de inteligência federal. (...) Além do controle político, existe um controle que é efetuado pelo titular do organismo de Inteligência. Esse controle enfoca o comportamento dos seus subordinados, a legitimidade e a adequação das suas ações à legislação vigente. (...) Aplica-se, ainda, um controle estrito sobre a utilização de recursos públicos. Os órgãos do SISBIN estão sujeitos ao controle do Tribunal de Contas da União (TCU), que avalia a gestão financeira e patrimonial. Em âmbito interno, os órgãos são controlados pela Secretaria de Controle Interno da Presidência da República (CISET/PR), no caso de órgãos ligados à Presidência da República, e pelo Ministério da Transparência e Controladoria-Geral da União.*

Dois parágrafos da ENINT são dedicados ao controle externo feito pelo Poder Legislativo:

> *Por fim, existe o controle parlamentar. Esse controle tem por objetivo verificar tanto a legitimidade como a eficácia da atividade de inteligência. No que diz respeito a esse último aspecto, o controle parlamentar deve evitar um posicionamento meramente reativo, episódico ou de respostas contingenciais, procurando também influir permanentemente para atingir as mudanças desejadas, emanando recomendações e buscando estimular as condutas e atitudes adequadas.*
>
> *Os parlamentos são, sem dúvida, os mais poderosos órgãos de controle da atividade de inteligência ao redor do mundo. No Brasil, foi instalada a Comissão Mista de Controle da Atividade de Inteligência (CCAI), cujo principal objetivo, de acordo com seu regimento, é fiscalizar e controlar a atividade de inteligência desenvolvida por órgãos da administração pública federal, especialmente dos órgãos integrantes do SISBIN, destacando-se a preocupação de assegurar que a atividade seja realizada em conformidade com a Constituição e em defesa dos direitos e garantias individuais, da sociedade e do Estado.*

Nota-se, portanto, que o controle vem aumentando de importância nos dispositivos normativos brasileiros relacionados à Inteligência. Indiscutivelmente, apesar de suas deficiências, tanto a PNI quanto a ENINT representam um avanço na maneira como se trata o tema Inteligência no Brasil.

7.4.2. Aspectos legais: o estabelecimento de normas de amparo à Inteligência – cobertura operacional

A legislação brasileira ainda é muito efêmera no que concerne à Inteligência. Faltam leis que garantam condições mínimas aos profissionais da área para desempenhar suas funções, em particular no que diz respeito aos procedimentos operacionais. Por exemplo, um oficial de inteligência não dispõe de qualquer instrumento normativo que o autorize a utilizar documento de identidade falso para executar uma operação em que sua real identidade deva ser preservada, podendo inclusive essa conduta ser considerada crime em certas situações.

Também não existe legislação que ampare o pessoal de Inteligência em termos de exposição pública. Caso um agente público de um serviço secreto seja chamado a depor em Juízo ou diante de uma CPI, não há nada que lhe assegure que esse depoimento seja em sessão secreta ou reservada. Nada o resguarda, ainda, de ter seu nome divulgado pela imprensa ou mesmo pelas autoridades públicas quando associado a alguma operação de inteligência. Nos EUA, por exemplo, é crime divulgar identidade de agente do serviço secreto.

Não são raras as vezes em que, ao se ensinar a oficiais e agentes de inteligência sobre técnicas operacionais, vem a pergunta sobre o amparo legal àquelas atividades. E a resposta é que, apesar de o parágrafo único do art. 3º da Lei nº 9.883, de 1999, assegurar "o uso de meios e técnicas sigilosos" pela atividade de inteligência, não há excludente de ilicitude de uma série de condutas relacionadas a esses meios e técnicas, incorrendo o agente em uma série de tipos penais.

Assim, difícil operar em inteligência sem respaldo legal. O estabelecimento de uma legislação em que esteja claro o que se pode e o que não se pode fazer facilita em muito o controle por parte das autoridades públicas e da própria sociedade, ao mesmo tempo em que inibe eventuais práticas delituosas por parte de pessoas dos serviços secretos.

Diante desse quadro, a Deputada Jô Moraes, quando Presidente da CCAI, apresentou o já citado Projeto de Lei (PL) nº 3.578, de 2015, que "estabelece procedimentos, penalidades e controle judicial do uso de meios e técnicas sigilosos de ações de busca de informação pela atividade de inteligência de Estado, no âmbito da Agência Brasileira de Inteligência". Trata-se de proposição legislativa que, de forma pioneira, busca regulamentar as operações de inteligência.

Aspecto interessante do PL nº 3.578/2015 é que ele trata expressamente dos meios e técnicas sigilosos de ações de busca empregados pela "inteligência de Estado", com destaque para, entre outros: "I – entrevista; II – recrutamento operacional; III – infiltração; IV – entrada; V – reconhecimento; VI – vigilância; VII – interceptação ou captação de imagens, dados ou sinais, ambientais ou não ambientais; VIII – emprego de meios eletrônicos; IX – estória-cobertura" (art. 2º). Essas ações são autorizadas, desde que estejam sob mecanismos de controle interno e externo (inclusive controle judicial) e que sejam conduzidas "com rigorosa observância dos direitos fundamentais da pessoa humana, dos princípios fundamentais da República Federativa do Brasil, dos princípios constitucionais da eficiência, da proporcionalidade, da igualdade e do devido processo legal, e dos princípios éticos que regem os interesses e a segurança da sociedade e do Estado".

Não se pretende analisar nesta obra o PL nº 3.578/2015. Entretanto, importante assinalar que ele traz à discussão, no âmbito do Poder Legislativo, a relevância da Inteligência e a necessidade das operações, desde que sejam conduzidas na forma da lei e sob estrito controle. Tem-se aí, ainda, exemplo de iniciativa parlamentar para tratar do assunto e relaciona-se diretamente à existência de um órgão de controle externo da Inteligência (a CCAI), e ao interesse de seus membros em lidar com o assunto. Acrescente-se que a proposta de Jô Moraes foi resultado tanto de um aprofundamento dos conhecimentos da parlamentar na temática da Inteligência quanto da interação entre o Poder Legislativo e a sociedade, pois, nas palavras da própria Jô Moraes na Justificação de seu Projeto, a proposta contou com o apoio da Associação Internacional para Estudos de Segurança e Inteligência (INASIS):

> *Além disso, esse Projeto de Lei é apoiado pela Associação Internacional para Estudos de Segurança e Inteligência – INASIS (*International Association for Security and Intelligence Studies*), com a qual temos estabelecido um profícuo diálogo. A INASIS é integrada pelos principais estudiosos da atividade de inteligência no Brasil, Canadá, Argentina, Chile, Portugal e Grécia, todos com estudos de doutorado e/ou pós-doutorado sobre atividades de inteligência, além de composta por profissionais de inteligência com longa experiência em todas as espécies brasileiras de inteligência, como inteligência civil de Estado, inteligência estratégica de defesa, inteligência militar, inteligência policial, inteligência de segurança pública, inteligência ministerial, inteligência fiscal, inteligência penitenciária e inteligência de controle, dentre outras.*[14]

Portanto, passos já começaram a ser dados no sentido de regular as operações de inteligência, tão necessárias a um serviço secreto, plenamente compatíveis com o Estado Democrático de Direito, e que devem estar sob controle. Assim, tem-se maior respaldo aos profissionais que as conduzem e maior proteção à sociedade contra eventuais arbitrariedades por parte da Inteligência.

---

[14] BRASIL. Câmara dos Deputados. *Projeto de Lei nº 3.578, de 2015*, Justificação.

7.4.3. Aspectos legais: o problema do caráter ostensivo das despesas e do orçamento de inteligência

Algo que surpreende ao se tratar do orçamento de alguns entes da comunidade de inteligência brasileira, em particular da ABIN, é que o orçamento dessas instituições é público, o mesmo ocorrendo com informações elementares como o número de funcionários de que dispõe e mesmo os salários desses servidores e licitações que porventura venha a fazer a Agência. Nesse sentido, qualquer oficial de inteligência estrangeiro que necessite de informações estruturais relativas à ABIN só precisa consultar o Diário Oficial da União. Isso se evidencia temerário, já que na maior parte do mundo esses dados são considerados segredo de Estado.

Assim, percebemos a necessidade de legislação específica referente aos critérios de transparência e publicidade de informações e atos dos serviços secretos. Não é possível tratar, do ponto de vista das demandas e procedimentos administrativos, um órgão de inteligência como se fosse um órgão comum da Administração Pública. Portanto, parece-nos fundamental a normatização dessa especificidade, garantindo-se, ressaltamos, aos órgãos de controle interno e externo o acesso pleno a todas essas informações.

7.4.4. Aspectos legais: regulamentação do controle das despesas de caráter sigiloso

A necessidade de que as despesas da Administração Pública sejam ostensivas e transparentes pode afetar a atividade de inteligência. Da compra de equipamento as licitações de serviços, tudo é ostensivo, para a felicidade de serviços estrangeiros interessados em conhecer as ações da comunidade de inteligência brasileira, particularmente de seu órgão central.

A limitação ao acesso a essas informações encontra amparo na Constituição Federal, na parte final do inciso XXXIII do art. 5º, segundo o qual "todos têm direito a receber dos órgãos públicos informações de seu interesse particular, ou de interesse coletivo ou geral, que serão prestadas no prazo da lei, sob pena de responsabilidade, **ressalvadas aquelas cujo sigilo seja imprescindível à segurança da sociedade e do Estado**" (grifos nossos).

Portanto, seria interessante a produção legislativa referente à disciplina dos chamados "gastos reservados". Uma vez que o § 9º do art. 165 da Constituição estabelece caber à lei complementar "dispor sobre o exercício financeiro, a vigência, os prazos, a elaboração e a organização do plano plurianual, da lei de diretrizes orçamentárias e da lei orçamentária anual" (inciso I) e " estabelecer normas de gestão financeira e patrimonial da administração direta e indireta bem como condições para a instituição e funcionamento de fundos" (inciso II), essa disciplina só se pode dar por meio daquele instrumento.

Em 4 de junho de 2009, foi aprovado, no âmbito da Comissão de Relações Exteriores e Defesa Nacional do Senado Federal, o Projeto de Lei do Senado nº 436, de 2008, de autoria do Senador Renato Casagrande, que "regulamenta a previsão, execução e o controle de despesas de caráter sigiloso". O projeto, ainda que, salvo melhor juízo, tivesse problemas ao tentar regulamentar assunto de lei completar por meio de lei ordinária, era importante por chamar atenção para o tema. Foi arquivado em 26 de dezembro de 2014, ao final da legislatura.

7.4.5. Controle interno: diretrizes claras para os serviços secretos

Importante a existência de diretrizes claras para os serviços secretos. No caso do SISBIN, elas viriam da Câmara de Relações Exteriores e Defesa Nacional do Conselho de Governo (CREDEN), dos Ministros aos quais os órgãos de inteligência estão subordinados, e dos próprios dirigentes dessas instituições. Naturalmente, as diretrizes têm que tomar por base a PNI, a ENINT e outros documentos norteadores, devendo ser conhecidas por produtores e consumidores de Inteligência, no todo ou em parte. Essencial, ainda, que os entes de controle tenham plena ciência dessas diretrizes para que possam verificar seu cumprimento pelos controlados e apresentar sugestões de novas diretrizes e procedimentos. Por constituírem, usualmente, matéria de caráter sigiloso, não serão tratadas neste livro.

7.4.6. Controle interno: a criação do cargo de Inspetor-Geral

É recomendável que haja um Inspetor-Geral (IG) para o controle de alguns órgãos da comunidade de inteligência, particularmente, no caso do Brasil, da ABIN. Esse IG poderia estar vinculado ao Ministro-Chefe do GSI (ou do respectivo Ministro ao qual o órgão de inteligência estivesse subordinado), à semelhança do que era no modelo canadense, ou prestar contas ao Congresso Nacional, nos moldes do que ocorre nos EUA.

De toda maneira, para que o IG possa exercer suas atividades de forma isenta e eficiente, devem-lhe ser garantidos plenos poderes de acesso a dados, arquivos, áreas e instalações e mesmo a pessoas. Convém salientar que o IG não deve pertencer aos quadros da agência que fiscaliza, nem ter capacidade executiva nesse órgão. Ademais, ele só presta contas à autoridade titular do controle (e não à opinião pública). Essencial, ainda, que seja alguém de confiança da autoridade competente para o controle, pois, repetimos, o IG é os olhos e ouvidos dessa autoridade na instituição controlada.

Pode-se ter um IG para cada agência de inteligência, para determinado conjunto de entes que atuam na área, ou mesmo um único IG para toda a comunidade. A esse respeito, parece mais salutar que haja um IG para cada órgão controlado, e que esses inspetores-gerais possam interagir, talvez em um conselho ou congregação, à semelhança do que ocorre nos EUA e na Austrália. Fundamental, também, é a interação entre o IG e o órgão de controle externo, seja este órgão uma Comissão Parlamentar ou, conforme sugerimos neste livro, um Conselho de Controle a serviço do Parlamento. Essa interação deve estar prevista na lei que instituir o(s) cargo(s) e órgãos.

Note-se, ademais, que seria interessante ter uma norma geral de nível constitucional estabelecendo que "os serviços secretos terão como responsável pelo controle interno, entre outros, um Inspetor-Geral". Trata-se de respaldo constitucional importante. A criação do(s) cargo(s), por sua vez, dá-se por projeto de lei de iniciativa do Poder Executivo, assim como as regras sobre atribuições e competências. Uma vez que o IG é agente de confiança do Ministro, não parece coerente – diferentemente do que ocorreria com os Conselheiros do órgão de controle externo – que lhe seja dado um mandato fixo.

Finalmente, observe-se que com o cargo de IG tem que ser criada uma estrutura mínima que lhe permita realizar a fiscalização e o controle, estrutura cujas dimensões deverão estar de acordo com a amplitude das competências e atribuições do IG e do(s) órgão(s) a ser(em) por ele controlado(s).

7.4.7. Controle externo: CCAI e o Conselho

Já tratamos da CCAI e do Conselho de Controle. Ressaltamos apenas a importância de que essas instituições sejam previstas em âmbito constitucional e de que norma infraconstitucional regule seu funcionamento, atribuições e competências. De toda maneira, vale reiterar que passo bastante positivo para tornar o controle externo mais efetivo foi a aprovação do Regimento Interno da Comissão (o RICCAI). O RICCAI será objeto do próximo Capítulo, acrescentado para esta 2ª edição.

7.4.8. Controle externo: a competência orçamentária da CCAI

Importante também é assinalar que uma comissão parlamentar de controle deve ter competência orçamentária com relação ao(s) ente(s) controlado(s). No caso da CCAI, os incs. XII a XIV do art. 3º do RICCAI tratam das atribuições da Comissão relacionadas ao orçamento:

> Art. 3º A CCAI tem por competência:
>
> (...)
>
> XII – analisar a parte da proposta orçamentária relativa aos órgãos e entidades da administração direta ou indireta que realizem atividades

de inteligência e contrainteligência, bem como as propostas de créditos adicionais destinados ao custeio ou investimento em atividades e programas de inteligência e contrainteligência, em especial dos órgãos civis e militares que integram o Sistema Brasileiro de Inteligência, encaminhando o resultado de sua análise à Comissão Mista de Planos, Orçamentos Públicos e Fiscalização (CMO);

XIII – apresentar emendas ao parecer preliminar do Relator-Geral do projeto de lei orçamentária anual, relativas às matérias constantes do art. 10 desta Resolução;

XIV – acompanhar a execução das dotações orçamentárias dos órgãos e entidades da administração direta e indireta que realizem atividades de inteligência e contrainteligência.

Apesar do disposto no art. 3º do RICCAI, havia dúvida quanto à competência do órgão de controle externo para apresentar emendas ao projeto de lei que determina as despesas e receitas para o ano seguinte, o Projeto de Lei Orçamentária Anual (PLOA). Com a entrada em vigor da Resolução nº 3, de 2015 – CN, a questão ficou pacificada e a Comissão pôde, a partir daquele ano, apresentar emendas ao PLOA 2016. Deu-se ali passo importante para o exercício do controle e fiscalização externos de competência da Comissão.

Assim, a competência orçamentária é importante para garantir aos parlamentares condições de auxiliar os órgãos de inteligência que controlam. O orçamento da ABIN, por exemplo, tem sido bastante exíguo, insuficiente mesmo no que concerne à atividade-fim. Diante do quadro, a CCAI é a instância competente para propor emendas ao orçamento e viabilizar as atividades da ABIN para que estas se mostrassem consentâneas com as demandas e com os princípios que norteiam a Inteligência. Em 2015, por exemplo, a Comissão apresentou emendas ao PLOA 2016 direcionando receitas para a ABIN e para órgãos do Ministério da Defesa (Marinha, Exército e Aeronáutica), um montante de R$ 120.000.000,00 (cento e vinte milhões de reais) para serem aplicados em Inteligência e Contrainteligência. Foram propostos recursos também para apoio de inteligência na realização de grandes eventos (as emendas propostas pela CCAI, entretanto, não foram acatadas).

De toda maneira, inúmeras vezes tratou-se, no órgão de controle externo, tanto em audiências públicas quanto entre os membros do colegiado, da importância de um orçamento adequado para o setor de Inteligência. Essa é uma matéria permanente na agenda da CCAI.

7.4.9. O estabelecimento de varas especializadas

Um último aspecto importante para o controle externo, sob o qual já se fez referência neste livro, é a necessidade de legislação que crie varas especializadas para tratar de assuntos de inteligência ou que envolvam os serviços secretos. Uma vez que o controle externo também compete aos magistrados e membros do Ministério Público, é de suma importância que esses conheçam as particularidades da atividade, inclusive em termos operacionais. A iniciativa legislativa para essa mudança é do Poder Judiciário e do próprio Ministério Público.

Em nossas andanças pelo Brasil, tivemos a oportunidade de conversar com magistrados e membros do Ministério Público sobre essa "especialização" do Judiciário e do MP para Inteligência. A tendência entre nossos interlocutores era de concordar com essa especialização entre aqueles a quem caberia realizar uma forma de controle dos serviços secretos. Alguns questionaram, entretanto, mas com muito fundamento, se mais interessante que deixar juízes e procuradores/promotores encarregados apenas desses temas, não seria capacitar de forma ampla os agentes públicos no que concerne aos meandros da Inteligência. Essa também parece uma boa alternativa, de modo que preferimos deixar em aberto a discussão, considerando a opinião daqueles que lidam na linha de frente com o assunto no âmbito do Judiciário e do *Parquet*. Cabe registrar, ainda, que, quase uma década depois da 1ª edição deste livro, percebemos um interesse crescente entre magistrados e promotores/procuradores em assuntos de inteligência, muitos buscando, inclusive, capacitação e formação acadêmica a esse respeito.

7.5. A PEC DA INTELIGÊNCIA

Antes de concluirmos o capítulo, merece destaque aa inciativa, surgida no âmbito do órgão de controle externo, de constitucionalização da Inteligência. O primeiro movimento no sentido de tornar a Inteligência matéria constitucional se deu com Severiano Alves, em 2009. Naquele ano, convém relembrar, foi proposta pelo então Presidente da CCAI a Proposta de Emenda à Constituição (PEC) nº 398, de 2009.[15] A referida PEC inseria "o Capítulo IV ao Título V da Constituição Federal referente à atividade de inteligência e seus mecanismos de controle". Segundo Severiano Alves:

> *Nos dias atuais, diante das turbulências porque que passa o mundo, sob ameaças tradicionais e as chamadas "novas ameaças", é inquestionável a importância da atividade de inteligência no assessoramento ao processo decisório em diferentes níveis, particularmente nas altas esferas de governo.*

E completou assinalando:

> *Uma vez que não podemos prescindir dos serviços secretos, é importante que haja na Lei Maior referência a estes, a suas atribuições e à estrutura básica da comunidade de inteligência brasileira. Também não pode faltar na Carta Magna referência à importância do controle, interno e externo, da Inteligência.*

---

[15] Sobre o assunto, *vide* artigo de nossa autoria intitulado "A PEC da Inteligência", publicado em *Carta Forense*, a 02/12/2009.

Antes de apresentar a referida PEC, o Deputado Severiano Alves buscou reunir os representantes de diversos órgãos do SISBIN, com o objetivo de discutir a proposta e colher sugestões. A proposta, repita-se, também foi discutida com outros parlamentares com interesse no tema. Apresentada ainda foi à sociedade civil, por meio de palestras de esclarecimentos, algumas delas feitas pelo autor deste livro. Evento importante em que se apresentou a PEC nº 398, de 2009, foi o Seminário Internacional *Atividade de Inteligência e Controle Parlamentar: Fortalecendo a Democracia*, realizado sob os auspícios da CCAI, na Câmara dos Deputados, em 1º de dezembro de 2009.

Em que pese a ter sido arquivada em 2011, ao final da legislatura, a PEC nº 398, de 2009, tornou-se marco na temática Inteligência, constituindo-se em referência importante para qualquer iniciativa posterior sobre o assunto. De fato, a proposição se Severiano Alves serviria de base para uma nova PEC da Inteligência, a PEC nº 67, de 2012, dessa vez apresentada no Senado Federal.

De autoria do Senador Fernando Collor (PTC-AL), que a apresentou enquanto Presidente da CCAI, a PEC nº 67, de 2012, eleva a Inteligência ao *status* constitucional. Nas palavras de Fernando Collor:

> *Chamou-nos atenção o fato de que, embora tremendamente abrangente, dispondo sobre os mais diferentes assuntos, a Constituição brasileira não faz referência alguma à atividade de inteligência. Perguntamo-nos como tema tão importante passou ao largo do texto constitucional por mais de duas décadas e, consequentemente, constatamos a necessidade que essa lacuna seja preenchida: fundamental que a Carta Magna trate da atividade de inteligência.*[16]

O Senador assinala, também, a importância dos serviços de inteligência "para o assessoramento do processo decisório no seu mais alto nível e para a defesa do Estado e da sociedade". E chama atenção para audiência pública realizada em 2 de maio de 2011, no âmbito da Comissão de Relações Exteriores e Defesa Nacional do Senado Federal (CRE), então por ele presidida, em que os participantes foram unânimes em observar que "a atividade de inteligência é plenamente compatível com a democracia, e que todas as grandes democracias do planeta dispõem de serviços secretos eficientes, eficazes e efetivos".[17] A partir dessa audiência, de sua experiência política e parlamentar (com destaque para a atuação como Presidente da CRE e da CCAI), e tomando por base o texto da

---

[16] BRASIL. Senado Federal. *Proposta de Emenda à Constituição nº 67, de 2012*. Justificação.

[17] Participaram dessa audiência o Professor Eugênio Diniz, da Pontifícia Universidade Católica de Minas Gerais (PUC-Minas), o Procurador de Justiça do Estado de Minas Gerais, Denilson Feitoza, e este autor. Os três se juntariam a outros profissionais de inteligência e acadêmicos, brasileiros e estrangeiros, para criar, em 2014, a Associação Internacional para Estudos de Segurança e Inteligência (INASIS), que desde sua fundação mostrou-se interlocutora importante no debate sobre a Inteligência e na formação e capacitação de profissionais da área.

PEC de Severiano Alves, o Senador Fernando Collor decidiu apresentar a nova PEC da Inteligência.

Faremos aqui uma breve apresentação da PEC nº 67, de 2012. Primeiramente, é introduzido no texto constitucional o art. 144-A, o qual estabelece:

> Art. 144-A. A atividade de inteligência, que tem como fundamentos a preservação da soberania nacional, a defesa do Estado Democrático de Direito e da dignidade da pessoa humana, será exercida, por um sistema que integre os órgãos da Administração Pública direta e indireta dos entes federados.
>
> § 1º A lei regulará a atividade de inteligência e suas funções, bem como a organização e funcionamento do Sistema Brasileiro de Inteligência e seus mecanismos de controle interno e externo.
>
> (...)

Assim, leva-se ao texto constitucional a Inteligência (na PEC assinalada como atividade de inteligência) e seus fundamentos. Também já se prevê a necessidade de um sistema de inteligência, inclusive com mecanismos de controle interno e externo, o que será matéria de norma infraconstitucional. Nesse sentido, muito da Lei nº 9.883, de 1999, já seria recepcionado com a entrada em vigor do novo texto constitucional.

Outra referência importante levada ao âmbito da Constituição por meio da PEC nº 67, de 2012, é a necessidade de os direitos e prerrogativas do pessoal de inteligência serem resguardados pela Carta Magna. Assim, tanto a identidade do profissional de Inteligência quanto o sigilo das atividades por ele exercidas são resguardados pela Constituição, na forma do § 2º do art. 144-A, introduzido pela PEC:

> Art. 144-A. (...)
>
> § 2º Os direitos, deveres e prerrogativas do pessoal de inteligência, inclusive no que concerne à preservação de sua identidade, ao sigilo da atividade profissional e a seu caráter secreto são resguardados por esta Constituição, cabendo a lei específica dispor sobre esses assuntos.
>
> (...)

Naturalmente, cabe à lei o detalhamento da matéria. Mas é fundamental que esteja claro que, sem esse amparo legal, o profissional de inteligência, no desempenho de suas funções, pode vir a incorrer em algum delito, o que é tautologicamente um absurdo.

Do mesmo modo que a condição de profissional de Inteligência é resguardada, o sigilo dos documentos e conhecimentos produzidos pela Inteligência serão objeto de uma legislação específica, que deve mesmo estabelecer as diferenças sobre tratamento de informação de inteligência. A esse respeito, a atual Lei de Acesso à Informação é deficiente, pois, em última análise, não distingue aquele tipo de informação de outras (mesmo daquelas cujo sigilo seja imprescindível à segurança do Estado e da sociedade). O § 3º do art. 144-A da PEC, entretanto, é expresso ao resguardar esse sigilo do conhecimento (e informações) de inteligência:

> Art. 144-A. (...)
>
> § 3º Também é resguardado o sigilo dos documentos e conhecimentos produzidos pelos órgãos de inteligência, ressalvada a prerrogativa dos entes de controle, interno e externo, de acesso pleno aos referidos documentos e conhecimentos para o exercício de suas competências.

O artigo seguinte da PEC da Inteligência reforça a obrigatoriedade dos limites à atuação dos serviços secretos em uma democracia. Não obstante, chama a atenção para a necessidade de que a lei regule "o uso de meios e técnicas sigilosos (...), inclusive no que concerne ao recurso ao recurso a meios e técnicas operacionais":

> Art. 144-B. A atividade de inteligência será desenvolvida, no que se refere aos limites de sua extensão e ao uso de técnicas e meios sigilosos, com irrestrita observância dos direitos e garantias individuais e fidelidade às instituições e aos princípios éticos que regem os interesses e a segurança do Estado.
>
> Parágrafo único. A lei regulará o uso de meios e técnicas sigilosos pelos serviços secretos e os deveres e garantias do pessoal de inteligência no exercício de suas funções, inclusive no que concerne ao recurso a meios e técnicas operacionais.

Interessante a referência a operações de inteligência. A esse respeito, o PL nº 3.578, de 2015, terá embasamento, também, no texto constitucional, caso a PEC seja aprovada. Tem-se aí um avanço na maneira como o segmento operacional da Inteligência é tratado no ordenamento jurídico brasileiro.

Mais um aspecto importante da PEC nº 67, de 2012, herdado da PEC de Severiano Alves, é o estabelecimento de um "sistema de inteligência", que reúna os vários serviços secretos (militares, de defesa, estratégicos, policiais, fiscais, financeiros), e a determinação para que atuem de forma coordenada, de modo a maximizar a eficiência e a eficácia desses órgãos e permitir-lhes o intercâmbio de dados e informações. O que se tem na proposta é, na verdade, mais amplo do que um sistema, e muito mais abrangente que o atual SISBIN. O que a PEC faz é trazer ao texto constitucional a ideia de "comunidade de inteligência":

> Seção II – Do Sistema Brasileiro de Inteligência
>
> Art. 144-C. Para o efetivo exercício das ações de planejamento e execução das atividades de inteligência do País, com a finalidade de fornecer subsídios ao processo decisório em distintos níveis, a lei instituirá o Sistema Brasileiro de Inteligência, composto pelos seguintes órgãos:

I – um órgão central de inteligência, ao qual competirá o planejamento e a execução da atividade de inteligência estratégica e que coordenará as ações no sistema;

II – os serviços de inteligência militar;

III – os serviços de inteligência policial e de Segurança Pública;

IV – os serviços de inteligência fiscal;

V – os serviços de inteligência financeira;

VI – outros órgãos e entidades da Administração Pública que, direta ou indiretamente, possam produzir conhecimentos de interesse da atividade de inteligência, em especial aqueles responsáveis pela defesa externa, segurança interna e relações exteriores.

§ 1º Os entes federados poderão constituir seus subsistemas de inteligência, os quais deverão estabelecer vínculos com o Sistema Brasileiro de Inteligência.

§ 2º O Sistema Brasileiro de Inteligência deverá operar de forma coordenada, em defesa do Estado e da sociedade, bem como dos direitos e garantias individuais, devendo seus membros estabelecer mecanismos para o intercâmbio de informações, difusão do conhecimento produzido e iniciativas operacionais conjuntas em âmbito estratégico e tático.

Note-se que "os entes federados poderão constituir seus subsistemas de inteligência, os quais deverão estabelecer vínculos com o Sistema Brasileiro de Inteligência", o que viabiliza a cooperação nos diferentes níveis de governo. A noção de comunidade é, portanto, reforçada, e a determinação expressa para que entes de diferentes esferas do Poder Público (inclusive de todos os Poderes da República) cooperem é mais ampla do que o disposto na Lei nº 9.883, de 1999.

Finalmente, a PEC nº 67, de 2012, do mesmo modo que fizera a PEC anterior, não deixa de lado um aspecto essencial para a Inteligência nos regimes democráticos: seus mecanismos de controle. Assim, dispõe em seus arts. 144-D e 144-E sobre o controle interno e, sobretudo, externo da atividade:

Seção III – Do Controle da Atividade de Inteligência

Art. 144-D. O controle e a fiscalização da atividade de inteligência serão exercidos em âmbito interno e externo, na forma da lei.

Art. 144-E. O controle e a fiscalização externos da atividade de inteligência serão exercidos pelo Poder Legislativo, especialmente por meio de um órgão de controle externo composto por Deputados e Senadores, e com o auxílio do Conselho Nacional de Controle da Atividade de Inteligência, na forma da lei.

§ 1º O Conselho Nacional de Controle da Atividade de Inteligência, órgão auxiliar de controle externo do Poder Legislativo, será composto por nove Conselheiros, escolhidos entre cidadãos brasileiros com notórios conhecimentos técnicos e experiência referentes ao controle finalístico da atividade de inteligência e indicados:

I – três pelo Senado Federal;

II – três pela Câmara dos Deputados;

> III – um pelo Presidente da República;
> IV – um pelo Conselho Nacional de Justiça;
> V – um pelo Conselho Nacional do Ministério Público.
>
> § 2º Os Conselheiros terão mandato de cinco anos, admitida uma recondução, podendo ser destituídos apenas por decisão do Congresso Nacional, mediante proposta do órgão de controle externo ou de um quinto dos membros de cada Casa.
>
> § 3º A lei disporá sobre as atribuições e prerrogativas dos Conselheiros, estrutura e funcionamento do Conselho, bem como de sua organização, dotação orçamentária própria e pessoal.
>
> § 4º Fica assegurado aos órgãos de controle o pleno acesso às informações e conhecimentos produzidos pelos serviços de inteligência, que se dará por transferência de sigilo, preservando-se o caráter sigiloso dessas informações e conhecimentos.

Fundamental na PEC da Inteligência diz respeito ao controle e a fiscalização externos, que se dão por meio do Congresso Nacional (especialmente com a CCAI) e de um Conselho permanente com a função de fiscalizar e controlar diuturnamente os serviços secretos, reportando-se diretamente ao Poder Legislativo. Essa proposta também encontra referência na PEC de Severiano Alves.

O Conselho de Controle é inovação interessante, pois permite que técnicos possam se debruçar sobre a fiscalização dos serviços secretos. O pilar técnico repousa, portanto, nos membros do Conselho, escolhidos entre cidadãos brasileiros com notórios conhecimentos técnicos e experiência referentes ao controle finalístico da atividade de inteligência, e com mandato específico. Não são parlamentares (portanto, não interferindo nas prerrogativas dos deputados e senadores), mas atuam como auxiliares do Parlamento. Para essa tarefa, podem dedicar todo o seu tempo e seu esforço, o que seria muito complexo para parlamentares, que têm uma miríade de atribuições. Ademais, por ser um órgão de Estado, os Conselheiros são indicados pelas instâncias máximas dos Três Poderes e do Ministério Público.

Se o pilar técnico do controle da Inteligência é o Conselho, o pilar político é o Parlamento, e em especial a CCAI. O Conselho não concorre com a Comissão. Ao contrário, a auxilia (e ao Congresso Nacional), na hercúlea tarefa de fiscalizar e controlar a comunidade de inteligência. Soluciona-se, dessa maneira, uma série de problemas relacionados às dificuldades de um efetivo controle direto dos serviços secretos por parte dos deputados e senadores, dificuldades essas assinaladas neste livro e percebidas em nossa prática diária no Parlamento.

Na Justificação da PEC nº 67, de 2012, o Senador Fernando Collor assinala a relevância do controle da Inteligência e do papel desempenhado pelo Poder Legislativo nesse contexto:

[C]onvém destacar que a inteligência lida com informações sensíveis, que envolvem não só questões de segurança nacional, mas também direitos e garantias individuais dos cidadãos. Nesse sentido, por lidar com tanto poder, há sempre o risco de os serviços de inteligência extrapolarem suas funções e, mesmo nas mais avançadas democracias, cometerem arbitrariedades. É fundamental, portanto, que estejam sob rígido controle, interno e externo. O controle permitirá a devida garantia à sociedade de que o aparato de inteligência do Estado atua realmente em defesa dos interesses nacionais e de acordo com a Constituição e as leis. (...) Em se tratando de controle externo, o Parlamento assume papel de significativa relevância. De fato, é o Parlamento a instância máxima de controle da Administração Pública em geral, e da comunidade de inteligência em particular. Assim, tanto quanto legislar e decidir sobre o orçamento, é também, tradicionalmente, função precípua do Parlamento fiscalizar e controlar o Poder Executivo.[18]

Quando da conclusão desta 2ª edição (agosto de 2018), a PEC nº 67, de 2012, tramitava na Comissão de Constituição, Justiça e Cidadania (CCJ) do Senado Federal. Por certo, ainda há um longo caminho a ser percorrido até que se converta em texto constitucional. Natural, também, que haja emendas durante esse processo, como é característico do processo legislativo. Enquanto tramita, a PEC da Inteligência permite a discussão, dentro e fora do Parlamento, sobre tema tão importante para a segurança do Estado e da sociedade e para a própria democracia. E a apresentação da PEC já revela um amadurecimento, por parte do Poder Legislativo, no que concerne ao papel dos serviços secretos no Estado democrático.

7.6. OBSERVAÇÕES DERRADEIRAS

A Constituição de 1988 não deu atenção aos serviços secretos e à sua nobre atividade, muito menos ao controle que deve haver sobre eles. Com isso, o cenário desde então é de vulnerabilidade e de constante ameaça às instituições democráticas, entre elas a própria Inteligência, tão essencial ao bom governo. Entretanto, começa-se a discutir mais o tema. Isso se dá não só em seminários e cursos em todo o País, mas também por meio da mídia especializada e, ainda, da academia, onde trabalhos de graduação e pós-graduação e centros de pesquisa são organizados, que passam a tratar de Inteligência nos seus diferentes matizes.

Exemplo importante de iniciativa para o fomento do debate sobre Inteligência foi o já citado Seminário Internacional *Atividade de Inteligência e Controle Parlamentar: Fortalecendo a Democracia*. O Seminário, de dezembro de 2009, contou com uma audiência de cerca de quinhentas pessoas, entre parlamentares, magistrados, membros do Ministério Público, militares, servidores dos três Poderes, acadêmicos, jornalistas e estudantes. A comunidade de inteligência também compareceu ao evento, inclusive com os chefes de diversos órgãos componentes do SISBIN. Os chefes dos três serviços das Forças

[18] BRASIL. Senado Federal. *Proposta de Emenda à Constituição nº 67, de 2012*. Justificação.

Armadas, por exemplo, estiveram presentes durante todo o Seminário e foram convidados a falar no fechamento.

Entre os expositores e debatedores, especialistas de renome internacional como Alberto Mendes Cardoso, Peter Gill, Thomas Bruneau, Stuart Farson, José Manuel Ugarte, Guillermo Holzmann e Denilson Feitoza discorreram sobre aspectos do controle da atividade de inteligência em distintos países e sistemas políticos. Também foram convidados a apresentar sua perspectiva representantes dos órgãos de inteligência da Defesa, da Polícia Federal, da Secretaria Nacional de Segurança Pública (SENASP), da Receita Federal do Brasil e, naturalmente, do Gabinete de Segurança Institucional da Presidência da República e da própria ABIN. Em todos esses casos foram os titulares dos cargos ou seus imediatos que falaram nos painéis.

O Seminário promovido pela CCAI foi um êxito, contribuindo para o debate sobre o futuro da Inteligência no Brasil e de seus mecanismos de fiscalização e controle. Permitiu também o contato entre os membros da comunidade de inteligência e a exposição das perspectivas de cada órgão. Uma vez que trabalhamos na organização do evento, pudemos colher as impressões dos participantes e conferencistas. Entre os estrangeiros, por exemplo, houve dois que se confessaram bastante impressionados com a audiência no Seminário e, sobretudo, com o fato de os chefes dos serviços de inteligência virem a público declarar, em uníssono, que viam com bons olhos o controle externo feito pelo Parlamento e que, na verdade, necessitavam desse controle, já que compreendiam o quão interessante lhes seria trabalhar com o respaldo do Congresso Nacional. Isso, sem dúvida, é exemplo marcante da mudança de mentalidade que ocorre na comunidade de inteligência brasileira. Falta, entretanto, maior consciência por parte da população e conhecimento da opinião pública sobre a importância da Inteligência e de seu controle. Ainda há carência de vontade política para proceder a mudanças, carência esta que começa a ser suprida por alguns parlamentares, como Severiano Alves, Jô Moraes e Bruna Furlan, que começam a se interessar pelo assunto.

Passa da hora de se conceder *status* constitucional à Inteligência. Passa da hora de termos no Brasil mecanismos que permitam o trabalho eficiente e eficaz dos serviços secretos. E, para que abusos sejam evitados, passa da hora de que sejam estabelecidos, na Constituição brasileira, mecanismos rígidos de controle, com destaque para o controle externo, atribuição precípua do Parlamento.

Há que se estar vigilante para a Inteligência e para os grandes ganhos que dela podem advir para o Estado, a sociedade e a democracia. Entretanto, há que estar vigilante também para os riscos de os serviços de inteligência virem a atuar sem fiscalização e controle. Nesse sentido, convém lembrar a frase célebre de Thomas Jefferson: "O preço da liberdade é a eterna vigilância".

Capítulo 8

COMENTÁRIOS À RESOLUÇÃO Nº 2, DE 2013 – CN (REGIMENTO INTERNO DA CCAI)

Serviços secretos são, portanto, de grande importância para qualquer país que almeje ocupar posição de destaque no cenário internacional, disso não há dúvida. Entretanto, também é inquestionável que esses serviços devam estar sob rígido controle. Fundamental, ainda, que haja normas claras sobre atividade de tamanha relevância.

Fernando Collor de Mello (2012)

O último capítulo deste livro, inserido com a 2ª edição, destina-se aos comentários à Resolução nº 2, de 2013-CN, o Regimento Interno da Comissão Mista de Controle das Atividades de Inteligência (RICCAI). É uma seção do livro voltada, portanto, a operadores do Regimento e àqueles interessados em conhecer as particularidades do funcionamento da Comissão.

8.1. A CCAI E A APROVAÇÃO DO RICCAI

Aspecto fundamental que diferencia a Inteligência de regimes democráticos daquela executada sob modelos ditatoriais, portanto, é exatamente o controle exercido sobre os serviços secretos nas democracias. Nesse contexto, o Parlamento assume papel de grande relevância como principal instância de controle externo da atividade de inteligência.

A Lei nº 9.883, de 1999, repita-se, estabelece, em seu art. 6º, o controle externo da atividade de inteligência. Com a lei, foi criada a Comissão Mista de Controle das Atividades de Inteligência do Congresso Nacional (CCAI), instituída em 2000, também chamada de órgão de controle externo.

Em sua primeira década de existência, porém, a CCAI viu-se diante de problemas de inoperância e seu controle mostrou-se pouco efetivo. Uma das principais razões dessa deficiência era a ausência de um regimento, uma norma que regulamentasse as atividades da Comissão. Essa questão só começaria a ser resolvida com a aprovação em 19 de novembro de 2013, do Regimento Interno da CCAI, por meio da Resolução – CN nº 2, de 2013. Segue-se à apresentação dos principais efeitos do novo Regimento sobre a Comissão.

8.2. *STATUS* NORMATIVO DO RICCAI E REGRAS SUBSIDIÁRIAS

O RICCAI foi aprovado sob forma de Resolução do Congresso Nacional (RCN), constituindo parte do Regimento Comum. É, portanto, norma de mesmo *status* do Regimento Comum do Congresso Nacional (RCCN), e caso haja conflito entre aquele e o RICCAI, deve prevalecer este último por ser posterior e mais específico. É o que dispõe o art. 1º do RICCAI.Note-se, ainda, que o próprio RICCAI, em seu art. 8º, estabelece que, subsidiariamente ao Regimento da Comissão, aplicam-se aos trabalhos da CCAI, no que couber, as regras gerais previstas no Regimento Comum do Congresso Nacional, relativas ao funcionamento das Comissões Mistas Permanentes do Congresso Nacional e, nos casos omissos deste, sucessivamente, as disposições do Regimento Interno do Senado Federal (RISF) e as do Regimento Interno da Câmara dos Deputados (RICD). Reitera-se que a aplicação desses instrumentos normativos é subsidiária ao texto principal do RICCAI.

> Art. 8º Aplicam-se aos trabalhos da CCAI, subsidiariamente, no que couberem, as regras gerais previstas no Regimento Comum do Congresso Nacional, relativas ao funcionamento das Comissões Mistas Permanentes do Congresso Nacional e, nos casos omissos deste, sucessivamente, às disposições do Regimento Interno do Senado Federal e as do Regimento Interno da Câmara dos Deputados.
>
> § 1º No caso de ser suscitado conflito entre as regras gerais, previstas no Regimento Comum do Congresso Nacional, no Regimento Interno do Senado Federal ou no da Câmara dos Deputados, e norma específica da CCAI, prevista nesta Resolução, decidirá o conflito suscitado o Presidente da CCAI, dando prevalência, na decisão, à interpretação que assegure máxima efetividade à norma específica.
>
> § 2º Da decisão do Presidente caberá recurso ao Plenário da CCAI, por qualquer dos membros da Comissão, no prazo de cinco reuniões ordinárias.
>
> § 3º Incluído em pauta, o recurso será discutido e votado em turno único.

Também é expresso no art. 8º que, por ocasião dos trabalhos do órgão de controle externo, no caso de ser suscitado conflito entre o RICCAI e as regras gerais, previstas no RCCN, no RISF ou no RICD, decidirá esse conflito o Presidente da CCAI, "dando prevalência, na decisão, à interpretação que assegure máxima efetividade à norma específica". Caberá recurso ao Plenário da CCAI da decisão do Presidente a esse respeito, o qual poderá ser interposto por qualquer dos membros da Comissão, no prazo de cinco reuniões ordinárias. A discussão e votação do recurso se darão em turno único.

8.3. DOS OBJETIVOS DA CCAI

De acordo com o art. 2º do RICCAI, o principal objetivo da Comissão é realizar a "fiscalização e o controle externos das atividades de inteligência e contrainteligência e de outras a elas relacionadas, desenvolvidas no Brasil ou no exterior por órgãos e entidades da Administração Pública Federal, direta ou indireta, especialmente pelos componentes do Sistema Brasileiro de Inteligência (SISBIN), a fim de assegurar que tais atividades sejam realizadas em conformidade com a Constituição Federal e com as normas constantes do ordenamento jurídico nacional, em defesa dos direitos e garantias individuais e do Estado e da sociedade". É, portanto, o órgão de controle externo das atividades de inteligência do País, previsto no art. 6º da Lei nº 9.883, de 1999.

Entende-se por fiscalização e controle externo de competência da CCAI "todas as ações referentes à supervisão, verificação e inspeção das atividades de pessoas, órgãos e entidades relacionados à inteligência e contrainteligência, bem como à salvaguarda de informações sigilosas, visando à defesa do Estado Democrático de Direito e à proteção do Estado e da sociedade" (art. 2º, § 1º, RICCAI, grifos nossos).

Note-se que o controle exercido pela CCAI compreende as atividades exercidas pela comunidade de inteligência em âmbito federal, e não apenas da ABIN, órgão central do SISBIN. Nesse sentido, é entendido como "controle funcional", ou seja, controla-se em razão das funções do órgão e não de sua condição específica. Assim, esse controle não se restringe apenas aos órgãos do SISBIN. Qualquer instituição federal, da Administração direta ou indireta, que realize inteligência está, portanto, sujeita ao controle externo do Parlamento, conforme o RICCAI.

Os órgãos que compõem o SISBIN estão previstos no art. 4º do Decreto nº 4.376, de 13 de setembro de 2002. São eles:[1]

1. Casa Civil da Presidência da República, por meio de sua Secretaria-Executiva;
2. Gabinete de Segurança Institucional da Presidência da República (GSI), órgão de coordenação das atividades de inteligência federal;

[1] A composição do SISBIN varia significativamente em razão das mudanças no Decreto nº 4.376, de 2002, relacionadas à própria estrutura da Administração pública federal. Essa é a estrutura do Sistema em agosto de 2018. Recomenda-se o acompanhamento do referido decreto para eventuais atualizações.

3. Agência Brasileira de Inteligência (ABIN), como órgão central do Sistema;
4. Ministério da Justiça e Segurança Pública, por meio da Secretaria Nacional de Segurança Pública, da Diretoria de Inteligência Policial do Departamento de Polícia Federal, do Departamento de Polícia Rodoviária Federal, do Departamento Penitenciário Nacional e do Departamento de Recuperação de Ativos e Cooperação Jurídica Internacional da Secretaria Nacional de Justiça e Cidadania;[2]
5. Ministério da Defesa, por meio da Subchefia de Inteligência de Defesa, da Divisão de Inteligência Estratégico-Militar da Subchefia de Estratégia do Estado-Maior da Armada, do Centro de Inteligência da Marinha, do Centro de Inteligência do Exército, do Centro de Inteligência da Aeronáutica e do Centro Gestor e Operacional do Sistema de Proteção da Amazônia;
6. Ministério das Relações Exteriores, por meio da Secretaria-Geral de Relações Exteriores e da Divisão de Combate aos Ilícitos Transnacionais da Subsecretaria-Geral de Assuntos Políticos Multilaterais, Europa e América do Norte;
7. Ministério da Fazenda, por meio da Secretaria-Executiva do Conselho de Controle de Atividades Financeiras, da Secretaria da Receita Federal do Brasil e do Banco Central do Brasil;
8. Ministério do Trabalho, por meio da sua Secretaria-Executiva;
9. Ministério da Saúde, por meio do Gabinete do Ministro de Estado e da Agência Nacional de Vigilância Sanitária;
10. Ministério da Ciência, Tecnologia, Inovações e Comunicações, por meio da Secretaria-Executiva;
11. Ministério do Meio Ambiente, por meio da Secretaria-Executiva e do Instituto Brasileiro do Meio Ambiente e dos Recursos Naturais Renováveis;
12. Ministério da Integração Nacional, por meio da Secretaria Nacional de Proteção e Defesa Civil;
13. Ministério da Transparência, Fiscalização e Controladoria-Geral da União, por meio da sua Secretaria-Executiva;

[2] Por meio da Medida Provisória nº 821, de 26 de fevereiro de 2018, foi criado o Ministério Extraordinário da Segurança Pública, e transformado o Ministério da Justiça e Segurança Pública em Ministério da Justiça. Com isso, o Departamento de Polícia Federal, o Departamento de Polícia Rodoviária Federal, o Departamento Penitenciário Nacional, o Conselho Nacional de Segurança Pública, o Conselho Nacional de Política Criminal e Penitenciária, e a Secretaria Nacional de Segurança Pública passaram a integrar a estrutura do novo Ministério.

14. Ministério da Agricultura, Pecuária e Abastecimento, por meio de sua Secretaria-Executiva;
15. Ministério dos Transportes, Portos e Aviação Civil, por meio da sua Secretaria-Executiva, da Secretaria de Aviação Civil, da Agência Nacional de Aviação Civil, da Agência Nacional de Transportes Terrestres, da Empresa Brasileira de Infraestrutura Aeroportuária e do Departamento Nacional de Infraestrutura de Transportes;
16. Ministério de Minas e Energia, por meio de sua Secretaria-Executiva; e
17. Advocacia-Geral da União (AGU), por meio da sua Secretaria-Executiva.

São, dessa maneira, quase quarenta órgãos federais os componentes do SISBIN (alguns não exercem a atividade, sendo apenas consumidores de Inteligência). Todos estão sujeitos ao controle da CCAI. Observe-se que, de acordo com a Lei nº 9.883, de 1999, "mediante ajustes específicos e convênios, ouvido o competente órgão de controle externo da atividade de inteligência [portanto, a CCAI], as unidades da Federação poderão compor o SISBIN". Até a conclusão desta edição (agosto de 2018), nenhuma unidade da Federação havia solicitado ingresso no Sistema. Existem, porém, subsistemas de inteligência estaduais e regionais, dos quais fazem parte órgãos federais, estaduais e municipais.

> Art. 2º (...)
> § 2º O controle da atividade de inteligência realizado pelo Congresso Nacional compreende as atividades exercidas pelos órgãos componentes do SISBIN em todo o ciclo da inteligência, entre as quais as de reunião, por coleta ou busca, análise de informações, produção de conhecimento, e difusão, bem como a função de contrainteligência e quaisquer operações a elas relacionadas.
> (...)

Convém destacar, ainda, que, nos termos do § 2º do art. 2º do RICCAI, o controle externo de competência da CCAI é integral, ou seja, abrange todo o ciclo da inteligência: a reunião dos dados, sua análise, a produção de conhecimento, e a difusão. O controle da contrainteligência e das atividades operacionais também está sob a égide da Comissão.

Em síntese, o controle exercido pela CCAI é funcional, integral, político-finalístico e abrange todos os entes da comunidade de inteligência em âmbito federal (não apenas os órgãos do SISBIN).

8.4. ATRIBUIÇÕES E COMPETÊNCIAS DA CCAI

O RICCAI também dispõe sobre as atribuições da Comissão. São elas, a fiscalização e o controle:

I – das atividades de inteligência e contrainteligência e de salvaguarda de informações sigilosas realizadas por órgãos e entidades da Administração Pública Federal no Brasil ou por agentes a serviço de componentes do SISBIN no Brasil e no exterior;

II – dos procedimentos adotados e resultados obtidos pelos órgãos e entidades do SISBIN;

III – das ações de inteligência e contrainteligência relacionadas à proteção do cidadão e das instituições democráticas;

IV – de quaisquer operações de inteligência desenvolvidas por órgãos componentes do SISBIN.

Esse rol não exclui outras atribuições relacionadas às competências de fiscalização e controle do Poder Legislativo. Note-se, além disso, que há referência expressa à fiscalização e controle da CCAI sobre "quaisquer operações de inteligência desenvolvidas" por órgãos do SISBIN.

No que concerne às competências da Comissão, o RICCAI, em seu art. 3º, dispõe que ao órgão compete:

I – realizar o controle e a fiscalização externos das atividades de inteligência e contrainteligência, inclusive das operações a elas relacionadas, desenvolvidas por órgãos do SISBIN em conformidade com a Constituição Federal e demais normas do ordenamento jurídico nacional. Reitera-se que este controle envolve todos os órgãos do SISBIN e demais entes da comunidade de inteligência, sendo, portanto, funcional;

II – examinar e apresentar sugestões à Política Nacional de Inteligência (PNI) a ser fixada pelo Presidente da República, na forma da Lei. Isso já foi feito, quando do envio da Mensagem (CN) nº 198, de 2009, que encaminhava a referida PNI ao Parlamento. A Política foi então examinada pela Comissão, e as considerações do órgão de controle externo remetidas ao Poder Executivo. Em 29 de junho de 2016, a PNI foi fixada pelo Decreto nº 8.793;

III – examinar e emitir parecer sobre proposições legislativas relativas à atividade de inteligência e contrainteligência e à salvaguarda de assuntos sigilosos. Qualquer proposição legislativa que envolva esses temas deve, necessariamente, ser submetida à CCAI (ainda que tramite também por outras comissões do Parlamento);

IV – elaborar estudos sobre a atividade de inteligência (isso é feito com o assessoramento das Consultorias Legislativas e de Orçamento das duas Casas, particularmente com a Consultoria Legislativa do Senado Federal, pois a estrutura administrativa e técnica das comissões do Congresso Nacional é provida pela Câmara Alta);

V – examinar as atividades e o funcionamento dos órgãos do SISBIN em conformidade com a PNI (tarefa de extrema relevância para o controle exercido pela Comissão, devendo-se considerar também o disposto na ENINT e em outros documentos norteadores da Inteligência);

VI – apresentar recomendações ao Poder Executivo para a melhoria do funcionamento do SISBIN. A partir dos estudos e das análises dos relatórios recebidos dos órgãos de inteligência, a CCAI pode apresentar recomendações ao Poder Executivo para o aperfeiçoamento da atividade e do sistema;

VII – manifestar-se sobre os ajustes específicos e convênios referentes ao ingresso das unidades da Federação no SISBIN (atribuição conforme previsto no § 2º do art. 2º da Lei nº 9.883, de 1999);

VIII – apresentar proposições legislativas sobre as atividades de inteligência, contrainteligência e salvaguarda de informações sigilosas;

IX – acompanhar a elaboração e disseminação da doutrina nacional de inteligência e o ensino nas escolas de inteligência e supervisionar os programas curriculares da Escola de Inteligência da Agência Brasileira de Inteligência (ESINT/ABIN) e das instituições de ensino da matéria. Competência que tomou como referência a legislação argentina, permite à CCAI ter conhecimento da forma como a atividade é ensinada nas escolas de governo e dos padrões de ensino do pessoal de inteligência;

X – elaborar relatórios referentes a suas atividades de controle e fiscalização das ações e programas relativos à atividade de inteligência. Esses relatórios estão previstos nos arts. 12 e 13 do RICCAI;

XI – receber e apurar denúncias sobre violações a direitos e garantias fundamentais praticadas por órgãos e entidades públicos, em razão de realização de atividades de inteligência e contrainteligência, apresentadas por qualquer cidadão, partido político, associação ou sociedade. Esse é um aspecto essencial para o devido exercício do controle externo por parte da CCAI;

XII – analisar a parte da proposta orçamentária relativa aos órgãos e entidades da Administração direta ou indireta que realizem atividades de inteligência e contrainteligência, bem como as propostas de créditos adicionais destinados ao custeio ou investimento em atividades e programas de inteligência e contrainteligência, em especial dos órgãos civis e militares que integram o SISBIN, encaminhando o resultado de sua análise à Comissão Mista de Planos, Orçamentos Públicos e Fiscalização (CMO). Matérias orçamentárias referentes à Inteligência devem, portanto, passar pelo crivo da CCAI, uma vez que se trata de comissão temática do Parlamento e do órgão de controle externo;

XIII – apresentar emendas ao parecer preliminar do Relator-Geral do Projeto de Lei Orçamentária Anual (PLOA), relativas às matérias de competência da Comissão. O RICCAI é expresso ao estabelecer a competência da Comissão para apresentar emendas ao PLOA em matérias que lhe são concernentes, e essa competência foi confirmada com a entrada em vigor da Resolução nº 3, de 2015, do Congresso Nacional;

XIV – acompanhar a execução das dotações orçamentárias dos órgãos e entidades da Administração direta e indireta que realizem atividades de inteligência e contrainteligência. Tem-se aqui outra atribuição típica de controle externo em que se contará com o assessoramento do Tribunal de Contas da União (TCU).

Competência da CCAI, prevista no art. 4º do RICCAI, é a de "submeter à Mesa do Senado Federal ou da Câmara dos Deputados pedidos escritos de informações a Ministro de Estado ou titular de órgão diretamente subordinado à Presidência da República, referente à atuação dos órgãos vinculados às suas pastas que atuem nas áreas de inteligência, contrainteligência e na salvaguarda de assuntos sigilosos". Trata-se de competência inerente a qualquer comissão parlamentar e tem por objetivo assegurar as condições necessárias ao cumprimento de suas atribuições de fiscalização e controle. Naturalmente, serão consideradas as normas relativas ao manuseio das informações classificadas e à defesa da segurança e interesses nacionais.

Observe-se que, no caso dos requerimentos de informações propostos pela CCAI, a recusa injustificada, pela autoridade requerida, de prestação no prazo constitucional das informações requeridas, implicará prática de crime de responsabilidade. Ademais, alegações de classificação sigilosa da informação ou de imprescindibilidade do sigilo para a segurança da sociedade e do Estado não podem ser consideradas justificativa para a não prestação da informação.

Também é competência da CCAI, prevista constitucionalmente e reiterada no art. 5º do RICCAI, a convocação de Ministro de Estado ou de titular de órgão diretamente subordinado ao Presidente da República para prestar, pessoalmente, informações sobre assuntos relacionados às atividades de inteligência e contrainteligência e à salvaguarda de assuntos sigilosos. A ausência, não justificada, da autoridade convocada, importa em crime de responsabilidade.

Além da competência de convocar autoridades de primeiro escalão do Poder Executivo, a CCAI pode, ainda, convidar qualquer outra autoridade ou cidadão para prestar esclarecimentos sobre assuntos relacionados à atividade de inteligência, contrainteligência ou salvaguarda de informações. Isso tem sido feito com frequência pela Comissão.

8.5. ACESSO

Para o bom cumprimento de suas atribuições, é garantido à CCAI o acesso, independentemente do seu grau de sigilo, a:

- arquivos de relatórios de inteligência; e
- áreas e instalações dos órgãos do SISBIN.

É o que dispõem os §§ 4º e 5º do art. 2º do RICCAI:

> Art. 2º (...)
>
> § 4º Para o bom cumprimento de suas funções, a CCAI terá acesso a arquivos, áreas e instalações dos órgãos do SISBIN, independentemente do seu grau de sigilo.
>
> § 5º As incursões da CCAI em órgãos do SISBIN e o acesso a áreas e instalações previsto no § 4º do art. 2º desta Resolução deverão ser previamente informados aos respectivos órgãos e acordados os procedimentos para a preservação do sigilo e proteção de áreas e instalações sensíveis.

Essa é uma prerrogativa importante da Comissão. Qualquer limitação a ela (que não as previstas no próprio RICCAI) pode comprometer o efetivo trabalho da CCAI e suas atribuições de fiscalização e controle. Entretanto, devem ser preservados o sigilo e a privacidade das fontes, bem como os meios e técnicas sigilosos empregados pela Inteligência. Além disso, quaisquer incursões da CCAI em áreas e instalações para o exercício de sua prerrogativa de acesso devem ser previamente informadas aos respectivos órgãos e acordados os procedimentos para a salvaguarda do sigilo e a proteção de áreas e instalações sensíveis.

8.6. COMPOSIÇÃO

Um dos aspectos mais importantes do RICCAI diz respeito à composição do órgão de controle externo, que teve seu número ampliado em relação aos 6 (seis) membros natos previstos no § 1º do art. 6º da Lei nº 9.883, de 1999, segundo o qual:

> Art. 6º (...)
>
> § 1º Integrarão o órgão de controle externo da atividade de inteligência os líderes da maioria e da minoria na Câmara dos Deputados e no Senado Federal, assim como os Presidentes das Comissões de Relações Exteriores e Defesa Nacional da Câmara dos Deputados e do Senado Federal.

Esse número originário de 6 (seis) membros, estabelecido no dispositivo legal, não é exaustivo. De fato, não caberia a lei regular composição de comissão do Parlamento, o que deve ser feito por Resolução. Haveria no art. 6º, portanto, uma inconstitucionalidade que nunca foi suscitada. De toda maneira, com o RICCAI tem-se nova composição – 12 (doze) membros – que, entre outras coisas, viabilizará os trabalhos do órgão de controle. A composição anterior tornava muito difícil as sessões da CCAI, particularmente pela complicação em se conseguir reunir os membros.

Assim, a atual composição da CCAI, na forma do art. 7º do seu Regimento Interno, é a seguinte:

1. o Presidente da Comissão de Relações Exteriores e Defesa Nacional do Senado Federal (CRE);
2. o Presidente da Comissão de Relações Exteriores e de Defesa Nacional da Câmara dos Deputados (CREDN);
3. o Líder da Maioria do Senado Federal;
4. o Líder da Maioria da Câmara dos Deputados;
5. o Líder da Minoria do Senado Federal;
6. o Líder da Minoria da Câmara dos Deputados.

A essa composição originária foram acrescidos os seguintes membros, os quais terão mandatos de dois anos, renováveis:

7. um Deputado indicado pela liderança da Maioria da Câmara dos Deputados;
8. um Deputado indicado pela liderança da Minoria da Câmara dos Deputados;
9. um Senador indicado pela Liderança da Maioria do Senado Federal;
10. um Senador indicado pela Liderança da Minoria do Senado Federal;
11. um Deputado indicado pela Comissão de Relações Exteriores e Defesa Nacional da Câmara dos Deputados, mediante votação secreta de seus membros;
12. um Senador indicado pela Comissão de Relações Exteriores e Defesa Nacional do Senado Federal, mediante votação secreta de seus membros.

Note-se, portanto, que, para o estabelecimento da Comissão sob o novo Regimento, a Comissão de Relações Exteriores e Defesa Nacional do Senado Federal e a Comissão de Relações Exteriores e de Defesa Nacional da Câmara dos Deputados deverão indicar um Deputado e um Senador, respectivamente, para compor a CCAI. Essa escolha se dará mediante votação secreta dos membros da Comissão. De acordo com o RICCAI, o Parlamentar escolhido pela Comissão não necessita ser membro dela.

Registre-se, por oportuno, que em dezembro de 2013 foi apresentado o Projeto de Lei da Câmara (PLC) nº 6.832, de autoria da Deputada Perpétua Almeida (ex-presidente da CCAI), que revoga o § 1º do art. 6º da Lei nº 9.883, de 1999, ou seja, o parágrafo que estabelece a composição básica da CCAI. Na Justificação, Sua Excelência defende que o assunto não pode ser matéria de lei, mas sim de ato do Congresso Nacional. O referido PLC tramita apensado ao PLC 276, de 2011, do Deputado Duarte Nogueira, que também altera o art. 6º, criando uma Controladoria das Atividades de Inteligência.

8.7. PRESIDÊNCIA DA CCAI

Também é o art. 7º do RICCAI que estabelece que a "Presidência da Comissão será exercida, alternadamente, pelo período de um ano, pelo Presidente da Comissão de Relações Exteriores e Defesa Nacional da Câmara dos Deputados e do Senado Federal". E acrescenta que a Vice-Presidência da Comissão ficará a cargo do Presidente da Comissão de Relações Exteriores e Defesa Nacional da Casa que não ocupar a Presidência. A título de exemplo, em 2017, a Presidência da CCAI esteve sob a égide da Câmara dos Deputados, enquanto a Vice-Presidência coube ao Senado Federal (portanto, ao Presidente da CRE).

Convém observar que o atual mecanismo de alternância da Presidência da Comissão entre os presidentes das comissões de Relações Exteriores e Defesa Nacional de cada Casa prejudica os trabalhos da CCAI e a continuidade da própria Presidência. Isso ocorre porque, na Câmara dos Deputados, a Presidência de Comissão é anual, a cada sessão legislativa. No início de cada sessão legislativa a CCAI está sempre desfalcada de ao menos um membro (o Presidente da CREDN), situação que só se resolve quando é eleito, na Câmara Baixa, novo presidente para a Comissão – o que, algumas vezes, já chegou a ocorrer até em abril. Nos anos em que a CCAI é presidida pela Câmara, o Presidente só irá assumir, na melhor das hipóteses, no final de fevereiro.

Entendemos que ideal é que o Presidente da Comissão fosse eleito entre os membros com mandato regimental de dois anos, ficando a vice-presidência sob alternância dos presidentes da CRE e da CREDN. Essa alteração no RICCAI pode ser feita por projeto de resolução do Congresso Nacional.

8.8. SUPLÊNCIA

No que concerne à possibilidade de suplência, o RICCAI estabelece, ainda no art. 7º, a peculiaridade segundo a qual os Presidentes da CRE e CREDN e os Líderes da Maioria e da Minoria de cada Casa "poderão ser substituídos por seus respectivos vice-presidentes e vice-líderes, os quais se sujeitarão aos mesmos procedimentos e obrigações relativos à salvaguarda de informações sigilosas previstos nesta Resolução e na forma da Lei". Não há previsão de suplente fora desses casos (por exemplo, não existe suplência dos outros membros). Trata-se, realmente, de particularidade da Comissão devido a suas características de órgão de controle externo da atividade de inteligência.

8.9. MATÉRIAS A SEREM APRECIADAS PELA CCAI

Aspecto de extrema importância são as matérias a serem apreciadas pelo órgão de controle externo. A esse respeito, dispõe o art. 9º do RICCAI que serão submetidas a parecer da CCAI todas as proposições que versarem sobre:

- a Agência Brasileira de Inteligência (ABIN) e os demais órgãos e entidades federais integrantes do Sistema Brasileiro de Inteligência (SISBIN);
- as atividades de inteligência e contrainteligência e de salvaguarda de assuntos sigilosos.

Reitere-se que o controle exercido pela CCAI é funcional, ou seja, abrange todos os órgãos integrantes da comunidade de inteligência em âmbito federal. Quaisquer matérias relacionadas à Inteligência deverão, portanto, ser examinadas pela CCAI na condição de órgão de controle externo e, ainda, de acordo com o art. 9º do RICCAI, preliminarmente ao exame das demais Comissões.

8.10. RELATÓRIOS A SEREM ENCAMINHADOS PELO PODER EXECUTIVO À CCAI

Para o eficaz, eficiente e efetivo controle da atividade de inteligência, é fundamental que a CCAI conheça os órgãos controlados e suas atividades. Instrumento de extrema importância nesse sentido é o envio de relatórios, pelos referidos órgãos, para serem apreciados pela Comissão. Trata-se, de fato, do exercício, pelo Parlamento, de sua atribuição precípua de instância de fiscalização e controle da Administração Pública.

Os citados relatórios, que serão periódicos para instrução das atividades de fiscalização e controle da Comissão, estão previstos no art. 10 do RICCAI e têm fundamento constitucional no art. 50, § 2º, da Carta Magna:

> Art. 50 (...)
> § 2º As Mesas da Câmara dos Deputados e do Senado Federal poderão encaminhar pedidos escritos de informações a Ministros de Estado ou a qualquer das pessoas referidas no *caput* deste artigo, importando em crime de responsabilidade a recusa, ou o não atendimento, no prazo de trinta dias, bem como a prestação de informações falsas.

Assim, há três tipos de relatórios a serem solicitados:

I – um relatório parcial, a ser solicitado ao final do primeiro semestre de cada ano, sobre as atividades de inteligência e contrainteligência desenvolvidas pelo respectivo órgão ou entidade do SISBIN;

II – um relatório geral, anual, consolidado, das atividades de inteligência e contrainteligência desenvolvidas pelo respectivo órgão ou entidade do SISBIN;

III – relatórios extraordinários sobre temas de fiscalização da CCAI, que poderão ser solicitados a qualquer tempo.

Observe-se, ademais, que os referidos relatórios serão classificados como secretos, "devendo no seu trato e manuseio ser obedecidas as normas legais e regimentais relativas a esta classificação sigilosa e à salvaguarda de assuntos sigilosos".

O art. 11 disciplina as informações mínimas que devem constar nos relatórios periódicos, quais sejam:

I – indicação, estrutura e estratégia de ação do órgão ou entidade envolvido nas atividades de inteligência, contrainteligência ou de salvaguarda de assuntos sigilosos;

II – histórico das atividades desenvolvidas e sua relação com a Política Nacional de Inteligência (PNI), a estratégia de ação e as diretrizes técnico-operacionais;

III – enumeração dos componentes do SISBIN com os quais o órgão ou entidade mantém vínculos e das ações conjuntas ou de cooperação com esses órgãos e entidades;

IV – descrição pormenorizada das verbas alocadas e dos gastos efetuados na realização das atividades de inteligência, contrainteligência ou de salvaguarda de informações.

Não se busca, com esses relatórios, informações pormenorizadas sobre o conteúdo específico de Relatórios de Inteligência ou de outros documentos produzidos pelos serviços secretos, tampouco sobre procedimentos operacionais adotados para a busca dos dados. O que se pretende com as referidas informações é verificar se a organização está funcionando a contento e atuando sob preceitos constitucionais e legais, em defesa do Estado, da sociedade e das instituições democráticas. Também se pretende, por meio dos relatórios, averiguar se o órgão de inteligência está operando de acordo com a PNI, a ENINT, os planos e as diretrizes para o setor.

8.11. RELATÓRIOS PRODUZIDOS PELA CCAI E PRESERVAÇÃO DO SIGILO DAS INFORMAÇÕES

A partir dos relatórios recebidos dos órgãos do SISBIN, e de outros mecanismos de controle (como audiências, estudos e visitas aos órgãos controlados), a CCAI produzirá relatórios periódicos sobre a fiscalização e o controle das atividades de inteligência e contrainteligência e salvaguarda de assuntos sigilosos desenvolvidas no âmbito da Administração Pública Federal. É o que dispõe o art. 12 do RICCAI.

Nos relatórios produzidos pela CCAI deverá constar expressamente a quantidade global de recursos alocados e utilizados na execução de atividades de inteligência e contrainteligência, bem como na salvaguarda de assuntos sigilosos. Ademais, no relatório anual, de caráter ostensivo, e elaborado com base nas informações constantes dos relatórios parcial e geral encaminhados pelos órgãos do SISBIN, não poderão constar, em hipótese alguma:

I – informações que ponham em risco os interesses e a segurança nacionais e da sociedade e do Estado ou que violem a intimidade, a vida privada, a honra e a imagem das pessoas;

II – nomes de pessoas engajadas nas atividades de inteligência, contrainteligência ou salvaguarda de informações;

III – métodos de inteligência empregados ou fontes de informação em que tais relatórios estão baseados;

IV – o montante de recursos alocados e utilizados especificamente em cada atividade de inteligência, contrainteligência ou de salvaguarda de informações.

Esse dispositivo, constante no art. 13 do Regimento, revela a preocupação com a preservação do sigilo das informações recebidas e custodiadas pela CCAI. Afinal, lida-se ali com matéria de segurança nacional, cujo sigilo tem que ser mantido. A esse, respeito, o § 1º do art. 13 é taxativo, ao estabelecer que "as informações classificadas fornecidas pelos órgãos do SISBIN à CCAI deverão ser preservadas, na forma da Lei, não podendo em hipótese alguma ser desclassificadas ou ter sua classificação alterada pela CCAI".

Ainda no que concerne ao sigilo, o § 2º do art. 13 do RICCAI assinala que caso a Comissão entenda que, "por algum motivo, informação classificada por ela recebida de órgão do SISBIN deva ser de conhecimento público, deverá informar ao titular do órgão, cabendo à autoridade competente ou hierarquicamente superior do referido órgão decidir pela desclassificação ou alteração da classificação". Afinal, segue-se um princípio tradicional da salvaguarda de informações segundo o qual apenas quem pode desclassificar uma informação ou documento é quem o classificou ou autoridade hierarquicamente superior, com as ressalvas da lei. Uma desclassificação ou reclassificação, pelo órgão de controle externo, de informação ou documento sigiloso fornecido pelo Poder Executivo poderia implicar, no mínimo, violação ao princípio da separação dos Poderes.

8.12. REGRAS DE SEGURANÇA NO MANUSEIO E TRATO DAS INFORMAÇÕES SIGILOSAS

No art. 14 do RICCAI mantém-se a preocupação com a preservação do sigilo das informações e documentos recebidos pela CCAI. O Regimento estabelece, então, as regras para o manuseio e trato dessas informações, que devem ser seguidas tanto por parlamentares quanto por servidores que atuem junto à Comissão.

Assim, dispõe o art. 14 do RICCAI que o "Parlamentar que integre a Comissão ou servidor que atue junto à CCAI só poderá ter acesso a qualquer informação classificada", desde que:

I – tenha concordado, por escrito, em cumprir normas legais e regimentais relativas ao manuseio e salvaguarda de informações sigilosas;

II – tenha recebido credencial de segurança de grau compatível com a natureza sigilosa das informações a que terá acesso, obedecidas, para o credenciamento, as normas legais que regem a matéria.

8.13. CREDENCIAL DE SEGURANÇA E GRAUS DE SIGILO

A Lei nº 12.527, de 18 de novembro de 2011, Lei de Acesso à Informação (LAI), estabelece, em seu art. 27, os três graus de sigilo de informações: ultrassecreto, secreto e reservado. Para ter acesso a documentos ou informações classificadas, a pessoa deve possuir uma credencial de segurança. Assim, o RICCAI dispõe que:

> Art. 14 ......
> § 1º Aos parlamentares que compõem a CCAI será atribuída a credencial máxima de segurança (grau ultrassecreto), respondendo os mesmos, legal e regimentalmente, pela violação do sigilo relacionado às suas funções.
> § 2º Aos Consultores Legislativos e de Orçamento, Assessores e demais servidores que atuem junto à Comissão, será atribuída a credencial mínima de segurança de grau "secreto", respondendo os mesmos, na forma da Lei, pela violação do sigilo relacionado à suas funções.

Portanto, parlamentares e servidores que atuem junto à CCAI devem ter credencial de segurança, mecanismo importante para a proteção ao sigilo das informações e documentos no âmbito da Comissão. A concessão de credencial de segurança é de competência do Presidente do Congresso Nacional, podendo ser precedida de consultas e pareceres emitidos pelos órgãos competentes do Poder Legislativo e do Poder Executivo. Essa competência poderá ser delegada pelo Presidente do Congresso Nacional ao Presidente da CCAI.

8.14. TERMO DE RESPONSABILIDADE – ABERTURA DE LIVRO

Um livro destinado à coleta da assinatura de adesão ao termo de responsabilidade previsto para o acesso a qualquer informação classificada deve ser aberto pela Comissão. Nele constará a assinatura do parlamentar ou servidor, que será feita no momento da concessão da credencial de segurança.

8.15. LIBERAÇÃO DE INFORMAÇÕES DE POSSE DA CCAI

De acordo com o art. 15 do RICCAI, a liberação de informações de posse da CCAI será condicionada à ressalva legal de salvaguarda de informações sigilosas, e obedecerá às seguintes normas:

I – é vedada a previsão de liberação ao conhecimento público de informações que violem a intimidade, a vida privada, a honra e a imagem das pessoas;

II – é vedada a liberação de informações que, sob deliberação da maioria da Comissão, possam ser consideradas ameaça à segurança nacional, à ordem pública ou aos interesses nacionais;

III – a liberação de qualquer informação que esteja de posse da CCAI só poderá ser feita após a aprovação pela maioria de seus membros, observados os termos e limites definidos em lei;

IV – em hipótese alguma poderá a CCAI liberar informações oriundas de material classificado recebido pela Comissão.

Há, novamente, a preocupação com o sigilo dos trabalhos da Comissão e dos documentos por ela recebidos e custodiados. Sempre conveniente ressaltar que esta se trata de uma Comissão com muitas especificidades, exatamente por ser o órgão de controle externo e por tratar de matéria classificada e de segurança nacional. A CCAI é um órgão de Estado no Parlamento, é sempre bom lembrar.

8.16. REQUERIMENTOS DE INFORMAÇÃO DE PARLAMENTARES OU COMISSÕES ENCAMINHADOS À CCAI

Os arts. 16 e seguintes do RICCAI tratam das hipóteses de requerimentos de informação apresentados pelos parlamentares à Comissão. Note-se que aqui não se está a tratar da figura do requerimento de informações ao Poder Executivo, previsto no já citado art. 50, § 2ª, da Constituição Federal. O que se regula nesses artigos é o direito de outros parlamentares ou de comissões do Parlamento terem acesso a informações, inclusive sigilosas, sob custódia da CCAI na condição de órgão de controle externo da atividade de inteligência. Afinal, é importante ressaltar que muitas das informações de posse da CCAI estarão protegidas sob a égide do sigilo, de modo que qualquer um que a elas tiver acesso – inclusive parlamentares – responde penal, civil e administrativamente por sua divulgação não autorizada.

Naturalmente, a condição de parlamentar legitima o direito de acesso a informações sigilosas de posse de uma Comissão do Congresso. Porém, o parlamentar é responsável por manter o sigilo das informações classificadas recebidas. Assim, regulamentado a matéria, o RICCAI dispõe que "[q]ualquer membro ou Comissão da Câmara dos Deputados, do Senado Federal ou do Congresso Nacional poderá apresentar à CCAI requerimento de informações sobre matéria ou assunto de sua competência".

O art. 17, por sua vez, esclarece sobre o conteúdo do pedido de informações, no qual o parlamentar ou comissão deve:

I – justificar o interesse específico relativo ao conhecimento da matéria objeto do pedido de informações;

II – explicitar o uso que dará às informações obtidas;

III – assinar termo de compromisso relativo à obediência das normas legais referentes ao trato e manuseio das informações sigilosas a que tiver acesso.

Recebido o requerimento de informações, a CCAI submeterá o pedido à discussão e votação, em turno único, dentro do prazo de trinta dias úteis, contados do recebimento. Decorrido esse prazo, dispõe o RICCAI, se o Presidente da Comissão não incluir o requerimento na Ordem do Dia da CCAI, "ele será automaticamente incluído na pauta da reunião subsequente, sobrestando-se a apreciação, pela Comissão, de toda e qualquer outra matéria". Cabe recurso, ao Plenário da Casa a que pertencer o requerente, de decisão que negar provimento ao requerimento de informações. O prazo para esse recurso é de dez dias úteis, contados da data da reunião em que foi negado provimento ao pedido.

8.17. LIMITES AO USO DA INFORMAÇÃO CLASSIFICADA RECEBIDA – PENALIDADES AOS PARLAMENTARES

Repita-se que há limites ao uso da informação classificada recebida da CCAI. Assim, o art. 19 do RICCAI é expresso ao estabelecer que "[c]oncedida a informação solicitada, a sua utilização pelo parlamentar que a detiver, ou que a ela tiver acesso, de forma diversa da que foi especificada no pedido de informações ou em desacordo com as normas legais que regem o manuseio no trato das informações sigilosas, caracterizará ato incompatível com o decoro parlamentar, estando o responsável sujeito à perda de mandato, nos termos do art. 55, II, da Constituição Federal, sem prejuízo da sanção penal cabível". O referido art. 55 da Carta Magna dispõe que:

> Art. 55. Perderá o mandato o Deputado ou Senador:
>
> (...)
>
> II – cujo procedimento for declarado incompatível com o decoro parlamentar;

Também será considerada conduta incompatível com o decoro parlamentar, na mesma hipótese prevista no art. 19, aquela de membro da CCAI que divulgar informação sigilosa de posse da Comissão, em desacordo com as normas previstas no RICCAI.

8.18. LIMITES AO USO DA INFORMAÇÃO CLASSIFICADA RECEBIDA – PENALIDADES AOS SERVIDORES E OUTRAS PESSOAS QUE TENHAM RELAÇÃO COM A CCAI

Uma vez que servidores também terão acesso à matéria classificada no âmbito da Comissão, o Regimento é expresso ao estabelecer as sanções ao servidor que liberar ilegalmente informação sigilosa. Nesse caso, aplicar-se-á o disposto no art. 132, inc. IX, da Lei nº 8.112, de 11 de dezembro de 1990, ou seja, a demissão do servidor, sem prejuízo da sanção penal cabível:

> Art. 132. A demissão será aplicada nos seguintes casos:
>
> (...)
>
> IX – revelação de segredo do qual se apropriou em razão do cargo;

No caso de liberação ilegal de informação sigilosa por ato de outras pessoas que a ela tiverem acesso em razão de algum vínculo com a CCAI, o § 2º do art. 19 do regimento estabelece que esse vínculo será imediatamente rompido, sem prejuízo da sanção penal cabível. Exemplo seriam terceiros que tivessem algum contrato de prestação de serviços com a Comissão. Trata-se de preocupação importante, associada ao fato de que é expresso no Regimento (art. 26) que os funcionários da Comissão sejam servidores efetivos do Parlamento, e não profissionais sob contrato temporário ou vínculo efêmero. A manutenção de estagiários junto à Comissão pode implicar em vulnerabilidades devido à natureza peculiar do órgão de controle externo.

8.19. PROCEDIMENTOS RELATIVOS AOS FATOS ILÍCITOS APURADOS PELA CCAI NO EXERCÍCIO DE SUAS COMPETÊNCIAS

Como órgão de controle da comunidade de inteligência, a CCAI também tem competência para apurar fatos ilícitos relacionados à atividade. De acordo com o art. 21 do RICCAI, tendo a Comissão apurado a prática de ilícitos civis ou penais por parte de pessoas ou órgãos responsáveis pela execução de atividades de inteligência, contrainteligência ou de salvaguarda de informações sigilosas, seja pela análise dos relatórios parcial e geral, seja pela apuração de denúncias de violação de direitos e garantias fundamentais, suas conclusões serão encaminhadas ao Ministério Público competente, conforme o caso, para que este promova a ação de responsabilidade civil ou criminal dos infratores. Registre-se que o Regimento é expresso ao estabelecer que essa apuração se dê em processo sigiloso.

Há, ainda, a previsão regimental para que a Comissão solicite que o processo judicial relacionado à apuração conduzida nos termos do art. 21 corra em segredo de Justiça. Afinal, a matéria envolve de segurança nacional e preservação dos direitos e garantias individuais.

8.20. REUNIÕES DA CCAI

Por se tratar de órgão de controle externo das atividades de inteligência, outra peculiaridade relacionada à CCAI diz respeito a suas reuniões. O RICCAI estabelece, no art. 22, que as reuniões da Comissão serão secretas e mensais, ordinariamente, salvo quando o próprio órgão deliberar em contrário. Observe-se, ainda, que dessas reuniões só podem participar, dispõe o Regimento, os membros da Comissão e os servidores credenciados.

Claro que parlamentares que não integrem a CCAI podem participar de suas reuniões. Nesses casos, porém, o art. 24 dispõe que essa participação, assim como a de outras autoridades externas ao Poder Legislativo, somente poderá ocorrer se houver requerimento nesse sentido aprovado pela maioria dos membros da Comissão. Ademais, condiciona-se a participação à assinatura do termo de responsabilidade, sujeitando-se os autorizados às normas de sigilo e às penas por sua violação, na forma dos arts. 19 e 20 do RICCAI.

Observe-se, ainda que as reuniões da CCAI (que ocorrem mediante convocação de seu Presidente, de ofício ou a requerimento de, no mínimo, um terço de seus membros) podem se tornar abertas por requerimento de qualquer membro da Comissão a ser decidido por maioria.

As atas das reuniões da CCAI, de acordo com o art. 23 do Regimento, são classificadas como secretas, sendo seu trato e manuseio realizados nos termos das normas legais e regimentais que disciplinam a matéria.

8.21. COMUNICAÇÕES

Sobre o assunto, o art. 25 disciplina que as comunicações internas e externas da CCAI, bem como as correspondências e documentos produzidos, terão caráter reservado, salvo deliberação em contrário da maioria dos membros.

8.22. SECRETARIA, ESTRUTURA ADMINISTRATIVA E TÉCNICA

Como órgão do Parlamento brasileiro, a CCAI necessita de estrutura própria para funcionar. Assim, dispõe o Regimento, em seu art. 26, que "[p]ara o efetivo exercício das atribuições da Comissão, a Câmara dos Deputados e o Senado Federal instituirão, nos moldes dos órgãos de apoio às comissões técnicas, uma Secretaria de apoio à CCAI, a ser instalada em dependência dos edifícios do Congresso Nacional, fornecendo, para tanto, pessoal recrutado entre servidores efetivos das duas Casas e material necessário ao desenvolvimento de suas atividades".

O Regimento também prevê que o pessoal alocado junto à Comissão tenha treinamento específico de modo a capacitar-se sobre as especificidades das tarefas de fiscalização e controle da atividade de inteligência, particularmente no que concerne ao manuseio de dados e informações sigilosos.

8.23. ASSESSORAMENTO ESPECIALIZADO

Também consta no art. 7º do RICCAI que a Comissão contará com assessoria especializada e permanente das Consultorias do Senado Federal e da Câmara dos Deputados. Esses assessores, consultores legislativos ou de orçamento, devem ser devidamente credenciados junto aos órgãos controlados, e poderão ter acesso às informações fornecidas pelos órgãos controlados e às instalações dos mesmos. Registre-se a importância desse dispositivo, pois busca aumentar a proteção ao conhecimento recebido ou custodiado pela Comissão e garantir que apenas servidores efetivos e tecnicamente especializados poderão, mediante autorização prévia, ter acesso ao conteúdo e a áreas e instalações sigilosos.

8.24. ÁREAS E INSTALAÇÕES DA CCAI

Ainda sob a perspectiva da segurança e da proteção aos dados e conhecimentos sigilosos, o art. 27 do Regimento prevê para a CCAI instalações adequadas ao caráter reservado de suas atividades. Além disso, a Comissão poderá estabelecer procedimentos especiais para a escolha de locais para seus trabalhos e dos servidores que venham a atuar junto à Comissão. Recomenda-se que sejam adotados os procedimentos prévios de levantamento biográfico para credenciamento. Isso pode ser feito pela Polícia do Senado Federal ou por sua congênere da Câmara dos Deputados, a Polícia Legislativa.

Também está previsto no RICCAI o estabelecimento de sala específica para a Secretaria da Comissão no prédio do Congresso Nacional. Essa sala deve dispor de mecanismos e barreiras para a salvaguarda dos dados sigilosos e proteção ao conhecimento que ali se encontre, bem como de um cofre específico para a guarda dos documentos classificados.

8.25. ÁREAS E INSTALAÇÕES NOS ÓRGÃOS CONTROLADOS

Muitas vezes, há documentos e informações sob a égide dos serviços de inteligência tão sensíveis que não é conveniente que sejam retirados das instalações onde estão guardados. A CCAI poderá firmar entendimento com os órgãos e entidades controlados e fiscalizados para dispor de sala específica dentro de suas dependências, de modo a preservar os documentos classificados em maior grau de sigilo, evitando-se, entre outras hipóteses, que tais documentos e arquivos sejam retirados, ainda que para fiscalização, dos locais em que estão guardados.

8.26. OBSERVAÇÕES FINAIS SOBRE O RICCAI

Não há dúvida de que o Regimento Interno trouxe mais dinamicidade à CCAI e efetividade a seus trabalhos. Falta, porém, ainda muito a ser feito para a implementação total do disposto no Regimento. Isso certamente leva tempo e dependo tanto do Presidente da Comissão quanto de fatores exógenos à CCAI.

Há, ainda, aspectos do RICCAI que necessitam de revisão. Vale citar, por exemplo, a composição do órgão, o número de membros, e as regras sobre a Presidência da Comissão. Para isso, deve ser apresentado um Projeto de Resolução do Congresso Nacional. Também é necessário que sejam estabelecidos protocolos para recebimento de Relatórios dos órgãos controlados, análise destes e produção dos próprios Relatórios da CCAI.

Portanto, muito ainda há a ser feito. Com o RICCAI, entretanto, passos importantes já foram dados.

À GUISA DE CONCLUSÃO

The price of liberty is eternal vigilance.

Thomas Jefferson

Não há dúvida de que as modernas democracias não podem prescindir de serviços de inteligência eficientes e eficazes, voltados para a identificação e neutralização de ameaças potenciais ou reais e para o assessoramento de mais alto nível do processo decisório. Também não há dúvida de que esses serviços devem operar de maneira consentânea com os princípios democráticos, sujeitos às leis, salvaguardando direitos e garantias individuais e em defesa do Estado da sociedade.

Os serviços secretos lidam com informação; informação é poder; logo, a essência da atividade de inteligência está no trato com o poder, o que acaba tornando a comunidade de inteligência poderosa. Essa concentração de poder pode ter sérias e drásticas implicações se não estiver sob rígido controle, com consequências danosas para o Estado, a sociedade, os direitos e garantias individuais e a própria democracia.

O século XX foi marcado pelo apogeu da Inteligência (como produto, processo e organização), com serviços secretos que se profissionalizaram e tornaram-se demasiado poderosos dentro do aparato burocrático do Estado. Em regimes autoritários e totalitários, esses serviços mostraram-se muito influentes, tornando-se muitas vezes "a espada e o escudo" do regime. Na Europa, na Ásia, na África ou nas Américas, as ditaduras sempre puderam contar com o apoio da Inteligência, então desvirtuada para assumir as funções repressoras do Estado. Em muitos casos, acabava acontecendo uma espécie de "pretorianismo dos serviços secretos", e aqueles que tinham como missão assessorar e proteger os dirigentes os tomavam com reféns e acabavam assumindo a condução do Estado, às custas de arbitrariedades e repressão contra a sociedade.

Mas não foi só nas ditaduras que ocorreram abusos e desvios de conduta por segmentos da comunidade de inteligência. Democracias consolidadas como EUA e Canadá também tiveram a experiência de se deparar com seus homens e mulheres que operavam nas sombras a cometer abusos, por razões pessoais ou por motivações patrióticas confusas. Em alguns casos, o argumento da segurança nacional fez com que agentes do Estado sacrificassem seu dever maior de proteger a sociedade e maculassem direitos e garantias individuais. A diferença com relação aos regimes autoritários é que tais desvios de conduta são inadmissíveis nas democracias, devem ser coibidos e, quando ocorrem, seus autores precisam ser punidos. E é aí que entra o controle.

Para a atuação dos serviços de inteligência em consonância com os princípios democráticos e dentro das regras do Estado democrático de direito, é fundamental a existência de mecanismos de fiscalização e controle, internos e, sobretudo, externos, das atividades e desses órgãos. Esses mecanismos passam por leis que estabeleçam claramente o que podem fazer os serviços de inteligência e até onde podem chegar. Também se fala em regimes de controle interno, dentro dos próprios serviços secretos, tanto no que concerne a regras de conduta e códigos de ética, quanto à existência de uma "cultura democrática" que faça com que os funcionários, em todos os escalões, estejam conscientes de que não podem exceder-se e aviltar preceitos fundamentais da democracia.

O controle interno possui um patamar fora da agência de inteligência, mas ainda na esfera do Poder Executivo. Nesse sentido, o papel do Ministro ao qual o serviço secreto se subordina é muito relevante, pois é o primeiro ente político a controlar o aparato de inteligência, por meio de diretrizes claras a seus subordinados e, também, autorizando ações mais intrusivas, fiscalizando-as e punindo os eventuais desvios de conduta. Claro que ele pode e deve ser auxiliado em suas funções, e aí o Inspetor-Geral mostra-se de grande valia. O IG, reiteramos sempre, são os "olhos e ouvidos" do Ministro junto ao serviço secreto e pode ser bastante benéfico a esse serviço, pois tem a oportunidade de tratar de forma isenta sobre os anseios, as necessidades e as dificuldades do ente fiscalizado.

No campo do controle externo, sempre deve ser considerada a atuação do Poder Judiciário e do Ministério Público. O juiz pode fazer controle prévio ao autorizar práticas mais intrusivas como a interceptação telefônica. Seu controle também vem *a posteriori*, quando julga reclamações contra os serviços secretos e pune os infratores. O Ministério Público, por sua vez, deve estar a todo momento acompanhando a atividade de inteligência, cumprindo, portanto, sua missão primordial de ser o fiscal da lei.

Especial atenção deve ser dada ao controle externo exercido pelo Poder Legislativo. Afinal, é no Parlamento que se encontram os legítimos representantes do poder popular, e entre as competências precípuas do Poder Legislativo estão, além da aprovação de leis e da autorização orçamentária, a fiscalização dos atos da Administração Pública. Somente com um Parlamento consciente da importância da atividade de inteligência, de suas peculiaridades e da relevância do controle externo daquela atividade, é que se terá realmente um sistema de inteligência adaptado ao regime democrático e atuando na defesa da Democracia.

Em que pesem as dificuldades e obstáculos para o exercício de um controle externo efetivo e eficaz por parte do Poder Legislativo, democracia nenhuma pode abrir mão desse mecanismo de salvaguarda contra ações do Poder Público que exorbitem suas competências e possam causar danos à sociedade, ao próprio Estado e até mesmo ao regime democrático. Inteligência é atividade vital para a defesa e segurança da nação, mas deve ser realizada sob rígidos controles e fiscalizada constantemente. De fato, um controle feito de forma construtiva só tem a contribuir para o desenvolvimento das capacidades dos órgãos de inteligência.

O controle da Administração Pública, em especial dos órgãos de segurança e inteligência é, portanto, fundamental em uma democracia. Todos ganham com um controle externo eficiente e eficaz: ganham os serviços de inteligência, que podem operar com a certeza de que o fazem de acordo com as normas e princípios democráticos e que têm o respaldo legal e social que só lhes pode ser garantido se a população e seus representantes eleitos estiverem conscientes da relevância da atividade de inteligência e atentos a quaisquer abusos; ganham as instituições, em especial o Poder Legislativo, que pode exercer de maneira plena suas competências constitucionais de fiscalização e controle; ganha o cidadão, que tem seus direitos individuais preservados e sua segurança salvaguardada por instituições sem arquétipos autoritários; e ganham a sociedade como um todo e a Democracia, pois as instituições e os princípios democráticos são fortalecidos.

ANEXOS

ANEXO I
RESOLUÇÃO Nº 2, DE 2013-CN

RESOLUÇÃO Nº 02, DE 2013 - CN

REGIMENTO INTERNO DA COMISSÃO MISTA DE CONTROLE DAS ATIVIDADES DE INTELIGÊNCIA DO CONGRESSO NACIONAL

Dispõe sobre a Comissão Mista de Controle das Atividades de Inteligência (CCAI), comissão permanente do Congresso Nacional, órgão de controle e fiscalização externos da atividade de inteligência, previsto no art. 6º da Lei nº 9.883, de 7 de dezembro de 1999.

CAPÍTULO I

DO OBJETIVO E DAS COMPETÊNCIAS DA COMISSÃO MISTA DE CONTROLE DAS ATIVIDADES DE INTELIGÊNCIA

Art. 1º Esta Resolução é parte integrante do Regimento Comum do Congresso Nacional e dispõe sobre a Comissão Mista de Controle das Atividades de Inteligência (CCAI), comissão permanente do Congresso Nacional, órgão de fiscalização e controle externos da atividade de inteligência, previsto no art. 6º da Lei nº 9.883, de 7 de dezembro de 1999.

Seção I

Do Objetivo da CCAI

Art. 2º A atividade da CCAI tem por principal objetivo, entre outros definidos nesta Resolução, a fiscalização e o controle externos das atividades de inteligência e contrainteligência e de outras a elas relacionadas, desenvolvidas no Brasil ou no exterior por órgãos e entidades da Administração Pública Federal, direta ou indireta, especialmente pelos componentes do Sistema Brasileiro de Inteligência (SISBIN), a fim de assegurar que tais atividades sejam realizadas em conformidade com a Constituição Federal e com as normas constantes do ordenamento jurídico nacional, em defesa dos direitos e garantias individuais e do Estado e da sociedade.

§ 1º Entende-se por fiscalização e controle, para os fins desta Resolução, todas as ações referentes à supervisão, verificação e inspeção das atividades de pessoas, órgãos e entidades relacionados à inteligência e contrainteligência, bem como à salvaguarda de informações sigilosas, visando à defesa do Estado Democrático de Direito e à proteção do Estado e da sociedade.

§ 2º O controle da atividade de inteligência realizado pelo Congresso Nacional compreende as atividades exercidas pelos órgãos componentes do SISBIN em todo o ciclo da inteligência, entre as quais as de reunião, por coleta ou busca, análise de informações, produção de conhecimento, e difusão, bem como a função de contrainteligência e quaisquer operações a elas relacionadas.

§ 3º As atribuições da CCAI compreendem, de forma não excludente, a fiscalização e o controle:

I – das atividades de inteligência e contrainteligência e de salvaguarda de informações sigilosas realizadas por órgãos e entidades da Administração Pública Federal no Brasil ou por agentes a serviço de componentes do SISBIN no Brasil e no exterior;

II – dos procedimentos adotados e resultados obtidos pelos órgãos e entidades mencionados no inciso I;

III – das ações de inteligência e contrainteligência relacionadas à proteção do cidadão e das instituições democráticas.

IV – de quaisquer operações de inteligência desenvolvidas por órgãos componentes do SISBIN.

§ 4º Para o bom cumprimento de suas funções, a CCAI terá acesso a arquivos de relatórios de inteligência, áreas e instalações dos órgãos do SISBIN, independentemente do seu grau de sigilo, ressalvadas a privacidade das fontes e a preservação dos meios e técnicas sigilosos empregados pelos referidos órgãos.

§ 5º As incursões da CCAI em órgãos do SISBIN e o acesso a áreas e instalações previsto no § 4º do art. 2º desta Resolução deverão ser previamente informados aos respectivos órgãos e acordados os procedimentos para a preservação do sigilo e proteção de áreas e instalações sensíveis.

§ 6º Para fins do controle e fiscalização previstos nesta Resolução, entende-se como inteligência a atividade que objetiva a obtenção e análise de dados e informações e de produção e difusão de conhecimentos, dentro e fora do território nacional, relativos a fatos e situações de imediata ou potencial influência sobre o processo decisório, a ação governamental, a salvaguarda e a segurança da sociedade e do Estado.

§ 7º Para fins do controle e da fiscalização previstos nesta Resolução, entende-se contrainteligência como a atividade que objetiva prevenir, detectar, obstruir e neutralizar a inteligência adversa e ações de qualquer natureza que constituam ameaça à salvaguarda de dados, informações e conhecimentos de interesse da segurança da sociedade e do Estado, bem como das áreas e dos meios que os retenham ou em que transitem, sendo função inerente à atividade de inteligência, dela não podendo ser dissociada.

Seção II

Das Competências da CCAI

Art. 3º A CCAI tem por competência:

I – realizar o controle e a fiscalização externos das atividades de inteligência e contrainteligência, inclusive das operações a elas relacionadas, desenvolvidas por órgãos do SISBIN em conformidade com a Constituição Federal e demais normas do ordenamento jurídico nacional;

II – examinar e apresentar sugestões à Política Nacional de Inteligência a ser fixada pelo Presidente da República, na forma da Lei;

III – examinar e emitir parecer sobre proposições legislativas relativas à atividade de inteligência e contrainteligência e à salvaguarda de assuntos sigilosos;

IV – elaborar estudos sobre a atividade de inteligência;

V – examinar as atividades e o funcionamento dos órgãos do SISBIN em conformidade com a Política Nacional de Inteligência;

VI – apresentar recomendações ao Poder Executivo para a melhoria do funcionamento do SISBIN;

VII – manifestar-se sobre os ajustes específicos e convênios a que se refere o art. 2º, § 2º, da Lei nº 9.883, de 7 de dezembro de 1999;

VIII – apresentar proposições legislativas sobre as atividades de inteligência, contrainteligência e salvaguarda de informações sigilosas;

IX – acompanhar a elaboração e disseminação da doutrina nacional de inteligência e o ensino nas escolas de inteligência e supervisionar os programas curriculares da Escola de Inteligência da Agência Brasileira de Inteligência (ESINT/ABIN) e das instituições de ensino da matéria;

X – elaborar relatórios referentes às suas atividades de controle e fiscalização das ações e programas relativos à atividade de inteligência;

XI – receber e apurar denúncias sobre violações a direitos e garantias fundamentais praticadas por órgãos e entidades públicos, em razão de realização de atividades de inteligência e contrainteligência, apresentadas por qualquer cidadão, partido político, associação ou sociedade;

XII – analisar a parte da proposta orçamentária relativa aos órgãos e entidades da administração direta ou indireta que realizem atividades de inteligência e contrainteligência, bem como as propostas de créditos adicionais destinados ao custeio ou investimento em atividades e programas de inteligência e contrainteligência, em especial dos órgãos civis e militares que integram o Sistema Brasileiro de Inteligência, encaminhando o resultado de sua análise à Comissão Mista de Planos, Orçamentos Públicos e Fiscalização (CMO);

XIII – apresentar emendas ao parecer preliminar do Relator-Geral do projeto de lei orçamentária anual, relativas às matérias constantes do art. 10 desta Resolução;

XIV – acompanhar a execução das dotações orçamentárias dos órgãos e entidades da administração direta e indireta que realizem atividades de inteligência e contrainteligência.

Art. 4º Compete à CCAI, com o objetivo de assegurar as condições necessárias ao cumprimento de suas atribuições, submeter à Mesa do Senado Federal ou da Câmara dos Deputados pedidos escritos de informações a Ministro de Estado ou titular de órgão diretamente subordinado à Presidência da República, referente à atuação dos órgãos vinculados às suas pastas que atuem nas áreas de inteligência, contrainteligência e na salvaguarda de assuntos sigilosos, observando-se as normas relativas ao manuseio das informações classificadas e à defesa da segurança e interesses nacionais.

§ 1º A recusa injustificada de prestação das informações requeridas, no prazo constitucional, pela autoridade citada no *caput* deste artigo, implica prática de crime de responsabilidade.

§ 2º Não será considerada justificativa para a não prestação da informação, no prazo constitucional, a alegação de classificação sigilosa da informação ou de imprescindibilidade do sigilo para a segurança da sociedade e do Estado.

Art. 5º Compete também à CCAI convocar Ministro de Estado ou titular de órgão diretamente subordinado ao Presidente da República para prestar, pessoalmente, informações sobre assuntos relacionados às atividades de inteligência e contrainteligência e à salvaguarda de assuntos sigilosos, importando crime de responsabilidade a ausência sem justificação adequada.

Art. 6º Compete, ainda, à CCAI, convidar qualquer autoridade ou cidadão para prestar esclarecimentos sobre assuntos relacionados à atividade de inteligência, contrainteligência ou salvaguarda de informações.

CAPÍTULO II

DA COMPOSIÇÃO E DAS REGRAS SUBSIDIÁRIAS A SEREM APLICADAS AOS TRABALHOS DA COMISSÃO MISTA DE CONTROLE DAS ATIVIDADES DE INTELIGÊNCIA

Seção I

Da Composição da CCAI

Art. 7º A CCAI será composta:

I – pelos Presidentes da Comissão de Relações Exteriores e Defesa Nacional da Câmara dos Deputados e do Senado Federal;

II – pelos Líderes da Maioria e da Minoria, na Câmara dos Deputados e no Senado Federal;

III – por mais seis parlamentares, com mandato de dois anos, renováveis, nos seguintes termos:

a) um Deputado indicado pela liderança da Maioria da Câmara dos Deputados;

b) um Deputado indicado pela liderança da Minoria da Câmara dos Deputados;

c) um Senador indicado pela Liderança da Maioria do Senado Federal;

d) um Senador indicado pela Liderança da Minoria do Senado Federal;

e) um Deputado indicado pela Comissão de Relações Exteriores e Defesa Nacional da Câmara dos Deputados, mediante votação secreta de seus membros;

f) um Senador indicado pela Comissão de Relações Exteriores e Defesa Nacional do Senado Federal, mediante votação secreta de seus membros.

§ 1º A Presidência da Comissão será exercida, alternadamente, pelo período de um ano, pelo Presidente da Comissão de Relações Exteriores e Defesa Nacional da Câmara dos Deputados e do Senado Federal.

§ 2º A Vice-Presidência da Comissão será exercida pelo Presidente da Comissão de Relações Exteriores e Defesa Nacional da Casa que não ocupar a Presidência.

§ 3º Os Presidentes das Comissões de Relações Exteriores e Defesa Nacional e os Líderes da Maioria e da Minoria indicados nos incisos I e II deste artigo poderão ser substituídos por seus respectivos vice-presidentes e vice-líderes, os quais se sujeitarão aos mesmos procedimentos e obrigações relativos à salvaguarda de informações sigilosas previstos nesta Resolução e na forma da Lei.

§ 4º A CCAI contará com assessoria especializada, permanente e devidamente credenciada junto aos órgãos controlados, das Consultorias do Senado Federal e da Câmara dos Deputados, que, por designação da Comissão, poderão ter acesso às informações e instalações de que trata o art. 2º desta Resolução.

Seção II

Das Regras Subsidiárias Aplicáveis aos Trabalhos da CCAI

Art. 8º Aplicam-se aos trabalhos da CCAI, subsidiariamente, no que couber, as regras gerais previstas no Regimento Comum do Congresso Nacional, relativas ao funcionamento das Comissões Mistas Permanentes do Congresso Nacional e, nos casos omissos deste, sucessivamente, as disposições do Regimento Interno do Senado Federal e as do Regimento Interno da Câmara dos Deputados.

§ 1º No caso de ser suscitado conflito entre as regras gerais, previstas no Regimento Comum do Congresso Nacional, no Regimento Interno do Senado Federal ou no da Câmara dos Deputados, e norma específica da CCAI, prevista nesta Resolução, decidirá o conflito suscitado o Presidente da CCAI, dando prevalência, na decisão, à interpretação que assegure máxima efetividade à norma específica.

§ 2º Da decisão do Presidente caberá recurso ao Plenário da CCAI, por qualquer dos membros da Comissão, no prazo de cinco reuniões ordinárias.

§ 3º Incluído em pauta, o recurso será discutido e votado em turno único.

CAPÍTULO III

DAS MATÉRIAS A SEREM APRECIADAS PELA COMISSÃO MISTA DE CONTROLE DAS ATIVIDADES DE INTELIGÊNCIA E DOS PROCEDIMENTOS A SEREM ADOTADOS

Art. 9º Serão submetidas a parecer da CCAI, preliminarmente ao exame das demais Comissões, todas as proposições que versarem sobre:

I – a Agência Brasileira de Inteligência e os demais órgãos e entidades federais integrantes do Sistema Brasileiro de Inteligência;

II – as atividades de inteligência e contrainteligência e de salvaguarda de assuntos sigilosos.

CAPÍTULO IV

DOS RELATÓRIOS SOBRE AS ATIVIDADES DE INTELIGÊNCIA E CONTRAINTELIGÊNCIA

Seção I

Dos Relatórios a serem Encaminhados pelo Poder Executivo à CCAI

Art. 10. A CCAI solicitará à Mesa da Câmara dos Deputados ou do Senado Federal que requeiram à autoridade competente, na forma do art. 50, § 2º, da Constituição Federal, relatórios periódicos para instrução de suas atividades de fiscalização e controle.

§ 1º Os relatórios a serem solicitados são os seguintes:

I – um relatório parcial, a ser solicitado ao final do primeiro semestre de cada ano, sobre as atividades de inteligência e contrainteligência desenvolvidas pelo respectivo órgão ou entidade do SISBIN;

II – um relatório geral, anual, consolidado, das atividades de inteligência e contrainteligência desenvolvidas pelo respectivo órgão ou entidade do SISBIN;

III – relatórios extraordinários sobre temas de fiscalização da CCAI, que poderão ser solicitados a qualquer tempo.

§ 2º Os relatórios a que se refere o presente artigo serão classificados como secretos, devendo no seu trato e manuseio ser obedecidas as normas legais e regimentais relativas a esta classificação sigilosa e à salvaguarda de assuntos sigilosos.

Art. 11. A CCAI solicitará que os relatórios parcial e geral a que se refere o art. 10 desta Resolução contenham, no mínimo, as seguintes informações:

I – indicação, estrutura e estratégia de ação do órgão ou entidade envolvido nas atividades de inteligência, contrainteligência ou de salvaguarda de assuntos sigilosos;

II – histórico das atividades desenvolvidas e sua relação com a Política Nacional de Inteligência, a estratégia de ação e as diretrizes técnico-operacionais;

III – enumeração dos componentes do SISBIN com os quais o órgão ou entidade mantém vínculos e das ações conjuntas ou de cooperação com esses órgãos e entidades;

IV – descrição pormenorizada das verbas alocadas e dos gastos efetuados na realização das atividades de inteligência, contrainteligência ou de salvaguarda de informações.

Seção II

Dos Relatórios Produzidos pela CCAI

Art. 12. A CCAI produzirá relatórios periódicos sobre a fiscalização e o controle das atividades de inteligência e contrainteligência e salvaguarda de assuntos sigilosos desenvolvidas por órgãos e entidades brasileiros.

§ 1º Nos relatórios a que se refere o *caput* deste artigo deverá constar a quantidade global de recursos alocados e utilizados na execução de atividades de inteligência e contrainteligência, bem como na salvaguarda de assuntos sigilosos.

§ 2º Ao elaborar os relatórios a que se refere o *caput* deste artigo, a CCAI deverá obedecer às normas estabelecidas no § 2º do art. 10 desta Resolução, com vistas à segurança da sociedade e do Estado e à proteção dos interesses e da segurança nacionais.

Art. 13. A CCAI produzirá relatório anual, de caráter ostensivo, elaborado com base nas informações constantes dos relatórios parcial e geral encaminhados pelos órgãos do SISBIN, dele não podendo constar, sob hipótese alguma:

I – informações que ponham em risco os interesses e a segurança nacionais e da sociedade e do Estado ou que violem a intimidade, a vida privada, a honra e a imagem das pessoas;

II – nomes de pessoas engajadas nas atividades de inteligência, contrainteligência ou salvaguarda de informações;

III – métodos de inteligência empregados ou fontes de informação em que tais relatórios estão baseados;

IV – o montante de recursos alocados e utilizados especificamente em cada atividade de inteligência, contrainteligência ou de salvaguarda de informações.

§ 1º As informações classificadas fornecidas pelos órgãos do SISBIN à CCAI deverão ser preservadas, na forma da Lei, não podendo em hipótese alguma ser desclassificadas ou ter sua classificação alterada pela CCAI.

§ 2º Caso a CCAI entenda que, por algum motivo, informação classificada por ela recebida de órgão do SISBIN deva ser de conhecimento público, deverá informar ao titular do órgão, cabendo à autoridade competente ou hierarquicamente superior do referido órgão decidir pela desclassificação ou alteração da classificação.

CAPÍTULO V

DOS PROCEDIMENTOS ESPECÍFICOS DA COMISSÃO MISTA DE CONTROLE DAS ATIVIDADES DE INTELIGÊNCIA

Seção I

Das Regras de Segurança no Manuseio e Trato das Informações Sigilosas

Art. 14. Parlamentar que integre a Comissão ou servidor que atue junto à CCAI só poderá ter acesso a qualquer informação classificada, se tiver:

I – concordado, por escrito, em cumprir normas legais e regimentais relativas ao manuseio e salvaguarda de informações sigilosas;

II – recebido credencial de segurança de grau compatível com a natureza sigilosa das informações a que terá acesso, obedecidas, para o credenciamento, as normas legais que regem a matéria.

§ 1º Aos parlamentares que compõem a CCAI será atribuída a credencial máxima de segurança (grau ultrassecreto), respondendo os mesmos, legal e regimentalmente, pela violação do sigilo relacionado a suas funções.

§ 2º Aos Consultores Legislativos e de Orçamento, Assessores e demais servidores que atuem junto à Comissão, será atribuída a credencial mínima de segurança de grau "secreto", respondendo os mesmos, na forma da Lei, pela violação do sigilo relacionado a suas funções.

§ 3º A concessão de credencial de segurança, prevista no inciso II do *caput* deste artigo, é de competência do Presidente do Congresso Nacional, podendo ser precedida de consultas e pareceres emitidos pelos órgãos competentes do Poder Legislativo e do Poder Executivo.

§ 4º A competência prevista no § 2º poderá ser delegada pelo Presidente do Congresso Nacional ao Presidente da CCAI.

§ 5º Será aberto, na CCAI, livro destinado à coleta da assinatura de adesão ao termo de responsabilidade previsto no inciso I do *caput* deste artigo, o qual deverá ser assinado no momento da concessão da credencial.

Art. 15. A liberação de informações de posse da CCAI será condicionada à ressalva legal de salvaguarda de informações sigilosas, e obedecerá às seguintes normas:

I – é vedada a previsão de liberação ao conhecimento público de informações que violem a intimidade, a vida privada, a honra e a imagem das pessoas;

II – é vedada a liberação de informações que, sob deliberação da maioria da Comissão, possam ser consideradas ameaça à segurança nacional, à ordem pública ou aos interesses nacionais;

III – a liberação de qualquer informação que esteja de posse da CCAI só poderá ser feita após a aprovação pela maioria de seus membros, observados os termos e limites definidos em Lei;

IV – em hipótese alguma poderá a CCAI liberar informações oriundas de material classificado recebido pela Comissão.

Seção II
Das Regras Relativas aos Requerimentos de Informação Encaminhados à CCAI por qualquer Membro ou Comissão da Câmara dos Deputados, do Senado Federal ou do Congresso Nacional

Art. 16. Qualquer membro ou Comissão da Câmara dos Deputados, do Senado Federal ou do Congresso Nacional poderá apresentar à CCAI requerimento de informações sobre matéria ou assunto de sua competência.

Art. 17. No pedido encaminhado, o parlamentar ou a Comissão deverá:

I – justificar o interesse específico relativo ao conhecimento da matéria objeto do pedido de informações;

II – explicitar o uso que dará às informações obtidas;

III – assinar termo de compromisso relativo à obediência das normas legais referentes ao trato e manuseio das informações sigilosas a que tiver acesso.

Art. 18. Recebido o requerimento de informações apresentado por parlamentar ou Comissão, a CCAI submeterá o pedido à discussão e votação, em turno único, dentro do prazo de trinta dias úteis, contados do recebimento.

§ 1º Decorrido o prazo de trinta dias úteis, se o Presidente da CCAI não incluir o requerimento na Ordem do Dia da Comissão, ele será automaticamente incluído na pauta da reunião subsequente, sobrestando-se a apreciação, pela Comissão, de toda e qualquer outra matéria.

§ 2º Da decisão da Comissão que negar provimento ao requerimento de informações caberá recurso ao Plenário da Casa a que pertencer o requerente, no prazo de dez dias úteis, contados da data da reunião em que foi negado provimento ao pedido.

Art. 19. Concedida a informação solicitada, a sua utilização pelo parlamentar que a detiver, ou que a ela tiver acesso, de forma diversa da que foi especificada no pedido de informações ou em desacordo com as normas legais que regem o manuseio no trato das informações sigilosas, caracterizará ato incompatível com o decoro parlamentar, estando o responsável sujeito à perda de mandato, nos termos do art. 55, II, da Constituição Federal, sem prejuízo da sanção penal cabível.

Art. 20. Na mesma hipótese prevista no art. 19 incorre o membro da CCAI que divulgar informação sigilosa de posse da Comissão, em desacordo com as normas previstas nesta Resolução.

§ 1º No caso de a liberação ilegal de informação sigilosa se dar por ato de servidor efetivo, aplicar-se-á o disposto no art. 132, inciso IX, da Lei nº 8.112, de 11 de dezembro de 1990, sem prejuízo da sanção penal cabível.

§ 2º Se a liberação ilegal de informação sigilosa se der por ato de qualquer outra pessoa engajada por contrato, ou por qualquer outro meio, para realizar serviços para a CCAI ou a pedido desta, será imediatamente rompido seu vínculo com a Comissão, sem prejuízo da sanção penal cabível.

Seção III
Dos Procedimentos Relativos aos Fatos Ilícitos Apurados pela CCAI no Exercício de suas Competências

Art. 21. Tendo a CCAI apurado, em processo sigiloso, a prática de ilícitos civis ou penais por parte de pessoas ou órgãos responsáveis pela execução de atividades de inteligência, contrainteligência ou de salvaguarda de informações sigilosas, seja pela análise dos relatórios parcial e geral, seja pela apuração de denúncias de violação de direitos e garantias fundamentais, suas conclusões serão encaminhadas ao Ministério Público competente, conforme o caso, para que este promova a ação de responsabilidade civil ou criminal dos infratores.

Parágrafo único. Ao proceder ao encaminhamento previsto no *caput* deste artigo, a Comissão solicitará que o processo corra em segredo de justiça, em virtude das questões de segurança nacional e preservação dos direitos e garantias individuais relacionadas ao tema.

Seção IV
Das Reuniões da CCAI

Art. 22. As reuniões da CCAI serão secretas e mensais, ordinariamente, salvo quando a Comissão deliberar em contrário, delas só podendo participar os seus membros e os servidores credenciados.

§ 1º A Comissão reunir-se-á mediante convocação de seu Presidente, de ofício ou a requerimento de, no mínimo, um terço de seus membros.

§ 2º Qualquer dos membros da Comissão poderá requerer a realização de reunião aberta, o que será decidido por maioria.

Art. 23. As atas das reuniões da CCAI serão classificadas como secretas, sendo seu trato e manuseio realizados nos termos das normas legais e regimentais que disciplinam a matéria.

Art. 24. A participação, nas reuniões da Comissão, de parlamentares que não a integrem, ou de outras autoridades, externas ao Poder Legislativo, somente poderá ocorrer se houver requerimento nesse sentido aprovado pela maioria dos membros da Comissão.

Parágrafo único. A participação estará condicionada à assinatura do termo de responsabilidade, sujeitando-se os autorizados às normas de sigilo e às penas por suas violações, na forma dos artigos 19 e 20 desta Resolução.

Art. 25. As comunicações internas e externas da CCAI, bem como as correspondências e documentos produzidos, terão caráter reservado, salvo deliberação em contrário da maioria dos membros.

Art. 26. Para o efetivo exercício das atribuições da Comissão, a Câmara dos Deputados e o Senado Federal instituirão, nos moldes dos órgãos de apoio às comissões técnicas, uma Secretaria de apoio à CCAI, a ser instalada em dependência dos edifícios do Congresso Nacional, fornecendo, para tanto, pessoal recrutado entre servidores efetivos das duas Casas e material necessário ao desenvolvimento de suas atividades.

Parágrafo único. A Comissão proporcionará treinamento específico ao pessoal nela alocado para capacitar seus quadros sobre as especificidades de suas tarefas, particularmente no que concerne ao manuseio de dados e informações sigilosos.

Art. 27. A CCAI deverá ter instalações adequadas ao caráter reservado de suas atividades e poderá estabelecer procedimentos especiais para a escolha de locais para seus trabalhos e dos servidores que venham atuar junto à Comissão.

§ 1º Para o efetivo exercício de suas atribuições, a CCAI contará com uma sala específica para sua Secretaria no prédio do Congresso Nacional, a qual deve dispor de mecanismos e barreiras para a salvaguarda dos dados sigilosos e proteção ao conhecimento que ali se encontre.

§ 2º A Comissão disporá, ainda, de cofre específico para a guarda dos documentos classificados.

§ 3º A CCAI poderá firmar entendimento com os órgãos e entidades controlados e fiscalizados para dispor de sala específica dentro de suas dependências, de modo a preservar os documentos classificados em maior grau de sigilo, evitando-se, entre outras hipóteses, que tais documentos e arquivos sejam retirados, ainda que para fiscalização, dos locais em que estão guardados.

Art. 28. Caso seja submetido e aprovado pelo plenário da Comissão, este Projeto de Resolução funcionará, no que couber, como Regimento Provisório da CCAI até a aprovação definitiva de respectivo Regimento Interno pelo Congresso Nacional.

Art. 29. Esta Resolução entra em vigor na data de sua publicação.

Congresso Nacional, em 22 de novembro de 2013.

Senador RENAN CALHEIROS

Presidente do Senado Federal

ANEXO II
PEC Nº 67, DE 2012

PROPOSTA DE EMENDA À CONSTITUIÇÃO Nº 67, DE 2012

Insere o Capítulo IV ao Título V da Constituição Federal referente à atividade de inteligência e seus mecanismos de controle.

As Mesas da Câmara dos Deputados e do Senado Federal, nos termos do § 3º do art. 60 da Constituição Federal, promulgam a seguinte Emenda ao texto constitucional:

Art. 1º O Título V da Constituição Federal passa a vigorar acrescido do Capítulo IV com a seguinte redação:

Capítulo IV – Da Inteligência

Seção I – Da Atividade de Inteligência

Art. 144-A. A atividade de inteligência, que tem como fundamentos a preservação da soberania nacional, a defesa do Estado Democrático de Direito e da dignidade da pessoa humana, será exercida, por um sistema que integre os órgãos da Administração Pública direta e indireta dos entes federados.

§ 1º A lei regulará a atividade de inteligência e suas funções, bem como a organização e funcionamento do Sistema Brasileiro de Inteligência e seus mecanismos de controle interno e externo.

§ 2º Os direitos, deveres e prerrogativas do pessoal de inteligência, inclusive no que concerne à preservação de sua identidade, ao sigilo da atividade profissional e a seu caráter secreto são resguardados por esta Constituição, cabendo a lei específica dispor sobre esses assuntos.

§ 3º Também é resguardado o sigilo dos documentos e conhecimentos produzidos pelos órgãos de inteligência, ressalvada a prerrogativa dos entes de controle, interno e externo, de acesso pleno aos referidos documentos e conhecimentos para o exercício de suas competências.

Art. 144-B. A atividade de inteligência será desenvolvida, no que se refere aos limites de sua extensão e ao uso de técnicas e meios sigilosos, com irrestrita observância dos direitos e garantias individuais e fidelidade às instituições e aos princípios éticos que regem os interesses e a segurança do Estado.

Parágrafo único. A lei regulará o uso de meios e técnicas sigilosos pelos serviços secretos e os deveres e garantias do pessoal de inteligência no exercício de suas funções, inclusive no que concerne ao recurso a meios e técnicas operacionais.

Seção II - Do Sistema Brasileiro de Inteligência

Art. 144-C. Para o efetivo exercício das ações de planejamento e execução das atividades de inteligência do País, com a finalidade de fornecer subsídios ao processo decisório em distintos níveis, a lei instituirá o Sistema Brasileiro de Inteligência, composto pelos seguintes órgãos:

I – um órgão central de inteligência, ao qual competirá o planejamento e a execução da atividade de inteligência estratégica e que coordenará as ações no sistema;

II – os serviços de inteligência militar;

III – os serviços de inteligência policial e de Segurança Pública;

IV – os serviços de inteligência fiscal;

V – os serviços de inteligência financeira;

VI – outros órgãos e entidades da Administração Pública que, direta ou indiretamente, possam produzir conhecimentos de interesse da atividade de inteligência, em especial aqueles responsáveis pela defesa externa, segurança interna e relações exteriores.

§ 1º Os entes federados poderão constituir seus subsistemas de inteligência, os quais deverão estabelecer vínculos com o Sistema Brasileiro de Inteligência.

§ 2º O Sistema Brasileiro de Inteligência deverá operar de forma coordenada, em defesa do Estado e da sociedade, bem como dos direitos e garantias individuais, devendo seus membros estabelecer mecanismos para o intercâmbio de informações, difusão do conhecimento produzido e iniciativas operacionais conjuntas em âmbito estratégico e tático.

Seção III – Do Controle da Atividade de Inteligência

Art. 144-D. O controle e a fiscalização da atividade de inteligência serão exercidos em âmbito interno e externo, na forma da lei.

Art. 144-E. O controle e a fiscalização externos da atividade de inteligência serão exercidos pelo Poder Legislativo, especialmente por meio de um órgão de controle externo composto por Deputados e Senadores, e com o auxílio do Conselho Nacional de Controle da Atividade de Inteligência, na forma da lei.

§ 1º O Conselho Nacional de Controle da Atividade de Inteligência, órgão auxiliar de controle externo do Poder Legislativo, será composto por nove Conselheiros, escolhidos entre cidadãos brasileiros com notórios conhecimentos técnicos e experiência referentes ao controle finalístico da atividade de inteligência e indicados:

I – três pelo Senado Federal;

II – três pela Câmara dos Deputados;

III – um pelo Presidente da República;

IV – um pelo Conselho Nacional de Justiça;

V – um pelo Conselho Nacional do Ministério Público.

§ 2º Os Conselheiros terão mandato de cinco anos, admitida uma recondução, podendo ser destituídos apenas por decisão do Congresso Nacional, mediante proposta do órgão de controle externo ou de um quinto dos membros de cada Casa.

§ 3º A lei disporá sobre as atribuições e prerrogativas dos Conselheiros, estrutura e funcionamento do Conselho, bem como de sua organização, dotação orçamentária própria e pessoal.

§ 4º Fica assegurado aos órgãos de controle o pleno acesso às informações e conhecimentos produzidos pelos serviços de inteligência, que se dará por transferência de sigilo, preservando-se o caráter sigiloso dessas informações e conhecimentos.

Art. 2º Esta Emenda Constitucional entra em vigor na data de sua publicação.

JUSTIFICAÇÃO

As mudanças no cenário mundial e no Brasil nesses últimos anos têm exigido cada vez mais dos governos no sentido de aprimorarem seu aparato de inteligência. Nas grandes democracias pelo mundo, sobretudo após os atentados de 11 de setembro de 2001 e o aumento do clima de insegurança em que se encontra a sociedade internacional, cresce a necessidade por serviços de inteligência eficientes, eficazes e efetivos e que atuem de acordo com a lei e com os preceitos democráticos.

No Brasil, o debate sobre Inteligência também tem crescido, não só pelo recrudescimento das chamadas "novas ameaças" (como o terrorismo e o crime organizado), mas também em virtude do desenvolvimento econômico, político, social e tecnológico do Brasil, que cada vez mais se torna protagonista no concerto das nações.

Em audiência pública ocorrida na Comissão de Relações Exteriores e Defesa Nacional do Senado Federal, no dia 2 de maio de 2011, foram discutidas importantes questões exatamente sobre a atividade de inteligência. Naquela ocasião, todos os expositores registraram, de forma enfática, a importância dos serviços secretos para o assessoramento do processo decisório no seu mais alto nível e para a defesa do Estado e da sociedade.

Foi lembrado, também, que a atividade de inteligência é plenamente compatível com a democracia, e que todas as grandes democracias do planeta dispõem de serviços secretos eficientes, eficazes e efetivos. Entretanto, convém destacar que a Inteligência lida com informações sensíveis, que envolvem não só questões de segurança nacional, mas também direitos e garantias individuais dos cidadãos. Nesse sentido, por lidar com tanto poder, há sempre o risco de os serviços de inteligência extrapolarem suas funções e, mesmo nas mais avançadas democracias, cometerem arbitrariedades. É fundamental, portanto, que estejam sob rígido controle, interno e externo. O controle permitirá a devida garantia à sociedade de que o aparato de inteligência do Estado atua realmente em defesa dos interesses nacionais e de acordo com a Constituição e as leis.

Em se tratando de controle externo, o Parlamento assume papel de significativa relevância. De fato, é o Parlamento a instância máxima de controle da Administração Pública em geral, e da comunidade de inteligência em particular. Assim, tanto quanto legislar e decidir sobre o orçamento, é também, tradicionalmente, função precípua do Parlamento fiscalizar e controlar o Poder Executivo.

Foi lembrado, ainda, que muito há a ser feito para aprimorar a atividade de inteligência e seus mecanismos de controle. Reformas urgentes na legislação de inteligência são necessárias. Maior atenção deve ser dada aos serviços secretos e à maneira como atuam. E, sobretudo, o Congresso Nacional deve, com urgência, aperfeiçoar seus mecanismos de controle da comunidade de informações.

Chamou-nos atenção o fato de que, embora tremendamente abrangente, dispondo sobre os mais diferentes assuntos, a Constituição brasileira não faz referência alguma à atividade de inteligência. Perguntamo-nos como tema tão importante passou ao largo do texto constitucional por mais de duas décadas e, consequentemente, constatamos a necessidade que essa lacuna seja preenchida: fundamental que a Carta Magna trate da atividade de inteligência.

Ao analisarmos a atividade legislativa nos últimos anos, identificamos a Proposta de Emenda à Constituição nº 398, de 2009, de autoria do então Deputado e Presidente da Comissão Mista de Controle das Atividades de Inteligência do Congresso Nacional (CCAI), Severiano Alves. O trabalho de Sua Excelência é louvável e revela sua preocupação com os mais nobres interesses desta nação. Infelizmente, a referida PEC nº 398, de 2009, foi arquivada ao final daquela legislatura.

Diante da necessidade premente de constitucionalização da atividade de inteligência, e tendo em vista o trabalho de alta qualidade já feito pelo Deputado Severiano Alves, o qual não poderia simplesmente ser esquecido nos arquivos do Parlamento, achamos por bem apresentar esta Proposta de Emenda à Constituição, que toma por base o texto da PEC nº 398, de 2009. Entendemos que esse é um passo importante para o aprimoramento do arcabouço normativo de Inteligência no Brasil.

Serviços secretos são, portanto, de grande importância para qualquer país que almeje ocupar posição de destaque no cenário internacional, disso não há dúvida. Entretanto, também é inquestionável que esses serviços devam estar sob rígido controle. Fundamental, ainda, que haja normas claras sobre atividade de tamanha relevância. Passa da hora de elevar ao nível constitucional a Inteligência!

Por todas essas razões apresentamos esta Proposta de Emenda à Constituição.

Sala das Sessões,

Senador FERNANDO COLLOR

ANEXO III
PL Nº 3.578, DE 2015

PROJETO DE LEI DA CÂMARA Nº 3.578, DE 2015

(Da Senhora Jô Moraes)

Estabelece procedimentos, penalidades e controle judicial do uso de meios e técnicas sigilosos de ações de busca de informação pela atividade de inteligência de Estado, no âmbito da Agência Brasileira de Inteligência.

O CONGRESSO NACIONAL decreta:

CAPÍTULO I

DAS DISPOSIÇÕES GERAIS

Art. 1º Esta Lei estabelece procedimentos, penalidades e controle judicial do uso de meios e técnicas sigilosos de ações de busca de informação pela atividade de inteligência de Estado, no âmbito da Agência Brasileira de Inteligência.

CAPÍTULO II

DOS MEIOS E TÉCNICAS SIGILOSOS DE AÇÕES DE BUSCA DE INFORMAÇÃO

Art. 2º É permitido o uso dos seguintes meios e técnicas sigilosos de ações de busca de informação pela atividade de inteligência de Estado:

I – entrevista;

II – recrutamento operacional;

III – infiltração;

IV – entrada;

V – reconhecimento;

VI – vigilância;

VII – interceptação ou captação de imagens, dados ou sinais, ambientais ou não ambientais;

VIII – emprego de meios eletrônicos;

IX – estória-cobertura.

§ 1º Poderão, ainda, ser utilizados outros meios e técnicas sigilosos que sejam inerentes às atribuições da atividade de inteligência de Estado.

§ 2º A interceptação ou a captação de sinais envolvem emissões ou sinais de qualquer natureza, como eletromagnéticos, ópticos, acústicos, químicos, biológicos, radiológicos, radioativos, sísmicos ou térmicos.

Art. 3º Na execução de ações de busca de informação e operações de inteligência, poderão ser empregados documentos ou elementos identificadores falsos ou outras formas de dissimulação ou decepção, para ocultar a missão, a agência de inteligência, os meios ou técnicas sigilosos, ou a identidade do profissional de inteligência, no estrito cumprimento do plano escrito previamente elaborado.

Art. 4º Excepcionalmente, mediante autorização específica e fundamentada do Diretor-Geral da Agência Brasileira de Inteligência e com a devida comunicação aos órgãos de trânsito competentes, os veículos utilizados em ações de busca de informação poderão, temporariamente, ter placas especiais, de forma a impedir a identificação de seus usuários específicos, na forma de regulamento a ser emitido, conjuntamente, pela Agência Brasileira de Inteligência e pelo Conselho Nacional de Trânsito – CONTRAN.

Art. 5º Meios e técnicas sigilosos de ações de busca de informação somente poderão ser empregados:

I – com rigorosa observância dos direitos fundamentais da pessoa humana, dos princípios fundamentais da República Federativa do Brasil, dos princípios constitucionais da eficiência, da proporcionalidade, da igualdade e do devido processo legal, e dos princípios éticos que regem os interesses e a segurança da sociedade e do Estado;

II – no estrito cumprimento das atribuições legais do serviço de inteligência; e

III – se houver ordem escrita da autoridade competente para determiná-los.

§ 1º Nenhuma ação de busca de informação ou operação de inteligência, entendida esta como conjunto de ações de busca de informação, poderá ser realizada sem um plano operacional prévio, escrito, preciso e detalhado que estabeleça a situação, a missão, os meios e técnicas sigilosos, os recursos, a coordenação, o controle, a avaliação e, enfim, os limites da atuação do profissional de inteligência.

§ 2º As ordens e os planos previstos neste artigo serão preservados e arquivados, com o correspondente grau de classificação de sigilo.

Art. 6º O uso de meios e técnicas sigilosos de ações de busca de informação deverá observar a necessidade, a adequação e a proporcionalidade da medida.

Art. 7º É vedada a interceptação das comunicações telefônicas, telegráficas, de dados e epistolares de brasileiros e estrangeiros permanentes no País, no âmbito da atividade de inteligência de Estado.

Parágrafo único. Aplica-se o disposto no *caput* deste artigo se a recepção ou a captação ambiental importar em interceptação ambiental das comunicações.

Art. 8º A interceptação de comunicações privadas somente poderá ser realizada mediante prévia autorização judicial.

Art. 9º A entrada, se importar em violação de domicílio, somente poderá ser realizada mediante prévia autorização judicial.

Art. 10. A infiltração, se afetar brasileiro ou estrangeiro permanente no País, somente poderá ser realizada mediante prévia autorização judicial.

Art. 11. Ainda que não prevista, explicitamente, a reserva de jurisdição, o juiz competente poderá decidir sobre o uso de meios e técnicas sigilosos, quando importar em grave intervenção em direitos fundamentais.

Art. 12. O serviço de inteligência deverá preservar segredo de justiça, sigilo legal ou sigilo constitucional já estabelecidos explícita ou implicitamente, independentemente do grau de classificação de sigilo estabelecido por autoridade administrativa competente.

Parágrafo único. O serviço de inteligência deverá atentar, especialmente, para sigilos constitucionais inerentes a direitos fundamentais, como a intimidade, a vida privada, a honra e a imagem das pessoas, ainda que estabelecidos implicitamente, bem como quando, de maneira fundamentada, o sigilo for imprescindível à segurança da sociedade e do Estado.

Art. 13. É vedado obter informação, produzir inteligência ou armazenar dados sobre pessoas determinadas pelo só fato de sua raça, vida privada, intimidade, crença religiosa, convicção filosófica ou política, atividade intelectual, artística, científica e de comunicação, opinião política, ou adesão ou pertencimento a organizações partidárias, sociais, sindicais, comunitárias, cooperativas, assistenciais, culturais ou laborais, bem como por atividade lícita que desenvolvam em qualquer esfera de ação.

Parágrafo único. Deverão ser destruídos ou apagados, dos registros ou suportes de gravação, as informações, a inteligência ou os dados que tenham sido obtidos ou produzidos com inobservância do disposto no *caput* deste artigo.

CAPÍTULO III

DO CONTROLE JUDICIAL

Seção I

Do Juízo Competente

Art. 14. Nos procedimentos de controle judicial do uso de meios ou técnicas sigilosos de ações de busca de informação pela atividade de inteligência de Estado, será competente o juízo federal especializado do Distrito Federal.

§ 1º O juiz competente, antes de decidir, ouvirá o representante do Ministério Público Federal com atribuição especial para atuar em requerimentos dessa natureza.

§ 2º A especialização do juízo federal do Distrito Federal, com foro nacional, será regulamentada pelo Conselho da Justiça Federal, nos termos do art. 105, parágrafo único, inciso II, e art. 109, inciso I e § 2º, da Constituição da República.

§ 3º O juiz competente decidirá como garantidor de direitos fundamentais.

Seção II

Do Procedimento Ordinário

Art. 15. O uso de meios ou técnicas sigilosos de ações de busca de informação pela atividade de inteligência de Estado poderá ser autorizado pelo juiz competente, a requerimento do Diretor-Geral da Agência Brasileira de Inteligência.

Art. 16. O requerimento de autorização judicial deverá conter, concomitantemente, os seguintes requisitos legais:

I – a descrição dos fatos que justifiquem, de maneira suficiente, que um mandado judicial seja expedido para o uso de técnica ou meio sigiloso, no estrito cumprimento das atribuições legais da atividade de inteligência;

II – a indicação e a qualificação da pessoa cuja comunicação se pretenda interceptar ou da pessoa que possui a informação, registro, documento ou coisa a ser obtida, salvo impossibilidade manifesta, devidamente justificada;

III – a demonstração de que a sua realização é necessária, adequada e proporcional ao caso concreto que se enquadra nas atribuições legais da atividade de inteligência, devendo explicitar, dentre outras coisas, que:

a) não há outro meio ou técnica menos invasivo de direito fundamental mediante o qual se possa obter a informação, porque outros meios ou técnicas foram tentados e falharam, é improvável que eles tenham sucesso, a urgência da matéria é tal que seria impraticável que fosse obtida a informação por meio de outras medidas, ou, sem um mandado judicial, é provável que uma informação relevante não seja obtida;

b) os meios ou técnicas sigilosos requeridos são adequados à obtenção da informação pretendida;

c) a informação a ser obtida é suficientemente relevante para justificar o uso dos meios ou técnicas sigilosos requeridos, em face dos direitos fundamentais ou normas constitucionais a serem afetados;

IV – a indicação dos meios e técnicas sigilosos a serem empregados;

V – a indicação, conforme o caso, de:

a) a espécie de comunicação a ser interceptada;

b) o número telefônico, o endereço eletrônico ou outro identificador do meio cujas comunicações se pretenda interceptar; e

c) a espécie de informação, o registro, o documento ou a coisa a ser obtida;

VI – a descrição geral do lugar em que o mandado judicial será executado, salvo impossibilidade manifesta, devidamente justificada;

VII – a indicação das pessoas ou autoridades a quem o mandado judicial será dirigido;

VIII – o prazo pretendido de uso dos meios e técnicas sigilosos, não excedente a 60 (sessenta) dias;

IX – a indicação de qualquer requerimento prévio feito em relação à pessoa ou coisa a ser interceptada ou afetada, da data em que o requerimento foi feito, do nome do juiz a quem o requerimento foi feito e do teor da decisão que o juiz prolatou.

§ 1º O requerimento deverá ser formulado na forma escrita.

§ 2º Excepcionalmente, o juiz competente poderá admitir que o pedido seja formulado verbalmente, desde que estejam presentes os requisitos legais, caso em que a concessão será condicionada à sua redução a termo pelo funcionário autorizado pelo magistrado, que deverá conter todos os requisitos legais que autorizem o uso dos meios ou técnicas sigilosos, tais como expostos pelo requerente.

Art. 17. A decisão judicial de autorização de uso de meios ou técnicas sigilosos deverá, sempre, ser escrita e fundamentada e conter os requisitos legais do requerimento.

§ 1º As informações quanto à necessidade da operação de inteligência ou ação de busca de informação serão dirigidas diretamente ao juiz competente, que decidirá no prazo de 24 (vinte e quatro) horas, após manifestação do representante do Ministério Público Federal com atribuição especial para atuar em requerimentos dessa natureza.

§ 2º O juiz poderá autorizar que a pessoa a quem o mandado judicial é dirigido intercepte a comunicação ou obtenha a informação, o registro, o documento ou a coisa pretendida e que, para tanto, entre em algum lugar, obtenha acesso a alguma coisa, busque, remova, devolva, examine, faça extrato, faça cópias ou registre de qualquer forma o dado, a informação, o documento ou a coisa objeto da autorização, ou instale, mantenha ou remova alguma coisa.

§ 3º Para a execução de operação de inteligência, em casos excepcionais e considerando as características e significativa gravidade do caso, o juiz competente poderá:

I – autorizar que sejam feitos falsos registros públicos de pessoa física ou jurídica; ou

II – encaminhar solicitação ao juiz competente para registros públicos objetivando a alteração do nome completo do profissional de inteligência, durante a operação, aplicando-se, no que couber, o disposto no art. 9º da Lei nº 9.807, de 13 de julho de 1999.

§ 4º O juiz competente poderá estabelecer as condições ou os limites que entenda cabíveis no interesse público.

§ 5º O juiz competente poderá autorizar atividades fora do País, no estrito cumprimento das atribuições legais da atividade de inteligência de Estado.

Art. 18. O mandado judicial deverá conter:

I – a indicação e a qualificação da pessoa cuja comunicação se pretenda interceptar ou da pessoa que possui a informação, registro, documento ou coisa a ser obtida, salvo impossibilidade manifesta, devidamente justificada;

II – a indicação dos meios ou técnicas autorizados;

III – a indicação, conforme o caso, de:

a) espécie de comunicação a ser interceptada;

b) número telefônico, endereço eletrônico ou outro identificador do meio cujas comunicações se pretenda interceptar, com a expressa vedação de interceptação de outros números, endereços eletrônicos ou qualquer outro meio não discriminados na decisão; e

c) espécie de informação, registro, documento ou coisa a ser obtida;

IV – a descrição geral do lugar em que o mandado será executado, salvo impossibilidade manifesta, devidamente justificada;

V – a indicação das pessoas ou autoridades a quem o mandado será dirigido;

VI – o prazo de uso dos meios e técnicas sigilosos autorizados, que não poderá exceder a 60 (sessenta) dias;

VII – os nomes dos profissionais de inteligência responsáveis pela execução do mandado, quando necessária sua identificação perante pessoas ou autoridades a quem o mandado será dirigido; e

VIII – as condições ou os limites que o juiz competente entenda cabíveis na garantia de direitos fundamentais ou de interesse público.

Parágrafo único. Poderão ser expedidos mandados distintos, conforme a pessoa ou a autoridade a quem é dirigido e a técnica ou o meio a ser empregado, para preservar o sigilo dos meios ou técnicas autorizados.

Art. 19. O juiz competente poderá, de maneira fundamentada, ouvido, previamente, o representante do Ministério Público Federal com atribuição especial, autorizar renovações, até o mesmo prazo acima previsto, se for comprovada a necessidade da renovação e continuarem presentes os requisitos legais.

Art. 20. O juiz competente poderá autorizar a pessoa a quem o mandado judicial é dirigido que remova, de um lugar, alguma coisa instalada conforme um mandado anteriormente expedido e que, para tanto, entre em algum lugar ou obtenha acesso a alguma coisa.

Art. 21. O procedimento correrá mediante absoluto segredo de justiça.

§ 1º O requerimento de autorização judicial será sigilosamente distribuído, de forma a não conter informações que possam revelar a operação de inteligência ou ação de busca de informação a ser efetivada ou identificar o profissional de inteligência que será empenhado.

§ 2º O juiz competente deverá assegurar a confidencialidade especialmente do seguinte:

I – a identidade de qualquer fonte humana e de qualquer informação da qual a identidade da fonte humana possa ser inferida; e

II – a informação fornecida no requerimento de autorização judicial, se sua revelação puder colocar em risco a segurança da sociedade, do Estado ou de qualquer pessoa.

§ 3º O juiz competente, em sua decisão de autorização, deverá constar, expressamente, os nomes dos funcionários do cartório ou secretaria responsáveis pela tramitação da medida e expedição dos respectivos ofícios.

Seção III

Do Procedimento Especial da Infiltração

Art. 22. Aplicam-se as normas do procedimento ordinário ao procedimento especial da infiltração.

Art. 23. A infiltração será admitida em casos excepcionais, considerando-se as características e significativa gravidade do caso, além dos demais requisitos legais previstos na seção anterior.

Art. 24. O juiz competente será diretamente informado do nome do profissional de inteligência infiltrado, devendo-se garantir o mais absoluto segredo de justiça a respeito, exceto quando seja estritamente necessário se verificar, em processo judicial, que o profissional de inteligência infiltrado atuou como tal, preservando-se sua identidade em face de terceiros.

Art. 25. A infiltração será autorizada pelo prazo de até 6 (seis) meses, sem prejuízo de renovações pelo mesmo prazo, se for comprovada a necessidade da renovação e continuarem presentes os requisitos legais.

Art. 26. Havendo indícios seguros de que o profissional de inteligência infiltrado sofre risco iminente, a operação será sustada mediante requisição do Ministério Público Federal ou determinação do Diretor-Geral da Agência Brasileira de Inteligência, dando-se imediata ciência ao Ministério Público Federal e à autoridade judicial.

Art. 27. O profissional de inteligência infiltrado que não observar, em sua atuação, o plano operacional ou a devida proporcionalidade com a finalidade da operação, responderá pelos excessos praticados.

Art. 28. São direitos do profissional de inteligência:

I – recusar ou fazer cessar a atuação infiltrada;

II – ter sua identidade alterada e usufruir das medidas de proteção a testemunhas, aplicando-se, no que couber, o disposto no art. 9º da Lei nº 9.807, de 13 de julho de 1999, quando for o caso;

III – ter seu nome, sua qualificação, sua imagem, sua voz e demais informações pessoais preservadas durante e após a operação, salvo se houver decisão judicial em contrário, devidamente fundamentada;

IV – não ter sua identidade revelada, nem ser fotografado ou filmado pelos meios de comunicação, sem sua prévia autorização por escrito e consentimento da agência de inteligência.

Art. 29. O profissional de inteligência infiltrado não poderá ser utilizado como fonte de prova, nem referido como testemunha em razão da infiltração que realizou, e o resultado de sua atuação terá como única finalidade a produção de inteligência por parte da Agência Brasileira de Inteligência.

Art. 30. Após a infiltração, devem ser realizadas a análise contínua, para determinar a continuação ou não da execução da infiltração, e a análise final, para determinar o impacto na agência de inteligência e o destino do profissional de inteligência infiltrado e das informações eventualmente obtidas.

§ 1º Após o término da infiltração, o profissional de inteligência infiltrado e sua situação devem ser meticulosamente avaliados, especialmente quanto às consequências da infiltração para:

I – o profissional de inteligência infiltrado, se houve comprometimento social, profissional ou psicológico;

II – a finalidade da infiltração, se as informações obtidas comprometem futuro trabalho de maior vulto em relação à mesma organização infiltrada ou se as medidas adotadas após término da infração possibilitarão a utilização das informações obtidas; e

III – a agência de inteligência, se a revelação de certas informações, como a identidade do profissional de inteligência infiltrado e seu *modus operandi*, coloca em risco a imagem da agência e o futuro de outras infiltrações.

§ 2º Dependendo do caso concreto, poderá haver uma gradação de medidas, como afastamento temporário das funções com prazo variável conforme a situação, mudança de local de trabalho ou, nos termos do art. 9º da Lei nº 9.807, de 13 de julho de 1999, mudança de identidade.

§ 3º A participação do profissional de inteligência infiltrado em outras infiltrações dependerá de sua reavaliação social, profissional e psicológica.

CAPÍTULO IV

DO COMPARTILHAMENTO DA INFORMAÇÃO

Art. 31. A autoridade judicial criminal, mediante requerimento da autoridade policial, ouvido o Ministério Público, na investigação criminal, ou do representante do Ministério Público, na investigação criminal ou no processo penal, poderá autorizar o compartilhamento de determinada informação, submetida a segredo de justiça ou sigilo legal, com o serviço de inteligência de Estado, necessária ao estrito cumprimento de atribuição legal desta, que deverá preservar o segredo de justiça ou sigilo legal, independentemente do grau de classificação de sigilso atribuído ou a ser atribuído.

Art. 32. O serviço de inteligência de Estado poderá fornecer informação sigilosa obtida no exercício de suas funções, mediante desclassificação na origem ou preservação do sigilo no destinatário conforme decisão do serviço de inteligência no caso concreto, à autoridade competente para atuar e ao Procurador-Geral do Ministério Público com atribuição no caso, quando a informação puder ser usada na prevenção, investigação ou processo de ilícitos graves, como crimes contra a vida, crimes hediondos, tráfico ilícito de drogas, tortura, terrorismo, crimes praticados por organizações criminosas, lavagem de dinheiro, crimes contra a administração pública, crimes contra o sistema financeiro nacional, ilícitos contra o patrimônio público, atos de improbidade administrativa ou ilícitos contra interesses difusos ou coletivos.

CAPÍTULO V

DAS PENALIDADES

Art. 33. Constitui crime realizar interceptação de comunicações telefônicas, telegráficas ou de dados, ou quebrar segredo de justiça, previstos nesta Lei, sem autorização judicial ou com objetivos não autorizados em lei.

Pena – reclusão, de 4 (quatro) a 8 (oito) anos, e multa.

Art. 34. Descumprir determinação de sigilo no uso de meios ou técnicas que envolvam a infiltração de profissionais de inteligência:

Pena – reclusão, de 4 (quatro) a 8 (oito) anos, e multa.

Art. 35. Constitui ato de improbidade administrativa o uso de técnica ou meio sigiloso com inobservância de norma prevista nesta Lei, sujeito às sanções da legislação especial em vigor, sem prejuízo das demais sanções penais, cíveis e administrativas cabíveis.

Art. 36. Não há crime quando o profissional de inteligência pratica o fato, inerente aos meios e técnicas sigilosos empregados, no estrito cumprimento do dever legal, conforme delimitado no plano operacional, devidamente autorizado pela autoridade competente.

Art. 37. Não é punível, no âmbito da operação de inteligência ou da ação de busca de informação, a prática de crime pelo profissional de inteligência no curso da execução, quando inexigível conduta diversa.

CAPÍTULO VI

DAS DISPOSIÇÕES FINAIS

Art. 38. No enfrentamento a crimes ou ilícitos graves, o disposto nesta Lei aplica-se, no que couber, aos órgãos de inteligência de natureza executiva, como inteligência de segurança pública, inteligência ministerial, inteligência fiscal, inteligência penitenciária e inteligência de controle, no âmbito específico de suas atribuições e sujeitos às próprias limitações constitucionais e legais, inclusive quanto às respectivas reservas de jurisdição.

Art. 39. O disposto nesta Lei aplica-se, no que couber, à atividade de inteligência estratégica de defesa, no âmbito específico de suas atribuições e sujeita às próprias limitações constitucionais e legais, inclusive quanto às respectivas reservas de jurisdição.

Parágrafo único. O chefe da agência central de inteligência estratégica de defesa somente poderá formular requerimento de autorização judicial mediante consentimento do Ministro da Defesa.

Art. 40. Havendo necessidade justificada de manter sigilo sobre a capacidade da atividade de inteligência, poderá ser dispensada licitação para contratação de serviços técnicos especializados, aquisição ou locação de equipamentos, dispensada a publicação de que trata o parágrafo único do art. 61 da Lei nº 8.666, de 21 de junho de 1993, devendo ser comunicado o Tribunal de Contas da União da realização da contratação, preservando-se o sigilo da informação.

Parágrafo único. As dispensas de licitação serão necessariamente justificadas, notadamente quanto ao preço e à escolha do fornecedor ou executante, cabendo sua ratificação ao titular da pasta ou órgão que tenha prerrogativa de Ministro de Estado.

Art. 41. Esta Lei entra em vigor na data de sua publicação.

JUSTIFICAÇÃO

A atividade de inteligência é essencial ao desenvolvimento e à preservação do Estado Democrático de Direito brasileiro.

Todos os países economicamente desenvolvidos, com democracias consolidadas, possuem serviços de inteligência responsáveis, devidamente regulamentados e fortes.

É importante destacar que, exceto quanto às interceptações de comunicações telefônicas, telegráficas e de dados, bem como quanto à entrada em domicílio, a atividade de inteligência de Estado já utiliza todos os demais meios e técnicas sigilosos.

Isso ocorre em face da teoria dos poderes implícitos, pois a própria Lei nº 9.883/1999 estabeleceu as atribuições legais do serviço de inteligência de Estado e disse que podia utilizar meios e técnicas sigilosos. Então, o serviço de inteligência pode usar os meios e técnicas que estão implícitos no seu dever de cumprir suas atribuições legais.

Contudo, essa previsão tão vaga deixa os direitos fundamentais da pessoa humana muito fragilizados em face da atividade de inteligência de Estado.

O Parlamento, portanto, tem o dever de contribuir com a regulamentação do uso desses meios e técnicas sigilosos, a fim de cumprir sua responsabilidade em face da sociedade brasileira, na garantia dos direitos fundamentais.

Igualmente gravíssimo é o fato de que o Brasil se encontra quase complementamente desprotegido em face da Inteligência adversa estrangeira, bem como perante as mais insidiosas organizações terroristas.

Em 2013, veio a público, mundialmente, que o Brasil é extremante frágil na proteção dos mais caros segredos da sociedade e do Estado brasileiros, como segredos de Estado de suas mais altas autoridades, segredos científicos e tecnológicos, segredos comerciais e industriais, e assim por dia. A inteligência adversa é capaz, por exemplo, de invadir as comunicações de qualquer parlamentar, autoridade ou cidadão brasileiros.

A situação é mais dramática ainda com a vizinhança das Olimpíadas no Brasil, onde diversas delegações estrangeiras estarão mais sujeitas ainda a ataques terroristas, sem a atuação coadjuvante preventiva que pode oferecer um serviço de inteligência de Estado eficiente e efetivo.

Essa profunda desvantagem estratégica do Brasil, em face de forças adversas como serviços estrangeiros de inteligência ou organizações terroristas, ocorre, em parte, porque não temos um serviço de inteligência de Estado bem consolidado e devidamente regulamentado.

E, em grande medida, o Congresso Nacional é responsável por isso, por não elaborar uma legislação que possibilite uma atuação eficiente e efetiva do serviço de inteligência de Estado no Brasil, com a devida garantia dos direitos fundamentais.

Há uma imensa "massa de informações" com a qual o Estado tem de lidar cotidianamente, seja quanto à execução de ações específicas, seja quanto ao estabelecimento de suas políticas e estratégias institucionais.

No Brasil, o princípio constitucional da eficiência (art. 37, *caput*, da Constituição da República) veda que o Estado trabalhe com essa "massa de informações" de forma meramente empírica, com desperdício de recursos humanos, materiais e financeiros. O Estado deve utilizar-se de métodos, técnicas e ferramentas adequados para lidar com as informações necessárias ao desempenho de suas finalidades constitucionais, superando a fase individualista e amadorística de seus agentes e alcançando a racionalidade gerencial exigida pelo princípio constitucional da eficiência.

Os modelos estatais de inteligência constituem uma forma altamente especializada de ordenação, adequação e organização de métodos, técnicas e ferramentas de gestão da informação e do conhecimento, especialmente destinados ao processo decisório estatal de mais alto nível.

Nessa linha, a inteligência de Estado (ou inteligência "clássica") é voltada, principalmente, ao assessoramento do processo decisório das mais altas autoridades de um país, especialmente de seus Chefes de Estado e Chefes de Governo. Nesse sentido, no Brasil, nos termos legais, o Sistema Brasileiro de Inteligência (SISBIN) tem a finalidade de fornecer subsídios ao Presidente da República nos assuntos de interesse nacional (art. 1º da Lei nº 9.883/1999), possuindo, como órgão central, a Agência Brasileira de Inteligência (ABIN).

A atividade de inteligência de Estado é essencial à realização de parte dos objetivos constitucionais do Estado brasileiro. Portanto, não possuir um serviço de inteligência adequadamente estruturado implica abrir mão de cumprir os mais altos anseios do povo brasileiro insculpidos na Constituição da República.

O Brasil é uma das maiores potências mundiais e encontra-se em séria desvantagem estratégica em face dos demais países que possuem atividades de inteligência capazes de monitorar os mais altos cargos da República, ter acesso a segredos políticos, econômicos e tecnológicos e, enfim, vulnerabilizar a segurança da sociedade e do Estado brasileiros.

Desse modo, é urgente que o Parlamento contribua para o fortalecimento da sociedade e do Estado brasileiros, por meio da ordenação jurídica da atividade de inteligência. E nada é mais conveniente do que fazê-lo pelo "coração" dessa atividade que consiste nas ações de busca de informação e operações de inteligência.

Há várias matérias legislativas, relativas à atividade de inteligência de Estado, que são de iniciativa privativa do Presidente da República, nos termos do art. 61, § 1º, inciso II, alíneas "a", "c" e "e", e art. 84, inciso III, inciso VI, alínea "a", e incisos VIII e XXV. Por exemplo, seria o caso da criação, extinção ou organização da Agência Brasileira de Inteligência (ABIN) e de seus cargos e funções.

Todavia, os meios e técnicas sigilosos empregados pela atividade de inteligência são procedimentos. Portanto, não se enquadram nas hipóteses de iniciativa legislativa privativa do Presidente da República.

Os meios e técnicas sigilosos empregados pela atividade de inteligência em ações de busca de informação e em operações de inteligência enquadram-se no art. 24, XI, da Constituição da República, como procedimentos em matéria processual, sobretudo ao impor o controle judicial dos meios e técnicas sigilosos que são mais invasivos em direitos fundamentais da pessoa humana e o respectivo procedimento judicial de autorização de tais medidas.

Portanto, os meios e técnicas sigilosos estão sujeitos à iniciativa de lei por parlamentar, em sede de competência legislativa concorrente.

Ademais, são estabelecidas sanções penais e administrativas (artigos 33 a 37 do Projeto de Lei), por exemplo, pela realização ilegal de interceptação das comunicações, e normas que afetam registros públicos e licitações, nos termos do art. 22, I e XXV, da Constituição, para as quais também cabe a iniciativa parlamentar de lei.

O Sistema Brasileiro de Inteligência (SISBIN) tem uma alta complexidade orgânica, com vários órgãos que possuem dupla natureza, tanto de natureza executiva, inclusive com poder de polícia, quanto de natureza meramente assessorial, como é o caso da ABIN. Um projeto de lei que pretendesse regulamentar todo esse espectro poderia enfrentar dificuldades intransponíveis.

Por isso, decidiu-se focar na matéria procedimental quanto à agência central do SISBIN, que é a Agência Brasileira de Inteligência, ou seja, no único órgão cuja finalidade precípua é a atividade de inteligência de Estado propriamente dita.

Seguindo-se as recomendações das boas práticas da Organização das Nações Unidas (adiante referenciadas) em matéria de legislação de atividade de inteligência, foi estabelecido um rol de meios e técnicas sigilosos, no art. 2º do Projeto de Lei, para possibilitar o controle e a transparência da atividade de inteligência.

Algumas "ações de busca" ou "técnicas operacionais de inteligência" não foram elencadas nesse rol, porque não são meios ou técnicas de busca de informação, mas de análise (análise da veracidade, fotointerpretação, análise comportamental e processos de identificação de pessoa) ou de indução de comportamento (desinformação e provocação), ou são tão óbvias ou inerentes a outras técnicas elencadas que não se justifica constarem em sede de lei (como a observação, memorização e descrição; as comunicações sigilosas; o disfarce; e a leitura de fala).

Também não elencamos o interrogatório, para que não haja qualquer dúvida de que a atividade de inteligência de Estado não tem poder de polícia, como se poderia depreender pelo uso de vocábulo que tem sentido técnico específico no âmbito do direito processual penal. Ademais, conforme os estudos ingleses mais contemporâneos, o termo "entrevista" engloba tanto a entrevista quanto o interrogatório. Desse modo, o emprego apenas do termo "entrevista" procura destacar a natureza peculiar da atividade de inteligência de Estado, voltada à busca da informação e produção do conhecimento de inteligência, e não ao exercício do poder de polícia.

Mantivemos a expressão "estória-cobertura". Por um lado, trata-se de expressão consagrada e de longo uso na atividade de inteligência, tendo sentido técnico específico. Por outro, há registros que apontam a datação do vocábulo "estória", na língua portuguesa, desde o século XIII. Diante disso, entendemos que não é pertinente a recomendação, de alguns puristas, de que se utilize o vocábulo "história".

Há duas cláusulas de abertura no § 1º do art. 2º e no art. 3º do Projeto de Lei para meios ou técnicas não previstos no rol, mas apenas quanto ao que é inerente às atribuições legais. Por exemplo, não há necessidade de dizer que um profissional de inteligência pode se comunicar sigilosamente, se está atuando secretamente, pois isso é inerente à sua atribuição.

Essa cláusula de abertura não deve preocupar, pois foram previstas muitas cláusulas, em seguida, que acarretam um rígido controle da atividade de inteligência.

Nessa linha, a "teoria dos poderes implícitos" é muito forte no Brasil. Se uma competência legal é atribuída a um órgão, isso significa que ele tem os poderes implícitos para realizá-las, ainda que não previstos em lei. Portanto, ainda que não haja uma cláusula de abertura como o do § 2º do artigo 2º deste Projeto de Lei, a jurisprudência irá ampliar o leque de meios e técnicas sigilosos.

Desse modo, a melhor estratégia legislativa é estabelecer a cláusula de abertura, mas restringir ao máximo em outros dispositivos.

Não reputamos, como adequado, estabelecer um glossário desses meios e técnicas sigilosos como texto de lei, pois, há mais de cinquenta anos, tais termos são empregados pela atividade de inteligência de Estado no país, já havendo uma vasta publicação de artigos, livros e estudos a respeito.

O princípio que rege a elaboração deste Projeto de Lei é o de estabelecer um firme controle da atividade de inteligência de Estado, com rigorosa observância dos direitos fundamentais da pessoa humana, dos princípios fundamentais da República Federativa do Brasil, dos princípios constitucionais da eficiência, da proporcionalidade, da igualdade e do devido processo legal, e dos princípios éticos que regem os interesses e a segurança da sociedade e do Estado (art. 5º, I, do Projeto de Lei).

Todavia, concomitantemente, sem engessar a atividade, são estabelecidos meios e técnicas que irão aumentar sua eficiência e efetividade, sempre com respeito aos direitos fundamentais da pessoa humana.

A elaboração desse Projeto de Lei tem, como referências, inúmeras legislações estrangeiras, dialogando, intimamente, com legislações muito bem consolidadas sobre atividade de inteligência, como, por exemplo, as do Canadá, Argentina, Estados Unidos, Holanda e Reino Unido, dentre outras.

Além disso, esse Projeto de Lei também se baseia nas boas práticas de elaboração de legislação sobre atividades de inteligência, recomendadas pelas Nações Unidas[1] a partir de estudo em mais de cem países, bem como em uma vasta literatura acadêmica, dentre artigos, monografias, dissertações, teses de doutorado e estudos de pós-doutorado[2], que pesquisaram profundamente a matéria, inclusive contrastando o contexto brasileiro com o estrangeiro.

Além disso, esse Projeto de Lei é apoiado pela Associação Internacional para Estudos de Segurança e Inteligência – INASIS (*International Association for Security and Intelligence Studies*), com a qual temos estabelecido um profícuo diálogo. A INASIS é integrada pelos principais estudiosos da atividade de inteligência no Brasil, Canadá, Argentina, Chile, Portugal e Grécia, todos com estudos de doutorado e/ou pós-doutorado sobre atividades de inteligência, além de composta por profissionais de inteligência com longa experiência em todas as espécies brasileiras de inteligência, como inteligência civil de Estado, inteligência estratégica de defesa, inteligência militar, inteligência policial, inteligência de segurança pública, inteligência ministerial, inteligência fiscal, inteligência penitenciária e inteligência de controle, dentre outras.

O art. 5º, *caput,* da Constituição da República garante os direitos fundamentais "aos brasileiros e aos estrangeiros residentes no País".

---

[1] NACIONES UNIDAS. Asablea General. A/HRC/14/46. Consejo de Derechos Humanos. 14º período de sesiones. Tema 3 de la agenda: Promoción y protección de todos los derechos humanos, civiles, políticos, económicos, sociales y culturales, incluido el derecho al desarrollo. *Informe de Martin Scheinin, Relator Especial sobre la promoción y la protección de los derechos humanos y las libertades fundamentales en la lucha contra el terrorismo:* Recopilación de buenas prácticas relacionadas con los marcos y las medidas de carácter jurídico e institucional que permitan garantizar el respeto de los derechos humanos por los servicios de inteligencia en la lucha contra el terrorismo, particularmente en lo que respecta a su supervisión. 17 de mayo de 2010. Disponível em: <http://www2.ohchr.org/english/bodies/hrcouncil/docs/14session/A.HRC.14.46_sp.pdf>. Acesso em: 29 mar. 2012.

[2] FEITOZA PACHECO, Denilson. *Relatório de pesquisa:* inteligência, segurança e direito: políticas e operações de inteligência. 2012. 264 f. Relatório final (Residência pós-doutoral em Ciência da Informação) – Escola de Ciência da Informação, Universidade Federal de Minas Gerais, Belo Horizonte, 2012.

Ora, para fins de visto, há várias categorias de estrangeiros, como permanentes, residentes e temporários.

Ultimamente, há milhares de estrangeiros chegando ao Brasil, sobretudo em razão da emigração em massa oriunda do Oriente Médio e de parte da Ásia.

Muitos estão chegando ao Brasil com precariedade de documentação e dúvidas quanto à identidade.

É nosso dever humanitário acolhê-los. Entretanto, com base em regulamentação meramente infraconstitucional, tão logo chegam, mesmo de maneira precária, já recebem um visto de estrangeiro residente, ainda que não pretendam ficar no país ou não haja confirmação efetiva de sua identidade.

Entretanto, em termos constitucionais, ao atribuir quase todos os direitos que brasileiros têm a estrangeiros, obviamente a Constituição da República refere-se ao que a regulamentação infraconstitucional denomina de "estrangeiros permanentes". Ainda que seja muito bem-vindo, não faria sentido que um estrangeiro em situação precária, antes mesmo de que qualquer procedimento confirmasse sua identidade e características, já tivesse quase o *status* de um brasileiro, coisa que não encontra reciprocidade em nenhum país do mundo.

Ademais, isso colocaria em risco a segurança da sociedade e do Estado brasileiros, sobretudo em uma época em que tantos eventos internacionais de grande importância têm tido sede no Brasil.

Ora, então as limitações dos incisos do art. 5º da Constituição da República não se aplicam, por força do disposto em seu *caput*, aos estrangeiros não permanentes de maneira pura e simples, ainda que sejam muito bem acolhidos no Brasil. Isso dependerá do caso ou situação.

Nessa linha, o Projeto de Lei veda, de maneira peremptória, que a atividade de inteligência de Estado possa realizar interceptação das comunicações telefônicas, telegráficas e de dados de brasileiros e estrangeiros permanentes no País (art. 7º do Projeto de Lei), pois a própria Constituição da República somente o permitiu para fins de investigação criminal e processo penal, mediante prévia autorização judicial (art. 5º XII, da Constituição). A sociedade brasileira não tolera isso nem com mandado judicial, no âmbito da atividade de inteligência de Estado

Todavia, o Projeto de Lei prevê que é possível a interceptação das comunicações privadas (art. 8º), mediante prévia autorização judicial, com um procedimento judicial bastante rigoroso e detalhado (arts. 14 a 21 do Projeto de Lei). Obviamente, por interpretação sistemática, isso somente é possível em relação a estrangeiro não permanente, pois o art. 7º vedou tal medida, peremptoriamente, quanto a brasileiros e estrangeiros permanentes.

A infiltração também passou a depender de prévia autorização judicial, que, além de seguir todas as normas do procedimento ordinário em que pode ser requerida uma interceptação de comunicações, ainda se submete a normas complementares do procedimento judicial especial de infiltração, previstas nos artigos 22 a 30 do Projeto de Lei.

O Projeto de Lei garante a inviolabilidade do domicílio e, portanto, nos termos da Constituição da República (art. 5º, XI), somente é possível realizar entrada em domicílio mediante prévia autorização judicial (art. 9º do PL).

Ademais, "Ainda que não prevista, explicitamente, a reserva de jurisdição, o juiz competente poderá decidir sobre o uso de meios e técnicas sigilosos, quando importar em grave intervenção em direitos fundamentais" (art. 10 do Projeto de Lei).

Para que não reste dúvidas de que se pretende um serviço de inteligência de Estado eficiente e efetivo, com o mais alto respeito aos direitos fundamentais, e não ressuscitar um serviço de informações com poder de polícia, que monitoraria os direitos e as liberdades constitucionais mais valiosos do cidadão, foi estabelecida a seguinte cláusula, no art. 13 do Projeto de Lei:

> É vedado obter informação, produzir inteligência ou armazenar dados sobre pessoas determinadas pelo só fato de sua raça, vida privada, intimidade, crença religiosa, convicção filosófica ou política, atividade intelectual, artística, científica e de comunicação, opinião política, ou adesão ou pertencimento a organizações partidárias, sociais, sindicais, comunitárias, cooperativas, assistenciais, culturais ou laborais, bem como por atividade lícita que desenvolvam em qualquer esfera de ação.

E, se por acaso, informações dessa natureza chegarem ao serviço de inteligência de Estado, "Deverão ser destruídos ou apagados, dos registros ou suportes de gravação, as informações, a inteligência ou os dados que tenham sido obtidos ou produzidos com inobservância do disposto no *caput* deste artigo" (art. 13, parágrafo único, do Projeto de Lei).

O art. 14 do Projeto de Lei estabelece que, "Nos procedimentos de controle judicial do uso de meios ou técnicas sigilosos de ações de busca de informação pela atividade de inteligência de Estado, será competente o juízo federal especializado do Distrito Federal."

A competência para decidir sobre os meios e técnicas sigilosos, nesse caso, é de juiz federal, nos termos do art. 109, I, da Constituição da República, pois se trata de causa que envolve a União, da qual faz parte a Agência Brasileira de Inteligência.

Um projeto de lei como este (no ponto é direito processual) pode dizer que há um juízo especializado, mas não pode dizer qual juízo, especificamente, tem a especialização na matéria a ser decidida, pois isso demanda iniciativa de lei da própria Justiça (Lei de Organização Judiciária).

A Constituição da República, contudo, atribui competência ao Conselho da Justiça Federal para regulamentar a matéria da especialização de um juízo federal (art. 105, parágrafo único, inciso II), que é o que foi estabelecido no art. 14, § 2º, do Projeto de Lei.

Quanto a concentrar as autorizações judiciais no Distrito Federal, é por uma questão de controle mais eficiente e eficaz da atividade de inteligência de Estado.

Com a extensão territorial do Brasil e a dificuldade de qualificar os juízes de maneira especializada, a atuação judicial e a atividade de inteligência poderiam ficar muito fragilizadas.

Já há precedente de falso agente de inteligência se ter apresentado a um juízo federal, dizendo-se integrante da Agência Brasileira de Inteligência, antes mesmo de haver qualquer regulamentação!

Portanto, em um primeiro momento, parece mais prudente concentrar essa competência no Distrito Federal, como já prevê a Constituição da República em vários casos (art. 109, parágrafo 2º, parte final, da Constituição).

Esses procedimentos judiciais do Projeto de Lei não se constituem em processos propriamente ditos, com contraditório e ampla defesa. Não há uma parte ré.

As ações de busca de informação e as operações de inteligência da atividade de inteligência de Estado, previstos no Projeto de Lei, não são investigações criminais, nem processos penais, nem qualquer outro tipo de processo.

Por isso o art. 109, § 2º, parte final, da Constituição da República, aplicado por analogia, é tão apropriado para estabelecer o foro do Distrito Federal como competente, pois a União participa, de alguma forma, da causa, em uma espécie de procedimento de "jurisdição voluntária", mas não há, propriamente, uma parte ré.

Todavia, a delimitação do juízo federal especializado, competente no foro do Distrito Federal, dependerá de um decisão da própria Justiça Federal.

Se fosse previsto o controle judicial, sem a interveniência de nenhum outro órgão de controle, o juízo federal brasileiro poderia acabar sujeito às mesmas duríssimas críticas que sofrem o FISA *Court* e o FISA *Court of Review*, nos Estados Unidos da América, que funcionam com base na lei federal denominada *Foreign Intelligence Surveillance Act* (FISA).

Por isso, no contexto do ordenamento jurídico brasileiro, é incontornável a atuação do Ministério Público nesses procedimentos judiciais, sobretudo em razão de que a própria Constituição da República, em seu artigo 107, estabelece que se trata de instituição essencial à função jurisdicional do Estado, justamente com a incumbência de defesa da ordem jurídica, do regime democrático e dos interesses sociais e individuais indisponíveis, que são os temas que podem ser mais profundamente afetados pela atuação da atividade de inteligência de Estado.

Obviamente, tratando-se de um juízo federal, deve atuar o Ministério Público Federal, com os mesmos cuidados em relação à necessidade de que haja um membro do Ministério Público especializado na matéria.

Para que haja um controle efetivo, há necessidade de registros, ainda que submetidos ao mais rigoroso sigilo. Por isso, a forma escrita, seja eletrônica ou impressa, é prevista em vários dispositivos, como na ordem de busca (art. 5º, III, do Projeto de Lei), no plano operacional (art. 5º, § 1º e § 2º) e no requerimento de autorização judicial (art. 16, § 1º, do Projeto de Lei).

Não obstante, foi estabelecida a possibilidade de requerimento oral, que somente pode ser feito de maneira excepcional, com todos os cuidados previstos no § 2º do art. 16 do Projeto de Lei.

Essa sistemática de requerimento oral já é adotada na legislação de interceptação das comunicações telefônicas, bem como na de infiltração, no âmbito do direito processual penal.

Portanto, isso acabaria sendo feito também no âmbito da atividade de inteligência, por exemplo, se houvesse urgência justificada pela iminência de um ataque terrorista.

Desse modo, tendo em vista a realidade brasileira, é mais prudente estabelecer, precisamente, como esse requerimento verbal pode ser realizado, como se encontra no § 2º do artigo 16.

O Projeto de Lei não especificou um substituto legal do Diretor-Geral da Agência Brasileira de Inteligência para fazer os requerimentos dos procedimentos ordinário e especial, pois essa matéria compete à legislação própria, de iniciativa privativa do Presidente da República.

O Projeto de Lei, em seu artigo 36, posicionou-se no sentido de que "Não há crime quando o profissional de inteligência pratica o fato, inerente aos meios e técnicas sigilosos empregados, no estrito cumprimento do dever legal, conforme delimitado no plano operacional, devidamente autorizado pela autoridade competente". Trata-se, portanto, de causa de exclusão da ilicitude.

Por exemplo, na legítima defesa, alguém pode querer matar outrem e o mata, ainda que não "se sentisse obrigado" a fazê-lo, mas o faz em legítima defesa de terceiro. Ora, claramente o fato é lícito.

Portanto, no caso da infiltração, se a lei estabelece a medida, ela se encontra na atribuição legal do profissional de inteligência e o juiz competente a autoriza, como pode ser fato ilícito?

Como isso estaria na subjetividade do profissional de inteligência, integrante da culpabilidade, em que ele não deveria praticar a conduta, mas o faz por que "sente que não tem outra opção", em sede de inexigibilidade de conduta diversa?

Ora, a partir do momento em que ele aceita o cumprimento do plano de operação de infiltração, no exercício legal e específico do seu cargo público, parece-nos que ele está no estrito cumprimento do seu dever legal.

Portanto, por exemplo, ele tem que praticar a conduta de falsa identidade, pois a estória-cobertura dele está prevista no plano operacional e exige isso, e ele o faz no estrito cumprimento desse plano operacional.

Entretanto, a Lei nº 12.850/2015 (organizações criminosas) adotou outra posição, não detalhando qualquer hipótese e misturando situações diversas na seguinte formulação genérica: "Não é punível, no âmbito da infiltração, a prática de crime pelo agente infiltrado no curso da investigação, quando inexigível conduta diversa".

A nosso ver, isso somente é cabível se não se enquadrar na hipótese do art. 36 do Projeto de Lei.

É como se, a cada passo, a operação inteira de inteligência estivesse na avaliação inteiramente subjetiva do profissional de inteligência infiltrado.

Isso somente deveria ser aplicável se, no caso concreto, ocorresse, por exemplo, situação não prevista, não esperável ou improvável, fora do plano operacional, que demandasse uma avaliação subjetiva do profissional de inteligência infiltrado, no sentido de que não teria, no caso concreto, outra alternativa, por inexigibilidade de conduta diversa.

Por isso, hipótese semelhante à da lei referida foi acolhida no art. 37 do Projeto de Lei: "Não é punível, no âmbito da operação de inteligência ou da ação de busca de informação, a prática de crime pelo profissional de inteligência no curso da execução, quando inexigível conduta diversa".

Com os artigos 36 e 37 do Projeto de Lei, a regulamentação se torna muito mais precisa, em face da realidade.

Há muitos outros avanços no Projeto de Lei, como adiante se explicita.

Inúmeros órgãos públicos podem utilizar placas especiais "de segurança". Não faz sentido que justamente um serviço "secreto" não possa fazê-lo, independentemente da situação "sigilosa" em que se encontre. Portanto, foi prevista a possibilidade de uso de placas especiais, que dependerá de regulamentação conjunta da Agência Brasileira de Inteligência (ABIN) e do Conselho Nacional de Trânsito (CONTRAN), como já ocorre com outras instituições.

Se vier a público quais são os equipamentos ou serviços especializados que a atividade de inteligência utiliza, dependendo do caso, isso inviabilizará, completamente, seu trabalho. Ela ficará vulnerabilizada em face da contrainteligência adversa.

Por isso, foi estabelecida a possibilidade de dispensa de licitação e de publicação, se houver necessidade justificada, no art. 40 do Projeto de Lei. Todavia, deverá ser comunicado o Tribunal de Contas da União, com a preservação do sigilo.

O art. 1º, inciso III, do Decreto nº 2.295, de 4 de agosto de 1997 tem previsão semelhante, mas há necessidade de uma previsão mais estável, com base em lei ordinária, especialmente no que tange à atividade de inteligência de Estado, sobretudo pela inovação de comunicação ao Tribunal de Contas da União, que é órgão de assessoramento do Congresso Nacional, facilitando o controle externo por parte da sua Comissão Mista de Controle das Atividades de Inteligência (CCAI).

O compartilhamento de informação com o serviço de inteligência de Estado também foi devidamente regulamentado, nos artigos 31 e 32 do Projeto de Lei, especialmente nas hipóteses em que há segredo de justiça ou sigilo legal.

Há uma quantidade descomunal de informações, tramitando na Justiça Criminal, que são essenciais ao Estado Brasileiro, mas que ficam sem qualquer uso. Portanto, o art. 31 do Projeto de Lei prevê a possibilidade de compartilhar informação sob segredo de justiça ou sigilo legal com o serviço de inteligência de Estado, mas somente com autorização judicial criminal.

Por outro lado, é absolutamente inadmissível que um profissional de inteligência, em uma ação de busca, tenha ciência, por exemplo, que vários homicídios serão praticados contra um grupo de cidadãos, e, sem qualquer risco para o sigilo de sua atuação e para o serviço de inteligência de Estado, não tome qualquer providência, como, por exemplo, fazer chegar a informação às autoridades competentes de segurança pública. A sociedade brasileira jamais aceitaria isso, se um dia viesse a público.

Estende-se, em certa medida, o previsto nesse Projeto de Lei (art. 38) a órgãos de inteligência de natureza executiva, ou seja, órgãos de inteligência que se encontram em instituições com poder de polícia, como ocorre com a inteligência de segurança pública. Isso é admitido apenas em face de crimes ou ilícitos graves.

Ora, já há muita coisa prevista sobre atividade de inteligência, legalmente, no direito processual penal, como infiltração, interceptação das comunicações, vigilância etc. O que ocorre, contudo, é que há muita coisa que é feita na prática, sem qualquer regulamentação.

Desse modo, a aplicação subsidiária da nova lei a atividades de inteligência de natureza executiva fará com que a prática destas fique ainda mais restrita, sem perder sua eficiência, pois o dispositivo prevê que elas deverão sujeitar-se às próprias limitações constitucionais e legais.

Portanto, ao se acrescentarem as outras limitações deste Projeto de Lei (como forma escrita, proporcionalidade, requisitos legais detalhados etc.), a prática atual, no âmbito, por exemplo, da inteligência criminal, ficará ainda mais limitada, apesar de, em um primeiro momento, ter-se a falsa impressão de que seus poderes seriam ampliados, e – frisamos – sem perder a eficiência e a efetividade.

Se há duas atividades de inteligência que podem ser consideradas, propriamente, inteligência de Estado são as atividades de inteligência civil de Estado, realizada, sobretudo, pela Agência Brasileira de Inteligência (ABIN), e a inteligência estratégica de defesa, a qual não deve ser confundida com inteligência militar.

Assim, é plenamente justificável a aplicação, no que couber, do disposto neste Projeto de Lei (art. 39) à atividade de inteligência estratégica de defesa, no âmbito específico de suas atribuições e sujeita às próprias limitações constitucionais e legais, inclusive quanto às respectivas reservas de jurisdição. Adota-se, em razão das peculiaridades da defesa, o cuidado complementar de que o chefe da agência central de inteligência estratégica de defesa somente possa formular requerimento de autorização judicial mediante consentimento do Ministro da Defesa (art. 39, parágrafo único, do Projeto de Lei).

Enfim, chegou a hora de o Congresso Nacional ser protagonista nessa matéria da mais alta relevância para a sociedade e o Estado brasileiros.

Por todas essas razões apresentamos o Projeto em tela.

Sala das Sessões,

Deputada JÔ MORAES

BIBLIOGRAFIA

ALMEIDA NETO, Wilson Rocha de. *Inteligência e Contrainteligência no Ministério Público*. Belo Horizonte: Editora Dictum, 2009.

ANTUNES, Priscila C. B. *SNI & Abin: uma leitura da atuação dos serviços secretos brasileiros ao longo do século XX*. Rio de Janeiro: Editora FGV, 2002.

ASSEMBLY OF WESTERN EUROPEAN UNION - THE INTERIM EUROPEAN SECURITY AND DEFENCE ASSEMBLY. *"Parliamentary oversight of the intelligence services in the WEU countries – current situation and prospects for reform – Report submitted on behalf of the Committee for Parliamentary and Public Relations by Mrs. Kestelijn-Sierens, Rapporteur"*. Documento A/1801, 04 dez. 2002.

AZEVEDO, Sérgio de; ANASTÁSIA, Fátima. "Governança, "Accountability" e Responsividade". *In*: *Revista de Economia Política*, vol. 22, nº 1 (85), janeiro-março/2002 (pp. 79-87).

BALDINO, Daniel (ed.). *Democratic Oversight of Intelligence Services*. Leichhardt, NSW: The Federation Press, 2010.

BANDEIRA DE MELLO, Celso Antônio. *Curso de Direito Administrativo*, 13. ed. São Paulo: Malheiros, 2001.

BARANDIER, Antonio Carlos (org.). *CPI: os novos comitês de salvação pública*. Rio de Janeiro: Lumen Juris, 2001.

BEHN, Robert D. "O novo paradigma da gestão pública e a busca da *accountability* democrática". *In*: *Revista do Serviço Público*, 49(4)5-44, Out. Dez. 1998.

BITENCOURT, Luís Antônio. *O Poder Legislativo e os Serviços Secretos no Brasil*, 1964-1990. Brasília: Faculdades Integradas Católica de Brasília, 1992.

BORN, Hans. "*Towards Effective Democratic Oversight of Intelligence Services: Lessons Learned from Comparing National Practices*". *In*: *Connections – Quarterly Journal*, vol. III (1-12) Dez./2004.

BORN, Hans; CAPARINI, Marina. *Democratic Control of Intelligence Services – Containing Rogue Elephants*. Hampshire: Ashgate, 2007.

BORN, Hans; FLURI, Philipp; JOHNSSON, Anders B. (eds.). *Controle parlamentar da área de segurança nacional: princípios, mecanismos e práticas*. Kiev: União Interparlamentar e Centro para o Controle Democrático das Forças Armadas de Genebra, 2005.

BORN, Hans; JOHNSON, Loch; LEIGH, Ian (eds.). *Who is Watching the Spies? Establishing Intelligence Service Accountability.* Washington, D.C.: Potomac Books, 2005.

BORN, Hans; LEIGH, Ian. *Making Intelligence Accountable: Legal Standards and Best Practice for Oversight of Intelligence Agencies.* Oslo: Publishing House of the Parliament of Norway, 2005.

BORN, Hans; TULER, Matias. "*Parliamentary Democracy and Intelligence – Comparing Legal Frameworks of United Kingdom, Canada, Ukraine, Czech Republic, Turkey and South Africa*". Paper presented at the Workshop on "Democratic and Parliamentary Oversight of Intelligence Services", organized by the Geneva Centre for the Democratic Control of Armed Forces, Geneva, October 3-5, 2002.

BRASIL. Câmara dos Deputados. Comissão Parlamentar de Inquérito com a Finalidade de Investigar Escutas Clandestinas/Ilegais – CPIESCUT. *Relatório nº 1, de 2009.*

BRASIL. Congresso Nacional. Comissão Mista de Controle das Atividades de Inteligência. "Nota de Esclarecimento". Publicada no *Diário do Senado Federal,* sábado, 27/08/2005.

BRASIL. Congresso Nacional. Comissão Mista de Controle das Atividades de Inteligência. "Relatório de Atividades 2015". Disponível em: <http://legis.senado.leg.br/sdleg-getter/documento/download/801dc07e-afc7-4bbe-942b-84c41c17d471> (acesso em 10/01/2018).

BRASIL. Congresso Nacional. Comissão Parlamentar Mista de Inquérito "dos Correios". *Relatório Final dos Trabalhos da CPMI "dos Correios".* Brasília, abril de 2006, disponível em: <http://www.senado.gov.br/web/comissoes/CPI/RelatorioFinalVol1.pdf>.

BRASIL. Senado Federal. Comissão Parlamentar de Inquérito destinada a investigar a denúncia de existência de um sistema de espionagem, estruturado pelo governo dos Estados Unidos, com o objetivo de monitorar e-mails, ligações telefônicas, dados digitais, além de outras formas de captar informações privilegiadas ou protegidas pela Constituição Federal (CPIDAESP). "Relatório nº 1, de 2014" (publicado no *Diário do Senado Federal,* em 17 de abril de 2014).

BRODEUR, Jean-Paul; GILL, Peter; TÖLLBORG, Dennis (eds.). *Democracy Law and Security – International Services in Contemporary Europe.* Hampshire: Ashgate Publishing Limited, 2002.

BRUNEAU, Thomas. "*Intelligence and Democratization: the Challenge of Control in New Democracies". The Center for Civil-Military Relations – Naval Postgraduate School, Monterey California – Occasional Paper # 5* (March, 2000).

BUZAN, Barry. *People, States and Fear An Agenda for international security studies in Post-Cold War Era. Boulder.* Lynne Rienner Publishers, 1991, 2nd edition, 1991.

BUZAN, Barry. *People, States and Fear An Agenda for international security studies in Post-Cold War Era. Boulder.* Lynne Rienner Publishers, 1991, 2nd edition.

CAMPOS, Anna Maria. "*Accountability*: quando poderemos traduzi-la para o português?". *In*: *Revista de Administração Pública*, 24 (2)30-50, Rio de Janeiro, fev./abr. 1990.

CANADA. Commission of Inquiry Concerning Certain Activities of the Royal Canadian Mounted Police. *First Report: Security and Information* (1979).

CANADA. Commission of Inquiry Concerning Certain Activities of the Royal Canadian Mounted Police. *Second Report: Freedom and Security under the Law* (1981).

CANADA. Commission of Inquiry Concerning Certain Activities of the Royal Canadian Mounted Police. *Third Report: Certain R.C.M.P. Activities and the Question of Governmental Knowledge* (1981).

CANADA. Commission of Inquiry into the Actions of Canadian Officials in Relation to Maher Arar. *Policy Review. Accountability and Transparency: a Background Paper to the Commission's Consultation Paper*. December, 10, 2004.

CANADA. Commission of Inquiry into the Actions of Canadian Officials in Relation to Maher Arar. *Policy Review. Accountability and Transparency: a Background Paper to the Commission's Consultation Paper*. December, 10, 2004.

CANADA. Office of the Inspector General of CSIS. "*A strategic perspective for the Inspector General of CSIS*". Disponível em: <http://www.publicsafety.gc.ca/abt/wwa/igcsis/stratper-eng.aspx>.

CANADA. Parliament. Senate. Special Committee on the Canadian Security Intelligence Service. *Delicate Balance: A Security Intelligence Service in a Democratic Society*. Ottawa: Ministry of Supply and Services, 1983.

CANADA. Security Intelligence Review Committee (SIRC). *SIRC Annual Report 2006–2007 – An Operational Review of the Canadian Security Intelligence Service.* Ottawa: Public Works and Government Services Canada, 2007, p. 3. [*SIRC Annual Report 2006-2007*].

CAPARINI, Marina. "*Challenges of control and oversight of intelligence services in a liberal democracy*", Geneva Centre for the Democratic Control of Armed Forces, Conference paper presented at the Workshop on Democratic and Parliamentary Oversight of Intelligence Services, Geneva, 2002.

CEPIK, Marco. *Espionagem e democracia*. Rio de Janeiro: FGV, 2003.

CHAVES, Francisco E. Carrilho. *Controle Externo da Gestão Pública – A fiscalização pelo Legislativo e pelos Tribunais de Contas*, 2ª ed. Niterói: Impetus, 2009.

CHURCH, Frank. "Covert Action: Swampland of American Foreign Policy". *In*: *Bulletin of the Atomic Scientists*, 32, Feb/1976, pp. 7-11.

CRADOCK, Percy "*Intelligence and Policy*". *In*: JOHNSON, Loch; WIRZ, James *Strategic Intelligence – Windows Into a Secret World*. Los Angeles: Roxbury Publishing Company, 2004, pp. 454-460.

DCAF (GENEVA CENTRE FOR DEMOCRATIC CONTROL OF ARMED FORCES). "Intelligence Oversight – Ensuring accountable intelligence within a framework of democratic governance". *SSR Backgrounder nº 11.*

DCAF (GENEVA CENTRE FOR DEMOCRATIC CONTROL OF ARMED FORCES). *"Parliamentary Oversight of Intelligence Services". DCAF Backgrounder* (*separata*), 03/2006.

DCAF (GENEVA CENTRE FOR DEMOCRATIC CONTROL OF ARMED FORCES). DCAF Intelligence Working Group. *"Intelligence Practice and Democratic Oversight – A Practitioner's View". DCAF Occasional Paper nº 3* (Geneva, July 2003).

DIAMOND, Gregory Andrade. *The Unexpurgated Pike Report*. McGraw-Hill, 1992.

Dicionário Houaiss da Língua Portuguesa, edição eletrônica.

Dictionnaire Constitutionnel, publicado sob a direção de Olivier Duhamel & Yves Mény. Paris: Presses Universitaires de France, 1992.

ESTEVEZ, Eduardo. *Executive and Legislative Oversight of the Intelligence System in Argentina: A New Century Challenge*, Conference Paper for workshop on 'Making Intelligence Services Accountable', Oslo: Geneva Centre for the Democratic Control of Armed Forces (19-20 September 2003): www.dcaf.ch/news/Intel%20Acct_Oslo%200903/Est%C3%A9vez.pdf.

FERNANDES, Jorge Ulisses Jacoby. "Ética e controle". *In*: *Jus Navigandi*, Teresina, ano 10, n. 893, 13/12/2005. Disponível em: <http://jus2.uol.com.br/doutrina/texto.asp?id=7695>.

FERRAZ, Luciano de Araújo. *Controle da Administração Pública: elementos para a compreensão dos Tribunais de Contas*. Belo Horizonte: Mandamentos, 1999.

FÊU, Carlos Henrique. "Controle interno da Administração Pública – um eficaz instrumento de *accountability*". *In*: *L&C – Revista de Direito e Administração Pública*, VI(61)38-41, jul/2003.

FINER, Samuel E.. *Governo Comparado*. Brasília: Ed. UnB, 1981.

FRANÇA, Pedro Arruda. *Manual das CPIs: legislação, doutrina e jurisprudência: defesas de direitos adjetivos e substantivos penais dos indiciados, de cidadania e individuais, garantias constitucionais, interesses coletivos e da nacionalidade*. Rio de Janeiro: Forense, 2001.

FRANCESCHET, Mary. *Public Accountability and Access to Information. Report 6 to the Canadian Access to Information Review Task Force*. Ottawa, 2001.

GILL, Peter. "A Inteligência, Controle Público e Democracia". Tradução de Maria Isabel Taveira. *In*: Brasil. Congresso Nacional. *Anais do Seminário Atividades de Inteligência no Brasil: Contribuições para a Soberania e a Democracia, de 6 a 7 de novembro de 2002*. Brasília: ABIN, 2003b, pp. 55-87.

GILL, Peter. *"Democratic and Parliamentary Accountability of Intelligence Services After September 11th"*. Conference paper presented at the Workshop on Democratic and Parliamentary Oversight of Intelligence Services, organized by the Geneva Centre for the Democratic Control of Armed Forces, Geneva, 2002.

GILL, Peter. *Policing Politics: Security Intelligence and the Liberal Democratic State*. London: Frank Cass, 1994.

GILL, Peter; ANDREGG, Michael. *Democratization of Intelligence*. Routledge, 2015.

GONÇALVES, Joanisval Brito. O que fazer com nossos espiões? Considerações sobre a Atividade de Inteligência no Brasil. In: Fernando B. Meneguin (Org.), *Agenda Legislativa para o Desenvolvimento Nacional.* Brasília: Senado Federal, 2010, pp. 299-324.

GONÇALVES, Joanisval Brito, "A PEC da Inteligência". *In*: *Carta Forense*, 02/12/2009.

GONÇALVES, Joanisval Brito. "A Inteligência e o Crime Organizado". *In*: *Senatus*, Brasília, v. 3, n. 1, abr. 2004, pp. 18-23.

GONÇALVES, Joanisval Brito. Brasil, Serviços Secretos e Relações Internacionais: conhecendo um pouco mais sobre o Grande Jogo. In: SILVA FILHO, Edson Benedito da; MORAES, Rodrigo Fracalossi de (Orgs.). *Defesa Nacional para o Século 21.* Rio de Janeiro: IPEA, 2012, pp. 295-316.

GONÇALVES, Joanisval Brito. "Conhecimento e Poder: a Atividade de Inteligência e a Constituição Brasileira". *In*: DANTAS, Bruno; CRUXÊN, Eliane; SANTOS, Fernando; LAGO, Gustavo Ponce de Leon (orgs.). *Constituição de 1988: o Brasil 20 Anos Depois* (Volume III - A Consolidação das Instituições). Brasília: Senado Federal, Instituto Legislativo Brasileiro, 2008, p. 591-607.

GONÇALVES, Joanisval Brito. "O Controle da Atividade de Inteligência: Consolidando a Democracia". *In*: *Revista Brasileira de Inteligência*, Brasília, DF, vol. 1, n. 1, p. 15-32, 2005.

GONÇALVES, Joanisval Brito. "O Papel da Atividade de Inteligência no Combate ao Crime Organizado: o Caso do Brasil", trabalho apresentado no Seminário REDES 2003, em Santiago do Chile e disponível em:< http://www3.ndu.edu/chds/redes2003/>.

GONÇALVES, Joanisval Brito. "Visões do Jogo: Percepções das Sociedades Canadense e Brasileira sobre a Atividade de Inteligência". *In*: SWENSON, Russell G.; LEMOZY, Susana C. (orgs.). *Democratización de la Función de Inteligencia - El Nexo de la Cultura Nacional y la Inteligencia Estratégica.* Washington, DC: National Defense Intelligence College Press, 2009, p. 113-138.

GONÇALVES, Joanisval Brito. *Atividade de Inteligência e Legislação Correlata.* Niterói: Impetus, 2009.

GONÇALVES, Joanisval Brito. *Estudo nº 475, de 2005.* Brasília: Consultoria Legislativa do Senado Federal, 5 de dezembro de 2005.

GOUVEIA, Jorge Bacelar; PEREIRA, Rui. *Estudos de Direito e Segurança.* Coimbra: Edições Almedina, 2007.

GUERZONI FILHO, Gilberto; GONÇALVES, Joanisval Brito. *Estudo nº 52, de 2008,* da Consultoria Legislativa do Senado Federal. Disponível em: <http://www.senado.gov.br/sf/atividade/Comissoes/consComCPI.asp?com=1424>.

HANNAH, Gregh; O'BRIEN, Kevin; RATHMELL, Andrew. *Technical Report: Intelligence and Security Legislation for Security Sector Reform,* prepared for the United Kingdom's Security Sector Advisory Team, RAND Europe, Cambridge (June 2005).

HASTEDT, Glen (ed.). *Controlling Intelligence.* Frank Cass: London, 1991.

HOLT, Pat M. *Secret Intelligence and Public Policy: a dilemma of democracy.* Washington, DC: CQ Press, 1995.

HUNTER, Wendy. *Eroding Military Influence in Brazil – Politicians against Soldiers.* The University of North Carolina Press, 1997.

JACKSON, Robert; JACKSON Doreen. *Canadian Government in Transition.* Toronto: Prentice Hall, 3rd edition , 2002.

JERVIS, Robert. "*Foreword – Intelligence, Civil-Intelligence Relations, and Democracy*". *In*: BRUNEAU, Thomas; BORAZ, Steven (eds.). *Reforming Intelligence – Obstacles to Democratic Control and Effectiveness.* Austin: University of Texas Press, 2007.

JOHNSON, Loch (ed.). *Strategic Intelligence.* Westport, Connectticut: Praeger Security International, 2007 [5 Volumes: (1) *Understanding the Hidden Side of the Government*; (2) *The Intelligence Cycle*; (3) *Covert Action*; (4) *Counterintelligence and Counterterrorism*; (5) *Intelligence and Accountability*].

JOHNSON, Loch. "Congressional Supervision of America's Secret Agencies: The Experience and Legacy of the Church Committee". *In*: *Public Administration Review,* 64(1)3-14, Jan-Feb/2004.

JOHNSON, Loch. "The Contemporary Presidency: Presidents, Lawmakers, and Spies: Intelligence Accountability in the United States". *In*: *Presidential Studies Quarterly,* 34(4)828-837, Dec/2004.

KENNY, Colin. The Security Intelligence Review Committee is not doing the job (*HuffingtonPost,* 03/11/2015, Disponível em: <http://www.huffingtonpost.ca/colin-kenny/security-intelligence-review-committee_b_6801526.html. Acesso em: 15 jan. 2018).

KENT, Sherman. *Strategic intelligence for American world policy.* Princeton: Princeton University Press, 1949.

KIEWIET, Roderick; MCCUBBINS, Mathew. *The logic of delegation: congressional parties and the appropriations process.* Chicago: University of Chicago Press, 1991.

LA PALOMBARA, Joseph. *A política no interior das nações.* Brasília: Ed. UnB, 1982.

LEIGH, Ian. "Accountability of Security and Intelligence in the United Kingdom". *In*: BORN, Hans; JOHNSON, Loch; LEIGH, Ian (eds.). *Who is Watching the Spies? Establishing Intelligence Service Accountability.* Washington, D.C.: Potomac Books, 2005, (79-98).

LEMOS, Leany Barreiro. "Como o Congresso brasileiro controla o Executivo? O uso de requerimentos de informação, convocação de autoridades e propostas de fiscalização e controle". *In*: LLANOS, Mariana; MUSTAPIC, Ana Maria (orgs.). *Controle Parlamentar na Alemanha, na Argentina e no Brasil.* Rio de Janeiro: Fundação Konrad Adenauer, 2005, pp. 85-112.

LEMOS, Leany Barreiro. *Controle Legislativo em Democracias Presidencialistas: Brasil e EUA em perspectiva comparada.* Tese de Doutorado. Brasília: Universidade de Brasília, 2005b.

LEUPRECHT, Christian; MCNORTON, Hayley. "Canada's New Intelligence Oversight Committee Lacks Necessary Expertise", in: *The Toronto Star*, 13/11/2017, Disponível em: <https://www.thestar.com/opinion/commentary/2017/11/11/canadas-new-intelligence-oversight-committee-lacks-necessary-expertise.html>. Acesso em: 30. jan. 2018.

LIVERMORE, Daniel. "SIRC: Good People Can't Save a Bad Institution", in *CIPSBLOG*, 15/06/2015. Disponível em: <http://www.cips-cepi.ca/2015/06/15/sirc-good-people-cant-save-a-bad-institution/>. Acesso em: 30. dez. 2017.

LLANOS, Mariana; MUSTAPIC, Ana Maria (orgs.). *Controle Parlamentar na Alemanha, na Argentina e no Brasil.* Rio de Janeiro: Fundação Konrad Adenauer, 2005.

LOWENTHAL, Mark M. *Intelligence: from Secrets to Policy*. Washington, D.C.: CQ Press, 7th edition, 2017.

MACHADO PAUPÉRIO, A.. *Presidencialismo, Parlamentarismo e Governo Colegial.* Rio de Janeiro: Forense, 1956.

MEIRELLES, Hely Lopes. *Direito Administrativo Brasileiro.* São Paulo: Malheiros, 21. ed. 1996.

MOSHER, Frederich. *Democracy and Public Service.* New York: Oxford University Press, 1968.

MULGAN, Richard. *Holding Power to Account – Accountability in Modern Democracies* London: Palgrave Macmillan, 2003.

Novo Dicionário Ilustrado da Língua Portuguesa. Porto: Lelo & Irmão Editores, 1993.

OLIVEIRA, Eliézer Rizzo de. *Democracia e Defesa Nacional: a criação do Ministério da Defesa na presidência de FHC.* Barueri, SP: Manole, 2005.

OLIVEIRA, Lúcio Sérgio Porto de. *A história da atividade de inteligência no Brasil.* Brasília: ABIN, 1999.

OTT, Marvin C. "Partisanship and Decline of Intelligence Oversight". *In*: GEORGE, Roger Z.; KLINE, Robert D. (eds.). *Intelligence and the National Security Strategist: Enduring Issues and Challenges.* Lanham: Rowman & Littlefield Pub., 2006, pp. 103-123.

POLLAK, Susan. Depoimento perante o *Standing Senate Committee on the National Security and Defence*, em 18 de junho de 2007. Disponível em: http://www.parl.gc.ca/39/1/parlbus/commbus/senate/Com-e/defe-e/17evb-e.htm?Language=E&Parl=39&Ses=1&comm_id=76 (acesso em 23/02/2008) [*Testimony of Susan Pollak, as Executive Director of the Security Intelligence Review Committee*].

REYES, Manuel Aragón. "El Control Parlamentario como Control Político". *In*: *Derecho Constitucional*, Ciudad de México: Universidad Autónoma de México, 1988. tomo I.

SANTI, Marcos Evandro Cardoso. "O Paradoxo da Atuação do Congresso Nacional na Democracia" (*separata*). Brasília, 2007.

SANTI, Marcos Evandro Cardoso. *As CPIs e o Planalto.* Curitiba: Prisma, 2014.

SANTI, Marcos Evandro Cardoso. *Criação de Comissões Parlamentares de Inquérito: tensão entre o direito constitucional de minorias e os interesses políticos da maioria.* Porto Alegre: S. A. Fabris, 2007.

SANTOS, Jair Lima. *Tribunal de Contas da União e Controles Estatal e Social da Administração Pública.* Curitiba: Juruá, 4ª tiragem, 2006.

SCHMITTER, Philippe C.; KARL, Terry Lynn. "*What Democracy is... and Is Not*". *In*: DIAMOND, Larry; PLATTNER, Marc F. (eds.). *The Global Resurgence of Democracy.* Baltimore: Johns Hopkins University Press, 1993.

SHULSKY, Abraham; SCHMITT, Gary. *Silent warfare: understanding the world of intelligence.* New York: Brassey's, 1992.

SILVA, Francisco Rodrigues da. *CPI's federais, estaduais, municipais: poderes e limitações.* Recife: Ed. Bagaço, 2000.

SILVA, José Afonso da. *Curso de Direito Constitucional Positivo.* São Paulo: Malheiros, 20ª ed. 2002.

SILVA, Leonardo Peter da. "Princípios fundamentais da administração judiciária." In: *Jus Navigandi,* Teresina, ano 10, n. 886, 6 dez. 2005. Disponível em: <http://jus2.uol.com.br/doutrina/texto.asp?id=7666>. Acesso em 17/12/2007.

SMITH, Michael. *The Spying Game – the Secret History of British Espionage.* London: Politico's, 2004.

STURTEVANT, Mary. "Congressional Oversight of Intelligence: One Perspective". *In: American Intelligence Journal,* National Military Intelligence Association (Summer 1992). Disponível em: http://www.fas.org/irp/eprint/sturtevant.html.

SUPPERSTONE, Michael. "The Law relating to Security in Great Britain". *In*: ROBERTSON, Ken G.. *British and American Approaches to Intelligence.* Basingstoke: Macmillan, 1987.

TAPIA-VALDÉS, Jorge A.."A Typology of National Security Policies". *In: Yale Journal of World Public Order,* 9(10), 1982.

THE INSTITUTE FOR SECURITY STUDIES. *Submission on Intelligence Governance and Oversight in South Africa to the Ministerial Review Commission on intelligence by The Institute for Security Studies.* Published in May 11th, 2007. Disponível em: http://www.intelligence.gov.za/Ministerial%20Review%20Commission/Submissions/Submission%20%20-%20ISS1%20on%20Intelligence.pdf.

U.S. CONGRESS. Permanent Select Committee on Intelligence House of Representatives, One Hundred Fourth Congress, 1996. *IC21: The Intelligence Community in the 21st Century. Staff Study. Chapter XV on Congressional Oversight.* Disponível em: http://www.access.gpo.gov/congress/house/intel/ic21/ic21_toc.html.

U.S. House. *Hearings Before the Committee on Standards of Official Conduct. Investigation of Publication of Select Committee on Intelligence Report.* 94th Congress, 2nd session. July 19, 20, 21, 22, 26, 27, 28 and 29, September 8, 14, 15, 1976.

U.S. SENATE. Senate Select Committee on Intelligence. *Report of the Select Committee on Intelligence on the Use by the Intelligence Community of Information Provided by the Iraqi National Congress.* Washington, D.C., September 8, 2006. 109th Congress, 2d Session. Report 109-330.

UGARTE, José Manuel. "Controle Público da Atividade de Inteligência: a Procura de Legitimidade e Eficácia". *In*: Brasil. Congresso Nacional. *Anais do Seminário Atividades de Inteligência no Brasil: Contribuições para a Soberania e a Democracia, de 6 a 7 de novembro de 2002.* Brasília: ABIN, 2003, (89-145).

UGARTE, José Manuel. *El control público de la actividad de inteligencia en América Latina.* Buenos Aires: CICCUS, 2012.

US SENATE. Select Committee to Study Governmental Operations with Respect to Intelligence Activities. "Interim Report: Alleged Assassination Plots Involving Foreign Leaders", november 20 (legislative day, November 18), 1975. Washington, DC: U.S. Government Printing Office, 1975.

US SENATE. Select Committee to Study Governmental Operations with Respect to Intelligence Activities. "Staff Report of the Select Committee to Study Governmental Operations with Respect to Intelligence Activities: Covert Action in Chile 1963-1973", december 18, 1975. Washington, DC: U.S. Government Printing Office, 1975.

US SENATE. Select Committee to Study Governmental Operations with Respect to Intelligence Activities. "Hearings before the Select Committee to Study Governmental Operations with Respect to Intelligence Activities: Federal Bureau of Investigation", november 18, 19, december, 2, 3, 9, 10 and 11, 1975. Washington, DC: U.S. Government Printing Office, 1976.

US SENATE. Select Committee to Study Governmental Operations with Respect to Intelligence Activities. *Interim Report: Alleged Assassination Plots Involving Foreign Leaders,* November 20 (legislative day, November 18), 1975. Washington, DC: U.S. Government Printing Office, 1975.

US SENATE. Select Committee to Study Governmental Operations with Respect to Intelligence Activities. *Staff Report of the Select Committee to Study Governmental Operations with Respect to Intelligence Activities: Covert Action in Chile 1963-1973,* december 18, 1975. Washington, DC: U.S. Government Printing Office, 1975.

US SENATE. Select Committee to Study Governmental Operations with Respect to Intelligence Activities. *Hearings before the Select Committee to Study Governmental Operations with Respect to Intelligence Activities: Federal Bureau of Investigation,* november 18, 19, december, 2, 3, 9, 10 and 11, 1975. Washington, DC: U.S. Government Printing Office, 1976.

VALERIANO, Dalton L. *Gerenciamento Estratégico e Administração por Projetos.* São Paulo: Makron Books, 2001.

VASCONCELOS, Edson Aguiar de. *Controle Administrativo e Parlamentar.* Rio de Janeiro: Lumen Juris, 1997.

WHITAKER, Reg. “Designing a Balance between Freedom and Security”. *In*: FLETCHER, Joseph (ed.). *Ideas in Action: Essays on Politics and Law in Honour of Peter Russell*. Toronto: University of Toronto Press, 1999 (126-149).

WHITAKER, Reg. *The End of Privacy – How total surveillance is becoming a reality*. New York: The New Press, 1999.

WILLIAMS, Paul (ed.). *Security Studies: An Introduction*. London: Routledge, 2008.

WOODS, Allan. “Arthur will fight extradition to face fraud charges in Canada”, *Toronto Star*, 30/05/2013, Disponível em: <https://www.thestar.com/news/canada/2013/05/30/arthur_porter_appears_set_to_contest_extradition_to_canada_on_fraud_charges.html. Acesso em: 30. jan. 2018.

ZIMMERMANN, Augusto. *Curso de Direito Constitucional*. Rio de Janeiro: Lumen Juris, 3. ed., 2004.

Matérias Jornalísticas

CSIS oversight urged by ex-PMs as a Conservative rush Bill C-51 debate. CBC News, 19/02/2015. Disponível em: <http://www.cbc.ca/news/politics/csis-oversight-urged-by-ex-pms-as-conservatives-rush-bill-c-51-debate-1.2963179>. Acesso em: 17. jan. 2018.

CSIS watchdog to be cut in budget. *CBC News*, 27/04/2012. Disponível em: <http://www.cbc.ca/new/politics/csis-watchdog-to-be-cut-in-budget-1.1246605>. Acesso em: 17. jan. 2018.

Ottawa abolishes spy overseer’s office. *National Post*, 26/04/2012. Disponível em: <http://nationalpost.com/news/canada/csis-office-of-the-inspector-general>. Acesso em: 17. jan. 2018.

Trudeau names parliamentary committee to oversee security, intelligence agencies. *CBC News*, 06/11/2017. Disponível em: <http://www.cbc.ca/news/politics/security-oversight-committee-parliament-1.4389720>. Acesso em: 17. jan. 2018.

Prime Minister announces new National Security and Intelligence Committee of Parliamentarians, matéria publicada na página oficial do Primeiro-Ministro do Canadá, em 06/11/2017. Disponível em: <https://pm.gc.ca/eng/news/2017/11/06/prime-minister-announces-new-national-security-and-intelligence-committee>. Acesso em: 15. jan. 2018.

Arthur Porter arrested in Panama. *CBC News*, 27/05/2013, Disponível em: <http://www.cbc.ca/news/canada/montreal/ex-mcgill-hospital-boss-arthur-porter-arrested-in-panama-1.1302252>. Acesso em: 30. jan. 2018.

Quebec anti-corruption squad nabs fifth man in mega-hospital fraud case, Porter remains at large. *National Post*, 12/03/2013, Disponível em: <http://nationalpost.com/news/canada/quebec-anti-corruption-squad-nabs-fifth-man-in-mega-hospital-fraud-case-porter-remains-at-large>. Acesso em: 30. jan. 2018.

Former CSIS watchdog Arthur Porter arrested in Panama. National Post, 28/05/2013, Disponível em: <http://nationalpost.com/news/canada/arthur-porter-arrested-in-panama>. Acesso em: 30. jan. 2018.

Ex-spy watchdog reportedly under microscope as anti-corruption squad raids hospital office, probes SNC-Lavalin contract. *National Post*, 20/09/2012, Disponível em: <http://nationalpost.com/news/canada/arthur-porter-reportedly-under-scrutiny-over-snc-lavalin-contract>. Acesso em: 30. jan. 2018.

Canada's top spy watchdog resigns over lobbying questions by Steven Chase. *The Globe and Mail*, 24/01/2014, Disponível em: <https://www.theglobeandmail.com/news/politics/canadas-top-spy-watchdog-resigns-over-lobbying-questions/article16498943/>. Acesso em: 30. jan. 2018.

Spy watchdog's registration for Northern Gateway lobbying under fire from NDP". *The Globe and Mail*, 06/01/2014, Disponível em: <https://www.theglobeandmail.com/news/politics/spy-watchdogs-registration-for-northern-gateway-lobbying-under-fire-from-ndp/article16219804/>. Acesso em: 30. jan. 2018.

CSIS watchdog's Enbridge job. *Democracy North*, 23/11/2014, Disponível em: <http://rabble.ca/podcasts/shows/democracy-north/2014/01/democracy-north-jan-18-csis-watchdog%E2%80%99s-enbridge-job-battered->. Acesso em: 30. jan. 2018.

Chuck Strahl, CSIS Watchdog Chair, Registers as Northern Gateway Lobbyist. *The Huffington Post Canada*, 06/01/2014, Disponível em: <http://www.huffingtonpost.ca/2014/01/06/chuck-strahl-csis-northern-gateway-enbridge_n_4549384.html>. Acesso em: 30. jan. 2018.

Legislação

BRASIL

BRASIL. Constituição Política do Império do Brasil, de 24 de março de 1824.

BRASIL. Constituição da República dos Estados Unidos do Brasil, de 24 de fevereiro de 1891.

BRASIL. Constituição dos Estados Unidos do Brasil, de 10 de novembro de 1937.

BRASIL. Constituição da República Federativa do Brasil, de 5 de outubro de 1988.

BRASIL. Lei nº 4.320, de 17 de março de 1964.

BRASIL. Lei nº 4.341, de 13 de junho de 1964.

BRASIL. Lei nº 8.159, de 8 de janeiro de 1991.

BRASIL. Lei nº 9.883, de 7 de dezembro de 1999.

BRASIL. Lei nº 10.683, de 28 de maio de 2003.

BRASIL. Lei nº 11.111, de 5 de maio de 2005.

BRASIL. Medida Provisória nº 150, de 15 de março de 1990, convertida na Lei nº 8.028, de 12 de abril de 1990.

BRASIL. Decreto nº 966-A, de 7 de novembro de 1890.

BRASIL. Decreto nº 17.999, de 29 de novembro de 1927.

BRASIL. Decreto nº 9.775-A, de 6 de setembro de 1946.

BRASIL. Decreto nº 1.171, de 22 de junho de 1994.

BRASIL. Decreto nº 4.376, de 13 de setembro de 2002.

BRASIL. Decreto nº 4.553, de 27 de dezembro de 2002.

BRASIL. Decreto nº 4.801, de 6 de agosto de 2003.

BRASIL. Decreto nº 5.301, de 9 de dezembro de 2004.

BRASIL. Decreto nº 5.484, de 30 de junho de 2005.

BRASIL. Decreto nº 6.408, de 24 de março de 2008.

BRASIL. Decreto Legislativo nº 291, de 18 de setembro de 2008.

BRASIL. Decreto nº 8.793, de 29 de junho de 2016.

BRASIL. Decreto de 15 de dezembro de 2017 (Estratégia Nacional de Inteligência).

BRASIL. Ministério da Justiça. Departamento de Polícia Federal. Portaria nº 1.300, de 4 de setembro de 2003.

BRASIL. Câmara dos Deputados. Proposta de Emenda à Constituição nº 398, de 26 de agosto de 2009.

BRASIL. Senado Federal. Proposta de Emenda à Constituição nº 67, de 2012.

BRASIL. Câmara dos Deputados. Projeto de Lei nº 1.968, de 11 de maio de 1964.

BRASIL. Câmara dos Deputados. Projeto de Lei nº 100, de 09 de março de 1979.

BRASIL. Câmara dos Deputados. Projeto de Lei nº 2.542, de 5 de dezembro de 2007.

BRASIL. Câmara dos Deputados. Projeto de Lei nº 3.578, de 2015.

BRASIL. Congresso Nacional. Comissão Mista de Controle das Atividades de Inteligência. Regimento Provisório, aprovado em 6 de abril de 2005.

BRASIL. Congresso Nacional. Projeto de Resolução nº 8, de 2001–CN.

BRASIL. Congresso Nacional. Projeto de Resolução nº 2, de 19 de junho de 2008.

BRASIL. Congresso Nacional. Proposta de Delegação Legislativa nº 1, de 28 de maio de 1979.

BRASIL. Poder Executivo. Mensagem Presidencial nº 198 (nº 997/2009, na origem), de 9 de dezembro de 2009.

Brasil. Poder Executivo. Mensagem Presidencial nº 198 (nº 997/2009, na origem), de 9 de dezembro de 2009.

Estrangeira ou Internacional

ARGENTINA. *Ley de Inteligencia Nacional* (Nº 25.520, de 2001).

AUSTRÁLIA. *Inspector-General of Intelligence and Security Act 1986.*

CANADÁ. *Canadian Security Intelligence Service Act (CSIS Act),* 1984.

CONVENÇÃO AMERICANA DE DIREITOS HUMANOS, o Pacto de San José da Costa Rica, 22 de novembro de 1969.

PORTUGAL. Lei-Quadro do Sistema de Informações da República Portuguesa (Lei nº 30/84, de 5 de setembro, alterada pela Lei Orgânica nº 4/2004, de 6 de novembro).

REINO DA BÉLGICA. *Loi organique du contrôle des services de police et de renseignements*, de 18 de julho de 1991.

REINO DA HOLANDA. *Intelligence and Security Services Act 2002*.

REINO UNIDO. *Intelligence Services Act 1994*.

REPÚBLICA DA ÁFRICA DO SUL. *Act 40 of 1994*.

REPÚBLICA DA ÁFRICA DO SUL. *Intelligence Services Control Amendment Act* (*Act 66 of 2002*).

REPÚBLICA FEDERAL DA ALEMANHA. *Act governing the Parliamentary Control of Intelligence Activities by the German Federation. Parliamentary Control Panel Act (PKGrG), April* 1978.

REPÚBLICA ITALIANA. *Legge n. 801, 24 ottobre 1977*.

Atas

BRASIL. Atas das Sessões do Congresso Nacional, do Senado Federal e da Câmara dos Deputados.

BRASIL. Congresso Nacional. Atas das Reuniões da Comissão Mista de Controle das Atividades de Inteligência do Congresso Nacional.

BRASIL. Congresso Nacional. Atas das Reuniões da Comissão Parlamentar Mista de Inquérito "dos Correios".

BRASIL. Congresso Nacional. Atas das Reuniões da Comissão Parlamentar Mista de Inquérito "dos Cartões Corporativos".

BRASIL. Senado Federal. Atas das Reuniões da Comissão de Relações Exteriores e Defesa Nacional do Senado Federal.

BRASIL. Câmara dos Deputados. Atas das Reuniões da Comissão de Relações Exteriores e de Defesa Nacional da Câmara dos Deputados.

BRASIL. Câmara dos Deputados. Atas das Reuniões da Comissão de Defesa Nacional da Câmara dos Deputados.

BRASIL. Câmara dos Deputados. Atas das Reuniões da Comissão Parlamentar de Inquérito "das Escutas Telefônicas Ilegais/Clandestinas".

CANADÁ. Senado do Canadá. Atas das Reuniões da Comissão Permanente de Segurança Nacional e Defesa do Senado do Canadá (*Standing Senate Committee on National Security and Defence*).

CANADÁ. Senado do Canadá. Atas das Reuniões da Comissão Especial do Senado do Canadá para a Lei Antiterrorismo (*Special Senate Committee on the Anti-Terrorism Act*).

Jurisprudência

BRASIL. Supremo Tribunal Federal. Medida Cautelar em Mandado de Segurança nº 27.141-8, impetrada pelo Senador Arthur Virgílio contra o Presidente da República. Consulta disponível em: <http://www.stf.jus.br/portal/processo/verProcessoAndamento.asp?incidente=2594303>. Acesso em: 16. fev. 2018.

BRASIL. Supremo Tribunal Federal. Medida Cautelar em Arguição de Descumprimento de Preceito Fundamental nº 129-3, impetrada pelo Partido Popular Socialista (PPS) contra o Presidente da República. Consulta disponível em: <http://www.stf.jus.br/portal/jurisprudencia/listarJurisprudencia.asp?s1=%28ADPF%24%2ESCLA%2E+E+129%2ENUME%2E%29+NAO+S%2EPRES%2E&base=baseMonocraticas&url=http://tinyurl.com/abys3y5>. Acesso em: 16. fev. 2018.

***Homepages* e outros sítios na internet:**

http://intelligence.house.gov/

http://intelligence.senate.gov/

http://lois.justice.gc.ca/en/const/index.html

http://www.aarclibrary.org/publib/church/reports/contents.htm

http://www.abin.gov.br

http://www.abraic.org.br

http://www.access.gpo.gov/

http://www.accountability21.net/

http://www.archives.gov/

http://www.camara.gov.br

http://www.camera.it/_bicamerali/sis/home.htm

http://www.canada.gc.ca/home.html

http://www.casis.ca/

http://www.cgu.gov.br/

http://www.cia.gov

http://www.cpc-cpp.gc.ca/

http://www.csis-scrs.gc.ca

https://www.dcaf.ch/

http://www.dni.gov

http://www.fbi.gov

http://www.fesmpmg.org.br/

http://www.hc-sc.gc.ca/

http://www.iafie.org/

http://www.ialeia.org/

http://www.intelligence.gov

http://www.isanet.org/
http://www.mi5.gov.uk
http://www.mpm.gov.br
http://www.nsa.gov
http://www.parl.gc.ca
http://www.planalto.gov.br
http://www.rcmp-grc.gc.ca/
http://www.sen.parl.gc.ca/
http://www.senado.gov.br
http://www.senat.fr
http://www.sis.gov.uk
http://www.tcu.gov.br
http://www.verfassungsschutz.de
https://www.cni.es/

Alguns Órgãos de Controle da Inteligência pelo mundo

- Canadá: *Comité de surveillance des activités de renseignement de sécurité* (<http://www.sirc-csars.gc.ca>)
- Reino Unido: *Intelligence and Security Committee* (<http://www.cabinetoffice.gov.uk/intelligence.aspx>)
- Países Baixos: *Commissie van Toezicht betreffende de inlichtingen- en veiligheidsdiensten* (<http://www.ctivd.nl>)
- Noruega: *Stortingets kontrollutvalg for etteretnings-, overvakings- og sikkerhetsjeneste* (<http://www.eos-utvalget.no>)
- Nova Zelândia: *Intelligence and Security Committee* (<http://www.nzsis.govt.nz>)
- África do Sul: *Standing Committee on Intelligence* (<http://www.parliament.gov.za>)
- Suécia: *Säkerhets- och integritetsskyddsnämnden* (<http://www.sakint.se>)
- Dinamarca: *Intelligence Oversight Board* (<http://www.tet.dk/>)

ÍNDICE REMISSIVO

ÍNDICE REMISSIVO

B

C

D

E

F

G

H

I

J

L

M

N

O

P

R

S

T

U

V

W

EDITORA IMPETUS

Rua Alexandre Moura, 51
24210-200 – Gragoatá – Niterói – RJ
Telefax: (21) 2621-7007

www.impetus.com.br